अधबुनी रस्सी : एक परिकथा

सच्चिदानन्द चतुर्वेदी

राजकमल प्रकाशन

ISBN : 978-81-267-1685-2

मूल्य : ₹995

पहला संस्करण : 2009
दूसरा संस्करण : 2024

प्रकाशक : राजकमल प्रकाशन प्रा.लि.
1-बी, नेताजी सुभाष मार्ग, दरियागंज
नई दिल्ली-110 002
शाखाएँ : अशोक राजपथ, साइंस कॉलेज के सामने, पटना-800 006
पहली मंजिल, दरबारी बिल्डिंग, महात्मा गांधी मार्ग, प्रयागराज-211 001
1, अनमोल सोराबजी संतुक लेन, धोबी तलाव, मरीन लाइंस, मुम्बई-400 002
वेबसाइट : www.rajkamalprakashan.com
ई-मेल : info@rajkamalprakashan.com

मुद्रक : बी.के. ऑफसेट
नवीन शाहदरा दिल्ली-110 032

ADHABUNI RASSI : EK PARIKATHA
by Sachchidanand Chaturvedi

अनुक्रम

खंड-1

खंड-2

खंड-1

1

डमरुआ

कान्यकुब्ज के एक धनपति धन्नासेठ के स्वप्न में उपस्थित हो एक देवी ने आदेश दिया–"धन्नासेठ! तूने अपने व्यापार-कारोबार से बहुत धन एकत्र किया है। उस धन का न तो तू उपभोग करता है और न दूसरों को ही करने देता है। मेरा आदेश है कि तू किसी शान्तिपूर्ण स्थान पर एक मन्दिर बनवाकर उसमें मेरी स्थापना करे। ऐसा न करने पर तेरी सारी धन-सम्पत्ति तेरे जीतेजी ही नष्ट हो जाएगी।" सेठ की आँख खुल गई। प्रातःकाल होते ही उसने अपने नौकरों-चाकरों को मंदिर के लिए उपयुक्त किसी स्थान की खोज करने के लिए नगर की चारों दिशाओं में भेज दिया। कई दिन तक कोई सूचना न मिलने पर सेठ व्याकुल हो उठा। अन्ततः एक स्थान मिल गया। सेठ ने स्वयं जाकर उस स्थान का निरीक्षण किया। वह एक छोटी पहाड़ी थी, कान्यकुब्ज से आठ मील पश्चिम। सेठ ने शिल्पियों को आदेश दिया–"मंदिर की ऊँचाई इतनी ज़रूर होनी चाहिए कि मैं प्रतिदिन अपने कान्यकुब्ज स्थित भवन की अटारी से मंदिर के दर्शन कर सकूँ।" मंदिर का निर्माण-कार्य प्रारम्भ हुआ। मंदिर परिसर की प्राचीरों ने पूरी की पूरी पहाड़ी अपने अन्दर समेट ली। सेठ की इच्छानुरार मंदिर की ऊँचाई बढ़ाई जाती रही। एक दिन प्रातःकाल सेठ ने अपने भवन की अटारी पर खड़े हो देखा, पुलकित हो कहा–"सेठानी! देखो, वह रही अपने देवी मंदिर के गुम्बद की शिखा।"

ऊँचाई की अधिकता के कारण मंदिर का परिसर दोमंजिला बनाया गया था। निचले परिसर में दर्शनार्थियों के विश्राम के लिए कतार से कई खुले बरामदे बनाये गए थे और ऊपरी परिसर में मुख्य मंदिर था, जिसमें देवी की प्रतिमा की स्थापना की गई थी। मंदिर के निचले परिसर में पहुँचने के लिए उत्तर और पश्चिम की ओर से दो लम्बी सीढ़ियाँ थीं। निचले परिसर से मुख्य मंदिर वाले परिसर में प्रवेश करने के लिए एक और छोटी सीढ़ी थी, जहाँ एक प्रवेश-द्वार बनाया गया था। इस प्रवेश-द्वार में दो भीमकाय पाषाण-स्तम्भों पर जमे एक लौह-दंड के मध्य एक स्थूल अर्गला से बँधा पीतल का एक विशाल घंटा टाँगा गया था। मंदिर में प्रवेश करने वाला कोई भी दर्शनार्थी उस घंटे की जिह्वा

पर अपना हाथ मारना नहीं भूलता था। जिह्वा के घंटे की वृत्ताकार भित्ति से टकराते ही तन-मन को पुलकित कर देने वाला एक तीव्र नाद उत्पन्न होता था। नाद उत्पन्न कर, घंटे की वह जिह्वा, तृषित श्वान की जिह्वा की भाँति काँपती हुई, किसी अन्य दर्शनार्थी के हस्त-स्पर्श की प्रतीक्षा में, पुनः घंटे के मध्य झूलने लगती थी। मंदिर के विशाल गुम्बद के नीचे, देवी की भव्य प्रतिमा के समक्ष उपस्थित होने पर अनायास ही दर्शनार्थी के व्यक्तित्व का समर्पण हो जाता था। उसके द्वारा कहे गए देवी-स्तुति के शब्द, मंदिर की संगमरमर की चिकनी दीवारों से टकराकर देर तक गूँजते रहते थे। मंदिर के गुम्बद की शिखा पर रखे पवित्र स्वर्ण-कलश की पीत आभा का विस्तार मीलों दूर तक था। इस स्वर्ण-कलश की प्रतिद्वन्द्विता दिन में सूर्य और रात्रि में चन्द्र से होती थी। दिन में सूर्य हत्प्रभ रहता था, क्योंकि उसकी प्रखर किरणें कलश पर गिरते ही खंड-खंड हो जाती थीं, और रात्रि में चन्द्र उद्विग्न क्योंकि उसकी शीतल किरणें कलश में समाती चली जाती थीं।

मंदिर की देखभाल, रखरखाव और पूजापाठ के लिए प्रतिदिन समाज के हर वर्ग के लोगों की आवश्यकता पड़ती थी। धन्नासेठ के जीवन काल में ये लोग नित्यप्रति कान्यकुब्ज से आते-जाते रहे। सेठ के कालकवलित होने के बाद वही लोग मंदिर के आसपास के क्षेत्र में बस गए। समय के व्यतीत होने के साथ इन्हीं इक्का-दुक्का परिवारों ने पुष्पित-पल्लवित हो गाँव का रूप धारण कर लिया, एक नहीं, अनेक गाँव। कान्यकुब्ज कन्नौज हो गया। लोग धन्नासेठ को भूल गये। मंदिर के सेवक मंदिर के स्वामी बन बैठे, मंदिर के चढ़ावे में आई चौअन्नियाँ-अठन्नियाँ एक-दूसरे की आँख बचाकर घर ले जाने लगे। मंदिर के चढ़ावे के धन से जीविका चलते न देख मंदिरजीवी ग्रामवासी कृषिजीवी हो गए, पर मंदिर के स्वामी बने रहे। इन अनेक गाँवों में डमरुआ नामक एक गाँव था। यह गाँव अन्य पड़ोसी गाँवों से अपेक्षाकृत समृद्ध था। इस समृद्धता के दो ही कारण हो सकते हैं कि या तो डमरुआ वाले बहुत काल से मंदिर का चढ़ावा दूसरों से अधिक चुराते आए थे या अपने परिश्रम से अपनी कृषि योग्य भूमि से अधिक अन्न उपजाना जानते थे। डमरुआ समृद्ध था, कहने का अर्थ यह नहीं है कि पूरा डमरुआ समृद्ध था, केवल बमनन टोला समृद्ध था। होने को तो डमरुआ में उत्तर टोला था, पश्चिम टोला था और पूरब टोला भी था, पर इन तीनों टोलों का अस्तित्व बमनन टोले पर निर्भर करता था। अर्थात् बमनन टोला केन्द्र में और अन्य टोले परिधि पर। प्राचीन काल में जैसे मन्दिर केन्द्र में था और डमरुआ व अन्य गाँव परिधि पर थे, वैसे ही अब बमनन टोला केन्द्र में आ गया था। बमनन टोला भी केन्द्र और परिधि के खेल से वंचित न था। उसका भी अपना एक केन्द्र था—छज्जूराम चौबे। मंदिर के स्वामी छज्जूराम चौबे। डमरुआ के मालिक छज्जूराम चौबे। कांग्रेस के नेता छज्जूराम चौबे। छज्जूराम ने एक बार सोचा, मंदिर के आसपास के ग्रामों के बच्चों के लिए शिक्षा की समुचित व्यवस्था नहीं है, क्यों न मंदिर के खाली पड़े बरामदों का उपयोग किया जाय, एक विद्यालय खोल दिया जाय। विद्यालय को विद्या-

मंदिर भी कहते हैं। और यदि संयोग से वह विद्या-मंदिर किसी मंदिर के अन्दर स्थित हो तब उस विद्या-मंदिर की पवित्रता अवश्यमेव अतुलनीय होती है। शीघ्र ही एक विद्यालय खोल दिया गया। विद्यार्थी मंदिर के बरामदे में टाट पर बैठकर शिक्षा ग्रहण करने लगे। एक मंदिर के अन्दर दूसरा मंदिर स्थापित हो गया। एक मंदिर में शिक्षक श्याम पट पर गणित का सवाल लिख समझाते तो दूसरे मंदिर में घंटा बजता, पूजा होती। विद्यार्थी कभी सवाल समझते, कभी घंटे की आवाज सुनते। कभी-कभी कोई भक्त उत्साहित हो देवी माता का प्रसाद बाँटने के लिए विद्यार्थियों के समक्ष आ खड़ा हो जाता। विद्यार्थी प्रसाद लेने की अनुमति के लिए शिक्षक की ओर देखते। शिक्षक की मौन स्वीकृति पा, अपना टाट छोड़ एक साथ दौड़ पड़ते। प्रसाद शिक्षक को भी मिलता। शिक्षक और विद्यार्थी अपनी हथेली पर रखा प्रसाद खा, एकाग्रचित्त हो पुनः गणित का सवाल समझाने-समझने लगते। मंदिर में जिस दिन भीड़ अधिक बढ़ जाती थी उस दिन बीच में ही विद्यार्थियों की छुट्टी कर देनी पड़ती थी। प्रायः ऐसा होने से अध्ययन-अध्यापन में बहुत बाधा पहुँचती थी। छज्जूराम ने इस विषय पर गंभीरता से विचार किया तथा अपने निजी खर्चे से मंदिर परिसर के बाहर विद्यालय के लिए चार कमरे बनवा दिए। कमरे बनवा तो दिए पर बाद में उनके रखरखाव पर ध्यान नहीं दिया। शनैःशनैः दीवारों के ईंटों के बीच की मिट्टी निकल गई और उनमें कीड़ों-मकोड़ों ने अपना घर बना लिया। कीड़ों-मकोड़ों के कारण विद्यार्थी उन कमरों में जाने से भी डरते थे। शिक्षक भी, बरसात के दिन छोड़कर, इन कमरों में अध्यापन करने के बहुत इच्छुक नहीं रहते थे। कुछ वर्ष बाद स्थिति घूम-फिर कर वहीं पहुँच गई। कक्षाएँ नियत कमरों में न चलकर मंदिर के बरामदे में चलने लगीं या खुले आसमान के नीचे वृक्षों की छाया में।

बीस मई उन्नीस सौ पैंसठ। प्रत्येक वर्ष की 'बीस मई' विद्यार्थियों, शिक्षकों, और गाँव वालों के लिए एक महत्त्वपूर्ण तारीख होती थी क्योंकि उस दिन पूरे प्रदेश के विद्यालयों में परीक्षा-परिणाम घोषित किए जाते थे। मंदिर-विद्यालय में भी परीक्षा-परिणाम घोषित होने थे। विद्यार्थी समय से पहले ही एक-एक कर विद्यालय पहुँचने लगे थे। विद्यालय के चपरासी ने शिक्षकों के बैठने के लिए मेज़-कुर्सियाँ पेड़ की छाया में डाल रखी थीं। शिक्षक अभी तक बाहर नहीं निकले थे, मंदिर से जुड़ी कोठरी में बैठे तम्बाखू फाँक रहे थे, बीड़ी सुलगा रहे थे, पानी पी रहे थे। विद्यार्थी अपनी कक्षा के लिए नियत वृक्ष की छाया में, शिक्षक की खाली पड़ी कुर्सी के समक्ष, ज़मीन पर बैठे, अपने परीक्षा-परिणाम के लिए अधीर हो रहे थे। अभी दिन के दस भी नहीं बजे थे कि धूप असहनीय होने लगी थी। सूर्य आसमान में चढ़ता जा रहा था, छाया छोटी होती जा रही थी। प्रतीक्षारत विद्यार्थी छाया का साथ पकड़े-पकड़े खिसकते-खिसकते एक स्थान से दूसरे स्थान पर पहुँच गए, शिक्षक तब भी नहीं आए। कुछ विद्यार्थी निराश हो उठ खड़े हुए, बिना परिणाम के ही घर जाने के लिए तैयार हो गए। मॉनीटर के मनाने पर मान गए। कक्षा आठ के एक विद्यार्थी से

न रहा गया, धैर्य खो बैठा, चिल्लाया–"मॉनीटर! देखकर आओ कि पंडित जी क्यों नहीं आ रहे हैं? हमारे पंडित जी इतने ढिलुआ क्यों हैं?" मॉनीटर ने अपनी जेब से एक क़ागज निकाल, उस पर चिल्लाने वाले विद्यार्थी का नाम लिखकर कहा–"पंडित जी को बताऊँगा, तुमने उन्हें 'ढिलुआ' कहा।" मॉनीटर की यह धमकी सुन चिल्लाने वाले विद्यार्थी का पूरा जोश शान्त हो गया, भस्स से अपनी जगह पर बैठ गया। तम्बाखू-बीड़ी से मन स्वस्थ हो जाने पर शिक्षकों को धूप में बैठे विद्यार्थियों की याद आ गई, एक-एक कर मंदिर की सीढ़ियों से नीचे उतरने लगे। पंडित जी सबसे पीछे उतरे। घुटनों तक चढ़ी, पीली पड़ गई धोती और आधी बाँह की क़मीज़ पहने पंडित जी को देख उनके कक्षा के विद्यार्थी उनके सम्मान में अपने स्थान पर खड़े हो गए। पंडित जी ने कुर्सी पर बैठ अपने चमड़े के ऐंठे जूते उतार दिए। वे अपने साथ दो चीजें लेकर आए थे; सुतली से बँधा परिणाम-पत्रों का एक पुलिन्दा और गुलाब की एक छड़ी। गुलाब की छड़ी का यह अर्थ नहीं कि वह गुलाब पुष्प की भाँति कोमल थी। वरन् उसके विपरीत वह छड़ी अन्य छड़ियों से अधिक कठोर होती थी, विद्यार्थियों को ज़ोर-ज़ोर से मारने पर भी नहीं टूटती थी। इसी विशेषता के कारण वह पंडित जी की प्रिय छड़ी थी। पंडित जी यह जानते थे कि उनकी कक्षा-आठ के विद्यार्थी आज अंतिम दिन विद्यालय आये हैं, उनके लिए इस छड़ी की ज़रूरत नहीं है, फिर भी वे उसे अपने साथ लाए थे। पंडित जी शायद उस छड़ी के बिना अपने को अधूरा समझते थे जैसे कि कोई सैनिक बंदूक के बिना अपने को अधूरा समझता है। पंडित जी को परिणाम-पत्र बाँटने की कोई जल्दी न थी। मंदिर की सीढ़ियाँ उतरते थक गए थे, तम्बाखू खाए देर हो गई थी, अतः फिर तम्बाखू की चुनौटी निकाल ली। धीरे-से दबाकर चुनौटी का एक ओर का ढक्कन खोला, थोड़ी तम्बाखू निकाली, फिर दूसरी ओर का ढक्कन खोला, थोड़ा चूना निकाला। चुनौटी जेब में डाल ली। हथेली पर रखी तम्बाखू और चूने का मिश्रण अंगूठे से रगड़-रगड़ तैयार करने लगे। तभी जैसे पंडित जी को कुछ याद आ गया, बोले–"वह कहाँर का लड़का कहाँ है? किरतवा।" विद्यार्थी इधर-उधर देख कीरत को खोजने लगे। कीरत सबसे पीछे बैठा था, नहीं सुन पाया था। तम्बाखू रगड़ना रोक पंडित जी फिर बोले–"अरे कहँट्टा! कहाँ है तू?" अपना नाम सुन कीरत अपने स्थान पर खड़ा हो गया, दाँत निकाल दिए। कीरत को देख पंडित जी फिर धीरे-धीरे तम्बाखू मलने लगे, सिर झुकाए ही कहा–"किरतवा! जा, एक बाल्टी ठंडा पानी भर ला, बड़ी प्यास लगी है। तूने मुझे तीन साल पानी पिलाया है। तू सच्चा कहाँर है। तेरा बाप भी सच्चा कहाँर था। उसने मेरी बेटी की शादी में इतना पानी भरा था कि मेरे पूरे घर की तबीयत प्रसन्न कर दी थी। मैंने इनाम में उसे अपनी एक पुरानी धोती दी थी।" विद्यार्थियों ने पंडित जी की धोती की ओर देखा, सोचा, पंडित जी ने जो धोती कीरत के बाप को इनाम में दी होगी वह कैसी रही होगी? कीरत अपनी और अपने बाप की प्रशंसा सुन, उत्साहित हो बाल्टी भरने चला गया। विद्यार्थी कभी परिणाम-पत्रों का पुलिन्दा देखते

थे और कभी पंडित जी को। तेज धूप और गर्मी के कारण पंडित जी की आँखों में सफेद कीचड़ आ गया था जिसे देख विद्यार्थियों को उनसे घृणा हो रही थी। शीतल जल से तृप्त हो पंडित जी ने कीरत को उदारतापूर्वक आशीर्वाद दिया—"जा बेटा! पढ़-लिखकर पटवारी हो जा।" पटवारी का नाम सुन विद्यार्थी खिलखिलाकर हँस पड़े। विद्यार्थियों को हँसता देख कीरत ऐसे गुस्सा हो गया जैसे कि वह अभी पटवारी हो गया हो। तम्बाखू फाँक पंडित जी परिणाम-पत्र वितरित करने लगे। वे एक-एक विद्यार्थी को अपने पास बुलाते, परिणाम-पत्र पकड़ाते तथा उसके भविष्य के बारे में दो शब्द कहते। डमरुआ के गिरीष, किसुन और राधेश्याम की भी बारी आई। पंडित जी ने कुछ गिरीष से कहा, कुछ राधेश्याम से। किसुन से पंडित जी ने कहा—"किसुन! तुम्हारा रिजल्ट देखकर लगता है कि तुम आगे कुछ भी करने वाले नहीं हो। तुम्हारे पास प्रतिभा नाम की चीज है ही नहीं, इसलिए तुम्हारे लिए मेरी राय यह है कि यह रिजल्ट-कार्ड घर ले जाकर ज़रूरत पड़ने पर इस पर नमक रखकर खाना या किसी दवा आदि की पुड़िया बना डालना। इस क़ागज का इससे अच्छा उपयोग और कोई नहीं हो सकता।" पंडित जी ने परिणाम-पत्र किसुन को पकड़ा दिया। सिर झुकाए खड़े किसुन ने एक बार सिर उठाकर पंडित जी की ओर देखा। उनकी किचरायी आँखें देख उसे घिन लग गई। सिर नीचा कर लिया, खड़ा रहा। पंडित जी ने आगे कहा—"मैं जो कह रहा हूँ उसे ध्यान से सुन रहे हो न? पढ़ाई-लिखाई बंद करो। चिट्ठी लिखने भर को पढ़ लिया। तुम्हारे लिए इतना ही बहुत है। तुम्हारे टोले में कभी किसी ने इतना भी नहीं पढ़ा होगा। बाप के साथ खेती करो वह पढ़ाई से अधिक काम आएगी, उससे पेट भरेगा। तुम्हारे बस की केवल खेती ही है।" किसुन वापस आकर अपने स्थान पर बैठ गया। पंडित जी ने सब कार्ड बाँट दिए, जाने के लिए उठ खड़े हुए। विद्यार्थी पंडित जी के पैर छू आशीर्वाद लेने लगे। किसुन पंडित जी के पैर छूने नहीं गया, सोचा, पैर छूने से फायदा भी क्या है? इतनी साल से छूता आ रहा हूँ उससे क्या मिल गया? वह घर जाने से पहले मंदिर की सीढ़ियों पर भी माथा टेकने नहीं गया। उसे घृणा हो रही थी पंडित जी से, मंदिर की सीढ़ियों से, मंदिर के कर्णभेदी घंटे की आवाज से। उसने कभी नहीं सोचा था कि इतने वर्ष मंदिर की पवित्र भूमि पर बैठ शिक्षा प्राप्त करने के बाद उसे पंडित जी से यह सब कुछ सुनने को मिलेगा। पंडित जी ने अपनी राय द्वारा उसकी चेतना पर एक नकारात्मक प्रहार किया था। ऐसे नकारात्मक प्रहार अबोध चेतना के बहुत बड़े अंश को ध्वस्त कर देने वाले होते हैं। पंडित जी का उद्देश्य भले ही अशुभ न रहा हो, पर उस उद्देश्य की पड़ताल किसुन कैसे करे?

डमरुआ लौटते हुए रास्ते में राधेश्याम और गिरीष अपने अच्छे परीक्षा-परिणाम के कारण बहुत प्रसन्न तथा उत्साहित थे। किसुन पंडित जी द्वारा हतोत्साहित किए जाने के कारण मन ही मन बहुत दुखी था, सोच रहा था, कक्षा में कितनी बार सिखाया गया, मानव कोशिश करे तो कठिन से कठिन काम भी कर सकता है। लेकिन मुझे कोई कोशिश करने

दे तब ना। पंडित जी ने पहले ही हार मान कर बैठ जाने के लिए कह दिया। मैं कैसे मान लूँ कि मेरे बस की केवल खेती है, पढ़ाई नहीं? किसुन को किसी से बात करता न देख, राधेश्याम ने किसुन के पास जा, उसके कंधे पर हाथ रख कहा—"किसुन! आज तुम हम लोगों से बात नहीं कर रहे हो, नाराज हो क्या? रिजल्ट तो तुम्हारा भी अच्छा है। देखें तुम्हारा रिजल्ट कार्ड।" किसुन ने कार्ड राधेश्याम को दे दिया। राधेश्याम ने उसे खोल कर पढ़ा, कहा —"गणित को छोड़कर अन्य सब विषयों में तुम्हारे नम्बर अच्छे हैं, फिर चिन्ता किस बात की? गणित के नम्बरों का करना भी क्या है? कक्षा-दस के बाद गणित से पिण्ड छूट ही जाएगा।" राधेश्याम ने कार्ड किसुन को लौटा दिया। किसुन ने उसे अपनी क़मीज़ की जेब में रखते हुए कहा—"मैं रिजल्ट को लेकर चिन्तित नहीं हूँ। पंडित जी ने जो कहा उसके बारे में सोच रहा हूँ।" गिरीष ने किसुन के सिर पर एक हल्की-सी चपत मारते हुए कहा—"तुम भी किसुन! उस पंडित की बात पर इतना ध्यान दे रहे हो। मंदिर का प्रसाद खा-खाकर उसकी बुद्धि भ्रष्ट हो गई है। वह सबसे ऐसे ही कहा करता है। भूल जाओ उस पागल की बात को और यह बताओ कि तुम कन्नौज के किस स्कूल में एडमीशन लोगे?" किसुन ने निराशापूर्ण स्वर में कहा—"पता नहीं, ककुआ-अम्मा से पूछना पड़ेगा। पैसे जुट पाएँगे तो एडमीशन लूँगा, नहीं तो जो वे कहेंगे, करूँगा। यहाँ के स्कूल में कोई खास खर्चा नहीं था। कन्नौज स्कूल में यहाँ से ज़्यादा फीस लगेगी। यहाँ रहने पर ककुआ की थोड़ी बहुत मदद भी कर देता था। कन्नौज आने-जाने में वह भी न हो पाएगा।"

घर पहुँच किसुन, रिजल्ट-कार्ड चौके के आरे में फेंक, क़मीज़ उतार, देहरी पर बैठ गया। अम्मा ने आरे की ओर इशारा किया, पूछा—"यह क्या है?" किसुन ने दरवाज़े की चौखट से अपना सिर टिका लिया, लापरवाही से कहा—"कुछ नहीं, रिजल्ट-कार्ड।" किसुन को पसीने से लथपथ देख अम्मा पंखा उठा लाईं, किसुन के ऊपर झलने लगीं, पूछा—"पास हो गए?" अम्मा द्वारा पंखा किए जाने से किसुन के शरीर का पसीना सूखने लगा, ठंड से उसके रोंगटे खड़े हो गए। उसने आँखें बंद कर लीं, कहा—"आज बहुत तेज धूप है।" अम्मा किसुन के पास ही देहरी पर बैठ गईं, पंखा झलती रहीं। किसुन ने अम्मा के हाथ से पंखा ले लिया, खुद डुलाने लगा। अम्मा ने फिर पूछा—"पास हो गए?" किसुन ने पंखा देहरी पर रख दिया, कहा—"हो तो गए, लेकिन क्या फायदा? एडमीशन के लिए पैसा भी तो चाहिए। कन्नौज के कालेज वाले क्या बिना फीस के पढ़ा देंगे? घर में पैसा कहाँ है?" अम्मा ने पूछा—"एडमीशन में कितना लगेगा?" किसुन ने पंखा फिर उठा लिया और डुलाते हुए कहा—"यहाँ से ज़्यादा ही लगेगा। स्कूल वाला पंडित कह रहा था, मैं आगे कुछ नहीं कर पाऊँगा, पढ़ाई मेरे बस की नहीं है।" यह बात सुन अम्मा गुस्से में आ गईं, कहा—"वह पंडित क्या भगवान है जिसने तुम्हारे आगे तक का देख लिया। उसने यह कैसे कह दिया? उस समय मैं वहाँ होती तो उसकी चुटिया उखाड़ लेती। कभी वह पंडित

डमरुआ में दिखाई पड़ जाए मुझे बताना, मैं उसके आगे तक का उसे बता दूँगी। तुम एक दिन सब क्लास तोड़कर पंडितवा को दिखा देना। किसुन अम्मा के और निकट खिसक गया, उनके कंधे पर अपना सिर रख कहा—"अम्मा! मैं बहुत पढ़ना चाहता हूँ। इतना कि इस दुनिया में किसी ने न पढ़ा हो। मैं तुम्हें और ककुआ को दूसरों के खेतों में काम करते, एक-एक पैसे को तरसते नहीं देख सकता। दुबले-पतले ककुआ से काम नहीं होता फिर भी वे रात-दिन लगे रहते हैं। मैंने देखा है कि सिर पर बोझ उठा कर चलते समय उनके पाँव लड़खड़ाते हैं, फिर भी वे जल्दी काम निपटाने के लिए भारी-से भारी बोझ उठा कर चलते हैं। कब तक हम लोग रूखी-सूखी खाते रहेंगे, जाड़ों में एक रज़ाई में चार-चार लोग सोते रहेंगे? मैं पढ़ जाऊँगा, तुम सबको लेकर, डमरुआ छोड़ कहीं ऐसी जगह चला जाऊँगा जहाँ कोई हमें छोटा नहीं समझेगा।" गला रुँध जाने के कारण किसुन आगे न बोल सका। उसकी आँखें बोलने लगीं, दो आँसू गाल पर लुढ़क आए। अम्मा ने धोती के छोर से आँसू पोंछ, उसके घुँघराले बालों में अपनी उंगलियाँ चलाते हुए कहा—"किसी से पता करो कि कितनी फीस लगेगी?"

2

छज्जूराम चौबे

पचास-पचपन की आयु, गोरे रंग और छोटे कद के छज्जूराम चौबे डमरुआ के बड़े आदमी थे। उनके छोटे कद के कारण लोग कभी-कभी उनकी तुलना शास्त्री जी से कर देते थे। छज्जूराम ने अंग्रेजी शासन काल में भारत के किसी अच्छे विश्वविद्यालय से शिक्षा प्राप्त की थी। शिक्षा प्राप्त कर, शायद गाँव में रहना उन्हें नहीं भाया था, कन्नौज में बस गए थे। कन्नौज में बस जाने का यह अर्थ नहीं था कि गाँव से उन्होंने अपना सम्बन्ध-विच्छेद कर लिया था। वे शरीर से कन्नौज में रहते थे, मन से डमरुआ में। उनके अनुज किरपा डमरुआ में खेती-पाती सँभालते थे। छज्जूराम ने उच्च शिक्षा प्राप्त करने के बाद भी कोई नौकरी नहीं की थी। नौकरी करने की उन्हें ज़रूरत भी नहीं थी, घर में खाने-पीने की कोई कमी थी नहीं। वे स्वतन्त्रता-संग्राम सेनानी भी नहीं थे। स्वतन्त्रता-संग्राम के तटस्थ द्रष्टा मात्र रहे थे। भारत के स्वतन्त्र होने के बाद उनकी राजनीतिक महत्त्वाकांक्षा अचानक जाग उठी थी। जिन भारतीयों ने स्वतन्त्रता-संग्राम के दौरान अपने शरीर, धन-सम्पत्ति पर आँच भी नहीं आने दी थी तथा देश स्वतन्त्र होते ही खादी पहन कर राजनीति में बढ़-चढ़-कर भाग लेना शुरू कर दिया था, उन्हीं सुविधाभोगी, अवसरवादी भारतीयों में से छज्जूराम एक थे। कांग्रेस से अच्छी कोई दूसरी पार्टी उनके लिए क्या हो सकती थी। देखते-देखते वे कन्नौज नगर के अग्रगण्य कांग्रेसी हो गए थे। डमरुआ उनकी राजनीति की प्रयोगशाला बन गया था। वे अपने राजनीतिक सिद्धान्तों का परीक्षण डमरुआ की जनता पर करते थे। उनका प्रभाव कितना घटा-बढ़ा है? कितने लोग उनके पीछे दौड़ते हैं? कितने लोग उनके पैरों पर गिरते हैं? कितने लोग बिना कोई प्रश्न पूछे उनकी 'हाँ' में 'हाँ' मिलाते हैं?—आदि देखने के लिए वे नियमित डमरुआ आते रहते थे। जिस दिन वे डमरुआ आते थे, उस दिन का दृश्य दर्शनीय होता था। डमरुआ की सीमा में प्रवेश करते ही उनकी कार रेंगने वाली गति से चलने लगती थी। खेतों में काम कर रहे किसान कार देखते ही छज्जूराम के पैर छूने दौड़ पड़ते थे। पैर छूने की होड़ लग जाती थी। कोई पैर छूने के लाभ से वंचित न रह जाय, इसके लिए बहुत भीड़ हो जाने पर कार

कुछ पल के लिए रुक जाती थी। कार फिर चलती थी, फिर रुकती थी। यह क्रम देर तक चलता रहता था। कार छज्जूराम की कोठी के सामने जा खड़ी हो जाती थी। अब बच्चों की बारी आती थी। डमरुआ के बच्चों के मनोरंजन का साधन केवल छज्जूराम की कार होती थी, वह भी उन्हें रोज़ नहीं, कभी-कभी देखने-छूने को मिलती थी। जिस दिन कार डमरुआ आती थी, उस दिन बच्चे अपना गुल्ली-डंडा छोड़ केवल कार के आसपास रहते थे; कार के ऊपर बैठी धूल पर अपना नाम लिखते थे, मौका लगते ही कार का भोंपू बजा देते थे, कार के पहियों की हवा निकालने, कार की आगे-पीछे की बत्तियाँ उखाड़ ले जाने की कोशिश करते थे। कार चली जाने पर उन्हें बहुत दुख होता था।

डमरुआ के लोग पूरी श्रद्धा से छज्जूराम के पैर छूते थे (ऐसा कम से कम छज्जूराम ज़रूर मानते थे) इसलिए बदले में छज्जूराम भी लोगों का ध्यान रखते थे। उनकी विपत-आफत में काम आते थे; दस-बीस रुपए उधार दे देते थे, झगड़े-फसाद की पंचायत कर देते थे, किसी के गिरफ्तार हो जाने पर थाने जाकर जमानत करवा देते थे। छज्जूराम ने मदद कर-करके और उसके बदले में पैर छुआ-छुआकर डमरुआवासियों को उस बिन्दु पर पहुँचा दिया था, जहाँ पहुँचकर छज्जूराम की प्रजा होने, बने रहने के अलावा अन्य कोई विकल्प ही उनके पास शेष नहीं रह गया था।

एक दिन छज्जूराम को कलक्टर साहब के कार्यालय से सूचना मिली कि उत्तर प्रदेश सरकार ने पूरे प्रदेश की कृषि योग्य भूमि की चकबन्दी कराने का निर्णय लिया है। चकबन्दी का कार्य सबसे पहले कन्नौज क्षेत्र से ही शुरू किया जाएगा। यह सूचना छज्जूराम के लिए चिन्ताजनक थी क्योंकि वे स्वयं भी एक लम्बी कृषि योग्य भूमि के मालिक थे तथा इस कार्यक्रम में उनकी भूमि भी प्रभावित होने वाली थी। चिन्ता का दूसरा कारण था कि अभी तक किसी मुद्दे को लेकर डमरुआवासियों से उनका सीधा मुकाबला कभी नहीं हुआ था। चकबन्दी में उसकी पूरी सम्भावना थी। छज्जूराम चाहते थे कि चकबन्दी भी हो जाय, अपना स्वार्थ भी सध जाय तथा लोग पैर भी उसी प्रकार छूते रहें। किसी प्रकार इन तीनों में सन्तुलन बना रहे। पर यह उन्हें सम्भव न लगता था क्योंकि दस-बीस रुपए उधार लेकर बदले में पैर छूने वाले भी अपने खेत के किसी दूसरे के हाथ में चले जाने पर चुप बैठने वाले न थे। चिन्ता का अन्य कारण था कि चकबन्दी में जिसका भी खेत उसके हाथ से निकलने लगेगा वह त्राहिमाम त्राहिमाम करता हुआ सीधा उनके पास ही आएगा क्योंकि हर समस्या के निदान के लिए उनके पास आने की आदत जो पड़ी हुई है। उस स्थिति में वे क्या करेंगे? किस-किसकी सहायता करेंगे? और संयोग से यदि किसी का खेत उनके ही चक में आ रहा होगा तब छज्जू क्या करेंगे? क्या उत्तर देंगे? डमरुआ वालों के पास छज्जूराम की सहायता माँगने के अलावा कोई और रास्ता न था, पर छज्जूराम के पास उनके अपने लिए कई रास्ते थे; उनकी अपनी नेतागीरी, उनकी

अपनी पहुँच और उनका अपना पैसा। चकबन्दी की सूचना अभी डमरुआ तक नहीं पहुँची थी। पहुँचती कैसे? कौन पहुँचाता? वह जिम्मेदारी भी छज्जूराम की थी। अतः एक दिन अचानक बिना बताए वे डमरुआ पहुँच गए। आते ही, कार में बैठे-बैठे ही किरपा को आदेश दिया—"नौकर भेज कर काशी दद्दा, शंकर और करन को बुलवा लो, एक ज़रूरी बात करनी है।"

"क्या ज़रूरी बात?" किरपा ने चिंतित मुद्रा में पूछा।

छज्जूराम कार से उतर आए। अपनी टोपी उतार हाथ में पकड़ ली। सिर पर हाथ घुमाते हुए, घर की ओर धीरे-धीरे चलते हुए कहा—"कोई खास बात नहीं। चकबन्दी के बारे में कुछ बात करनी है। कल मुझे कलक्टर साहब के यहाँ से पता चला है कि डमरुआ में चकबन्दी होने वाली है। सरकार हर गाँव का नया कृषि मानचित्र बनवाना चाहती है। जब से जमींदारी समाप्त हुई है, कोई मानचित्र नहीं बनाया गया है। यह काम इतना सरल नहीं है। फिर भी सरकार का निर्णय है, मानना ही पड़ेगा। हम लोग क्या कर सकते हैं?"

किरपा ने एक कुर्सी की धूल झाड़ उनकी ओर बढ़ा दी। छज्जूराम कुर्सी पर आराम से बैठ गए। किरपा ने उनके सामने खड़े रहकर ही पूछा—"काशी दद्दा आदि से बात करने का मतलब?"

"मैं इन लोगों से इसलिए बात करना चाहता हूँ कि इन सबके पास भी हमारे-तुम्हारे बराबर खेती है। ये लोग भी आर्थिक रूप से समृद्ध हैं। चकबन्दी के दौरान यदि ये लोग खेतों के लिए आपस में नहीं टकराएँगे तो फिर छोटे खेत मालिकों की चिन्ता हमें नहीं रह जाएगी। छोटी-पूरी टकराहट होगी, यह मैं जानता हूँ, क्योंकि जो खेत पचासों साल हमारे पास रहे हैं, जिन्हें हम जोतते-खोदते रहे हैं, जिनसे हमारी जीविका चलती रही है, उनसे हमारा भावनात्मक सम्बन्ध जुड़ गया है। किसी भी कीमत पर हम क्या, कोई भी उन खेतों को गँवाना नहीं चाहेगा," छज्जूराम ने कहा।

किरपा ने नौकर दौड़ा दिया। थोड़ी देर में काशी चौबे, शंकर चौबे और करन चौबे छज्जूराम की बैठक में उपस्थित हो गए। गणेश चौबे को बुलाया नहीं गया था, फिर भी वे काशी आदि को छज्जू की कोठी की ओर जाते देख उनके पीछे-पीछे चले आए थे। आनेवाले नहीं जानते थे कि छज्जूराम क्या बात करने वाले हैं? करन अधीर हो रहे थे, शीघ्रातिशीघ्र कुछ बात शुरू करना चाहते थे, अतः अपने माथे पर आए पसीने को अपनी धोती के खूँट से सुखाते हुए कहा—"छज्जू दद्दा! आज बहुत उमस है। लगता है एकाध दिन में पानी बरसेगा।" करन आयु में छज्जू से कई वर्ष छोटे थे इसलिए छज्जू के आगे प्रायः कम ही बोलते थे। पर आज उन्होंने बोल दिया था। करन की उमस और वर्षा वाली बात सुनते ही छज्जू की भृकुटि चढ़ गई। करन को डपटते हुए बोले—"करन! हम लोग यहाँ मौसम पर विचार करने के लिए इकट्ठे नहीं हुए हैं। जो बात मैं अभी तुम्हें बताऊँगा,

उसे सुन तुम्हारी गर्मी अपने आप दूर भाग जाएगी।" करन को अपनी त्रुटि का एहसास हुआ, सोचा, बेकार ही बोल दिया। छज्जू भइया कुछ चिंतित हैं। लगता है मामला कुछ गम्भीर है।

छज्जूराम ने सबको बताया–"डमरुआ में चकबन्दी होने वाली है। जिला कार्यालय में आदेश आ गए हैं। काम बहुत शीघ्र ही शुरू होगा। आप लोग बैठकर परस्पर विचार कर लीजिए कि कौन से खेत, कहाँ, कैसे लेना चाहते हैं? यह कोई ज़रूरी नहीं है कि जो खेत आप चाहेंगे, वे आपको मिल ही जाएँगे। डमरुआ में दूसरे किसान भी हैं। हर किसान अच्छे खेत लेना चाहेगा। आप लोग जानते हैं कि डमरुआ में समतल सिंचित खेत बहुत कम हैं। कुछ को अच्छे खेत मिलेंगे, कुछ को नहीं मिलेंगे। संघर्ष की स्थिति पैदा होगी। उस संघर्ष से आप कैसे निपटेंगे? उसके बारे में भी सोच लीजिए। इतने पहले से आप लोगों को मैंने इसीलिए सूचित कर दिया कि हर तरीके से तैयार हो जाइए।"

चकबन्दी की बात सुन सब एक-दूसरे की ओर देखने लगे। शंकर ने अपनी मूँछें ऐंठकर थोड़ी और नुकीली करते हुए कहा–"छज्जू भइया! चकबन्दी के बारे में मैं कई साल से सुनता आ रहा हूँ। सरकार कहती रहती है, कराने का नम्बर आता है, पीछे हट जाती है। आप देख लीजिएगा इस बार भी ऐसा ही होगा। सरकार किसानों की नाराजगी मोल लेना नहीं चाहती। चकबन्दी की ज़रूरत भी क्या है? जैसा चल रहा है, वैसा ही ठीक है।"

"नहीं शंकर! इस बार पहले वाली बात नहीं है। यह बात सही है कि सरकार कई साल से कहती आ रही है। पर इस बार सरकार गम्भीर है। जिला-तहसील स्तर के सब कार्यालय सक्रिय हो गए हैं," छज्जू ने कहा।

सब लोग काशी के मुँह से कुछ सुनना चाहते थे क्योंकि काशी उन सबमें वयोवृद्ध और अनुभवी व्यक्ति थे। छज्जूराम काशी की ओर देखने लगे। काशी ने गम्भीरतापूर्वक कहा–"छज्जू! चकबन्दी पूरे डमरुआ की होगी, सब किसान प्रभावित होंगे। यहाँ केवल हम चार किसान बैठ कर बात कर रहे हैं। अच्छा रहता यदि डमरुआ के सब किसानों के साथ एक बैठक की जाती। सब बैठ कर तय कर लेते कि कोई किसी का खेत बिना उसकी मर्ज़ी के नहीं लेगा। और यदि लेगा तो उसके बदले में दूसरा अच्छा खेत किसी दूसरी जगह पर उसे लौटा देगा। वैसी स्थिति में आपसी लड़ाई-झगड़े वाली कोई बात ही नहीं रह जाती।"

"काशी दद्दा! मुझे नहीं लगता कि पूरे डमरुआ को एक साथ बिठा कर बात करने से समस्या का कोई हल खोजा जा सकता है। खेत तो इधर-उधर जाएँगे ही। कई छोटे खेतों को मिलाकर जो एक बड़ा चक बनाया जाएगा, वह चक किसी एक किसान को ही मिल सकेगा। वह किसे मिलेगा? यही एक प्रश्न है। जो दूसरे किसानों को मना लेगा,

चकबन्दी अधिकारी को पटा लेगा, वही वह चक पा जाएगा। दूसरी बात यह कि जब व्यक्तिगत सम्पत्ति का प्रश्न आता है, कोई किसी की नहीं सुनता। खेतों की तो बात ही छोड़ दीजिए। आपने डमरुआ में देखा है कि एक इंच ज़मीन के लिए आदमी मरने-मारने को उतारू हो जाता है," छज्जू ने कहा।

"छज्जू भइया! मेरी भी यही राय है। दूसरे टोला के किसानों को बुलाकर बात करने से वे समझेंगे कि बमनन टोला वाले उनसे डरने लगे हैं इसीलिए उन्हें बुलाकर समझा रहे हैं। हो सकता है तब वे इसे हमारी कमजोरी समझ, जानबूझकर हमारे खेत लेना चाहें। मैं अपनी ओर से एक बात साफ कर दूँ कि मैं अपने खेतों की मेंड़ भी दूसरे टोले वालों के खेतों से छूने नहीं दूँगा। उन लोगों से रोज़-रोज़ का झगड़ा कौन मोल लेगा। सरकार ने उनके दिमाग वैसे ही बहुत खराब कर रखे हैं," शंकर ने कहा।

करन अब तक चुप बैठे सुन रहे थे। शंकर की बात उन्हें अच्छी लगी, कहा—"शंकर! तुम्हारी यह बात सोलह आने सही है। सरकार ने दिमाग वाकई खराब कर दिए हैं।"

कार के पास खेल रहे किसी बच्चे ने कार का भोंपू बजा दिया। सबका ध्यान उस ओर चला गया। किरपा उठकर बच्चों को डाँटने चले गए। किरपा का इन्तज़ार करते सब लोग चुप बैठे रहे। किरपा लौट आए। कार की निगरानी के लिए नौकर तैनात कर आए।

शंकर की राय से करन के सहमत हो जाने से शंकर का उत्साह बढ़ गया था। अपनी बात आगे बढ़ाते हुए वे फिर कहने लगे—"हम सबको डमरुआ में सम्मान से रहना है तो हमें गाँव के आसपास के सब अच्छे खेत अपने पास रखने की कोशिश करनी चाहिए। बमनन टोला से बाहर एक भी टुकड़ा नहीं जाना चाहिए। इससे डमरुआ की लगाम अपने हाथों में रहेगी। दूसरे टोले वालों पर दबाव भी रहेगा। भविष्य में कभी यदि कोई हमारे खिलाफ़ जाने की हिम्मत करेगा, हम उसका, उसके परिवार का, उसके जानवरों का अपने खेतों से निकलना बंद कर देंगे। चार दिन में उसका दिमाग ठिकाने आ जाएगा। मैंने अभी से तय कर लिया है कि मैं अपने खेतों में दूसरे टोले वालों को हगने भी नहीं दूँगा। और यदि किसी को हगते पकड़ लूँगा, उसी समय उसका पाखाना उसके कपड़ों में बँधवा दूँगा।"

शंकर की इस राय पर किसी ने कोई प्रतिक्रिया व्यक्त नहीं की। छज्जूराम ने इतना ही कहा—"मेरी ड्यूटी पूरी हो गई। मैंने समय रहते आप लोगों को आगाह कर दिया है। अब आगे क्या करना है? कैसे करना है? आप लोग खुद विचार कर लीजिए।"

गणेश ने अपनी जिज्ञासा प्रकट की—"छज्जू दद्दा! चकबन्दी करेगा कौन? आप लोग पुराने जमींदार रहे हैं, क्या आप लोग नहीं कर सकते? अच्छा रहता यदि यह जिम्मेदारी

गाँव के प्रधान को दे दी जाती। तब काशी दद्दा, हम लोग जैसी चाहते, वैसी चकबन्दी कर देते। क्यों काशी दद्दा?"

काशी ने गणेश की ओर देखा, कुछ बोले नहीं। छज्जूराम ने कहा—"गणेश! गाँव का प्रधान चकबन्दी नहीं कर सकता। यह बहुत बड़ा काम है। सरकार इस काम के लिए कोई प्रशिक्षित चकबन्दी अधिकारी डमरुआ भेजेगी। वह अधिकारी महीना-पन्द्रह दिन या जब तक काम निपट नहीं जाएगा डमरुआ में ही रहेगा। उसके रहने, खाने-पीने की व्यवस्था भी हमें देखनी होगी। चकबन्दी का पूरा का पूरा दारोमदार चकबन्दी अधिकारी पर ही होता है। यदि वह अधिकारी हमारा पक्ष नहीं लेगा तो हम लोग कुछ नहीं कर पाएँगे। भगवान न करे कि कोई धर्मराज युधिष्ठिर आ जाए। चकबन्दी अधिकारी यदि हमारा पक्ष लेगा भी तो मुफ्त में नहीं, उसे कुछ दान-दक्षिणा भी देनी होगी। वह दान-दक्षिणा भी आप लोग पहले से ही तैयार करके रख लीजिए।"

"दान-दक्षिणा! वह क्यों?" काशी ने विस्मित होते हुए पूछा।

"काशी दद्दा! दान-दक्षिणा अपना काम करवाने के लिए। आप जहाँ चाहें वहाँ आपका चक बन जाए इसलिए," छज्जूराम ने उत्तर दिया।

दान-दक्षिणा की बात सुन शंकर प्रसन्न हो गए, कहा—"छज्जू भइया! हम सबकी ओर से आपसे एक अनुरोध है कि कोशिश कर कोई ऐसा अधिकारी ही डमरुआ लाइए जो घूस लेकर काम करने में माहिर हो। घूस लेने वाले अधिकारी से काम कराना आसान होता है। वह एकदम पक्का काम करता है। लेकिन रेट क्या होगा? वह भी आप ही तय कर लीजिएगा।"

"मैं कोशिश करूँगा कि कोई ऐसा चकबन्दी अधिकारी ही डमरुआ आए जो ज्यादा चूँचपड़ न करे। जहाँ तक रेट का सवाल है, मैं कुछ नहीं कह सकता। देश के स्वतन्त्र होने के बाद अपने इलाके में पहली बार चकबन्दी हो रही है, घूस के रेट अभी तक खुले नहीं हैं। मानकर चलिए पचास-साठ रुपए प्रति बीघा," छज्जू ने कहा।

"पचास-साठ रुपये प्रति बीघा! यह रेट कुछ अधिक लगता है। क्यों काशी दद्दा?" करन ने कहा।

काशी की बात किसी ने मानी नहीं थी इसलिए आगे उन्होंने कोई राय नहीं दी थी। वे केवल बैठ कर सुन रहे थे, कभी छज्जू का मुँह देखते थे, कभी शंकर का। दान-दक्षिणा देने की बात पर उन्हें आश्चर्य हुआ था। काशी ने अपने जीवन में घूस देकर कभी कोई काम नहीं कराया था। स्वतन्त्र भारत में घूस का प्रचलन भी अभी नया-नया ही हुआ था। वे सोचने लगे थे क्या उन्हें भी घूस देनी पड़ेगी? यदि डमरुआ के सब लोग देंगे, जैसा कि छज्जू और शंकर की बातचीत से लग रहा है, और मैं अकेला नहीं दूँगा तो हो सकता है कि चकबन्दी अधिकारी मेरा चक किसी ऐसी जगह काट दे, जहाँ सिंचाई के लिए एक बूँद भी पानी न पहुँचे, तब मैं क्या करूँगा?

किरपा का पुत्र सबके पीने के लिए शर्बत ले आया। सबने एक-एक गिलास उठा लिया। करन ने एक घूँट शर्बत पी कहा—“किरपा! शर्बत बिल्कुल बर्फ जैसा ठंडा है। इतना ठंडा पानी किस कुएँ से मिल गया?”

“करन! यह शर्बत घड़े के पानी से बनाया गया है। अपने गाँव के कुम्हार जो घड़े बनाते हैं उनका कोई जवाब नहीं होता। ऐसे ठण्डे घड़े कानपुर में भी नहीं मिलते,” किरपा ने बताया।

शर्बत का आनन्द लेते हुए शंकर ने पूछा—“छज्जू भइया! कुछ अनुमान है, चकबन्दी अधिकारी कब तक डमरुआ आ जाएगा?”

“मैं ठीक कुछ नहीं कह सकता। मेरे पास जो सूचना है उस आधार पर मेरा अनुमान है कि अगले महीने तक काम शुरू हो जाना चाहिए। मुझे जैसे ही और कोई सूचना मिलेगी, आप लोगों तक पहुँचा दूँगा,” छज्जूराम ने बताया।

3

बलवान

[1]

किसुन के पिता बलवान (किसुन अपने पिता को ककुआ कहता था) और चाचा मंगा को आपसी बँटवारे में घर का, आमने-सामने का एक-एक कमरा तथा एक-एक बैल हिस्से में मिला था। कमरे के बाहर छप्पर में रोटी बनती थी। आँगन में घर को बाँटने वाली दीवार अभी तक नहीं उठाई गई थी इसलिए आँगन, घर का पनारा जहाँ बर्तन धोए जाते थे तथा घर के बाहर का चौतरा जिस पर एक छप्पर पड़ा था, अभी तक साझे में था। चौतरे पर की खटिया भी साझे में थी, दोनों परिवार के सदस्य उस पर बैठते थे। चौतरे पर बनी चन्नी के पास दोनों बैल बाँधे जाते थे। उनका तीन बीघे का एकमात्र खेत भी अभी तक साझे में था जिसे वे दोनों (बँटवारे के बाद से बारी-बारी से) दो-दो साल अपने पास रखते थे। उनके खेत में जिस साल वर्षा ठीक से हो जाती थी, उसी साल कुछ पैदा होता था। पर उसमें इतना कभी नहीं होता था जिससे दोनों परिवारों का साल भर काम चल जाया करता, इसलिए बलवान और मंगा दोनों को बमनन टोला के चौबे लोगों के खेतों पर निर्भर रहना पड़ता था। मेहनत इनकी, खेत उनके, फसल आधी-आधी। जब तक बलवान और मंगा साझे में रहे, एक ही खेत में मिलकर, परिश्रम से काम कर खूब अनाज पैदा करते रहे। उनके अलग होते ही दोनों परिवारों की स्थिति दयनीय हो गई, नौबत यहाँ तक आ गई कि कभी-कभी भूखे पेट ही सो जाने लगे। बलवान दुबला-पतला था, बहुत काम नहीं कर पाता था, इसलिए उसके परिवार के सब सदस्य—अम्मा, किसुन, सस्सुती, चैतू—उसकी सहायता के लिए खेतों में काम करने जाने लगे थे। मंगा खेतों में मेहनत से काम करने की बजाय, साल में छह महीने ताड़ी के नशे में ही डोलता रहता था।

[2]

नतीजे वाले दिन ककुआ शाम को घर लौटे, हाथ-पैर धो चौतरे पर ही बैठ गए, बहुत थक गए थे। अम्मा ने घर के अन्दर से ही आवाज़ दी–"रोटी तैयार है।" अम्मा की आवाज़

सुन सबके सब रोटी खाने के लिए छप्पर में इकट्ठे हो गए। अम्मा चौके में चूल्हे के सामने बैठी रोटी बना रही थीं। एक रोटी तवे पर थी, एक चूल्हे में खड़ी सिंक रही थी। अम्मा ने तवे की रोटी चिमटे से पलटनी चाही, रोटी आधी-आधी टूट गई। अम्मा बड़बड़ाने लगीं–"मुझसे मका की रोटी नहीं बनती। हाथ की चकिया से पीसा गया आटा दरदरा रहता है इसलिए ठीक से नहीं जुड़ता। सुना है कन्नौज में इंजन वाली चकिया से आटा पीसा जाने लगा है। एक इंजन चकिया डमरुआ में भी लग जाती, औरतों को कितनी आराम हो जाती।" अम्मा ने रोटी के दोनों टुकड़े तवे से उतार सिंकने के लिए चूल्हे में डाल दिए, कहा–"सस्सुती! तुम मका की रोटी अच्छी बना लेती हो। आओ, कोशिश करके देखो शायद तुमसे जुड़े।" अम्मा चूल्हे के पास से हट गईं। सस्सुती किसुन से कई साल छोटी थी, फिर भी रोटी-पानी खूब कर लेती थी। सस्सुती अपने छोटे-छोटे हाथों से मके का आटा मींज-मींज रोटी बनाने लगी। उसकी बनायी एक भी रोटी नहीं टूट रही थी। मके की रोटी बनते देख चैतू चुपचाप घर से बाहर चला गया। अम्मा ने एक थाली में आलू की गर्म-गर्म सब्जी परोस, चार रोटियाँ रख ककुआ की ओर खिसका दीं। किसुन भी ककुआ के साथ खाने बैठ गया। चैतू को छप्पर में न देख ककुआ ने अम्मा से पूछा–"किसुन की अम्मा! चैतू कहाँ गया? रोटी नहीं खाएगा?"

अम्मा ने ज़ोर से पुकारा–"चैतू! चल, रोटी खा।"

चैतू आ गया, छप्पर की ठुनगिया पकड़ मुँह फुलाकर खड़ा हो गया।

"रोटी नहीं खाओगे?" ककुआ ने पूछा।

"नहीं," चैतू ने सिर हिलाते हुए कहा।

"क्यों?" ककुआ ने फिर पूछा।

"मुझे मका की रोटी अच्छी नहीं लगती," चैतू ने आँगन की ओर मुँह मोड़कर कहा।

अम्मा ने डाँटा–"चल, खा आकर। सब लोग मका की रोटी खाते हैं, तुझे ही क्यों नहीं अच्छी लगती? तू ही कहाँ का बड़ा लाट साहब है? तेरे लिए अलग से गेहूँ की रोटी मैं कहाँ से लाऊँ?"

चैतू ने गुस्से से पैर पटकते हुए कहा–"नहीं खाऊँगा। पता नहीं कब से गेहूँ की रोटी खाने को नहीं मिली है। तुम रोज़-रोज़ मका की रोटी बनाती हो।"

बलवान ने अपनी पत्नी को समझाया–"किसुन की अम्मा! तुम उसे बेकार ही डाँट रही हो। बच्चों को मके की रोटी कम अच्छी लगती है। बड़ा होकर खाने की आदत पड़ जाएगी। मैं जब छोटा था, मुझे भी नहीं अच्छी लगती थी। बाद में सब खाने लगा था। भूख बहुत बड़ी चीज़ है, आदमी सब कुछ खाने लगता है।"

सस्सुती बीच में ही बोल पड़ी–"ककुआ! चैतू अब इतना भी छोटा नहीं है, सात साल से ऊपर का हो गया है।"

इस बात पर चैतू सस्सुती को मारने दौड़ा। अम्मा ने उसे बीच में ही पकड़ लिया।

ककुआ ने चैतू को समझाया–"चैतू बेटा! थोड़े दिन सब्र करो, फिर तुम्हें भर पेट गेहूँ की रोटी खाने को मिला करेगी। इस साल मैं काशी चौबे की खेती करने की सोच रहा हूँ। आज मुझे पता चला है कि उन्होंने अभी तक अपने खेत किसी को नहीं दिए हैं। मैं जल्दी ही उनसे बात करूँगा। काशी के सब खेत गेहूँ की फसल वाले हैं। उनमें गेहूँ ही गेहूँ पैदा होता है। चल आ जा, आज मका की रोटी खा ले।"

ककुआ के समझाने पर चैतू उन्हीं के साथ, किसुन की बगल में खाने बैठ गया। ककुआ को याद आया, किसुन आज अपना नतीजा लेने स्कूल गया था, पूछा–"किसुन! तुम्हारे नतीजे का क्या हुआ?"

किसुन ने एक कौर मुँह में ठूँस चबाते हुए कहा–"पास हो गए। गणित में नम्बर कम हैं।"

"गणित में नम्बर कम होने से क्या फर्क पड़ता है। पास हो गए यही बड़ी बात है। नम्बर कम क्यों हैं?" ककुआ ने पूछा।

"मुझे लगता है स्कूल के पंडित ने मेरे नम्बर जान-बूझकर कम कर दिए हैं। वह तो अच्छा रहा फेल नहीं कर दिया।" किसुन ने कहा।

"पंडित जी ऐसा क्यों करेंगे?" ककुआ ने पूछा।

"यह तो वही जानें।" किसुन ने कहा।

"आगे क्या करोगे?" ककुआ ने पूछा।

"जो बताओगे। पढ़ाना चाहोगे, पढ़ूँगा, नहीं तो तुम्हारे साथ काम करने चला करूँगा," किसुन ने कहा।

"मैं चाहता हूँ तुम आगे पढ़ो। पर उसके लिए कन्नौज जाना पड़ेगा," ककुआ ने कहा।

"हाँ, और क्या," किसुन ने उत्तर दिया।

ककुआ ने कुछ देर सांचा, कहा–"इस समय मेरे पास एक भी धेला नहीं है। दाखिला कब होगा?"

"दाखिले हर जगह जुलाई में ही होते हैं," किसुन ने बताया।

"जुलाई का मतलब?" ककुआ ने पूछा।

किसुन ने गिन कर बताया–"आषाढ़।"

तब अभी घाट-बाढ़ दो महीने हैं। मैं कुछ इन्तजाम करूँगा। किसी से उधार लूँगा। काशी की खेती करूँगा, उन्हीं से ले लूँगा। पढ़ाई के नाम पर काशी मना नहीं करेंगे। एक डर है कि पूरब टोला के किसी लड़के को पढ़ने के लिए कन्नौज जाते देख, बमनन टोला वालों को अच्छा नहीं लगेगा। अभी तक उन्हीं के लड़के कन्नौज पढ़ने जाते हैं," ककुआ ने कहा।

अम्मा ने किसुन की पीठ पर हाथ फेरते हुए दुखी स्वर में कहा—"किसुन बेटा! मेहनत से पढ़ डालो। तुम्हारे साथ हमारी भी जिन्दगी बन जाएगी। बमनन टोला की गुलामी अब मुझसे नहीं की जाती। तुम सबकी आँख बचाकर निकल जाया करना। बमनन टोला वाले क्या जानेंगे कि तुम किसलिए कन्नौज आते-जाते हो।"

मंगा अपने चौके में बैठा बलवान के परिवार का वार्तालाप देर से सुन रहा था। बमनन टोला का नाम सुन भड़क गया, कहा—"भइया! किसुन को कन्नौज में पढ़ाना ही है तो डंके की चोट पर पढ़ाओ। बमनन टोला वालों से डरने की क्या ज़रूरत है। और इतना ही डरते हो तो घर में बिठा रखो। डरने वाले ज़माने कब के निकल गए।"

बलवान ने उसे डाँटा—"चुप कर, धीरे-धीरे बोल। गली से बमनन टोला का कोई निकल रहा होगा, सुन लेगा। रात में आवाज़ दूर तक जाती है। करन चौबे अभी अपने चौतरे पर ही बैठे होंगे। मुझे बेकार की आफत मोल लेना अच्छा नहीं लगता। तू अपनी बहादुरी अपने पास ही रक्खा कर।"

मंगा चुप हो गया।

अम्मा ने कहा—"कन्नौज क्या यहाँ है! डमरुआ से कितनी दूर है। आएँगे-जाएँगे कैसे? साइकिल भी चाहिए। और कपड़े? क्या डमरुआ वाले कपड़ों से ही कन्नौज पढ़ने जाएँगे?"

रोटी खा ककुआ दीवार से धोख लगा, ज़मीन पर पैर पसार आराम से बैठ गए, पूछा—"किसुन! बाहर पहनकर जाने के लिए तुम्हारे पास कितने पैजामा-क़मीज़ हैं?"

ककुआ के इस प्रश्न से किसुन कुछ चिढ़ गया, कहा—"ककुआ! तुम पैजामा-क़मीज़ के बारे में ऐसे पूछ रहे हो मानो मेरे पास दस-बीस हों। एक ही जोड़ा साल भर से पहन रहा हूँ। केवल बाहर आने-जाने में पहनता हूँ, इसलिए इतना चल भी गया। घर में पहना होता, कभी का फट गया होता। फिर भी पैजामे में पीछे एक छेद हो गया है।"

"इसका मतलब कि कपड़ों की चिन्ता फिलहाल नहीं करनी पड़ेगी। पैजामे के छेद का क्या, दिखाई थोड़े ही पड़ेगा, ऊपर से क़मीज़ रहेगी। अम्मा को दिखाना, थोड़ा-बहुत सिल भी देंगी। कपड़े बनवाने की गुंजाइश अभी कतई नहीं है। और साइकिल? रोज़ आठ-नौ मील पैदल कैसे चलोगे? डमरुआ से कन्नौज पहुँचने में दो घंटे लगते हैं। दिन में चार घंटे पैदल चलोगे, पढ़ाई कब करोगे? साइकिल मैं खरीदूँगा भी कहाँ से? पुरानी साइकिल भी नब्बे-सौ से कम की न मिलेगी। बाद में कभी देखूँगा। अभी कुछ दिन तुम एक काम कर सकते हो। तुम्हारे साथ के बमनन टोला के कुछ पढ़इया अपनी साइकिल से पढ़ने जाएँगे, उन्हीं के साथ तुम भी चले जाना," ककुआ ने कहा।

"वे लोग मुझे अपनी साइकिल से ले जाएँगे?" किसुन ने पूछा।

"हाँ हाँ, क्यों नहीं ले जाएँगे। तुम आने-जाने में दोनों ओर से उन्हें बिठाकर साइकिल खींच ले जाना। इससे उन्हें भी आराम, तुम्हें भी आराम। वे आराम से बैठकर चले जाएँगे और तुम साइकिल से चले जाओगे," ककुआ ने कहा।

अम्मा ने टोका–"किसुन के ककुआ! यह अच्छी कही तुमने। चौबे लोगों के लड़के कितने मोटे-मोटे हैं। दुबला-पतला किसुन उन्हें कैसे खींच कर ले जाएगा? कन्नौज पहुँचते-पहुँचते साँस फूल जाएगी। इससे अच्छा है किसुन पैदल ही जाए।"

बलवान ने पत्नी को झिड़का–"किसुन की अम्मा! तुम बीच में मत बोला करो। तुम औरतजात हो कुछ नहीं जानतीं-तानतीं। मैं कब चाहता हूँ कि किसुन उन्हें खींचे। कुछ दिन की बात है, गुंजाइश हो जाने पर एक पुरानी साइकिल खरीद दूँगा। मैं क्या करूँ? मैं भी मजबूर हूँ। हर आदमी को अपने पैर उतने ही पसारने चाहिए जितनी लम्बी उसकी चादर हो।"

किसुन ने ककुआ का हाथ पकड़ धीरे-से कहा–"ककुआ! जूता-चप्पल? मेरे पास कुछ भी नहीं है। मंदिर नंगे पैर चला जाता था। पता नहीं, कन्नौज के स्कूल में लड़के नंगे पैर आते होंगे कि नहीं?"

"कन्नौज जाने वाले किसी पढ़इया से पूछो। दो-चार लड़के भी नंगे पैर आते हों, तुम भी चले जाना," ककुआ ने कहा।

"सस्सुती की एक चप्पल अभी सही-सलामत है, उसे पहन कर चले जाना," अम्मा ने कहा।

किसुन तुनक गया–"अम्मा! क्या बात करती हो? मैं ज़नानी चप्पल पहन कर स्कूल जाऊँगा। वह मंदिर का स्कूल नहीं है। शहर के लड़के ज़नानी चप्पलें देख हँसेंगे।"

बलवान को पत्नी का सुझाव अच्छा लगा, कहा–"शहर के लड़के क्यों हँसेंगे? उस चप्पल पर क्या नाम लिखा है कि वह ज़नानी है। आजकल शहरों में जनाने-मर्दाने में कोई अन्तर नहीं रह गया है। आदमी लोग सिर पर इतने बड़े-बड़े बाल रखते हैं कि पता करना कठिन हो जाता है, कौन मर्द है? कौन औरत?"

सस्सुती की चप्पल के लिए सस्सुती से किसी ने नहीं पूछा था। वह नाराज हो गई थी। रोटी बन गई थी। सस्सुती ने रोटी बनाने वाले तसले में पानी डाल ले जाकर पनारे की ईंटों पर पटक दिया। बाल्टी के पानी से अपने हाथ का आटा छुटाते हुए कहा– "ककुआ! मैं अपनी चप्पलें किसी को नहीं दूँगी। मेरी चप्पलें इतनी छोटी हैं। किसुन अपना बड़ा पैर घुसा कर उन्हें तोड़ डालेगा। मेरे पास पहनने को कुछ भी नहीं रह जाएगा। मैं क्या पहन कर मंगलाचौथ का मेला देखने जाऊँगी?"

बलवान ने सस्सुती को अपने पास बुला समझाया–"सस्सुती बिटिया! अपने ककुआ पर तरस खाओ। मैं अभी कुछ भी नहीं खरीद पाऊँगा। दे दो अपनी चप्पलें। तुम्हारा बड़ा

भाई है। पढ़-लिख जाएगा, तुम्हारा एहसान मानेगा। काशी की फसल से जो मिलेगा, सबसे पहले तुम्हारे लिए चप्पलें खरीद दूँगा।"

सस्सुती मान गई, सिर हिला दिया। उसकी आँखों से दो आँसू टपक गये। दीये की धुँधली रोशनी में ककुआ सस्सुती के आँसू नहीं देख पाए। अम्मा ने देख लिये, बुलाया– "सस्सुती! चलो हम लोग भी रोटी खा लें।"

चैतू कमरे से सस्सुती की चप्पलें उठा लाया। ककुआ ने चप्पलें हाथ में ले देखीं, कहा–"चप्पलें फस्ट क्लास हैं। मजबूत भी लगती हैं। किसुन! पहन कर देखो, तुम्हारे पैरों में आती हैं कि नहीं?"

ककुआ ने चप्पलें किसुन के पैरों के पास रख दीं। किसुन ने चप्पलें पहन पूछा– "ककुआ! कैसी लग रही हैं? ज़नानी तो नहीं लगतीं?" ककुआ ने दीये की लौ से अपनी बीड़ी जलाते हुए कहा–"कहा न, एकदम फस्ट क्लास।"

किसुन ने अम्मा से पूछा–"अम्मा! तुम बताओ।"

अम्मा ने कहा–"दूर से देखकर कोई नहीं जानेगा कि चप्पलें ज़नानी हैं।"

किसुन ने सस्सुती से पूछा–"सस्सुती! तुम बताओ।"

सस्सुती ने चप्पलों की ओर बिना देखे ही दीवार की ओर मुँह फेर लिया, कहा– "मुझे क्या पता!"

बलवान ने आँगन में निकल, बीड़ी का धुँआ आसमान की ओर छोड़ते हुए कहा– "किसुन बेटा! एक बार पढ़-लिखकर अप्सर बन जाने पर कोई नहीं पूछेगा कि तुम कौन-सी चप्पल पहन कर स्कूल गए थे?"

4

काशी चौबे

[1]

मितव्ययी, स्वाध्यायी, ईमानदार, डमरुआ के प्रथम निर्विरोध निर्वाचित 'ग्राम-प्रधान' काशी चौबे की कथा निराली है। मितव्ययी : सब कुछ होने पर भी अपने भोजन में दाल-सब्जी एक साथ कभी नहीं खाई, अपने पालतू पशुओं तक को एक बार में भरपेट चारा नहीं दिया। स्वाध्याय : लोकमान्य तिलक लिखित 'गीता रहस्य' तथा गीता प्रेस गोरखपुर द्वारा प्रकाशित 'कल्याण' मासिक का। ईमानदार : किसी की अठन्नी भी कभी अपने पास नहीं रखी, अपनी इकन्नी किसी के पास छोड़ी नहीं, छाती पर चढ़ वसूल ली। स्वाध्याय प्रतिदिन एक निश्चित स्थान पर पड़ी अपनी बैठक की कुर्सी पर। बैठक की दीवारों पर शास्त्रों की कतिपय सूक्तियाँ तथा धोती की फेंट में रिवाल्वर घुसाए, नंगे बदन, मोटा जनेऊ पहने, मूँछों पर ताव देते चन्द्रशेखर आजाद का शीशे में मढ़ा गया एक चित्र। शांत चित्त, सरल स्वभाव वाले, गांधीजी के कट्टर अनुयायी, अहिंसाधर्मी काशी की बैठक में आजाद का चित्र? यह रहस्य डमरुआ वाले कभी नहीं समझ सके। कांग्रेस के सिद्धान्तों में अटूट आस्था। नेहरू जी के निधन पर पूरे दिन उपवास किया, अस्थियों के संगम में विसर्जित हो जाने तक रेडियो से पल-पल की खबर सुनी, डमरुआ के और लोगों को भी सुनाई। डमरुआ के प्रधान कैसे बने? छज्जूराम ने उनका नाम लिया, किसी ने विरोध नहीं किया, प्रधान निर्वाचित हो गए। छज्जू के प्रति कृतज्ञता ज्ञापित की, उनका कभी मुखर विरोध नहीं किया। छज्जू ने जो कहा, वह किया। क़ागज पर प्रधान काशी, असली प्रधान छज्जूराम। छज्जू पहले, डमरुआ बाद में। कैसे? नेहरू जी ने डमरुआ की जनता के मनोरंजन के लिए प्रधान के रूप में काशी को एक ग्रामोफोन, एक रेडियो भेजा। ग्रामोफोन में चाभी कौन भरता, कौन तवा चढ़ाता, कौन उसे चलाता, डमरुआ वालों को सुनाने की जिम्मेदारी लेता? सील बंद डिब्बे बैठक में दो-तीन महीने पड़े रहे। एक दिन छज्जू वे डिब्बे अपने घर उठा ले गए, अपने छोटे भाई किरपा के व्यक्तिगत मनोरंजन के लिए। डमरुआ की जनता तो दूर, काशी को स्वयं पौने नौ बजे रात की खबरें सुनने किरपा के यहाँ जाना

पड़ता था। काशी शाम को प्रायः खाली रहते ही थे, चले जाते थे, खबरें सुन आते थे, पूरे दिन खास-खास खबरें लोगों को बताते रहते थे।

[2]

चकबन्दी की खबर ने काशी को विचलित कर दिया था। दूसरे ही दिन कानपुर में नियुक्त अपने सरकारी अधिकारी पुत्र राधावल्लभ को शीघ्रातिशीघ्र डमरुआ आने की सूचना भिजवा दी। पिता की खबर पा राधावल्लभ चिन्ता में पड़ गए। सब काम छोड़छाड़ अगले ही रविवार डमरुआ आ गए। गाँव पहुँचकर राधावल्ल्भ की अपने पिता से तुरंत बात न हो सकी क्योंकि उस समय काशी डमरुआ वालों को शक्कर की पर्चियाँ बाँटने में व्यस्त थे। काशी को यह काम प्रतिमाह एक बार करना पड़ता था। एक परिवार, एक किलो शक्कर की एक पर्ची। पर्ची फाड़ना, पर्ची पर मुहर मारना, परिवार के मुखिया का नाम लिखना, दस्तखत करना, दिनांक डालना और ऊपर से यह याद रखना कि कौन पर्ची ले गया? कौन छूट गया? काशी के लिए कोई छोटा काम न था। इस बार पर्चे बाँटने में हर महीने से अधिक समय लग रहा था। कारण, काशी सबको चकबन्दी की सूचना भी दे रहे थे। डमरुआ के प्रधान के रूप में यह जिम्मेदारी भी काशी की ही थी। सभी टोला के लोगों के आ जाने पर काशी ने बताया—"डमरुआ में चकबन्दी होने वाली है। तुम सब खेती-पाती वाले हो। अपना-अपना इन्तजाम कर के रख लो। खेत अभी फिलहाल खाली रखो। खेत में कोई पेड़ हो, पहले ही काट कर लकड़ी घर उठा लाओ। चकबन्दी शुरू हो जाने पर नहीं काट सकोगे।"

चकबन्दी का नाम सुनते ही सब अपनी-अपनी पर्ची हाथ में थामे ज़मीन पर शान्त बैठ गए जैसे कि उन पर अचानक तुषारपात हो गया हो।

"मालिक! यह कौन-सी नई आफत आने वाली है। क्या हम लोगों की जमीनें चली जाएँगी?" उत्तर टोला के सेवक राम ने पूछा।

काशी ने चकबन्दी के बारे में विस्तार से समझाया।

"सरकार भी बैठे ठाले बेकार के काम किया करती है। सरकार के पास लगता है आजकल कोई दूसरा काम नहीं रह गया है," सेवक राम ने कहा।

"मालिक! क्या यह खबर रेडियो ने बोली? अगर रेडियो ने बोली, खबर ज़रूर ही पक्की होगी?" पूरब टोला के काना ने पूछा।

काशी ने कहा—"रेडियो ने नहीं, यह खबर छज्जूराम ने बोली, फिर भी पक्की मानो।"

बमनन टोला के सीताराम ने चिन्ता के स्वर में पूछा—"काशी दद्दा! क्या चकबन्दी एक साल और नहीं रुक सकती। इस साल मैं अपनी बिटिया के हाथ पीले करने की सोच रहा हूँ। इस साल की फसल हाथ न आई तो कड़की हो जाएगी।"

काशी ने असमर्थता व्यक्त करते हुए कहा—"सीताराम! इसके लिए मैं कुछ नहीं कर सकता। तुम लोग छज्जू से बात करके देख लो।"

काना ने पूछा—"मालिक! जिन लोगों के खेत में कुआँ, पेड़ है, क्या वह सब भी खेत के साथ चला जाएगा?"

"क्यों नहीं। खेत जाएगा, वह सब भी साथ जाएगा। उसका मुआवज़ा मिलेगा," काशी ने बताया।

काना ने विवशता के स्वर में कहा—"यह भी कोई अंधेर है? यह सरकार अच्छी नहीं है, हट जाती, ठीक रहता।"

काशी ने कहा—"काना! सरकार हटाना कोई बच्चों का खेल है?"

सेवकराम ने हाथ जोड़ते हुए कहा—"मालिक! आप लोग बड़े आदमी हैं। हम गरीबों का भी ध्यान रखना। तुम्हारे अलावा फरियाद करने भी कहाँ जाऊँ?"

पश्चिम टोला के रामदरश को चकबन्दी से अधिक शक्कर की चिन्ता थी, खड़े हो कहा—"मालिक! मुझे एक किलो शक्कर की एक पर्ची और दे दीजिए। आपकी बड़ी दया होगी। अगले महीने हमारे यहाँ कुछ गौंतरिया आने वाले हैं, शक्कर कुछ अधिक लगेगी।"

काशी ने सिर हिलाया, कहा—"रामदरश! हमारा नियम पूरे डमरुआ के लिए एक है। तुम्हें एक पर्ची अधिक दूँगा, सबको देनी पड़ेगी।"

काना ने रामदरश को समझाया—"रामदरश भइया! गौंतरियों के लिए थोड़ी शक्कर बाज़ार से खरीद लेना। मालिक का नियम-धरम क्यों तुड़वाओगे?"

लोग पर्ची ले चले गए। काशी ने एक पर्ची अपने लिए काटी, पाँच पर्चियाँ किरपा के यहाँ भिजवायीं। छज्जू पहले, डमरुआ बाद में।

मुहर और पैड अपनी बकसिया में बंद कर, ताला लगा, चाभी अपने जनेऊ में बाँध काशी ने राधावल्लभ को अपने पास बुलाया, कहा—"राधावल्लभ! अगले महीने का वेतन मिलने पर पाँच सौ रुपए मेरे पास भेज देना, कुछ ज़रूरी काम आ पड़ा है।"

राधावल्लभ ने हैरान होकर कहा—"पिताजी! ऐसा क्या काम आ पड़ा है जो अभी तक मुझे पता नहीं है?"

"तुम वह सब जानकर क्या करोगे? बस रुपए भेज देना," काशी ने बात छोटी करने के उद्देश्य से कुर्सी से उठते हुए कहा।

राधावल्लभ के ज़ोर देकर पूछने पर काशी नें बताया—"चकबन्दी के दौरान चकबन्दी अधिकारी के हाथ गरम करने के लिए कुछ नकद रुपयों की ज़रूरत पड़ेगी।"

राधावल्लभ स्वयं एक सरकारी अधिकारी थे अतः चकबन्दी अधिकारी के हाथ गरम करने वाली बात उन्हें विचित्र-सी लगी, पूछा—"पिताजी! ऐसा क्यों?"

काशी ने समझाया—"राधावल्लभ! खेतों के आगे कुछ रुपये क्या माने रखते हैं? एक बार देकर सैकड़ों साल के लिए खेत अपने हो जाएँगे। डमरुआ के लोगों के निहोरे पाते

करने, उनसे लड़ने-झगड़ने से अच्छा है चकबन्दी अधिकारी को कुछ देकर अपना काम निकाल लेना। आने वाला अधिकारी हमारा कोई रिश्तेदार तो होगा नहीं कि मैं जो खेत बताऊँगा, वही हमारे चक में रख देगा।"

राधावल्लभ ने कहा—"पिताजी, पैसों की कोई समस्या नहीं है। आप जितने रुपए कहेंगे, भिजवा दूँगा। मैं एक बात कहना चाहता हूँ कि कोई भी सरकारी अधिकारी किसी का रिश्तेदार नहीं होता। वह सरकारी नियमों के अनुसार अपना काम करता है, जिसके लिए उसे कुछ भी देने की आवश्यकता नहीं पड़ती। अपना काम करने के लिए कोई अधिकारी यदि किसी से रुपए माँगता है, उसकी शिकायत कलक्टर साहब से की जा सकती है। चकबन्दी अधिकारी को डमरुआ आने दीजिए। मुझे पूरा विश्वास है कि वह किसी से कुछ नहीं लेगा। संयोग से यदि कुछ माँगता है, आप मेरे साथ चलकर उसकी शिकायत कलक्टर साहब से कर दीजिएगा। आप न जा पाएँ, मैं अकेला ही जाकर कह दूँगा।"

काशी ने हाथ हिलाकर मना करते हुए कहा—"उसकी कोई ज़रूरत नहीं है। राधावल्लभ! तुम एक बात नहीं समझते हो, शिकायत करने-कराने वाली बातें कानपुर जैसे बड़े शहर में ही चलती हैं। डमरुआ डमरुआ है। यहाँ सबसे अधिक ज़रूरी है कम से कम झंझट में अपना काम निकालना, शान्ति से रहना। यहाँ का परिवेश ही ऐसा है। डमरुआ के परिवेश की तुलना कानपुर के महानगरीय परिवेश से नहीं की जा सकती। परिवेश का व्यक्ति की मानसिकता पर बहुत प्रभाव पड़ता है। गाँव का बड़े से बड़ा पंडित भी कानपुर के होटलों में बैठकर भोजन कर लेता है बिना यह जाँच-पड़ताल किए कि भोजन बनाने वाला कौन है, परोसने वाला कौन है? बर्तन ठीक से धोए गए हैं कि नहीं? गाँव लौटते ही उस पंडित पर डमरुआ का परिवेश हावी हो जाता है। उसे अपने ही लोगों के साथ बैठकर भोजन करने में आपत्ति होने लगती है। इसलिए मैं जैसा कह रहा हूँ वैसा करो। शिकायत कर मैं किसी पचड़े में नहीं पड़ना चाहूँगा।"

राधावल्लभ ने कहा—"पिताजी! मैं यह मानता हूँ कि परिवेश से व्यक्ति की मानसिकता प्रभावित होती है पर क्या परिवेश बदल जाने से कोई अनुचित बात उचित हो जाती है? अनुचित बात हर परिवेश में अनुचित ही रहती है। डमरुआ के प्रधान होने के नाते आपका यह उत्तरदायित्व है कि आप डमरुआ का परिवेश बदलने की कोशिश करें। स्वयं आप ही जब आगे बढ़कर अधिकारी को रुपए पकड़ाने लगेंगे, गाँव के गरीब-गुनियाँ क्या करेंगे?"

काशी कुछ देर चुप रहे, बोले—"राधावल्लभ! डमरुआ में उचित और अनुचित से बड़ा है स्वार्थ। जिससे स्वार्थ सधे वह उचित, शेष अनुचित। जहाँ तक परिवेश बदलने का प्रश्न है, मैंने बहुत कोशिश कर देख ली है और इस निष्कर्ष पर पहुँचा हूँ कि परिवेश किसी के बदलने से नहीं बदलेगा, अपनी शर्तों पर बदलेगा। परिवेश किताबी सिद्धान्तों

के आधार पर भी नहीं बदलेगा। गाँव के जीवन और किताबी सिद्धान्तों में अभी भी ज़मीन-आसमान का अन्तर है। किताब लिखने वाले अभी तक डमरुआ की अन्दर की पर्तों तक नहीं पहुँच पाए हैं। मैं फिर कहता हूँ परिवेश बदलेगा, अपनी शर्तों पर, अपनी गति से, अपनी दिशा में। दिशा क्या होगी यह भविष्य ही जाने।"

राधावल्लभ ने प्रसन्नता व्यक्त करते हुए कहा—"पिताजी! मैं भी बदलाव चाहता हूँ। दिशा नहीं, बदलाव ज़रूरी है। डमरुआ की जड़ता टूटे। डमरुआ गतिवान बने। दिशा आपसे आप प्राप्त हो जाएगी। जड़ता तोड़ना कठिन है, दिशा देना नहीं। ठहरे पानी को दिशा भी नहीं दी जा सकती। रुपयों की आप चिन्ता न कीजिए, वेतन मिलते ही किसी के हाथ भेज दूँगा।"

राधावल्लभ कानपुर वापस चले गए।

5

शंकर चौबे

[1]

कन्नौज बिजलीघर के बाबू, दो सींगा शंकर चौबे का छज्जूराम से छत्तीस का आँकड़ा था। दो सींगा : उनकी मूँछ की ऊपर उठी हुई दो नोकें, किसी जानवर के सींगों से कम नुकीली न थीं। लोग जानवर से डरते हैं, उनसे भी डरते थे। छत्तीस का आँकड़ा कैसे बना : छज्जूराम और शंकर का खानदान एक, आयु में आठ-दस साल का अन्तर, कोई सम्भावना नहीं थी ऐसे आँकड़े की। ग़लती एक हो गई, एक खानदान में दो लोग पढ़-लिख गए। एक पढ़-लिख राजनीति में सक्रिय हो गया और एक बिजलीघर में बाबू। छज्जूराम को देख शंकर को सदैव लगता था, बिजलीघर की नौकरी भी कोई नौकरी है। धीरे-धीरे राजनीति में सक्रिय होने लगे। दूर कहाँ जाते, छज्जू का पल्ला पकड़, उन्हीं के पीछे लग गए। बिजलीघर से जब फुर्सत मिली, छज्जू के साथ उठे-बैठे, राजनीति के गुर सीखे। सीखा, डमरुआ नौकरी से नहीं, राजनीति से दबेगा। नौकरी में तुम अकेले हो। राजनीति में तुम्हारा प्रसार लखनऊ-दिल्ली तक है। छज्जूराम के पीछे कई साल लगे रहे, कोई खास फायदा नहीं हुआ, कोई खास परिचय नहीं बढ़ा। जो आता, छज्जूराम के पैर छूता, शंकर की ओर देखता तक नहीं। शंकर समझ गए, बड़े पेड़ की छाया में छोटा पेड़ नहीं पनपता। बड़ा पेड़ छोड़ दिया, छज्जू से अलग हो गए। अलग ही नहीं हुए, क़सम खा ली, कांग्रेस से कोई मतलब नहीं रखेंगे। किसी दूसरी पार्टी में चले जाएँगे। अगले इलेक्सन से पहले ही चले जाएँगे। डमरुआ वालों को दिखा देंगे शंकर भी कोई चीज है। किस पार्टी में जाएँगे? किसी भी पार्टी में, काली में, पीली में, सफेद में, नीली में। किसी में भी, कांग्रेस को छोड़ कर। किसी पार्टी में कैसे जाया जाता है? मालूम नहीं था। चुनाव आने दो, देखेंगे। डमरुआ वाले भी जान गए कि शंकर अब छज्जू के पिछलग्गू नहीं रहे। चुनाव आ गए। चुनाव-प्रचार होने लगा। एक कार भोंपू बाँध आई, डमरुआ घूम चली गई। दूसरी आई, वह भी चली गई। शंकर मन ही मन बहुत दुखी। भगवान कभी-कभी छप्पर फाड़ कर भी देता है। एक दिन छप्पर फट गया। जनसंघ की कार आई। कार वाले

किसी की तलाश में थे जो चुनाव में उनकी पार्टी की प्रचार-सामग्री डमरुआ में बाँट सके। छज्जू के डर से डमरुआ में किसकी हिम्मत थी जो कांग्रेस पार्टी के अलावा किसी दूसरी पार्टी की प्रचार-सामग्री में हाथ भी लगाता। शंकर का नाम बता दिया। रविवार के दिन शंकर अपने चौतरे पर दरबार लगाए बैठे थे। दरबार : शंकर का एक दरबार था, हर शाम और रविवार को घर के चौतरे पर लगता था। दरबार लगाना छज्जू से ही सीखा था। दरबारियों की एक अपरिहार्य योग्यता थी, शंकर की 'हाँ' हुजूरी करना। दरबारी बदलते रहते थे। केवल स्थायी दरबारी कर्मा गड़रिया था, उत्तर टोला का कर्मा गड़रिया। जनसंघ की कार शंकर के घर पहुँच गई। पीला झंडा, दीये का निशान, जनसंघ, यह पार्टी भी बुरी नहीं है, शंकर ने सोचा। कार से, सिर पर पीली टोपी लगाए एक थुलथुल आदमी उतरा, कहा—"क्या यह श्रीमान शंकर चौबे का घर है? मैं उनसे मिलना चाहता हूँ।" शंकर ने सम्मान के साथ लिया जाता अपना नाम सुना। सब दरबारियों ने शंकर की ओर देखा। शंकर ने अपनी मूँछ टटोलकर देखी, नुकीली थी, तुरन्त दुबारा नुकीली नहीं करनी पड़ी, कहा—"मैं हूँ शंकर, कहिए क्या काम है?" कारवाले ने शंकर को एक ही नज़र में ताड़ लिया, नोकदार मुच्छड़ हमारे काम के लिए एकदम फिट रहेगा। पास आकर, अपने मुँह के पूरे दाँत बाहर निकाल, हाथ जोड़ कहा—"चौबे जी! पाँव लगी। मैं छोटेलाल हूँ, आपको अच्छी तरह पहचानता हूँ। इस ज़िले में आपको कौन नहीं जानता। मैं बस ऐसे ही मज़ाक के लिए पूछ रहा था। कब से आपके पास आने की सोच रहा हूँ। टाइम ही नहीं मिलता। इतनी भाग-दौड़ है कि क्या बताऊँ।" अपनी प्रशंसा सुन शंकर ने दरबारियों पर एक नज़र डाली, प्रभावित पाया। कर्मा से कह छोटेलाल के लिए एक खटिया चौतरे पर बिछवा दी, कहा—"छोटेलाल जी! बताइए मैं आपकी क्या सेवा कर सकता हूँ?" खटिया पर बैठ छोटेलाल ने अपनी टोपी सिर से उतार, गुड़ीमुड़ी कर जेब में डाल ली, कहा—"सेवा क्या चौबे जी! हमारी पार्टी को इस जिले में आप जैसे व्यक्ति की तलाश थी, आज पूरी हो गई। आप पार्टी में आकर चार चाँद लगा दीजिए। डमरुआ में क्या कर रहे हैं आप? आपको तो दिल्ली या लखनऊ में होना चाहिए। आपकी जैसी परसनाल्टी वाले लोग आजकल मिलते ही कहाँ हैं। आप देखने में ही दबंग लगते हैं।" शंकर ने मन ही मन ईश्वर से कहा—"हे ईश्वर! तू बड़ा न्यायी है। कितने सही समय पर यह पार्टी वाला मेरे पास भेजा है। तेरा कोटि-कोटि धन्यवाद! तूने चीर बढ़ाकर द्रोपदी की लाज बचाई थी। मेरी भी लाज बचा ली है। तू पीताम्बरधारी है। यह झंडा भी पीला है। हे ईश्वर! यह तेरी ही पार्टी लगती है। मैं इस पार्टी की शरण में चला जाता हूँ।" प्रकट कहा—"छोटेलाल जी! आप मुझे शर्मिन्दा कर रहे हैं। आपकी पार्टी में चार चाँद मैं क्या लगाऊँगा। आप इतनी दूर चलकर मेरे दरवाज़े आए हैं। चाहकर भी मैं आपको मना नहीं कर सकता। आप हमारे अतिथि हैं। हमारे यहाँ अतिथि को भगवान मानते हैं। मैं आपकी पार्टी में आने के लिए तैयार हूँ। बताइए क्या सेवा है?" शंकर की 'हाँ' सुनते ही छोटेलाल ने गुड़ीमुड़ी टोपी जेब

से निकाल फिर से अपने सिर पर रख ली, कहा—"मैं जानता था चौबे जी! आप देखने में ही भले आदमी लगते हैं।" अपनी जेब से रसीदों का एक बंडल निकाल कहा—"चौबे जी! दो रुपए निकालिए।" शंकर ने पूछा—"दो रुपए, वह किसलिए?" छोटेलाल ने एक पर्ची पर शंकर का नाम लिख, शंकर को पकड़ा दी, कहा—"लीजिए चौबे जी! आप अब मेरी पार्टी के पक्के मेम्बर हो गए।" शंकर ने पर्चे पर लिखा अपना नाम पढ़ते हुए कहा—"दो पर्चियाँ और काट दीजिए, एक कर्मा गड़रिया के नाम और एक बंगालिन ताई के नाम। मैं आपको छह रुपए दूँगा।" छोटेलाल ने पूरे दाँत निकाल ही-ही करते हुए कहा—"चौबे जी! आप प्रभाव वाले आदमी हैं। बहुत ही प्रभाव वाले। देखिए न, घर बैठे-बैठे आपने मेरी पार्टी को दो मेम्बर और दे दिए। कोई साधारण आदमी कहीं भला ऐसा कर सकता है।" छोटेलाल ने कार में बैठे लड़कों को इशारा किया। लड़कों ने प्रचार-सामग्री के दो-तीन थैले ला चौतरे पर पटक दिए। कार चली गई। शंकर ने थैले खोल कर देखे। एक-एक टोपी दरबारियों को दी। एक अपने सिर पर रख ली। सभी दरबारियों ने एक स्वर से कहा—"शंकर भइया! तुम्हारे सिर पर टोपी खूब जम रही है।" शंकर ने खुश हो पूछा—"नेता लग रहा हूँ न?" कर्मा ने कहा—"नेता नहीं, पक्के नेता, जैसे लखनऊ में होते हैं। अब छज्जू तुम्हारे आगे कुछ भी नहीं हैं।" दूसरे दिन छज्जू की कार की आवाज़ सुन, ज़ोर से ज़मीन पर थूक शंकर ने कहा—"आ गया साला, कांग्रेसी पिल्ला डमरुआ में।" छत्तीस का आँकड़ा।

[2]

शंकर का स्थायी दरबारी कर्मा गड़रिया आयु में शंकर से छोटा था, फिर भी शंकर उसकी हर बात मानते थे। कर्मा अपने शरीर की लम्बाई और मोटापे के कारण उत्तर टोला का कम, बमनन टोला का अधिक लगता था। लम्बा पहले से ही था, मोटा बाद में हो गया था। कैसे? कैसे क्या? नसबन्दी जो करा ली थी। क्यों करा ली थी? करा ली थी वैद्य रतीराम दुबे के कहने से, बीस रुपए, तीन दिन मुफ्त भोजन और एक गिलास मुसम्मी-रस के लालच में। कर्मा के बाद, मोटे होने के डर से, डमरुआ में किसी ने नसबन्दी नहीं करायी थी। जो भी हो, कर्मा का मोटापा उसके बहुत काम आया; टोला छिपाने में सहायक हुआ, शंकर का स्थायी दरबारी बन सका, शंकर की ओर से पूरब टोला वालों पर धौंस जमा सका। कर्मा के लिए शंकर बहुत काम के थे, अपने चौतरे पर उसे प्रतिदिन घंटा-दो घंटा बैठ जाने देते थे। बमनन टोला के और किसी चौतरे पर, होली का दिन छोड़कर कर्मा पैर भी नहीं रख सकता था। शंकर के लिए कर्मा भी काम का था, उनका मुफ्त का सिपाही था। चकबन्दी की खबर फैलने के बाद दोनों एक-दूसरे के लिए और भी महत्त्वपूर्ण हो गए थे। शंकर के पास अपनी नौकरी के कारण डमरुआ में

तिकड़म भिड़ाने का समय न था। शंकर के सारे तिकड़म, शंकर की ओर से कर्मा भिड़ाता रहता था।

शंकर का आदेश प्राप्त होते ही कर्मा बरगद का नियमित चक्कर लगा, चकबन्दी से जुड़ी गुप्त सूचनाएँ इकट्ठी करने लगा था। बरगद : बरगद के पेड़ के नीचे का एक सार्वजनिक स्थल, सरकारी आयुर्वेदिक चिकित्सालय तथा सरकारी वैद्य रतीराम दुबे की रहनेवाली कुठरिया के सामने का कच्चा चौतरा, ठलुओं का प्रिय अड्डा, गाँव का सूचना केन्द्र; गाँव में क्या घटा है? क्या घटने वाला है? किसकी बेटी किसके साथ भागने वाली है? कौन बीमार है? कौन मरने वाला है? किसकी बेटी की शादी किसने उटकाई? किसके लड़के की शादी में किसने ठेप मारी? किस घर में सास-बहू में बोलचाल बन्द है? और किसके घर में कड़की चल रही है? आदि की सूचना प्राप्त करने के लिए पूरा डमरुआ घूमने की ज़रूरत नहीं थी। बरगद का एक चक्कर पर्याप्त था। कर्मा दिन भर इधर-उधर की बातें सुनता, थोड़ा नमक-मिर्च मिलाता, शाम को शंकर के पास पहुँचा देता। बातों की कमी न थी, चकबन्दी के कारण बरगद के पास सरगर्मी बढ़ गई थी।

एक शाम कर्मा ने शंकर को बताया—"शंकर भइया! तुम्हारे बाग लगाने के लिए एक खेत मैंने ढूँढ़ लिया है। बलवान अपना खेत किसी से बदलने का इच्छुक है। तुम्हीं ले लो। एक बार बुलाकर बात कर लो। उसके पास कलेजा ही कितना है। डाँट दोगे, मूत मारेगा। सीधे कहने से न दे, उँगली टेढ़ी कर लेना।" एक दिन शाम को कर्मा खुद जाकर बलवान को बुला लाया। शंकर ने घुड़कते हुए कहा—"बलवान! तू अपना खेत किससे बदलना चाहता है?" बलवान ने कहा—"मालिक! अभी किसी से नहीं।" शंकर ने कहा—"मैं तुझे तीन के बदले चार बीघे दूँगा, मुझसे बदल ले। चकबन्दी अधिकारी के सामने चलकर कह देना, तुम अपनी इच्छा से वह खेत मेरे खेत से बदलना चाहते हो। जब तक अदला-बदली न हो जाय, यह बात केवल अपने पास रखना। बलवान ने सोचा, यदि 'हाँ' करता हूँ, शंकर का क्या भरोसा कौन-सा खेत पकड़ा दें। यदि 'ना' करता हूँ, शंकर से वैर ठीक नहीं। कहा—"मालिक! हमारा खेत साझे का है। मंगा भी हिस्सेदार है। मैं अकेले 'हाँ' कैसे कर दूँ? मंगा और किसी से अदला-बदली करना चाहेगा, मेरी ज़बान खराब होगी।" शंकर ने त्योरी चढ़ा कहा—"बहाना मत बना। तू अपने घर में सबसे बड़ा है। जो तूने कह दिया, फाइनल। मंगा की क्या औकात नानुकर करने की।" बलवान ने अपनी जान बचाने के लिए कहा—"ठीक है मालिक! मंगा से बात कर बाद में बताऊँगा।" शंकर ने अपनी ओर से बात पक्की समझी। दरबार उठ गया। शंकर चारपाई पर लेट गए। भगवान को ज़ोर से याद किया—"दीन दयाल विरदु सम्भारी, हरहु नाथ मम संकट भारी।"

6

कन्नौज कॉलेज

[1]

बैसाख निकल गए, जेठ निकल गए। आषाढ़ आ गए लोगों को निठल्ला बनाने। बादल झूम-झूम बरसने लगे। कभी फुहार, कभी मूसलाधार; पनारों की तड़-तड़, उइलाती की पड़-पड़, झींगुरों की झंकार, मेढकों की टर्-टर्। घर गीला, आँगन गीला, तन गीला, मन गीला, भीतर-बाहर सब गीला। अरघा बही दीवारें, मरणासन्न पूरी गीली दीवारें। वर्षा के समय डर पैदा करने वाली आवाज़ें; "दीवार फट गई ऽऽऽ, धन्नी टूट गई ऽऽऽ...। बच्चों के रोने की आवाज़ें। सास द्वारा बहू को कोसे जाने की आवाज़ें–"हे भगवान! तूने कहाँ से यह कुलच्छिन बहू मेरे हीरे जैसे लड़के के गले में डाल दी।" (सास समझती, वर्षा की आवाज़ के कारण उसका कोसना टोले वाले सुन नहीं पाएँगे।) खेत में घुटने तक पानी में खड़े, भीगते बकरिहे की चिल्लाहट–"किसी ने मेरी बकरियाँ देखीं ऽऽऽ...?" चिल्लाहट भीगती, काँपती, पानी पर तैरती गाँव तक पहुँचती। सब सुनते, समझ न पाते। कौन चिल्लाया? कहाँ चिल्लाया? क्यों चिल्लाया? कोई न बोलता। दीवार से चिपकी, भीगी खड़ीं बकरियाँ भी अपने मालिक की आवाज़ सुनतीं, मिमियातीं तक नहीं। घोंसले में बैठे पक्षी भी सुनते, डर जाते। घोंसले से बाहर निकल आवाज़ आनेवाली दिशा में देखते। आहट लेते। वापस घोंसले में चले जाते। अधभीगे पंख समेट बच्चों के साथ बैठ जाते।

बलवान घर में बच्चों के साथ बैठे-बैठे ऊब गया, दौड़कर, आँगन पार कर दुआरे आ गया। आँगन की गीली मिट्टी में पैरों के गहरे निशान बन गए, उनमें मटीला पानी दौड़ कर भर गया। किसुन, सस्सुती, चैतू भी ककुआ के पीछे दौड़े। आँगन में फिसल कर गिरने का भी डर न था। ककुआ के पैरों के निशान थे ही, कूद-कूद, छप-छप उन्हीं पैरों में पैर डाल चले आए। छप्पर में कहाँ बैठें? चौतरा गीला, खटिया गीली। जितना पानी बाहर, उतना चौतरे पर। छप्पर भी क्या करता, कब तक अपने ऊपर पानी रोकता, टपक चला। कोने में बैठा कुत्ता तक आधा भीग गया। किसुन एक लोटा, एक बाल्टी उठा

लाया। एक जगह लोटा रख दिया, एक जगह बाल्टी। एक बूँद लोटे में गिरती टन्, एक बूँद बाल्टी में गिरती फट्। फिर एक बूँद लोटे में एक बूँद बाल्टी में। ककुआ गीली, अकड़ी खटिया पर पैर लटका बैठ गए। सस्सुती पैताने बैठ गई। ककुआ को ठंड लग रही थी, आधी धोती ओढ़, बीड़ी जला ली। किसुन, चैतू छप्पर की उइलाती के पानी में तैरते केंचुओं से खेलने लगे। किसुन ने एक केंचुआ पकड़ नापा, कहा—"चैतू! देख, कितना लम्बा केंचुआ, बिल्कुल साँप जैसा।" केंचुआ हाथ में लटका ककुआ से कहा—"ककुआ! तुमने कभी आठ अंगुर का केंचुआ देखा? यह देखो, आठ अंगुर का केंचुआ।" चैतू ने भी एक केंचुआ पकड़ा, नापने की कोशिश की, टूट गया। दूसरा पकड़ा वह भी टूट गया। चैतू ने पानी में छप-छप हाथ मारते हुए पूछा—"ककुआ! केंचुआ इतनी जल्दी क्यों टूट जाता है?" ककुआ सामने वाले घर की भीगी दीवार देखते हुए कुछ सोच रहे थे, कुछ नहीं बोले। चैतू ने फिर पूछा। ककुआ ने कहा—"कोई बात नहीं टूट जाने दो। केंचुओं की क्या कमी है। केंचुआ जितने हिस्से में टूटता है, उतने नए केंचुए बन जाते हैं।" चैतू ने कई केंचुए पकड़ बीच से तोड़ दिए, कहा—"ककुआ! मैंने ढेर सारे नए केंचुए बना दिए।" एक गिंजाई पकड़ उसकी टाँगें गिनीं, पूछा—"ककुआ! गिंजाई के सोलह टाँगें क्यों होती हैं? हमारे-तुम्हारे केवल दो ही हैं।" ककुआ कुछ नहीं बोले। चैतू ने गिंजाई सस्सुती पर फेंक दी। सस्सुती चीख पड़ी, उठकर चैतू की पीठ पर दो घूँसे जमा दिए। चैतू पर कोई असर नहीं पड़ा, केंचुए खोज-खोज नापता-तोड़ता रहा। बरसा थोड़ी थमी, किसुन-सस्सुती अन्दर अम्मा के पास चले गए। चैतू ककुआ के पास आ खटिया पर बैठ गया, पूछा—"ककुआ! बरसात में केंचुआ-गिंजाई कहाँ से आ जाते हैं? क्या पानी के साथ आसमान से बरसते हैं?

ककुआ ने चैतू की बात पर कोई ध्यान न दे कहा—"पानी के साथ नहीं बरसते। जा, अन्दर जाकर खेल। मुझे चुपचाप बैठा रहने दे।"

चैतू पीछे पड़ गया, पूछा—"पानी के साथ नहीं बरसते, फिर कहाँ से आ जाते हैं?"

"कहाँ से क्या आ जाते हैं? भगवान के यहाँ से आ जाते हैं," ककुआ ने कहा।

"ककुआ! क्या हम लोग भी भगवान के यहाँ से आए हैं?" चैतू ने पूछा।

ककुआ ने कहा—"इस दुनिया में सब कोई भगवान के यहाँ से ही आता है।"

"बमनन टोला के चौबे लोग भी?" चैतू ने पूछा।

"सब कोई," ककुआ ने कहा।

"ककुआ! चौबे लोग इतने मोटे क्यों होते हैं?" चैतू ने पूछा।

"खूब खाते हैं, इसलिए मोटे होते हैं," ककुआ ने कहा।

"उनका दिन-रात में जब मन होता होगा, खाते होंगे, क्यों न ककुआ?" चैतू ने पूछा।

"खाते ही होंगे। उनके लिए कहीं कोई रोक है क्या?" ककुआ ने कहा।

चैतू ने एक ठंडी साँस से, अपनी नन्हीं हथेलियों पर अपनी ठोढ़ी टेक कहा–"कितना अच्छा, जब मन हो, तब खाओ," फिर पूछा–"ककुआ! हम लोग चौबे क्यों नहीं हैं?"

ककुआ ने कहा–"चैतू बेटा? यह क्या कोई आदमी के बस की बात होती है। भगवान ने एक बार जो बनाकर भेज दिया, भेज दिया। इस जनम में आदमी बनकर आ गए यही बहुत बड़ी बात है। सबको आदमी का जनम भी कहाँ मिलता है? अगले जनम में देखो क्या बनाकर भगवान भेजे, कुत्ता, बिल्ली, चिरैया, चिरौटा।"

चैतू ने ककुआ की टाँग पर अपना हाथ सहलाते हुए कहा–"ककुआ! अगले जनम में मैं चौबे बनूँगा।"

ककुआ ने चैतू का छोटा हाथ अपने हाथ में ले कहा–"हाँ, ज़रूर बनना। भगवान से रोज़ कहा करो, शायद एक दिन सुन लें।"

तभी किसुन घर से निकल आया, अपनी साँस ज़ोर से खींच सूँघते हुए कहा–"ककुआ! लगता है चौबे लोगों के यहाँ घी की पूड़ी बन रही हैं।" ककुआ ने भी हवा सूँघी, थोड़ा सोचा, कहा–"किसुन! यह घी की महक नहीं है। भुजियों ने अपने भारे जला दिए हैं। अम्मा से लेकर थोड़ी मका तुम भी भुना लाओ। कुछ खाने का मन कर रहा है। ठलुआ बैठे-बैठे दाँत रौरिया रहे हैं।"

डमरुआ के भुर्जी गाँव के लोगों की आदतें भली भाँति जानते थे। बरसात में गीली लकड़ियों से ही अपने भारे जला देते थे। गीली लकड़ियों का धुँआ, गीला छप्पर भेद, बरसते पानी को चुनौती देता हुआ, ऊपर उठ कर आसमान पर छाने लगता था। धुँए की सोंधी गन्ध किसी को भी चना-चबेना के लिए लालायित कर देती थी। घर में जो होता था, लेकर भुनाने दौड़ पड़ता था। अम्मा ने थोड़ी मक्का एक डलिया में रख दे दी। किसुन डलिया पर एक कपड़ा डाल मक्का भुनाने चला गया। घर में सब गर्म-गर्म मक्का भुनकर आने की प्रतीक्षा करने लगे। अम्मा रक्षाबंधन के लिए सिमईं बट रही थीं। सस्सुती भी उनकी मदद कर रही थी। अम्मा के सामने आजकल सबसे बड़ी समस्या थी बरसात में सिमइयों को सुखाने की। उससे बड़ी समस्या थी उन्हें चैतू से बचाने की। जहाँ भी डलिया रखती थीं, चैतू अध-कच्ची सिमइयाँ ही उठा कर चबा जाता था। रक्षाबंधन तक सिमई खाने की प्रतीक्षा चैतू के बस की बात न थी। चैतू पर चौबे बनने की सनक सवार हो गई थी। ककुआ को दुआरे बैठा छोड़ चैतू अन्दर अम्मा के पास आ गया। कमरे में टँगे 'बालक छाप बीड़ी' के कैलेण्डर पर छपे भगवान शंकर के चित्र के सामने खड़े हो, हाथ जोड़ कहा–"हे भगवान! अगले जनम में हमें चौबे बनाना। चौबे न बना पाना, केंचुआ बनाना, जितनी बार टूटें, उतनी बार दो गुने हो जाएँ।" सस्सुती ने चैतू की भगवान के प्रति की गई प्रार्थना सुनी, कहा–"अम्मा! सुना? चैतू क्या कह रहा है?" अम्मा ने चैतू का हाथ पकड़ खींच ज़मीन पर अपने पास बिठा लिया, कहा–"चैतू! आज तुम्हें यह क्या

हो गया है? तुम चौबे क्यों बनोगे? चौबे बनना क्या कोई अच्छी बात होती है?" सस्सुती ने भी समझाया–"हमें नहीं बनना कुछ भी। हम जो हैं, वही ठीक है।"

किसुन मक्का भुना लौट आया। चैतू ने जल्दी खाने के चक्कर में गर्म मक्का में अपना हाथ घुसा, जला लिया। किसुन ने डाँटा–"जला लिया न हाथ। थोड़ा नहीं रुक सकते। थोड़ी ठंडी हो जाने दो फिर चबाना।" किसुन ने डलिया अम्मा को पकड़ा दी, कहा–"अम्मा! तुम इसे बराबर-बराबर सबको बाँट देना। नहीं तो कोई ज़्यादा चबा जाएगा, किसी को थोड़ी भी नहीं मिलेगी।" अम्मा ने एक-एक मुट्ठी मक्का सबको दे दी। किसुन-सस्सुती अपनी मक्का ले दुआरे ककुआ के पास चले गए। अम्मा ने अपने हिस्से की मक्का चुपके से चैतू की क़मीज़ की जेब में भर दी। चैतू खुश हो दुआरे चला गया, छप्पर की ठुनगिया के आसपास घूम-घूम मक्का चबाने लगा।

[2]

कन्नौज पढ़ने जाने की पूर्व संध्या को किसुन ने अपनी धुली क़मीज़, सिलवटें दूर करने के लिए, रात भर के लिए अपनी सिल के नीचे दबा दी, पैजामा चाची की सिल के नीचे। सस्सुती की चप्पलें भी रात को ही साफ कर रख लीं। सस्सुती ने हिदायत दी–"किसुन! कीचड़-पानी में चप्पलें उतार हाथ में पकड़ लेना। भीगने से चप्पलों की तनी कमज़ोर हो जाती है। जल्दी टूट गईं, नंगे पैर ही पढ़ने जाना पड़ेगा।"

करन चौबे के पुत्र राधेश्याम ने भी अपना दाखिला कन्नौज कॉलेज में कराया था। किसुन के बहुत गिड़गिड़ाने पर राधेश्याम किसुन को अपनी साइकिल पर बिठा ले जाने के लिए तैयार हो गया था। कॉलेज जानेवाले दिन, घर से चलते समय, अम्मा ने किसुन को एक चौअन्नी दी, कहा–"इसे अपनी जेब में रख लो, तुड़ाना मत। अभी खाकर जा रहे हो, शाम को घर लौटकर रोटी खाना। रास्ते में जब-तब जेब में हाथ डाल चौअन्नी टटोल कर देखते रहना। साइकिल सड़क के किनारे-किनारे चलाना। थक जाना, किसी पेड़ के पास रुककर थोड़ी दम मार लेना।" किसुन घंटा भर पहले ही करन के दुआरे पहुँच गया। डर था, राधेश्याम कहीं बिना बताए न चला जाय। राधेश्याम ने घर से निकलते ही साइकिल किसुन को सौंप दी, कहा–"किसुन! खूब सोच लिया तुमने? दोनों ओर से खींचनी होगी। मर्ज़ी हो चलो, नहीं तो वह रास्ता सामने पड़ा है, पैदल चले जाओ।" बिना कुछ बोले किसुन ने साइकिल ले ली। अपना झोला साइकिल के हैंडिल से लपेटा, दोनों पहियों की हवा टटोली, कुशल सवार की भाँति साइकिल की गद्दी पर बैठ गया। राधेश्याम की अम्मा बाहर निकलीं, प्रसन्न हो गईं; बेटे को एक साइकिल खींचने वाला मिल गया है। राधेश्याम को घर ले जाकर समझाया–"इसी से दोनों ओर से साइकिल खिंचवाना। साइकिल क्या मुफ्त में आती है। यदि मुझे कभी खबर मिली, तुमने पूरब टोले के लड़के

को बिठा साइकिल खींची है, मैं तुम्हारी चमड़ी उधेड़ दूँगी।" राधेश्याम की अम्मा को अपने बेटे की चालाकी पर पूरा भरोसा था, फिर भी एक बार और समझाना उनका कर्तव्य था।

कन्नौज कॉलेज के मुख्य द्वार पर पहुँचते ही राधेश्याम ने साइकिल किसुन से छीन ली। कोई यह न समझ बैठे, साइकिल राधेश्याम की नहीं, किसुन की है। 'साइकिल स्टैंड' पर खड़ी सैकड़ों साइकिलें देख किसुन के मुँह से निकल गया—"बाप रे! इतनी साइकिलें! लगता है पूरी दुनिया की साइकिलें यहीं आ गई हैं।" उसका मन करने लगा, गिनकर पता करे कि कितनी हैं? अम्मा-ककुआ मेरी बात पर भरोसा भी नहीं करेंगे, जब बताऊँगा मैंने इतनी साइकिलें एक साथ खड़ी देखी हैं। गिनना शुरू कर दिया, कुछ ही गिन पाया था, राधेश्याम कक्षा-कमरा खोजने खींच ले गया। कॉलेज का एक-एक कमरा झाँका, चपरासियों से पूछा, तब कहीं जाकर कक्षा-कमरा मिला। किसुन ने कमरे में बैठ सबसे पहले छत से लटके पंखे गिने। तीन-तीन पंखों की तीन लाइनें, अर्थात् नौ। एक कमरे में नौ, पूरे कॉलेज में कितने होंगे? कक्षा के सब छात्र नए थे। कोई किसी से बात नहीं कर रहा था। राधेश्याम भी भीगी बिल्ली बना बैठा था, डमरुआ वाली हेकड़ी यहाँ आकर निकल गई थी।

एक शिक्षक ने कक्षा में प्रवेश किया। आते ही हाथ का हाज़िरी रजिस्टर ज़ोर से मेज़ पर पटक दिया। मेज़ पर बैठी धूल चारों ओर उड़ गई। कमरे में आगे-पीछे टहल छात्रों को देखा, जैसे कसाई खरीदने से पहले बकरों का झुंड देखता है। हाज़िरी भरनी शुरू की। छात्र खड़े हो 'यस सर' कहते, बैठ जाते। किसुन ने मंदिर-विद्यालय के स्वभावानुसार 'श्रीमानजी उपस्थित' कहा, बैठ गया। सभी छात्र ठहाका लगा हँस पड़े। शिक्षक ने चश्मे के अन्दर से घूरा, छात्र सिटपिटा गए। छात्रों का हँसना, किसुन न समझ सका। हाज़िरी समाप्त कर शिक्षक ने प्रत्येक छात्र के पास जा, परिचय पूछा। किसुन के निकट जा शिक्षक ने पूछा—"हे पैजामा वाले महादेव! आप किस भारतीय ग्राम से इस विद्यालय की शोभा बढ़ाने के लिए प्रकट हुए हैं?" किसुन शिक्षक का प्रश्न ठीक से न समझ सका, फिर भी, हड़बड़ा कर खड़े हो कहा—"मास्टर सा'ब! डमरुआ से।" "आपके पिताजी क्या करते हैं," शिक्षक ने पूछा। किसुन ने कहा—"ककुआ खेती करते हैं।" राधेश्याम ने अपनी बहादुरी और चतुराई दिखाने के लिए, हस्तक्षेप करते हुए कहा—"मास्टर सा'ब! किसुन हमारे गाँव के पूरब टोला का है।" शिक्षक ने मुड़कर गुस्से से राधेश्याम की ओर देखा, कहा—"मैंने तुमसे नहीं पूछा। पूरब टोला का मतलब?" राधेश्याम ने बताया—"यह चौबे नहीं है, मेरे जैसे।" भरी कक्षा में राधेश्याम द्वारा पूरब टोला का नाम लेने से किसुन को ऐसा लगा जैसे, उसके सामने की दुनिया घूम रही है। कमजोरी लगने लगी। पैर जवाब देने लगे। बैठ जाना चाहता था, शिक्षक के डर से नहीं बैठा। राधेश्याम ने किसुन की ओर देख, कक्षा में बोलने की बहादुरी की वाहवाही लेनी चाहिए। किसुन ने तटस्थ दृष्टि से राधेश्याम की ओर देखा, क्योंकि छुट्टी होने पर उसी की साइकिल से उसे डमरुआ वापस

जाना था। शिक्षक ने राधेश्याम को डाँटा—"चौबे जी! क्या नाम है तुम्हारा? जब तक तुमसे न पूछा जाय, कभी न बोलना। वरना, क्या कहते हैं? एक तमाचे में इस कान की हवा उस कान से बाहर निकल जाएगी।" शिक्षक की डाँट खा राधेश्याम को मन्दिर वाले पंडित जी की याद आ गई, सोचा, इससे अच्छे पंडित जी ही थे। कक्षा में बोलने पर हमेशा मेरी पीठ थपथपाते थे। पंडित जी होते, कहते—"शाबाश! कक्षा में तुम्हीं सबसे पहले बोलते हो।" शिक्षक ने अपनी कुर्सी पर बैठ किसुन को उपदेश दिया—"देखो, क्या नाम है तुम्हारा, अब तुम शहर के कॉलेज में आ गए हो। यहाँ के तौर-तरीके सीखना शुरू कीजिए। तुम्हारे गँवारू, क्या कहते हैं, उससे यहाँ काम नहीं चलेगा।"

किसुन ने बैठे-बैठे ही कहा—"जी सा'ब!"

शिक्षक ने सुधारा—"फिर वही, क्या कहते हैं, बैठ कर नहीं, खड़े होकर। 'जी साहब' नहीं, 'यस सर'।"

किसुन ने दुहराया—"यस सर।"

शिक्षक ने पूछा—"घर में कोई पैंट-वैंट नहीं था? सिर में इतना तेल क्यों चुपड़ा हुआ है? कनपटी तक बह कर आ गया है। यदि घर में तेल के कोल्हू चलते हों, कल थोड़ा मेरे लिए भी लेते आना।"

तेल की बात पर कक्षा के सब छात्र किसुन की ओर देखने लगे। उसे शरम लगी। दोनों हाथों से कनपटियाँ पोछीं। तेल वास्तव में बह कर आ रहा था। उसे अम्मा पर बहुत क्रोध आया। सवेरे घर से निकलते समय उन्होंने ही जल्दी-जल्दी में थोड़ा ज़्यादा तेल लगा दिया था, कहा—"मास्टर सा'ब! ककुआ ने कहा है, 'महीने दो महीने में एक पैंट बनवा देंगे'।"

शिक्षक ने चिढ़ते हुए कहा—"फिर वही, क्या कहते हैं? यह ककुआ कौन? तुम्हारे पिताजी? तो इस प्रकार कहिए 'पिताजी ने कहा है, पैंट बनवा देंगे।"

किसुन ने दुहराया—"पिताजी ने कहा है, पैंट बनवा देंगे।"

शिक्षक ने कहा—"क्या नाम है तुम्हारा, बैठ जाओ।"

घंटी बजी, शिक्षक चले गए। किसुन ने सोचा, कैसे मास्टर साहब हैं? मेरे ककुआ को पिताजी बनाने पर तुले हुए हैं। अच्छा रहा, उनकी नज़र मेरी ज़नानी चप्पलों पर नहीं पड़ी। पता नहीं, सब लड़कों के सामने क्या-क्या कहते। अब वह अपनी चप्पलें छिपा कर रखेगा। पैजामा थोड़ा नीचे खिसका लिया, चप्पलें पूरी ढक गईं। झोले से कानों के पास बह रहा तेल पोंछ लिया।

इंटरवल में कॉलेज की ओर से छात्रों में लहिया बाँटी गई। दो चमचे लहिया किसुन को भी मिली। वह लहिया खाना चाहता था, नहीं खाई। चैतू-सस्सुती का ध्यान आ गया, झोले में डाल लीं। पानी पीने निकल गया। पूरा कॉलेज ध्यान से देखा; 'रसायन शास्त्र' की प्रयोगशाला, गंदी नाली जैसी दुर्गन्ध आ रही थी। 'जीव विज्ञान' की प्रयोगशाला, एक

नाद में पचासों मेढक एक-दूसरे पर चढ़े बैठे थे। 'भौतिक शास्त्र' की प्रयोगशाला, झाँक कर देखा, शीशे में बन्द कुछ छोटे-छोटे तराजुओं के अलावा कुछ न दिखाई दिया। 'संगीत कक्ष' के अन्दर से ढोलक-मजीरा बजने की आवाज़ आ रही थी, सोचा, यह भी कोई पढ़ाई है? मैं ऐसी पढ़ाई कभी न पढ़ूँ। मुझे क्या ढुलकिया बनना है? ढोलक-मजीरे की ज़रूरत केवल होली वाले दिन पड़ती है। कर्मा गड़रिया और काना चाचा कभी स्कूल नहीं गए, तो भी कितनी अच्छी ढोलक और झाँझ बजाते हैं। घूमते-घूमते कॉलेज के बाहर निकल गया, देखा, एक दूकान पर लड़के टूटे पड़ रहे हैं। दूकानदार भट्ठी पर चढ़ी कड़ाही से गर्म-गर्म कुछ निकालता है, हाथों-हाथ बिक जाता है। सोचा, लोग दूकान पर ऐसे टूट रहे हैं जैसे मुफ्त का बंट रहा हो। लड़के यहाँ पढ़ने आते हैं कि खाने? मुझे सड़क पर ऐसे खड़े होकर खाना अच्छा नहीं लगता। घर से दो रोटी डालकर आ जाय, भूख भी नहीं लगती। पैजामे की जेब में पड़ी चौअन्नी टटोलकर देखी, कॉलेज के अन्दर वापस आ गया। एक बार फिर पानी पिया। 'साइकिल स्टैंड' के पास जा साइकिलें गिनने लगा। पचास तक गिन पाया था, राधेश्याम ने टोक दिया—"किसुन! समोसा खाओगे?" आधा समोसा नोच किसुन को दे दिया। किसुन को समोसा अच्छा लगा। कक्षा में जाने से पहले एक बार फिर पानी पिया।

घर पहुँच किसुन ने झोले की लहिया चैतू-सस्सुती में बाँट दी। चैतू ने लहिया चबाते हुए पूछा—"लहिया कुरकुरी है, बिना पैसे की मिली है?" किसुन ने जेब से चौअन्नी निकाल दिखाई, कहा—"देख यह चौअन्नी, खरीदता, टूट न जाती?" चैतू ने पूछा—"कल फिर लाओगे?" किसुन ने कहा—"पता नहीं, कल बँटेगी कि नहीं। यदि बँटेगी, ज़रूर लाऊँगा।"

[3]

महीने भर बाद बलवान ने भवानी मिसुर की एक साइकिल बीस रुपए नकद, पचीस रुपये फाल्गुन में होली से पहले चुकाने का करार कर तय कर ली। सौदा करते समय साइकिल नहीं देखी। दूसरे दिन मिसुर के यहाँ से साइकिल लेने गया। मिसुर ने बिना गद्दी की साइकिल बलवान को पकड़ा दी, कहा—"गद्दी उधार रुपए चुकाने पर मिलेगी।" बलवान ने साइकिल मिसुर के दुआरे ही खड़ी कर दी, पूछा—"मिसुर! बिना गद्दी की साइकिल पर किसुन कैसे चढ़कर कन्नौज जाएगा?" मिसुर ने कहा—"यह तुम्हें साइकिल का सौदा करते समय सोच लेना चाहिए था। साइकिल बिक चुकी है, तुम्हारी है। उठा ले जाओ या यहीं पड़ी रहने दो।" बलवान ने अपने बीस रुपए वापस माँगे। मिसुर ने काशी प्रधान के दुआरे पंचायत बैठाने की धमकी दी। रात में, मिसुर साइकिल बलवान के दुआरे डाल गए। सवेरे, बलवान मिसुर के दुआरे छोड़ आया। तीन दिन तक साइकिल इधर-उधर

लुढ़काई जाती रही। पूरा डमरुआ साइकिल के सौदे से अवगत हो गया। किसी ने मिसुर को सही ठहराया, किसी ने बलवान को। अन्ततः मिसुर परेशान हो गए, गद्दी पकड़ा दी, कहा—"बलवान! मेरे रुपए होली से पहले ज़रूर चुका देना। गरीब ब्राह्मण का पैसा तुम्हें हजम नहीं होगा। मेरे पचीस रुपए तुम्हारे शरीर से पचास छेद कर निकलेंगे।"

साइकिल आ जाने से किसुन को बहुत आराम हो गया। अपनी साइकिल से कन्नौज आना-जाना शुरू कर दिया। राधेश्याम ने उससे बोलना-चालना छोड़ दिया। किसुन प्रतिदिन डमरुआ की सीमा तक साइकिल लुढ़का कर ले आता, जब कोई उसे दिखाई न पड़ता, चढ़ जाता। एक दिन भूल से घर से ही सवार हो गया। बरगद के पास से उसकी साइकिल दौड़ती हुई निकली। ठलुआ उठकर बैठ गए, एक ने कहा—"हे भगवान! क्या ज़माना आ गया है? पूरब टोला के लोग भी साइकिल पर चढ़कर निकलने लगे हैं। सब कुतियाँ अगर सरग चली जाएँगी, डमरुआ के लत्ते कौन चाटेगा?"

[4]

सावन में घर भर की अपनी-अपनी चिन्ताएँ थीं। अम्मा ने एक बार खाने भर को सिमईं बंट कर सुखा ली थीं। जानती थीं, रक्षाबन्धन वाले दिन चैतू सवेरे-सवेरे ही सिमईं माँगने लगेगा। सस्सुती अपनी राखियों के लिए चिन्तित थी। रक्षाबन्धन वाले दिन उसे अपने भाइयों तथा बमनन टोला की औरतों को राखी बाँधनी थी। उसने राखी के रंग-बिरंगे धागे मन्दिर के सावन के पहले मंगलवार के मेले से खरीद कर रख लिए थे। रक्षाबन्धन वाले दिन शाम को भुजरियाँ भी सिरानी थीं। भुजरियाँ बोने, तैयार करने की जिम्मेदारी चैतू-सस्सुती की थी। घर में टूटे खपरों, डलियों की कमी न थी। पाँच खपरों-डलियों में—एक-एक सबके लिए—मिट्टी भर भुजरियाँ बो दी गईं। भुजरियों के पौधे आनन-फानन ऊपर की ओर दौड़ने लगे। चैतू रोज़ सवेरे खटिया से उठ सीधा भुजरियों के पास जाता, पौधों की लम्बाई नापता, रंग देखता, घोषणा कर देता—"इस खपरे की भुजरिया मेरी है, मैं सिराने ले जाऊँगा इसे।" दूसरे दिन उसकी भुजरिया बदल जाती, डलिया की भुजरिया उसकी हो जाती। किसुन रक्षाबन्धन वाले दिन के अखाड़े के लिए चिन्तित था। बंगालिन ताई हर साल, भुजरियाँ सिराने के बाद, तालाब के किनारे बच्चों का अखाड़ा कराती थीं। जीतने वालों को दो-दो रुपए का इनाम, अपनी जेब से देती थीं। किसुन उस अखाड़े में कई बार कुश्ती लड़ चुका था, अब तक एक बार भी नहीं जीता था। इस बार जीतना चाहता था। यदि जीत गया, इनाम में दो रुपए भी पाएगा।

रक्षाबन्धन वाले दिन, बमनन टोला के लड़के नहा-धो, अपनी बहनों से महँगी-महँगी राखी बँधवा बरगद का चक्कर लगाने आ गए। घर में बैठे रहते, कौन जान पाता किसने, कितनी महँगी राखी बाँधी थी? किसी की राखी में पाँच रुपए का असली नोट था, किसी

की राखी में दस का। पाँच रुपए की राखी वाला अपनी झेंप मिटाने के लिए, दस रुपए की राखी वाले से कह रहा था–"मेरी जिज्जी जब दूकान पर पहुँची थी, दस रुपए वाली राखियाँ बिक चुकी थीं। उन्होंने कहा है अगली साल मेरे लिए बीस रुपए वाली खरीदेंगी।" किसुन-चैतू भी सस्सुती से राखी का धागा बँधवा बरगद के पास घूमने निकल गए। पाँच-दस रुपए वाली राखियाँ उन्हें आकर्षित न कर सकीं क्योंकि वे राखियाँ एक बार पानी पड़ते ही लुञ्ज हो जाती हैं। धागा चाहे कितनी बार भीगे उसका कुछ नहीं बिगड़ता, महीनों कलाई में बँधा रहता है।

बरगद के पास से लौटते ही चैतू ने सिमईं माँगनी शुरू कर दीं। अम्मा ने समझाया– "बेटा! थोड़ा इन्तज़ार करो। अपने घर में कौन-सी भैंसें लगती हैं जो मैं तुरन्त तुम्हें सिमईं बनाकर खिला दूँ। बमनन टोला की गायें-भैंसें लग जाने दो। तुम सबके लिए, मुझे हर साल इस दिन दूध माँगने जाना पड़ता है। मेरा बस चले, उनके दरवाज़ों पर कभी झाँकने भी न जाऊँ। चैतू को कहाँ कल थी, थोड़ी देर बाद उसने फिर सिमईं की रट लगाई। अम्मा एक लोटा ले दूध माँगने चली गईं। जानती थीं, बमनन टोला में जिस घर में भी गाय-भैंस लगती है, रक्षाबन्धन वाले दिन दूध के लिए मना नहीं करता। सीधी काशी चौबे के घर पहुँचीं। काशी की बहू ने सवेरे से ही आधा दूध, आधा पानी मिलाकर रख लिया था, जिससे कि यह काम माँगने वाले के सामने न करना पड़े। सहर्ष एक लोटा दूध अम्मा के लोटे में डाल दिया तथा हाव-भाव ऐसे दिखाए कि संसार में उससे बड़ी दात्री और कोई नहीं है। रास्ते में अम्मा ने दूध में उँगली डाल परखा, दूध बिल्कुल पानी था, मन ही मन कहा, "वाह रे दानियो! दे लो, जितना पानी मिला दूध देना चाहो। हम भी इसी तरह हमेशा माँगने नहीं आते रहेंगे। कभी हमारे दिन भी फिरेंगे। सुना है बारह वर्ष में कूड़े के ढेर के भी दिन फिर जाते हैं।" अम्मा ने सिमईं बनाईं। थोड़ा दूध बचाकर एक कटोरे में चैतू को पीने के लिए दे दिया। किसुन कटोरे की ओर ललचाई नजरों से देखने लगा। अम्मा ने उसे समझाया–"किसुन बेटा! उसे पी लेने दो, अभी छोटा है। गई साल, आज ही के दिन उसने थोड़ा दूध पिया था। आखिर, साल भर में छटाँक भर दूध उसे मिलना भी चाहिए। अगली साल मैं तुम्हें पीने को दूँगी।" किसुन ने कटोरे से अपनी नज़र हटा ली, कहा– "मैं कहाँ कुछ कह रहा हूँ। मुझे दूध अच्छा ही नहीं लगता। मैं बस ऐसे ही कटोरे की ओर देख रहा था। दूध से पता नहीं कैसी तो महक आती है। हमें नहीं पीना।" सस्सुती ने भी कहा–"अम्मा! दूध की महक हमें भी अच्छी नहीं लगती।" चैतू ने दूध की आखिरी बूँद तक अपनी जीभ पर टपका ली, कटोरा रख दिया। किसुन ने कटोरा उठा अम्मा से पूछा– "अम्मा! कटोरा धोकर मैं पी लूँ?"

दोपहर में सस्सुती चटक लाल सलवार कुर्त्ता पहन, लाल फीते की दो चोटियाँ बाँध बमनन टोला में राखी बाँधने निकली। वह हर साल केवल आज ही के दिन बमनन टोला जाती थी, लौटकर अम्मा के सामने क़सम खाती थी, "आगे से क़सम है जो बमनन टोला

में पाँव भी दूँ।" रक्षाबन्धन आते ही, अपनी क़सम भूल जाती थी। चली जाती थी पैसों के लिए। जानती थी, उसका धागा कोई छुएगा भी नहीं। मन दुखता था, भावनाएँ आहत होती थीं, अपमान लगता था, फिर भी चली जाती थी। स्वाभिमान की भावना उसमें भी उतनी ही प्रबल थी, जितनी कि बमनन टोला की किसी भी लड़की में हो सकती थी। परन्तु वह अपने स्वाभिमान का प्रदर्शन नहीं कर पाती थी, न उसकी रक्षा। कुछ घरों में स्त्रियों ने कह दिया—"बिटिया! अपनी राखी रख लो, अगली साल काम आएगी। मैं बिना राखी बँधवाए ही तुम्हें एक रुपया दे दूँगी।" खैरात का एक रुपया आँगन में गिरा, सस्सुती ने उठा लिया। कुछ घरों में सस्सुती का नाम सुनते ही स्त्रियों ने अन्दर से ही कहा—"यह मरी पड़े, हर साल राखी बाँधने के बहाने एक रुपया वसूलने आ जाती है।" आँगन में फिर कहीं खैरात का एक रुपया गिरा, सस्सुती ने फिर उठा लिया। पूरे सात रुपए मिले। सात में चार फटे—जिन्हें करन अपनी दूकान पर अठन्नी में भी नहीं चलाएगा। इस बार भी उसने अम्मा से कहा—"मैं पक्की क़सम खाती हूँ कि आगे से भूल कर भी उस टोले में नहीं जाऊँगी।"

शाम हुई, डमरुआ के लड़के-लड़कियाँ सिर पर अपनी-अपनी भुजरियाँ रख तलइया किनारे पहुँच गए। बंगालिन ताई ने एक ज़ोर की आवाज़ दी—"बोलो, भुजरियन की जै।" सब चिल्लाए—"भुजरियन की जै।" सबकी सब भुजरियाँ पानी में फेंक दी गईं—'झम-झम', गुड़गुड़ाईं, डूब गईं, कुछ बुलबुले उठे। तलइया ने पूरी की पूरी भुजरियाँ अपने पेट में पचा लीं। ऊपर दिखाई पड़ता रह गया केवल ढबरैला पानी। फिर ताई का अखाड़ा लगा। ताई ने समझाया—"बच्चो! जो जीतेगा, उसे इनाम में तीन रुपए मिलेंगे।" तीन रुपए सुन बच्चों ने ताली बजायीं। ताई ने आगे कहा—"कुश्ती के दौरान कोई किसी के कपड़े नहीं फाड़ेगा, नाखून से चिकोटी नहीं काटेगा। ऐसा करने वाले को जीतने पर भी इनाम नहीं मिलेगा।" ताई ने बराबर आयु वालों के जोड़े बनाए। किसुन का जोड़ा राधेश्याम के साथ बना। किसुन ने धोबी पाटा मार पहले ही दाँव में राधेश्याम को चित कर दिया, ऊपर से दबा लिया। बच्चों ने ज़ोर से ताली बजाई। राधेश्याम चिल्लाया—"हट साले! पूरब टोला का होकर भी मेरे ऊपर चढ़ा बैठा है।" पूरब टोला के नाम से किसुन घबड़ा गया। उसका पूरा शरीर सुन्न हो गया। राधेश्याम को छोड़ दिया। राधेश्याम किसुन को नीचे गिरा लात-घूसों से मारने लगा। किसुन पड़े-पड़े मार खाता रहा। ताई ने राधेश्याम को उसका कान खींच किसुन से अलग किया, धक्का दे अखाड़े से बाहर कर दिया। सस्सुती-चैतू दौड़कर किसुन के पास आ गए। सस्सुती ने अपने दुपट्टे से किसुन के शरीर की मिट्टी झाड़ दी। ताई ने विजेताओं को तीन-तीन रुपए दिए। किसुन को भी तीन रुपए मिले। सबके चले जाने पर ताई ने किसुन के पास बैठ प्रेम से पूछा—"किसुन! तुमने पहले दाँव में ही राधे को चित कर दिया था। बाद में तुम नीचे कैसे आ गए?" किसुन कुछ नहीं बोला। ताई के दुबारा पूछने पर किसुन ने कहा—"ताई, जब भी कोई मुझसे कहता है, 'मैं पूरब

टोला का हूँ', मैं डर जाता हूँ। मेरा शरीर बेकार हो जाता है। मैं चाह कर भी कुछ नहीं कर सकता। ताई! क्या संसार में ऐसी कोई जगह नहीं है जहाँ मैं चला जाऊँ और जहाँ कोई यह न जाने कि मैं पूरब टोला का हूँ।" ताई ने समझाया—"पूरब टोला में क्या बुराई है? उसमें भी आदमी रहते हैं। पर तुम डर क्यों जाते हो? पूरब टोला के नाम से तो तुम्हें और जोश आना चाहिए था कि पूरब टोला का हूँ, फिर भी तुम्हें हरा सकता हूँ। जैसे तुम पड़े-पड़े मार खा रहे थे वैसा तो कोई छोटे से छोटा कीड़ा भी नहीं करता। कीड़े तक आत्मरक्षा करना जानते हैं, अंग समेट लेते हैं या पलट कर काट लेते हैं। इस संसार में काटने वाले प्राणी से लोग बचकर निकलते हैं। जब तक तुम आत्मरक्षा करना नहीं सीखोगे, संसार में कहीं भी चले जाओ, थोड़े दिनों में, वहाँ भी अपने आसपास एक पूरब टोला बना लोगे।" घर पहुँच किसुन ने तीन रुपए अम्मा को पकड़ा दिए, रस्सी-बाल्टी ले नहाने चला गया।

रात होने पर अम्मा ने आहट ली, बमनन टोला के लोग खाना खा चुके होंगे। डलिया ले पूड़ी माँगने निकलीं। बमनन टोला में, पझारुओं को बाँटने के लिए तेल की पूड़ी सवेरे से ही बनाकर रख ली जाती थीं, बाँटी रात को जाती थीं या दूसरे दिन सुबह। अम्मा के लौटने पर सब खाने बैठे। ककुआ ने एक पूड़ी उठा अम्मा को दिखाई, पूछा—"यह छोटी पूड़ी किस घर की?" अम्मा ने पूड़ी हाथ में ले देखी, कहा—"काशी चौबे के घर की। उनकी बहू शहर की है न।" सस्सुती ने एक मोटी पूड़ी उठा, पूछा—"अम्मा! यह किस घर की?" अम्मा ने बताया—"करन चौबे के घर की। उनकी औरत पूरी फूहड़ है।" सब खिलखिलाकर हँस पड़े।

7

बंगालिन ताई

बंगालिन ताई डमरुआ की थीं और नहीं भी। गणेश चौबे उन्हें कलकत्ते से ब्याह कर लाये थे। गाँव के किसी व्यक्ति ने उनका विवाह होते नहीं देखा था इसलिए डमरुआ में उन्हें किसी ने पति-पत्नी नहीं माना था। फिर भी ताई गणेश के साथ डमरुआ में रहती थीं, इसलिए डमरुआ की थीं, और किसी ने, विशेष रूप से बमनन टोला ने उन्हें स्वीकार नहीं किया था, इसलिए डमरुआ की नहीं थीं। पूरी पृष्ठभूमि यह है कि गणेश अपने माता-पिता की सबसे छोटी सन्तान थे। गणेश के बड़े भाई से माता-पिता की पटरी नहीं बैठती थी अतः उन्हें बहुत पहले ही घर से अलग कर दिया था। माता-पिता के साथ गणेश, घर में अकेले रह गए थे तथा उनके स्नेह के अतिरेक से स्थायी रूप से निकम्मे हो गये थे। शनैः-शनैः वृद्धावस्था को प्राप्त माता-पिता अपनी आँखें बन्द होने से पहले गणेश का विवाह कर देना चाहते थे। पर गणेश के निकम्मेपन के कारण कोई बेटी वाला उनके घर की ओर निहारता तक न था। जब डमरुआ में गणेश की आयु के लगभग सभी युवकों के विवाह हो गए, गणेश का विवाह एक चिन्ता का विषय बन गया। आयु निकली जा रही थी। अभी न हुआ, बुढ़ापे में क्या होगा? क्या करते? गणेश ने अपनी ओर लोगों का ध्यान आकर्षित करने के प्रयास शुरू कर दिए; डमरुआ के आसपास के कस्बों में लगने वाले सभी मेलों का नियमित भ्रमण करने लगे, जब तब, निरुद्देश्य, कन्नौज की बाज़ार का चक्कर मारने लगे, गाँव में आने वाली बारातों में आगे-आगे दौड़ काम करने लगे, बमनन टोला से जाने वाली बारातों में नए से नए कपड़े पहन जाने लगे, इतना ही नहीं, अपने साथ अपने बराबर की ऊँचाई वाली एक लाठी भी बाँधने लगे। माता-पिता ने भी भरसक प्रयास किए; हर बरसात के बाद दुआरे वाली दीवार चूने से पुतवाई (पुतवाई नहीं, खुद पोती, गणेश को भी, चूने से हाथ कट जाने के डर से, नहीं पोतने दी। केवल दुआरे वाली दीवार ही पोतते थे। पूरा घर पोतने की उनके पास गुंजाइश ही नहीं होती थी), सहालग के महीने में अपने चौतरे पर ऊँचे पाए वाले पलंग पर कालीन बिछा कर बैठे (पूरा डमरुआ उनकी कालीन उस पर छपे एक भयानक शेर के कारण पहचानने लगा था),

गणेश के ममाने और अपने बड़े बेटे की ससुराल जाकर अपनी ओर से विवाह की बात चलाई, इतना ही नहीं, रिश्तेदारों के यहाँ किसी गमी के अवसर पर जाने पर भी किसी न किसी बहाने बात छेड़ी। विधि का कुछ ऐसा विधान कि सभी प्रयास विफल हो गए। गणेश किसी बेटी वाले की नज़र नहीं चढ़े तो नहीं चढ़े। माता-पिता कब तक प्रतीक्षा करते। सीमाहीन प्रतीक्षा असह्य हो जाती है, चल बसे। गणेश पैंतीस के हो गए थे। माता-पिता के बंधन से मुक्त, घर में ताला मार, शंकर जी के वाहन की भाँति निरंकुश यतः ततः विचरण करने लगे। किसी के साथ घूमते-घामते ट्राम देखने कलकत्ता चले गए। कलकत्ते में बंगालिन ताई मिल गईं, विवाह कर लिया। एक दिन उन्हें लेकर डमरुआ आ गए। बरगद के पास से निकले, ठलुओं ने देखा, गणेश के साथ स्त्री! सोचा, कोई रिश्तेदार होगी, कोई राहगीर होगी, कोई परिचय की होगी, कोई होगी, कोई होगी। बात डमरुआ भर में फैल गई—"गणेश एक ज़नानी ले आया।" डमरुआ चिंतित, बमनन टोला चिन्तित, गणेश के बड़े भाई चिन्तित (गणेश के भाई इसलिए चिन्तित थे कि यदि गणेश विवाह कर लेगा, उसके हिस्से की खेती उनके हाथ से निकल जाएगी)। कौन जाकर गणेश से पूछे? उसके पास काली लाठी है। ज़नानी घर में बैठी है। कौन है? कहाँ से लाया है? क्यों लाया है? रात बीत गई। प्रातःकालीन सूर्य की किरणों ने बात साफ़ कर दी—"गणेश ने एक औरत बिठा ली है।" बिठा ली है, मतलब? बिठा ली है, अपनी पत्नी बना ली है। बमनन टोला में उठा-बैठी पड़ गई; कैसे हिम्मत पड़ गई गणेश की किसी औरत को गाँव लाने की? कैसी है वह औरत? बिना विवाह के किसी पुरुष के साथ रहने चली आई। पूरा डमरुआ उत्सुक; पुरुष-स्त्री उत्सुक, लड़के-लड़कियाँ उत्सुक, एक नज़र देखने को मिल जाय वह विचित्र औरत। ताई ने बहुत प्रतीक्षा न कराई, दूसरे दिन शाम को ही गुलाबी रंग की साड़ी पहन (साड़ी का पल्लू कमर में इस प्रकार कस कर लपेट लिया था जैसे कि किसी जंग में जा रही हों), पाँव में ऊँची एड़ी के बूट पहन (डमरुआ वालों ने किसी औरत के पाँव में बूट पहली बार देखे थे), माथे पर अठन्नी के आकार की लाल बिन्दी चिपका, माँग में तोला भर सिंदूर भर (किसी को संदेह न रह जाय, विवाहित नहीं है), ओंठ पहले लिपस्टिक तथा बाद में पान से लाल कर (डमरुआ वालों ने किसी औरत को पान खाते पहली बार देखा था), मुँह में सुलगती सिगरेट दबा (ताई बीड़ी पीने की आदी थीं लेकिन गणेश ने कलकत्ते से आते समय, कन्नौज रेलवे स्टेशन से 'पनामा' सिगरेट की एक डिब्बी खरीद दी थी, समझा दिया था, हमारी नई शादी हुई है, पहली बार गाँव घूमने जाना, सिगरेट पीना, नहीं तो डमरुआ के लोग हमारे बारे में क्या सोचेंगे), डमरुआ घूमने निकल पड़ीं। बमनन टोला से शुरू किया। आदत के अनुसार ताई बूट ज़मीन पर पटक-पटक चल रही थीं। बमनन टोला को लग रहा था ताई उनके सिर पर बूट मार रही हैं। ताई में व्यवहारकुशलता का अभाव न था; रास्ते में जो मिल रहा था, आयु के अनुरूप आदर देते हुए कुशल-क्षेम पूछती जा रही थीं—"कहो बेटा कैसे हो? चच्चा प्रणाम! कहिए

कैसे हैं? बाबा पाँव लागी! कहिए कैसे हैं? अम्मा कैसी हैं?" आदि। पुत्रवधुओं ने ताई को घर के किवाड़ों के पीछे छिप कर देखा। लड़कियों ने छत से झाँक कर देखा (लड़कियों को ताई के सामने न पड़ने की हिदायत दी गई थी)। वृद्धाओं ने घर की देहरी पर बैठ देखा। ताई को देख पुत्रवधुओं ने सोचा, क्या साहसी औरत है? एक हम हैं, घर में बंद हैं। ताई के निकल जाने के बाद वृद्धाएँ बड़बड़ाईं—"पूरे लच्छन रंडियों के। हिम्मत तो देखो। पान चबाए, ऊपर से सिगरेट 'राम-राम'। मेरे विवाह को चालीस साल हो गए अभी तक पूरा डमरुआ न देख पाई। यह है कि बिना भुपन के कल आई, आज गाँव भर के सिर पर चढ़कर बैठ गई।" पुरुष भी कम आकर्षित न हुए। पता लग जाय कि ऐसी औरतें कहाँ मिलती हैं, हम भी अपने लिए एक-एक मंगा लें। लेकिन गणेश सही पता थोड़े ही बताएगा।

करन चौबे अपने चौतरे पर बैठे, पान खाने के लिए सुपारी कुतर रहे थे। ताई को देख मन न माना, बुला लिया—"गणेश की बहू! कहाँ जा रही हो? थोड़ी देर मेरे पास भी बैठ लो। एक पान मेरे हाथ से भी खाती जाओ।" ताई ने सुना, डमरुआ में किसी ने उन्हें 'गणेश की बहू' पुकारा, तन-मन पुलकित हो गया। आ गईं, करन के पास खटिया के पैताने बैठ गईं। करन ने उन्हें प्रेमपूर्वक पान खिलाया। ताई ने पान मुँह में दबा लाइटर से सिगरेट जलाई। कुछ फूँक इधर-उधर उड़ेले। एक फूँक का धुँआ धोखे से करन की ओर चला गया। किसी स्त्री के मुँह से निकले सुगंधित धुएँ का स्वाद करन के लिए एकदम नया था, मन आलोकित हो गया, तन स्वेदयुक्त। ताई प्रणाम कर पूरब टोला निकल गईं।

ताई का असली नाम कोई नहीं जानता था, शायद गणेश जानते रहे होंगे। कलकत्ते से आई थीं इसलिए बंगालिन कही जाने लगी थीं। और ताई? यह उपाधि उन्होंने अपने रहन-सहन के तौर-तरीकों से अर्जित की थी। इसका सबसे अधिक श्रेय उनके बूट और सिगरेट को जाता है। ताई अचानक कहाँ से प्रकट हो गईं? क्या इस आयु तक (लोगों का मानना था ताई चालीस से कम की कतई नहीं थीं। देखने में भी गणेश से जेठी लगती थीं।) गणेश के मिलने की प्रतीक्षा करती रहीं? घर कहाँ है? माता-पिता कौन हैं? जाति-धर्म क्या है? आदि प्रश्न डमरुआ के लोगों को बहुत परेशान कर रहे थे। गणेश-ताई की ओर से कोई सही सूचना प्राप्त न होने पर लोगों ने अटकलें लगानी शुरू कर दीं। कई अटकलें लगीं; "मैं दावे के साथ कह सकता हूँ कि गणेश इसे कलकत्ते के किसी रंडी-खाने से खरीद कर लाया है। कम से कम हजार लगे होंगे।" "यह औरत डाकुओं के किसी गिरोह की है। पुलिस से छिपकर डमरुआ में रह रही है। घोड़ा चढ़ना, तमंचा चलाना भी जानती होगी।" "मैं कहता हूँ यह लड़कियों-औरतों को बेचने वाले गिरोह की है। कुछ दिन डमरुआ में रहेगी, एकाध लेकर रफूचक्कर हो जाएगी।" आदि। लोग घुमा-फिरा कर ताई से उनके बारे में पूछते भी रहते थे। कुछ दिन बाद ताई ने अपनी कहानी खुद ही बता दी। किसी को भरोसा नहीं हुआ, उलटे ताई रहस्यमयी और हो गईं।

ताई ने बताया—"मेरे पिता उत्तर प्रदेश के ही किसी गाँव के रहने वाले थे। जीविका के लिए गाँव छोड़, कलकत्ता के धरमतल्ला में जाकर बस गए थे। बंगालियों के यहाँ प्रातः-सायँ पूजा-पाठ का काम करते थे। मेरे एक बड़े भाई थे, घर छोड़ अपनी ससुराल माल्दा टाउन चले गए थे, फिर कभी नहीं लौटे। पिताजी पुरोहिती से जो लाते थे उसी से घर चलता था। मेरे विवाह योग्य होने पर उन्होंने कई जगह मेरे विवाह के लिए बात चलाई। दहेज के अभाव में कहीं बात न बनी। मैं बड़ी होती गई। पिताजी का शरीर दुर्बल होने लगा था, बहुत घरों में पूजा करने भी नहीं जा पाते थे। पुरोहिती से वैसे भी कुछ विशेष न मिलता था। मेरा घर पूजा के लाल वस्त्रों, प्रसाद के नारियलों, अधसड़े केलों, कपूर, मीठे दानों, सिंदूर की पुड़ियों से भरा रहता था। घर केवल इन्हीं सब वस्तुओं से नहीं चलाया जा सकता। आर्थिक संकट से ऊब, पिताजी की अनुमति से, मैंने चौरंगी बाज़ार की एक कपड़े की दूकान में नौकरी कर ली। मेरा नौकरी करना, बाज़ार में बैठना पिताजी को अच्छा न लगता था। प्रतिदिन सवेरे, मेरे घर से निकलते समय, मुझे देख करुणापूर्वक रोते थे, विवश थे, रोकते नहीं थे। उन्होंने गाँव के पते से मेरे चाचाओं तथा माल्दा के पते से मेरे भाई को सहायता के लिए कई पत्र लिखे। किसी ने पत्र का उत्तर तक न दिया। इसी अवस्था में एक दिन उनका स्वर्गवास हो गया। घर में बची माँ और मैं। दो वर्ष बाद माताजी भी नहीं रहीं। मैं दूकान में काम करती रही, उसके अलावा मेरे पास कोई विकल्प भी न था। दूकान की नौकरी ने आदमी नामक प्राणी को ठीक से समझने में मेरी बहुत सहायता की। मैंने जाना कि आदमी इस संसार का सबसे बड़ा विश्वासघाती और खतरनाक प्राणी है। यह स्त्री ही है जो ऐसे खतरनाक प्राणी का रोज़ सामना करते हुए भी जीवित बनी रहती है। दूकान पर एक दिन संयोग से मेरी भेंट गणेश से हो गई। मैं चौरंगी बाज़ार के नर्क से किसी प्रकार निकलना चाहती थी। बिना कुछ आगा-पीछा सोचे-विचारे मैंने विवाह के लिए हाँ कर दी। मेरे घर में ऐसा मूल्यवान कुछ भी न था, जो साथ लाती। चलते समय, लाल वस्त्र में लिपटी रखी 'दुर्गा सप्तशती' उठा ली थी, क्योंकि उसके साथ मेरे माता-पिता की स्मृतियाँ जुड़ी थीं। इसी 'दुर्गा सप्तशती' का पाठ पिताजी ने जीवन भर दूसरों के लिए किया था।" अपनी कहानी सुनाते-सुनाते ताई भावुक हो रो पड़ती थीं। जी पक्का कर, भावुकता बीड़ी के गर्म धुएँ से सुखा देती थीं।

यह पहला अवसर था जब कोई स्त्री बिना विवाह किये किसी पुरुष के साथ पत्नीवत् बमनन टोला में रह रही थी। गणेश की बात पर किसी ने विश्वास नहीं किया था कि वे कलकत्ता से विधिवत् विवाह सम्पन्न कर ताई को अपने साथ लाए हैं। बमनन टोला की मर्यादा को यह प्रत्यक्ष चुनौती थी। बमनन टोला वालों का दूसरे टोला वालों के सामने सिर उठाकर चलना दूभर हो गया था। छज्जूराम को भी इसकी खबर मिली। कन्नौज में बैठे-बैठे ही तथ्यों की जाँच-पड़ताल कर, एक दिन, एक संदेशवाहक के माध्यम से निम्नलिखित संदेश गणेश के पास भिजवाया—"गणेश! पता चला है कि तुम कहीं से कोई

स्त्री लाकर अपने साथ रख रहे हो। हमारे खानदान में आज तक ऐसा कभी नहीं हुआ है। यह मर्यादा विरुद्ध कृत्य है। तुम एक सम्मानित परिवार के सदस्य हो, तुम्हें यह शोभा नहीं देता। मेरा सुझाव है कि अभी भी कुछ नहीं बिगड़ा है, उस स्त्री को जहाँ से लाये हो, वहीं वापस छोड़ आओ। कभी-कभी आवेश में आकर मनुष्य ग़लती कर बैठता है। तुम्हारी यह ग़लती हम लोग क्षमा कर देंगे। अन्यथा, विवश हो हमें तुम्हारे साथ खान-पान, व्यवहार-चलन बन्द करना होगा। ठीक से विचार कर लो, निर्णय तुम्हें ही करना है।"

ताई छज्जूराम को नहीं जानती थीं। गणेश से उनका नाम भर सुना था। संदेश सुन तैश आ गया, संदेशवाहक पर ही बरस पड़ीं—"क्या नाम बताया तुमने? छज्जूराम। यह कौन है? बमनन टोला का ठेकेदार? जो चाहेगा, वही होगा। बमनन टोला क्या कोई जानवरों का बाँड़ा है? जिसमें जब जो स्त्री चाहो लाकर बन्द कर लो, जब चाहो वापस छोड़ आओ, जहाँ से लाये हो वहाँ। कह देना उससे, मैं इस घर और डमरुआ से अब कभी नहीं जाऊँगी। ऐसे ही नहीं आई हूँ, विवाह कर आई हूँ। यह बात ज़रूर है कि मेरा विवाह बैंड बाजे के साथ नहीं हुआ, बमनन टोला में किसी ने नहीं देखा। क्या जिन स्त्रियों का विवाह बैंड बाजे, धूमधाम के साथ होता है, बहुभुजाधारी होती हैं? मैं भी उन्हीं की जैसी एक स्त्री हूँ। उसी पद्धति से सन्तान उत्पन्न करूँगी, जिस पद्धति से वे स्त्रियाँ करती हैं। जहाँ तक रही बात खान-पान बन्द करने की, खानदान से निकालने की, क्या फर्क पड़ेगा उससे? उनकी मर्ज़ी हो, वह भी करके देख लें। लेकिन मैं अब इस घर से नहीं जाऊँगी।" गणेश के बहुत मनाने पर ताई ने बोलना बन्द किया था। गणेश को मुँह खोलने तक का अवसर भी न दिया था।

ताई के आने के बाद गणेश का नीरस जीवन सरस ज़रूर हो गया था पर उनके निकम्मेपन में कोई कमी न आई थी। जितने निकम्मे अपने पिता के जीवन काल में थे उतने अभी भी थे। गणेश शायद एक बात नहीं जानते थे कि माता-पिता के सामने निकम्मे होने और पत्नी के सामने निकम्मे होने में भारी अन्तर होता है। ताई आते ही उनका निकम्मापन ताड़ गई थीं, खेती-पाती की बागडोर खुद सँभाल ली थी। गणेश दिन भर घर में रहते, ताई दिन भर खेतों में। गणेश ने ताई के आने के बाद अपनी अम्मा की चाँदी की हँसुली बेच घर में एक पक्का कमरा बनवा लिया था। घर में और मढ़ा भी थे, मिट्टी के थे, बरसात में टपकने लगते थे। गणेश को बरसात में पूरे घर में घूम-घूम कर यह देखना कि कहाँ पानी टपक रहा है, कहाँ नहीं, कतई पसन्द न था। वे बरसात में ताई के साथ निश्चिन्त हो बैठना चाहते थे। नये बने पक्के कमरे में माता-पिता के ज़माने का एक ऊँचा पलंग पड़ा रहता था। पलंग पर बिस्तर का एक बंडल—जो रात में बिछाया जाता था, दिन में लपेट सिरहाने कर दिया जाता था—रखा रहता था। गणेश इस बंडल से धोख लगा, कभी दाएँ पर बायाँ, और कभी बाएँ पर दायाँ पैर चढ़ाए बैठे रहते थे या कहिए

अधलेटे रहते थे। कमरे की दीवार की खूँटियाँ नए-पुराने कपड़ों से भरी रहती थीं। एक खूँटे पर शेरछाप कालीन टँगी रहती थी। कालीन अब केवल गाँव भर में शादी-विवाह के अवसर पर माँगी जाती थी। गणेश के पास गाँव वालों को देने के लिए कालीन के अलावा और कुछ नहीं होता था इसलिए कालीन के लिए किसी को मना नहीं करते थे। ताई के आने के बाद गणेश के घर आने-जाने वालों की संख्या खूब बढ़ गई थी। लोग केवल ताई को देखने आते थे। ताई घर में रहें, न रहें, आते रहते थे। आनेवालों में युवक ही प्रायः अधिक होते थे। ताई ने डमरुआ में आकर युवकों के लिए ताजी हवा की एक खिड़की खोल दी थी। वे ताई के यहाँ बैठ बे रोक-टोक मुफ्त बीड़ी पी सकते थे, सब बातें मुक्त होकर कर सकते थे। डमरुआ वालों को, विशेष रूप से बमनन टोला वालों को संदेह ही नहीं, पक्का विश्वास होने लगा था कि ताई ने लड़कों पर बंगाल का कोई जादू कर दिया है। डरते भी थे कि ताई कहीं एकाध लड़के को भेड़ या बकरा बनाकर घर में न बाँध ले। कोई आवारा भेड़-बकरा देख शंकालु हो जाते थे, गाँव का ही कोई लड़का तो नहीं है? ताई का प्रभाव स्त्रियों पर भी पड़ा था। उसी काल में संयोग से कुछ पुत्रवधुएँ अपने मायके गई थीं, और फिर कभी डमरुआ वापस नहीं आई थीं। गाँव वालों ने इसे भी ताई की करतूत माना था।

ताई के स्नेह से प्रभावित हो एक दिन किसुन भी ताई के यहाँ गया, पाया, ताई का व्यवहार अन्य बमनन टोला वालों से भिन्न है। वह संकोचवश पक्के कमरे के अन्दर न जा, बाहर देहरी पर ही बैठा रहा था, फिर भी उसे अच्छा लगा था। गणेश चौबे से उसे डर लगता था। सोचा था, जिस दिन गणेश घर में नहीं होंगे, कमरे के अन्दर जाकर बैठूँगा। गणेश घर में नहीं होंगे वह दिन आना लगभग असम्भव था।

8

दूसरा दीया नहीं जलाया जा सकता

[1]

साइकिल आ जाने से जितना आराम किसुन को हुआ था, उससे अधिक सुविधा डमरुआ की औरतों को, कन्नौज के बाज़ार से घर का सामान मँगवाने की, हो गई थी। इस काम के लिए, किसुन से सीधा लड़का और कौन मिल सकता था। दवा, गुड़, डालडा और मसालों आदि की ज़रूरत सबको पड़ती ही रहती थी। वैसे तो गाँव में करन की दूकान थी, पर वह एक के चार लेता था। किसुन कॉलेज जाने के लिए घर से निकला नहीं कि सबने अपने-अपने झोले और पैसे किसुन को थमा दिए। छुट्टी के बाद जब सब विद्यार्थी घर की ओर भागते, किसुन बाज़ार से गाँव भर का सामान खरीदता, लौटकर घर-घर बाँटता घूमता, क़सम खाता—"भगवान की क़सम चाची! एक भी पैसा नहीं चुराया है।" फिर भी चाची को शायद ही यकीन होता।

अपनी कक्षा में किसुन वैसे ही उपस्थित रहता था—जैसे मेज़, कुर्सी, पंखा। किसी शिक्षक को उससे कोई खास मतलब न था। कक्षा की सबसे पीछे वाली बेंच पर बैठने वालों पर भला कौन शिक्षक ध्यान देता है। पर ऐसा नहीं है, हिन्दी शिक्षक यदा-कदा उससे पूछ लेते थे—"कहिए किसुन कन्हाई! इस हफ्ते कितनी दूकानों के साइन-बोर्ड पढ़े? पढ़ लीजिए, इस साल साइन-बोर्ड, अगली साल हिन्दी पढ़ लेना।" गणित के शिक्षक को भी महीने में एकाध बार किसुन का ध्यान आ जाता था। श्यामपट पर सवाल लिख वहीं से चिल्लाते थे—"ओ पैजामे! खड़ा हो जा। साइन स्क्वैर थीटा प्लस कॉस स्क्वैर थीटा इस इक्वल टु?" किसुन खड़ा हो श्यामपट पर लिखा सवाल पढ़ता, कह देता—"मास्टर सा'ब! सवाल का जवाब अभी-अभी भूल गया हूँ।" मास्टर साहब किसुन के पास आ तड़ातड़ दो तमाचे मार सवाल का जवाब बता देते—"वन।" किसुन कनपटियाँ सहलाने लगता, मास्टर साहब वापस जा श्याम पट पर सवाल हल करने लगते। एक दिन घर लौट किसुन ने ककुआ से गणित शिक्षक की शिकायत की—"ककुआ! गणित मास्टर कक्षा में सबसे ज़ोर के तमाचे मेरे ही मारता है। कहीं ऐसा तो नहीं, मेरा पैजामा देखकर उसे गुस्सा आ

जाता हो। हमेशा बुलाते हैं–"ओ पैजामे!" ककुआ खुश हो गए, कहा–"किसुन! गणित मास्टर तुम्हें आदमी बनाने के लिए मारता है। देखना, मार खाते-खाते एक दिन तुम पढ़ जाओगे। बिना मार खाए भला आज तक पढ़ाई किसी को समझ में आई है।" किसुन निराश हो गया। सोचा था, ककुआ से कुछ सहानुभूति मिलेगी। ककुआ उठ कर चले गए। ककुआ को खुश देख किसुन को बहुत दुख हुआ, सोचा, ककुआ मेरे बारे में बहुत बड़े भ्रम में हैं, सोचते हैं मैं मार खाकर पढ़ जाऊँगा। जबकि असली बात यह है कि कक्षा में मेरी समझ में कुछ आता ही नहीं। ककुआ को मैं सही बात कैसे बताऊँ? उनका दिल टूट जाएगा।

[2]

एक दिन शाम को ककुआ ने अम्मा से पूछा–"किसुन की महतारी! खेतों की बात करने का टाइम आ गया है। बताओ, कहाँ जाऊँ? काशी के यहाँ? किसी और के यहाँ?"

अम्मा तत्काल ही बागों से लकड़ी बीन लौटी थीं। उनका चेहरा अभी भी तमतमा रहा था। कुछ नहीं बोलीं। बाल्टी उठा पानी भरने चली गईं। हाथ-मुँह धोया, एक लोटा पानी पिया। धोती के पल्लू से मुँह पोंछते हुए कहा–"किसुन के ककुआ! किसी की खेती करने की ज़रूरत ही क्या है? मज़दूरी ज्यादा अच्छी है। खेतों में साल भर काम करने पर मज़दूरी से कम ही मिलता है। बेगार करनी पड़ती है सो अलग। क्यों न हम लोग यह साल मज़दूरी कर काटें?" ककुआ को अम्मा के इस बदले रुख पर बड़ा आश्चर्य हुआ। पहले अम्मा खुद भी मज़दूरी को अच्छा न मानती थीं। ककुआ चौके की दीवार से पीठ टिका बैठ गए। थोड़ी देर कुछ नहीं बोले, कुछ सोचते हुए बीड़ी पीते रहे। बीड़ी खतम कर, ज़मीन पर रगड़ बुझा दी, कहा–"किसुन की अम्मा! आज तुम कैसी उल्टी बातें कर रही हो? लगता है लकड़ियाँ बीनते-बीनते गर्मी तुम्हारे भेजे पर चढ़ गई है। मज़दूरी, मज़दूरी होती है, खेती खेती। हमारे रिश्तेदार भी क्या कहेंगे? हम मज़दूरी करते हैं। ठीकठाक कोई लड़का मिल गया, इस साल सस्सुती की शादी भी पक्की करनी पड़ेगी। शादी के लिए जहाँ जाएँगे, कम से कम बता तो सकेंगे, हम लोग बड़े आदमियों की खेती करते हैं। मज़दूरी साल भर मिलती भी कहाँ है? बरसात के तीन-चार महीने कहीं कोई काम ही नहीं होता। खेतीवाले से ज़रूरत पर चार पैसे उधार मिल जाते हैं, तुरन्त चुकाने नहीं पड़ते।" अम्मा ने टोका–"उधार मिल जाते हैं, ठीक है, बदले में बेगार भी करनी पड़ती है। हमें यह भी नहीं पता चलता, कितना उधार दिया है? कितना अपने खाते में लिखा है? साल भर बाद जो हिसाब पढ़कर सुना देते हैं, हम लोग सिर हिला, हुंकारी भर मान लेते हैं।" ककुआ कहीं जाने के

लिए उठ खड़े हुए, कहा—"किसुन की अम्मा! लगता है इस साल खेतों में काम करने का तुम्हारा मन नहीं है। ठीक है, जैसी तुम्हारी इच्छा, मज़दूरी ही करेंगे। तो यह तुम्हारा आखिरी फैसला है?" अम्मा ने कहा—"मेरा मन होने या न होने से क्या फर्क पड़ता है। काम न करूँगी, बच्चों को क्या खिलाऊँगी? कोई महारानी नहीं हूँ जो घर में पलंगा पर लेटी रहूँगी। तुम्हारा मन हो, जाओ, काशी से बात करके देख लो।" ककुआ आँगन में निकल खड़े हो गए, कहा—"किसुन की अम्मा! तुम्हारा भेजा अब कुछ-कुछ ठंडा हुआ है।"

[3]

दूसरे दिन ककुआ ने काशी से बात की। काशी मान गए। ककुआ प्रसन्नचित्त घर लौट आए। आते ही अम्मा को काशी की बात बता देना चाहते थे, नहीं बताई। देखा, किसुन चौके के पास बैठा पढ़ रहा है। सोचा, बात करूँगा तो किसुन का ध्यान बँटेगा। खुद भी किसुन के पास बैठ किसुन की किताब में झाँकने लगे। उसी समय चाची, अम्मा के दीये से, अपना दीया जलाने चलीं आईं। दीया जलाते समय अम्मा का दीया भभक कर बुझ गया। किसुन किताब बन्द करते हुए अँधेरे में चिल्लाया—"अम्मा! दीया जल्दी जला दो, मुझे बहुत पढ़ना है। एक ही दीया से पता नहीं क्या-क्या काम किया जाएगा? उसी से पढ़ना, रोटी बनाना और उसी से दूसरा दीया भी जलाना।" सस्सुती ने दीया उठा, चूल्हे की लपट से जला दिया। किसुन की पढ़ाई में बाधा ककुआ को भी अच्छी नहीं लगी, कहा—"किसुन की अम्मा! कल शाम से किसुन के पढ़ने के लिए एक दूसरा दीया जला देना। कठिन पढ़ाई पढ़ता है, थोड़ा ध्यान रखा करो।" अम्मा ने जवाब दिया—"दूसरा दीया नहीं जलाया जा सकता, तेल कहाँ से आएगा? एक दीया तक के लिए तेल पूरा नहीं पड़ता। दिन पर दिन महंगा होता जा रहा है। सेर भर मक्का दूकान पर ले जाओ फिर भी करन शीशी भर तेल नहीं देता।" ककुआ ने सिर हिलाते हुए कहा—"सो तो है। पर एक काम किया करो यह पूरा दीया किसुन को पढ़ने के लिए दे दिया करो। हम लोगों को दीये की क्या ज़रूरत है? कौन-सा तागा डालना है, सुई में। चौके के चूल्हे की आग से मतलब भर की रोशनी हो ही जाती है।"

ककुआ ने दीवार पर से दीया उठा, ज़मीन पर किसुन के पास रख दिया। उठ कर बाहर गए, एक झौआ उठा लाए, बोले—"किसुन! मैं तुम्हारे लिए एक मेज़ बना देता हूँ।" झौआ ज़मीन पर औंधा कर, उस पर दीया और किसुन की किताब रख दी, कहा—"यह लो बन गई मेज़।" किसुन को औंधे झौए की मेज़ बहुत पसंद आई, हँसते हुए कहा—"ककुआ! इससे मेरी गर्दन भी दर्द नहीं करेगी।" किसुन फिर पढ़ने लगा। सस्सुती और चैतू दीये के आसपास चक्कर लगाते पतंगों से खेलने लगे। घर में एक बार फिर शान्ति

हो गई। चाची के छप्पर में भी कोई नहीं बोल रहा था। अम्मा रोटी बनाने लगी थीं। बीच-बीच में, तवे पर रोटी पलटने और आटे के तसले से अम्मा की चूड़ियों के टकराने की आवाज़ें आ रही थीं। ककुआ का मन बेचैन हो रहा था, अम्मा को काशी की बात बता देना चाहते थे। चौके के पास खिसक धीरे-से कहा—"किसुन की अम्मा! काशी मान गए, पूरी खेती हमें दे दी। अब साल भर की फिकर नहीं रही। आज बात करने न जाता, कल तक उनके खेत हाथ से निकल जाते।" ककुआ की बात अम्मा ने ही नहीं सबने सुन ली, सब प्रसन्न हो गए, एक साथ पूछा—"काशी की पूरी खेती हम लोग करेंगे?" ककुआ ने कहा—"हाँ भाई हाँ।" किसुन ने अपनी किताब पलट कर रख दी, कहा—"ककुआ! इस साल मेरे लिए एक पैंट ज़रूर बनवा देना। कॉलेज में सब लड़के पैंट पहनकर आते हैं, मुझे देख हँसा करते हैं। एक जोड़ी जूता भी, चमड़े का नहीं, लत्ते वाला ही सही। चप्पल पहन साइकिल नहीं चला पाता हूँ।" चैतू ने सोचा, किसुन का पैंट बनेगा, वह पीछे क्यों छूट जाए, कहा—"ककुआ! एक हाफ़ पैंट मेरे लिए भी।" सस्सुती ने कहा—"एक कुर्ता-पैजामा मेरे लिए भी।" अम्मा बोलीं—"किसुन के ककुआ! मैं तुमसे कभी कुछ नहीं माँगती हूँ, यदि कुछ पैसे बचें एक सस्ती मद्दी धोती मेरे लिए भी खरीद देना। मेरी धोती फटने लगी है।" अम्मा ने अपने सिर पर का पल्लू खींच दिखाते हुए कहा—"झूठ नहीं बोल रही हूँ, यह देखो।" ककुआ ने चैतू की पीठं ठोंकते हुए कहा—"तुम लोग बिल्कुल चिन्ता मत करो। सात-आठ मन गेहूँ भी हिस्से में मिल गये, सबके लिए, सब कुछ खरीद दूँगा।" किसुन ने दीया उठा दीवार पर रख दिया। ककुआ ने पूछा—"दीया क्यों उठा दिया? पढ़ाई हो गई?" किसुन ने कहा—"रोटी खाकर पढूँगा। एक बात कहना चाहता हूँ।" किसुन ककुआ के पास बैठ गया, कहा—"ककुआ! मैं काशी के खेतों में काम करने तुम्हारे साथ चलूँगा लेकिन बमनन टोला में उनके घर कभी नहीं जाऊँगा। बमनन टोला में जाना मुझे अच्छा नहीं लगता।" ककुआ ने पूछा—"क्यों?" किसुन ने कहा—"ककुआ! बमनन टोला से ग़ुजरते समय वहाँ बैठे हर आदमी को बिना मन के 'पाँव लगी' कहना पड़ता है। वे लोग हमें बहुत छोटा आदमी समझते हैं। वहाँ से निकलते समय मैं हमेशा चक्कर में पड़ जाता हूँ, किस ओर देखूँ? सीधे, सामने देख रास्ता चलता हूँ, कहते हैं—"कन्नौज में पढ़ने लगा है, दिमाग खराब हो गया है। देखो, कैसे अकड़ा चला जा रहा है।" उनकी आँखों में आँखें डाल देखता हूँ, कहते हैं—"हिम्मत देखो साले की, कैसे नज़र मिला रहा है।" उनके घर की किसी चीज़ पर धोखे से भी नज़र चली जाय, कहते हैं—"इस साले की नज़र खराब लग रही है। देखे रहना, चुरा न ले जाय।" तब मुझे लगता है, धरती फट जाय, मैं उसमें समा जाऊँ या उतनी देर के लिए अंधा हो जाऊँ। कभी-कभी ऐसा लगने लगता है, जिन पैरों से मैं चल रहा हूँ, मेरे नहीं हैं। मैं किसी दूसरे के पैरों पर चढ़ा चला जा रहा हूँ। वहाँ से निकल जाने के बाद मुझे उबकाई आती है। पता नहीं, आप लोग डमरुआ में कैसे रहते आए हैं? मुझसे बर्दाश्त नहीं होता।" ककुआ ने अम्मा की ओर देखा। अम्मा

कुछ नहीं बोलीं। ककुआ ने कहा—"ठीक है, तुम बमनन टोला मत जाना।" मंगा अपने छप्पर से ही बोला—"किसुन! शुरू में सबको ऐसा ही लगता है, बाद में आदत पड़ जाती है।"

[4]

मुर्गे की पहली बाँग पर ही बलवान ने बिस्तर छोड़ दिया, काशी के खेतों में जुताई जो करने जाना था। ठंड से शरीर में झुरझुरी आ गई, बड़बड़ाया—"कातिक अभी ठीक से शुरू भी नहीं हुए हैं, सर्दी है कि अभी से काट खाने को दौड़ने लगी है।" कमरे का दरवाज़ा खोल आँगन में झाँका, चटक चाँदनी फैली थी। ओढ़ने के लिए चादर खींची। चादर में चैतू लिपटा पड़ा था। सोचा, बिना चादर के ही चला जाऊँ। नहीं, खेतों में सर्दी लगेगी। फिर धीरे-धीरे चादर खींच ली। चैतू कुनमुनाया, अम्मा की रज़ाई में घुस सो गया। चूल्हे की आग करोदी, राख फूँक बीड़ी जलाई, चादर लपेटी, घर का दरवाज़ा बाहर से उढ़का, काशी के यहाँ से हल-बैल लेने चला गया। बैल मानो पहले से ही तैयार बैठे थे। बलवान को देखते ही उठ खड़े हुए। खूँटे से बैल खोल आगे हाँक दिए, खुद कंधे पर हल रख उनके पीछे हो लिया। गाँव से बाहर निकलते ही साढ़े चार वाली कानपुर पैसेंजर की सीटी सुनाई पड़ी। सोचा, आज पहला दिन था, देर से आँख खुली। कल से गाड़ी की सीटी सुनने से पहले आधा बीघा खेत जोत डाला करूँगा। कातिक की जुताई भला कहीं दोपहर में होती है। थोड़ा आगे जा, बैल रोक, मुड़कर गाँव की ओर देखा, डमरुआ कैसा लग रहा है? चाँदनी में लिपटा पूरा डमरुआ लिजलिजा लगा। किरपा की कोठी रात में भी पूरे डमरुआ पर धौंस जमा रही थी। सोचा, अँधेरी रात अच्छी है, किरपा की कोठी नहीं दिखाई पड़ती। अँधेरे में सब बराबर हो जाते हैं। तभी किसी ने पड़ियायन चाची के कुएँ से बाल्टी भर, नहाने के लिए अपने ऊपर पलट ली, मुँह से ठंड के कारण निकल गया—"हर हर महादेव!" बलवान हँसा, कहा—"लो दौड़ो, महादेव बाबा! तुम्हारे भगत को ठंड लग रही है। इतने तड़के नहाने की भी पता नहीं क्या ज़रूरत पड़ जाती है लोगों को?"

हल मचा, बैलों के पीछे चल दिया। ज़मीन ठरठरा कर फटने लगी। आसपास कोई नहीं। दूर कहीं खेतों में हल जोतते बैलों के गले की घंटियों की टनटनाहट, हलवाहे की 'तक् तक्'। तीन ओर क्षितिज पर पेड़ों की कतारें, एक ओर डमरुआ। ऊपर स्वच्छ नीले आकाश में अस्त होने की कगार पर चन्द्रमा। नीचे घास पर बैठी ओस, हल, बैल, हलवाहा और ताजी फटती मिट्टी की सोंधी गंध। कोल्हू के बैल की भाँति एक ही जगह चक्कर लगाता बलवान अपने जीवन तथा अपने परिवार के बारे में सोचने लगा। मेरे बच्चे क्या सोचते होंगे? मैं पिता हूँ; बच्चों को रोटी-कपड़ा भी ठीक से नहीं दे पाता। बच्चे छोटी-छोटी चीज़ों के लिए रिरियाते रहते हैं, मैं सुनता रहता हूँ। मैं पति हूँ, पत्नी के लिए

साल में एक सस्ती धोती भी नहीं खरीद सकता। उसे फटी धोती पहन गाँव भर में घूमता देखता रहता हूँ। पता नहीं, क्या ज़रूरत थी भगवान को मेरे जैसे लोगों को पैदा करने की? मुझसे कहीं अधिक अच्छे ये बैल हैं, जो दिन भर काम कर, वापस खूँटे पर पहुँच, खाने को अच्छा चारा पा जाते हैं। अच्छा होता यदि ईश्वर ने मुझे बैल बनाया होता। कल्पना की, वह बैल है, काशी के खूँटे से बँधा चारा खा रहा है, गले में बँधी घंटियाँ बज रही हैं। कल्पना भंग हो गई, बिना हाँके बैल रुक गए थे। बैलों को हाँक फिर चल दिया, फिर सोचने लगा, किसुन पढ़-लिख बहुत बड़ा आदमी बन गया है। एक अच्छा पैंट-क़मीज़ पहन उसकी ओर चला आ रहा है। पास आकर कहा—"ककुआ! तुमने बहुत मेहनत कर ली, अब तुम्हारा आराम करने का समय आ गया है।" ध्यान भंग हो गया, दूर किसी हलवाहे ने अपने बैलों को ज़ोर से ललकार दिया था। बैलों को कुछ पल दम मार लेने दी, फिर चल पड़ा। इस बार की कल्पना कुछ विचित्र थी, देखा वह काम करते-करते मर गया है। किसुन, चैतू, सस्सुती और किसुन की अम्मा उसकी मृत देह के आसपास बैठ रो रहे हैं। उन्हें रोता देख, खुद भी दुखी हो अपने मृत शरीर के पास बैठ रोने लगा। होश आया तो बैल आराम करने के लिए खड़े कर दिए। स्वयं मेंड़ पर जा बैठ गया। चादर से आँसू पोंछ लिए। चाँदनी रात का धुँधलका धीरे-धीरे मिटता जा रहा था। सूर्योदय होने वाला था। रात का अँधेरा हटना उसे अच्छा नहीं लगा, सोचा, चौबीसों घंटे रात ही क्यों नहीं रहती? मैं रात में ज्यादा मन से काम कर पाता हूँ। दिन में मुझे अपना शरीर साफ़-साफ़ दिखाई पड़ने लगता है। शरीर की पसलियाँ, चोट खाए हाथ-पैर, गंदे कपड़े और दूसरे के खेत में हलवाहे के रूप में अपने को देखने से मुझे बहुत घृणा है। रात में इन सबको मैं भूला रहता हूँ। सूर्योदय होते ही, अपनी चादर उतार मेंड़ पर रख दी। फिर घूमने लगा, बैलों के पीछे-पीछे, गोल-गोल, कोल्हू के बैल की भाँति।

9

करन चौबे

करन चौबे का पुश्तैनी घर बमनन टोला के बीचोबीच था। भाइयों में बँटवारा हुआ, हिस्से में करन को पूरब टोला के पास वाला घर मिला। करन नए घर में आना नहीं चाहते थे। शुभचिन्तकों ने समझाया—"करन! पूरब टोला के पास राजा बनकर रहोगे। जो तुम्हारे दुआरे से निकलेगा, पाँव लागी करेगा। बमनन टोला में तुम्हें कौन पूछता है? घर की मुर्गी दाल बराबर होती है।" करन नए घर में चले आए, खुद भी अनुभव किया, सुबह से शाम तक पचासों लोग उनसे आशीर्वाद लेते हैं।

करन के शरीर के हुलिए का किस्सा रोचक है। करन ने अपने जीवन में अपना हुलिया कई बार बदला था। अंतिम परिवर्तन कुछ वर्ष पूर्व किया था। मैं उनके उसी हुलिए के बारे में संक्षेप में लिख रहा हूँ। करन ने एक बार किसी के मुँह से सुन लिया कि "लम्बे-तगड़े आदमी का घुटा सिर अच्छा लगता है। पहलवान लोग अपना सिर हमेशा चमचमाता हुआ रखते हैं।" यह बात करन को पसंद आ गई। उस समय करन अपने सिर पर बड़े-बड़े बाल रखते थे। लम्बे-तगड़े थे ही। दूसरे ही दिन नाई बुला सिर घुटा दिया, और उसके बाद नियमित घुटाने लगे। घुटे सिर के नीचे बड़ी-बड़ी आँखें और आँखों के नीचे छप्पर जैसी बड़ी-बड़ी मूँछें। मूँछों की प्रेरणा उन्होंने अपने पितामह से ली थी। सिर घुटाने के बाद उन्हें अपने पितामह का कथन—"वह भी क्या मर्द जिसकी मूँछें न हों," अचानक याद आ गया था, मूँछें बढ़ने के लिए छोड़ दी थीं। करन पान खाने के शौकीन थे। मूँछों से ढके ओंठ सदा पान से रचे रहते थे। करन का यह रूप या हुलिया डमरुआ के एक भी आदमी-औरत को पसन्द न था। सब उनसे दूर भागते थे, पर करन अपने इस अन्तिम हुलिये पर लट्टू रहते थे। लट्टू ही नहीं रहते थे, सार्वजनिक रूप से उसका गुणगान भी किया करते थे—"घुटा सिर रखने के हजार फायदे हैं; नहाते समय सिर से पानी तुरन्त उतर जाता है, तेल-साबुन का खर्च बचता है, बरसात में सिर पर एक बूँद नहीं रुकती, ताजी हवा दिमाग में सीधी लगती है, दुश्मन बाल पकड़ कर गिरा नहीं सकता, आदि। बड़ी मूँछों के भी कम फायदे नहीं हैं; दूध पीने से मलाई अपने आप छन जाती है, रात में पानी पीने से कीड़े-मकोड़े का डर नहीं, औरतें मर्द समझ कर अधिक आदर देती हैं, मुँह ढक लेती हैं, आदि।" करन

शरीर से पहलवान लगते थे, अपने को पहलवान समझते भी थे, पर डमरुआ वाले उन्हें पहलवान नहीं, 'पहलवान-छाप' मानते थे, कहते भी थे। करन अपना यह पहलवान-छाप शरीर एक लम्बे कुर्ते से ढँकते थे, साथ में धोती भी रहती थी। कुर्ता अपनी लम्बाई के कारण चलते समय हाथी पर पड़ी शाही झूल की भाँति झूलता रहता था। पैरों में नागरा जूता, हाथ में चमकीली मूठ की एक सस्ती छड़ी। यद्यपि करन की आयु अभी छड़ी पकड़ने की नहीं थी, छज्जू से कई साल छोटे थे, फिर भी शोभा के लिए साथ रखते थे।

करन अपने जीवन में एक ही काम मन से करते थे, और वह था सरौते से सुपाड़ी कुतरना। यह कतरन वे किसी व्यवसाय के लिए करते हों, ऐसा नहीं है, अपने पान खाने के लिए करते थे। सरौता, सुपाड़ी, पान के माध्यम से करन, दूसरों के सामने, अपने को बड़े आदमी के रूप में प्रस्तुत करने का प्रयास करते थे। करन अपनी असली औकात जानते थे और डमरुआ वाले भी जानते थे कि करन के ढोल के अन्दर पोल है फिर भी कोई नया आदमी, नाते-रिश्तेदार, अधिकारी आदि थोड़ी देर के लिए करन से प्रभावित हो जाता था। प्रभावित हो जाना स्वाभाविक भी था; डमरुआ में जहाँ आधे से अधिक लोगों को भरपेट रोटी न मिलती हो, वहाँ एक आदमी दिन भर पान-सुपाड़ी चबाता रहे, निश्चित रूप से वह बड़ा आदमी है। यह बात अलग है कि डमरुआ के लोग बहुत बाद में जान पाए थे कि करन सुपारी के नाम पर सूखी लकड़ी कुतरा करते हैं। जब कोई आ जाता है, दिखाने के लिए हाथ में सुपाड़ी ले लेते हैं। गाँव के बाहर, खेत में बनी कोठरी में करन की एक छोटी-सी दूकान थी। जब दूकान खुली थी, पूरे बमनन टोला ने रोका था—"करन! बामन लोग कहीं दूकान चलाते हैं। दूकान पर बैठ क्यों बामनों की नाक कटाओगे?" फिर भी, क्या करते? मजबूर थे, खेती से घर का खर्च नहीं चल रहा था, खोल ली थी।

करन का स्त्रियों के प्रति कुछ विशेष ही अनुराग था। गाँव की बहुएँ उनसे बहुत परेशान रहा करती थीं। घूँघट भेद कर, घूँघट में छिपी आँखों से आँखें मिलाने की कला में करन सिद्धहस्त थे। डमरुआ में आनेवाली हर नई बहू, कम से कम एक बार, ज़रूर ही पूछती थी—"यह बेशर्म मुच्छड़ कौन है? इसकी बैल जैसी आँखों को और कोई काम नहीं है?" अपनी दूकान पर भी करन औरतों के आने का ही इन्तज़ार किया करते थे। पुरुषों को सामान बेचने में उनकी कोई रुचि न थी। किसी औरत के आ जाने से करन दूकान छोड़ बाहर निकल जाते थे, कह देते थे—"जो सामान चाहिए खुद ही तौल लो, मैं अभी आता हूँ।" दूकान के बाहर इधर-उधर एक चक्कर लगा लौट आते थे। करन ऐसा क्यों करते थे? कोई नहीं जानता था। कुछ लोगों का कहना था—"औरतों को देख करन को कुछ हो जाता है।" क्या हो जाता है? यह भी कोई न जानता था।

बमनन टोला के लिए करन एक सफेद हाथी थे, जिसे कुछ विशेष अवसरों पर ही काम में लाया जाता था; टोले में किसी लड़के के विवाह वाले आने पर करन को सबसे पहले बुला कर बिठा लिया जाता था, किसी लड़की की शादी पक्की करने जाने पर करन

को आगे कर ले जाया जाता था, किसी दंगे-फसाद की पंचायत में करन की उपस्थिति अनिवार्य रहती थी। इन सभी अवसरों पर करन अपने सरौते-सुपाड़ी के साथ उपस्थित होते थे, बात कम करते थे, सुपाड़ी अधिक कुतरते थे। लोग चाहते भी यही थे; करन उपस्थित रहें, बोलें कुछ नहीं, क्योंकि जब-जब बोलते थे, बनी बात बिगाड़ देते थे।

करन, शंकर चौबे की ही भाँति छज्जूराम के पिछलग्गू थे। शंकर अपनी महत्त्वाकांक्षाओं के कारण छज्जू से अलग हो गए थे, पर करन की अपने जीवन में कोई महत्त्वाकांक्षा न थी, और जैसी कि हर महत्त्वाकांक्षाहीन व्यक्ति की नियति होती है, पिछलग्गू रहते रहते भक्त बन जाता है, करन भी छज्जू के परम भक्त बन गए थे। करन की भक्ति से प्रभावित हो छज्जू उन पर अपने छोटे भाई किरपा जितना ही विश्वास करने लगे थे। छज्जू ने चकबन्दी की सूचना देने के लिए डमरुआ में जो बैठक बुलाई थी, उसमें करन के उपस्थित रहने का यह भी एक कारण था। उस बैठक के बाद से कई बार करन किरपा के पास जा पूछ चुके थे—"छज्जू भइया की कोई खबर आई? चकबन्दी अधिकारी कब आने वाला है? कुछ पता चला कौन अधिकारी आ रहा है?" यह सब सूचनाएँ करन अपने और किरपा के हित के लिए चाहते थे। डमरुआ से उन्हें कोई मतलब न था। काम पड़ने पर गधे को बाप बनाने वाले फार्मूले में करन की पूरी आस्था थी। चकबन्दी का नाम सुनते ही करन अचानक अति व्यवहारकुशल होने का अभिनय करने लगे थे, जानते थे, सबसे काम पड़ने वाला है। व्यवहारकुशल होने के लिए, विशेष रूप से अचानक व्यवहारकुशल होने के लिए कुशाग्र बुद्धि की आवश्यकता होती है। करन का सिर ज़रूर चिकना था, पर बुद्धि कुशाग्र नहीं थी। करन ने सबसे पहला काम किया कि अपनी गली से निकलने वाले हर किसी को रोक-रोक उसका हाल-चाल पूछने लगे। घूम-फिर दो-चार बातें ही पूछते थे—"आज क्या खाया? रात में ठीक से नींद आई कि नहीं? आँखों की रोशनी का क्या हाल है? घर में बहू से लड़ाई होती है कि नहीं?" सीतला सुकुल से एक ही दिन में तीन बार पूछा—"सुकुल चच्चा! आज क्या खाया?" सुकुल चच्चा दो बार कुछ न कुछ बता कर निकल गए। तीसरी बार उन्हें गुस्सा आ गया। बुढ़ापे में आदमी वैसे ही चिड़चिड़ा हो जाता है, कहा—"करन बेटा! आजकल सरकार ने तुम्हें क्या यही काम सौंपा है कि पता करो किसने क्या खाया है? लिख लो, मैंने आज छप्पन भोग खाया है। अबकी बार खाने के बारे में मुझसे कुछ भी पूछा, खींच कर डंडा टाँगों में मारूँगा।" सुकुल ने गली में खड़े-खड़े ही अपना डंडा हिलाकर करन को दिखाया। सुकुल चच्चा की डाँट खा करन सिटपिटा गए। चच्चा के जाने के बाद बड़बड़ाए—"क्या ज़माना आ गया है? लोग हालचाल पूछने से भी नाराज हो जाते हैं। सुकुल चच्चा ने सवेरे से कुछ खाया ही नहीं होगा, बतायेंगे क्या? इसीलिए नाराज हो गए।" इसमें करन की कोई ग़लती नहीं थी, नए-नए व्यवहारकुशल बने थे, भूल जाते थे कितनी बार किससे, क्या पूछ चुके हैं। डमरुआ के लोग करन के इस परिवर्तन का अर्थ समझने लगे थे कि यह केवल चकबन्दी-भर के लिए है।

10

मैं बड़ा आदमी हूँ

पड़ियाइन चाची घर की छत पर सूख रहे गोबर के कंडों में छिपी नमी का जायजा ले रही थीं, निगाह मन्दिर के रास्ते पर चली गई। धूल के दो गुबार नाचते, दौड़ते गाँव की ओर चले आ रहे थे। चाची ने पिछले साल ही मोतियाबिन्द का ऑपरेशन कराया था। चश्मा सँभाल ध्यान से देखा, नज़र गुबार भेद गतिमान वस्तुओं तक पहुँच गई। बच्चों जैसे पुलकित हो, बरगद तले बैठे ठलुओं की ओर इशारा कर चिल्लाईं—"कोई सुन रहा है? आज डमरुआ में बहुत दिन बाद दो कारें आ रही हैं।" किसी ने नहीं सुना। चाची दुबारा चिल्लाईं। एक ठलुआ ने सुना, चाची कुछ कह रही हैं। सबको शान्त कर वहीं से पूछा—"चाची! क्या बात है? कुछ कह रहीं हैं क्या?" चाची ने अपनी बात तिहरायी—"नालायक! मैं कब से चिल्ला रही हूँ। इस गाँव में बड़े-बूढ़ों की बात सुनता ही कौन है? देख, मंदिर की ओर से दो कारें गाँव आ रही हैं।" ठलुओं में जान आ गई। अपना-अपना स्थान छोड़ खड़े हो मन्दिर की ओर देखने लगे। एक ने कहा—"चाची बिलकुल सही कह रही हैं, वास्तव में दो हैं। एक छज्जू की होगी, दूसरी? कोई खास बात?" दूसरे ठलुए ने समझाया—"खास बात क्या होगी? किसी लड़के की शादी वाले होंगे।" तीसरे ठलुए को दूसरे ठलुए की बात में दम नहीं लगी, कहा—"अपने गाँव में किसके लड़के ने कॉलेज तोड़ डाला है, जिसकी शादी वाले दो कारों से आएँगे?" अन्य ठलुए भी अनुमान लगाने लगे। कुछ कहने का समय ही नहीं मिला। कारें बरगद तले का रास्ता रौंदती, धूल उड़ाती किरपा के घर की ओर चली गईं। एक कार पहचान ली—छज्जू की थी, दूसरी? ठलुआ सभा तत्काल विसर्जित हो गई; कुछ तो दो कारें आने की सूचना देने अपने घर चले गए, एक, पड़ियाइन चाची की आँखों की प्रशंसा करने पहुँच गया। चाची तब तक छत से नीचे उतर आई थीं, अपने कुएँ की मुड़ेर पर बैठ हाथ-पाँव धोने लगी थीं। ठलुए ने मुंड़ेर पर चाची के पास बैठते हुए कहा—"चाची! आपकी आँखों की रोशनी की तारीफ़ करनी ही होगी। इतनी दूर से कारें पहचान लीं। ऑपरेशन के बाद आपकी आँखें एकदम नई जैसी हो गई हैं। हम लोग वहीं बैठे रहे, नहीं देख पाए।" चाची अपनी नज़र की प्रशंसा सुन

खुश हो गईं, चश्मा उतार, धोती के पल्लू से रगड़कर पोंछ, फिर चढ़ा, बोलीं—"बेटा यह ऑपरेशन नहीं, पुराने घी-दूध का कमाल है। मेरे घर में दस-दस सेर घी एक साथ औटा जाता था। आधे डमरुआ में खुशबू फैल जाती थी। सब जान जाते थे, पाँड़े के यहाँ घी गर्म हो रहा है। आजकल तुम लोगों को असली घी-दूध खाने को ही कहाँ मिलता है। इसीलिए आँखें कमज़ोर रहती हैं।" चाची ने इधर-उधर देख, जैसे कि कोई सुन न ले, धीरे-से कहा— "और बेटा! घी का भाव क्या होता था? एक रुपए का पाँच सेर, मतलब रुपया पसेरी। तब क़ाग़ज वाला नहीं, चाँदी वाला रुपया होता था। जब से क़ाग़ज वाला रुपया चला है, महँगाई बहुत बढ़ गई है।" ठलुए ने आश्चर्य से अपनी आँखें फाड़ कहा—"चाची! रुपया पसेरी?" चाची और भी कुछ चीज़ों के पुराने भाव बताने लगीं। "चाची! अभी पता कर आता हूँ, दूसरी कार किसकी है?" कह ठलुआ चाची से अपना पिंड छुड़ा भाग गया।

कारें किरपा के द्वारे जा खड़ी हो गईं। आगे की कार से छज्जूराम जल्दी से उतर, पीछे की कार में बैठे एक साहब को उतारने चले गए। पीछे की कार में छोटे कद, श्याम वर्ण, और गंजे सिर के एक सज्जन थे, कार रुकते-रुकते रुमाल निकाल, मुँह-गर्दन पर बैठी धूल पोंछने लगे थे। कार से उतरने की उन्हें कोई जल्दी न थी। कार के निकट आ छज्जूराम ने आदरपूर्वक उन साहब से कहा—"आइए चकबन्दी अधिकारी साहब! अपना डमरुआ आ गया।" चकबन्दी अधिकारी जैसे सोते से जाग गए, गंदा रूमाल पैंट की जेब में ठूँस, नीचे उतर आए। ज़ोरदार अंगड़ाई ले, अपनी पैंट खींच अपनी बढ़ी हुई तोंद पर चढ़ाते हुए कहा—"छज्जूराम जी! मुझे अधिकारी सम्बोधित कर क्यों शर्मिन्दा करते हैं? मैं कोई अधिकारी-वधिकारी नहीं हूँ, जनता का सेवक हूँ, वही बना रहना चाहता हूँ। वैसे भी साहब! आप नेताओं के आगे हम अधिकारी किस खेत की मूली हैं।" छज्जूराम की कोठी की ओर देख कहा—"छज्जूराम जी! बड़ा भव्य मकान बनवाया है आपने। मुझे लगता है, डमरुआ में यही एकमात्र पक्का मकान होगा।" अपनी कोठी की प्रशंसा सुन छज्जू प्रसन्न हो गए। प्रसन्नता अन्दर ही दबा, शिष्टता से बोले—"भव्य क्या सी.ओ. साहब! छोटे भाई किरपा के लिए एक रैनबसेरा बनवा दिया है। कभी-कभी आप जैसे बड़े अधिकारियों की सेवा करने के भी काम आ जाता है।" अपने को सी.ओ. सम्बोधित करते सुन चकबन्दी अधिकारी ने फिर टोका—"छज्जूराम जी! मुझे सी.ओ.वी.ओ. मत कहिए। अंग्रेज़ी के शार्टकट नामों से मुझे सख़्त नफरत है। अंग्रेज़ अपने देश से गए, मान लीजिए ससुरी अंग्रेज़ी भी उन्हीं के साथ चली गई। मानता हूँ अभी पूरी नहीं गई, धीरे-धीरे चली जाएगी। जैसे साँप के मरने के बाद उसकी पूँछ बहुत देर बाद तक हिलती-डुलती रहती है, वैसे ही भारत में अंग्रेज़ी की पूँछ केवल हिलडुल रही है। क्यों छज्जू राम जी! हा हा...।" छज्जू ने सोचा, लगता है सी.ओ. की दूसरों की बात काटने की आदत है। सी.ओ. के इस तर्क पर उनका हँसने का कतई मन न था। फिर भी साथ देने के लिए, सी.ओ. के ठहाके की तर्ज से तर्ज मिला हँस पड़े। छज्जू ने कोठी-पथ की ओर संकेत

करते हुए कहा—"क्या यहीं खड़े-खड़े सब बातें कर डालेंगे, अंदर चलकर नहीं बैठेंगे।" "हाँ हाँ क्यों नहीं" कहते हुए सी.ओ. छज्जू के पीछे चल दिए। दो कदम चल रुक गए, कार के पास खड़े अपने अर्दली को पुकार कहा—"तिवारी! मेरा बिस्तरबंद और बैग कार से उतार लो। दोनों जरीबें भी उतार लेना, कार में मत छोड़ देना। इन चिरकुट गाँव वालों का कोई भरोसा नहीं, रात में मौका लगते ही हाथ साफ़ कर देंगे।" तिवारी ने साहब का आदेश सुन हाजिर जवाबी से कहा—"हुजूर! अभी उतार लाता हूँ, आप चलकर आराम कीजिए। सामान और कार की चिन्ता आप तिवारी पर छोड़ दीजिए। जब तक मैं हूँ, कार के पास कोई फटक भी नहीं सकता। मेरी चार आँखें हैं, सो जाऊँगा तो भी दो आँखें कार की रखवाली करती रहेंगी।" सी.ओ. ने डाँटा—"हाँ हाँ जानता हूँ, तुम्हारी चार और सोलह आँखें। बकवास बन्द करो, कार से सामान उतार कर ले आओ।" तिवारी ने फिर हाजिर जवाबी दिखाई—"अभी लाया हुजूर!" सी.ओ. द्वारा अपने गाँव वालों को चिरकुट कहा जाना छज्जू को अच्छा नहीं लगा था, कुछ कहने के लिए जबान में खुजली होने लगी थी, जिसे किसी प्रकार रोक लिया था। एक कुर्सी और एक चारपाई कोठी से बाहर पहले से ही बिछी थी, इसलिए तुरन्त घर से किसी को बुलाने की आवश्यकता नहीं पड़ी। किरपा घर में नहीं थे, कार की आवाज़ सुन अब तक निकल आए होते। छज्जू ने सी.ओ. से कुर्सी पर बैठने का अनुरोध किया। सी.ओ. ने व्यंग्य किया—"नेता जी! कुर्सी पर आप ही शोभा पाएँगे। अपने पास कुर्सी-वुर्सी का कोई चक्कर नहीं है। अपनी खटिया ही भली, जब मन करे, बैठो, जब मन करे लेट जाओ।" छज्जूराम ज़ोर से हँसे, कुर्सी पर बैठ गए।

किरपा अपने किसी खेत का चक्कर मारने गए हुए थे। उनके सात वर्षीय पुत्र भूरा ने दौड़कर जा बताया—"पापा! जल्दी घर चलो, अपने दुआरे दो कारें आई हैं, मम्मी बहुत डर गई हैं।" दो कारों की बात सुन किरपा ऐसे चौंके जैसे गाँव में आग लग गई हो। उनके रोंगटे खड़े हो गए, पूछा—"भूरा! तुमने ठीक से देखीं, दो ही हैं?" भूरा ने अपने दाहिने हाथ की दो नन्हीं उँगलियाँ दिखा कहा—"पापा! यह देखो दो।" किरपा ने थोड़ी देर कुछ अनुमान लगाया, दो कारें किसकी हो सकती हैं? किसी निष्कर्ष पर न पहुँच, बदहवास से लम्बे-लम्बे डग भरते, गाँव की ओर चल पड़े। भूरा पीछे छूट गया, पापा की गति से नहीं चल पा रहा था। किरपा ने भूरा को अपनी पीठ पर लाद लिया। अपने दुआरे खड़ीं दो कारें देख अनायास ही किरपा का सिर गर्व से ऊँचा हो गया। तब तक, गाँव के कुछ लोग कार-दर्शन के लिए वहाँ आ ही चुके थे। खटिया पर बैठे पैंट वाले साहब को देख गर्व कुछ घटा, हाथ जोड़ विनम्रता से अभिवादन किया। छज्जू ने परिचय कराया—"मेरे छोटे भाई किरपा।" सी.ओ. की ओर इशारा कर कहा—"चकबन्दी अधिकारी श्रीप्रताप केशरवानी।" चकबन्दी अधिकारी सुन किरपा की जान में जान आ गई, अन्यथा, इतनी देर में पता नहीं क्या-क्या सोच डाला था। सोचा, दूसरी कार इसी की है। इसका मतलब

बड़ा अधिकारी है, सरकारी कार पर चलता है। जो खुद कार पर चलता है, हमारी कार का क्या रुआब मानेगा। किरपा ने जल्दी-जल्दी कई कुर्सियाँ ला बिछा दीं। छज्जू ने आदेश दिया—"किरपा! सी.ओ. साहब के लिए कुछ शर्बत पानी की व्यवस्था कीजिए।" किरपा जाने लगे, सी.ओ. ने रोका, कहा—"पंडित जी! हो सके, थोड़ी चाय बनवाइए। सुबह से चाय नहीं मिली है, पीने का मन कर रहा है।" चाय का अनुरोध सुन किरपा ठिठके, घर में चाय की कोई व्यवस्था नहीं थी। खुद भी चाय, पिछली साल, गाँव के एक लड़के की बारात में पी थी, नशे से रात भर सो नहीं पाए थे। किरपा को चिन्तित देख सी.ओ. ने उदारता दिखाई—"किरपा जी! यदि चाय में कोई किल्लत है, छोड़ दीजिए। दो-चार दिन चाय नहीं पीने से, मर नहीं जाऊँगा। नौकरी में जैसा देश वैसा भेष बनाने का आदी हो गया हूँ।" किरपा भला हार कहाँ मानने वाले थे, कोठी की इज्ज़त का प्रश्न था, जोश से बोले—"नहीं सी.ओ. साहब! चाय कौन ऐसी बड़ी चीज़ है जो पिला नहीं पाऊँगा। अभी बनवाता हूँ।" घर के पिछले दरवाज़े से भूरा को चाय की पुड़ियाँ लेने करन की दूकान दौड़ाया। पत्नी को चूल्हा जला चाय के लिए पानी चढ़ा देने का आदेश दिया। पतीली का पानी खौल आधा हो गया, भूरा नहीं लौटा। किरपा ने सोचा, शायद भूरा चाय की पुड़ियाँ जेब में डाल रास्ते में कहीं खेलने लगा है, इन्तज़ार करने दुआरे आ गए। आते ही सी.ओ. ने पूछा—"किरपा जी! चाय में क्या देर है?" किरपा ने कहा—"बस अभी लाता हूँ, खौल रही है। भूरा लौटा, पर सामने के दरवाज़े से, सी.ओ. के सामने ही कहा—"पापा! करन की दूकान पर चाय की पुड़ियाँ नहीं हैं। काशी बाबा के यहाँ पूछ कर आऊँ?" भूरा की यह हरकत किरपा और छज्जू दोनों को बहुत नागवार गुजरी, सौंचा, मैंने इस गधे को इसीलिए पिछले दरवाज़े से भेजा था। सी.ओ. के सामने झूठा बना दिया। धैर्य छूट गया, भूरा को पास बुला कान खींच दिए। भूरा 'दइया-दइया' करता अपनी अम्मा के पास चला गया। किरपा खुद चाय की पुड़ियाँ खोजने निकले। काशी चौबे के यहाँ मिल गईं। "मिल गईं मिल गईं।" रटते पिछले दरवाज़े से वापस आ गए। सी.ओ. से न रहा गया, छज्जू से पूछ लिया—"पंडित जी! आप बड़े आदमी हैं, इतनी बड़ी कोठी है, चाय-वाय घर में नहीं रखते?" छज्जू ने समझाया—"केशरवानी जी! बात दरअसल में यह है, हम लोग पुराने खयालों के हैं, नशे वाली चीज़ों से दूर ही रहते हैं। घर में भैंस दूध देती है, चाय की ज़रूरत ही नहीं पड़ती। चाय अक़सर वही लोग पीते हैं जिनके यहाँ दूध की कमी होती हैं। वैसे भी, चाय का चलन अभी मेरे देखते-देखते हुआ है। बियालीस-तितालिस के आसपास, चाय कम्पनी वाले कानपुर के चौराहों पर अपने तम्बू लगा मुफ्त में चाय बाँटा करते थे। हर व्यक्ति को बुला-बुला एक लोटा चाय और चाय की कुछ पुड़ियाँ मुफ्त देते थे। यह चाय कम्पनी वालों की एक चाल थी। पहले मुफ्त पिलाओ, लोग आदी हो जाएँ, बाद में खुद खरीद कर पियें। उनकी यह चाल कामयाब भी हो गई, अब लोग खरीदकर पीने लगे हैं कि नहीं?"

किरपा ने चूल्हे के पास बैठ अपनी देखरेख में चाय औटवाई। पत्नी ने पूछा—"भूरा के पापा! केशरवानी किस जाति का है? चाय किन बर्तनों में ले जाओगे?" किरपा ने कहा—"भूरा की मम्मी! बात एकदम सही कह रही हो। केशरवानी नाम मैंने भी पहली बार सुना है। पता नहीं कौन जात है? बामन है कि नहीं? चाय ठंडी हुई जा रही है। दुबारा गर्म करूँगा ज़हर हो जाएगी। जल्दी बताओ, क्या करूँ?" भूरा की मम्मी ने कहा—"पिछले साल भी एक गिलास बरबाद हो गया था, पता नहीं कौन अफसर उसमें शर्बत पी गया था। चाय बनवाने से पहले तुम्हें उससे पूछ लेना चाहिए था, तुम्हारी जात क्या है? इसमें बुराई ही क्या है? अच्छा ऐसा करो, स्टील के दो गिलासों में चाय ले जाओ। पर बाद में पहचानोगे कैसे केशरवानी ने किस गिलास में पी थी? ऐसा करती हूँ, एक गिलास की तली में मैं अपनी एक बिन्दी चिपका देती हूँ, वही गिलास केशरवानी को पकड़ाना। बाद में अलग से उठा लाना, कल नहाने से पहले अगिया कर माँज डालूँगी।" भूरा की मम्मी ने अपनी एक लाल बिन्दी गिलास की तली में चिपका दी। दो गिलास भरने के बाद थोड़ी चाय बच गई, जिसे देख भूरा ने अपनी मम्मी की धोती में ठुनका दे पूछा—"मम्मी! इतनी चाय मैं पी लूँ?" किरपा ने आँख दिखाई, कहा—"चाय-वाय किसी को मत देना। रखी रहने दो, सी.ओ. कहीं दुबारा माँग दे तो? भूरा को तो कतई नहीं, एक बार पी लेगा, आदत पड़ जाएगी, नशेड़ची हो जाएगा।" एक थाली में चाय के गिलास रखते हुए किरपा ने कहा—"भूरा की मम्मी! गट्टे के दो-चार टुकड़े निकाल दो, खाने को भी कुछ चाहिए। खाली चाय कहीं अच्छी लगेगी?" एक थाली में चाय, एक में गट्टे रख किरपा दुआरे पहुँच गए। चाय देख सी.ओ. की आँखें चमक उठीं, बोले—"वाह! पंडित जी! आखिर आपने चाय बनवा ही डाली।" कुर्सी पर थालियाँ रखते हुए किरपा ने कहा—"सी.ओ. साहब! चाय कौन सिंहनी का गढ़ है जो बन न पाती।" सी.ओ. ने चाय की ओर हाथ बढ़ाया। किरपा ने गट्टे की थाली सी.ओ. की ओर बढ़ाई, कहा—"पहले कुछ खाकर मुँह मीठा कर लीजिए फिर चाय पीजिए।" सी.ओ. ने पूछा—"यह क्या है?" किरपा ने बताया—"कन्नौज के गट्टे हैं। इन्हें नहीं जानते आप। पूरी दुनिया में प्रसिद्ध हैं। खाकर देखिए, जान जाएँगे।" सी.ओ. ने कहा—"मीठे गट्टों के साथ मीठी चाय का क्या जोड़? मीठा गट्टा, मीठी चाय क्या बात है? हा हा...।" छज्जूराम भी साथ देने के लिए हँसे—"हा हा... खाकर देखिए, आप इनके मुरीद हो जाएँगे" सी.ओ. का इस प्रकार हँसना किरपा को अच्छा न लगा, मुँह उतर गया, फिर भी बनावटी हँसी हँसते हुए कहा—"पीकर बताइएगा, चाय कैसी बनी है? मैंने खुद बनाई है।" सी.ओ. ने एक टुकड़ा मुँह में डाल चाय का गिलास हाथ में ले लिया। भूरा की मम्मी की लाल बिन्दी गर्म गिलास का साथ छोड़ सी.ओ. के हाथ पर टपक गई। केशरवानी ने बिन्दी उठा पूछा—"किरपा जी! आपके यहाँ चाय के साथ बिन्दी देने का कोई दस्तूर है क्या?" किरपा ने उठ बिन्दी केशरवानी के हाथ से ले ली, कहा—"धोखे से आ गई होगी।" सी.ओ. ने किरपा का उतरा मुँह देखा, सोचा, गट्टों की

मजाक उड़ा उन्होंने ग़लती की है। अर्दली तिवारी चौतरे के एक कोने में बैठ चाय-पानी देख रहा था। सी.ओ. का ध्यान उस ओर चला गया, पूछा—"तिवारी! तुम्हें चाय नहीं मिली?" सी.ओ. ने गट्टे का एक टुकड़ा तिवारी की ओर फेंक कहा—"लो तब तक गट्टा खाओ।" तिवारी ने हवा में उड़ता गट्टा एक ही हाथ से गपच लिया। फिर, किरपा से कहा—"पंडित जी! मेरे सारथी को भी चाय पिलाइए।" किरपा उठ खड़े हुए, कहा—"अच्छा! तिवारी! आपके साथ हैं, अभी लाता हूँ।" किरपा जानते थे, थोड़ी चाय घर में रखी है। घर पहुँच पता लगा भूरा ने पूरी चाय तुरंत ही सुड़क डाली थी। किरपा माथा पकड़ बैठ गए, सोचा, अब इस लड़के का क्या होगा? भूरा को अपने पास बुला उसकी आँखें देखीं, पूछा—"अपना नाम बताओ?" भूरा ने कहा—"भूरा चौबे।" किरपा ने पूछा—"बाप का नाम?" भूरा ने बताया—श्री किरपा चौबे।" किरपा ने आगे पूछा—"गाँव का नाम, जिला?" भूरा ने बताया—"डमरुआ, जिला क्या होता है?" किरपा ने अपनी पत्नी से कहा—"भूरा ठीक है। अभी कोई खास असर लड़के पर नहीं पड़ा है, बस जिले का नाम भूल गया है।" तिवारी के लिए चाय फिर औटाई गई, लेकिन उससे पहले भूरा को पिछले दरवाज़े से घर से बाहर कर दिया गया। भूरा कहीं नहीं गया, दरवाज़े की साँस से चाय बनती देखता रहा। किरपा जैसे ही चाय ले घर से निकले, भूरा ने अपना नन्हा हाथ डाल दरवाज़े की कुंडी खोल ली। भूरा की मम्मी ने दो घूँट बची हुई चाय उसे फिर पिला दी।

चाय-पानी के बीच ही करन किरपा के द्वारे पधार गए। भूरा ने दूकान पर उन्हें बता दिया था—"मेरे यहाँ दो कारें आई हैं। घर में चाय बनेगी।" करन चिंतित हो गए थे, किरपा के यहाँ ऐसा कौन आदमी आ गया है जो चाय पीता है। पता करने चले आए। करन का डीलडौल देख सी.ओ. कुछ पल के लिए सकपका गए थे, परिचय कराने पर सँभल गए थे। करन कुर्सी पर बैठ, गट्टे का एक टुकड़ा मुँह में डाल रसास्वादन करने लगे। चाय समाप्त कर छज्जू खड़े हो गए, कहा—"केशरवानी जी! मुझे जाने की आज्ञा दीजिए। कल सुबह कांग्रेस दफ़्तर में एक ज़रूरी बैठक है अन्यथा, आज रात आपके ही साथ ठहरता। यहाँ आपको कोई असुविधा नहीं होगी। कोठी के बाहरी कमरे में अपना कार्यालय बना लीजिएगा। आप और आपके अर्दली के भोजन आदि की व्यवस्था किरपा देखते रहेंगे। एक ही असुविधा होगी, जंगल-झाड़े के लिए तड़के उठकर खेतों की ओर जाना होगा। ऐसा करिएगा, गाँव के पीछे एक नाला है, लोटा ले उधर ही निकल जाइएगा।" सी.ओ. भी खटिया छोड़ खड़े हो गए, कहा—"चौबे जी! आप निश्चिन्त रहिए। मैं कौन अंग्रेज़ हूँ? इन सब चीज़ों का बचपन से आदी हूँ।" छज्जूराम चले गए। सी.ओ. ने अर्दली को पुकारा—"तिवारी! मेरे कपड़े लाओ, बदलकर थोड़ा आराम करूँ। कल से एक मिनट भी आराम का टाइम नहीं मिला।" इतना कह, जूतों के फीते खोल जूते उतार दिए। मोजे उतार लड्डू बना जूतों के अन्दर घुसा दिए। मोजों से निकली पसीने की दुर्गन्ध मूँछों का झुरमुट पार करन के नथुनों तक पहुँच गई। करन ने अपनी कुर्सी थोड़ी पीछे खिसका ली।

सी.ओ. ने करन पर रौब झाड़ने के अंदाज में कहा—"क्या बताऊँ पंडित जी! तहसील में कल डी.एम. का दौरा था। सब अधिकारी उनके आगे-पीछे एक पैर नाचते रहे। आप जानते ही हैं, साहब की अगारी और घोड़े की पछारी कितनी खतरनाक होती है। कल की थकान से अभी तक देह टूट रही है।" तिवारी ने कपड़े ला चारपाई पर रख दिए, जूते-मोजे उठा चला गया। सी.ओ. कपड़े बदल चारपाई पर लोट लगाने लगे।

रात के खाने के लिए—किरपा ने अपने ही बाग के कटहल की रसीली सब्जी बनवाई, सूखी सब्जी के लिए पहाड़ी आलू उबलवाए, एक कटोरी में आम का अचार निकलवाया, एक चूल्हे पर अलग से रबड़ी के लिए दूध औटवाया (जिसे चलाने के लिए भूरा तैनात किया गया। भूरा अपनी मम्मी की नज़र बचा बीच-बीच में कड़ाही के किनारे चिपक गई मलाई अपनी उंगली से चाटता रहा)—पूड़ी सिकनी बाकी थीं। सी.ओ. की जाति अभी तक पता नहीं चली थी। किरपा को अपना धर्म भ्रष्ट होने के पूरे आसार नज़र आने लगे थे। उनसे अधिक उनकी पत्नी चिन्तित थीं। तभी किरपा के दिमाग में एक विचार आया, क्यों न करन से मदद ली जाए। करन अपने घर जाने के लिए उठे ही थे कि किरपा उन्हें घर के अन्दर खींच लाए, कहा—"करन! थोड़ा पता करो, जो महाराज बाहर चारपाई पर पसरे हुए हैं, किस जाति के हैं? खाना एकदम तैयार हो गया है, बिना जाने कैसे परोस दूँ? अर्दली तो तिवारी है, बामन है, वह तो अपने घर का हो गया, पर उसका क्या करें? किसी पत्तल में खिलाऊँगा, अच्छा नहीं लगेगा, बड़ा अप्सर है, कार से चलता है।" करन तैयार हो गए, कहा—"यह कौन-सी बड़ी बात है? मेरे बाएँ हाथ का खेल है, अभी पता कर लेता हूँ।" किरपा ने समझाया—"अकल से काम लेना, घुमा-फिरा पूछना।" करन चकबन्दी में फायदा लेने के लिए स्वयं भी सी.ओ. की जाति जानने के इच्छुक थे। उन्हें पूरा भरोसा था, यदि बामन होगा, कहीं न कहीं से कोई रिश्ता निकल ही आएगा। संसार के सभी बामन खोजने पर नानी, पर नानी, पर पर नानी, दादी, पर दादी, पर पर दादी की ओर से रिश्ते में निकल ही आते हैं। करन वापस जा एक बार फिर सी.ओ. के पास बैठ गए। सी.ओ. ने करवट ली, करन को फिर बैठा पाया, पूछा—"पंडित जी! आप तो चले गए थे?" कुर्सी पर आराम से बैठते हुए करन ने कहा—"सी.ओ. साहब! सोचा, थोड़ी देर आपके पास और बैठ लूँ। रात में घर जाकर मुझे करना भी क्या है? वैसे भी आप रोज़-रोज़ डमरुआ में कहाँ मिलेंगे? हमारे भाग्य अच्छे थे कि चकबन्दी के बहाने आप हमारे यहाँ पधारे। अन्यथा, आप जैसा बड़ा अधिकारी डमरुआ में आता ही कहाँ है?" सी.ओ. ने लेटे-लेटे ही कहा—"बैठिए, पंडित जी बैठिए, मुझे भी अच्छा लग रहा है। अभी रात कहाँ, शाम ही हुई है। गाँव के हिसाब से रात हो गई है। आपके गाँव के बारे में नहीं पता, अन्य गाँवों में लोग अपने घर के दरवाज़े शाम होते ही बन्द कर लेते हैं। नौ बजते-बजते सूता पड़ जाते हैं, कुत्ते भौंकने लगते हैं। इसीलिए गाँव के लोग खूब बच्चे पैदा करते हैं हा... हा...।" अपनी ही बात पर आनन्दित हो सी.ओ. हँसते-हँसते उठकर बैठ गए। बात

करन को भी अच्छी लगी। उसी में अपनी बात जोड़ दी, कहा—"गाँव के लोगों के पास दूसरा काम भी क्या होता है? हमारे गाँव में कई ऐसे लोग हैं जिनके यहाँ हर साल एक बच्चा पैदा होता है। इसमें कोई बुराई भी नहीं है। इसी बहाने बेचारे देश की जनसंख्या बढ़ाने का काम करते हैं। करन और सी.ओ. के ठहाके सुन किरपा भी घर से निकल आए। सी.ओ. को प्रसन्न देख करन ने सोचा, अच्छा मौका है पता-ठिकाना पूछने का, पूछ लिया—"सी.ओ. साहब! अपने घर कहाँ है?" सी.ओ. ने जानबूझ करन की बात पर कोई ध्यान नहीं दिया। करन ने पुनः लक्ष्य साधा। सी.ओ. ने कहा—"पंडित जी! घर घर क्या लगा रखा है? सीधे क्यों नहीं पूछते, मेरी जाति क्या है? आप चिन्ता न कीजिए, भारत में आप कोई पहले और आखिरी प्राणी नहीं हैं जो परिचय होने पर सबसे पहले जाति जानना चाहता है। क्या इतना ही पर्याप्त नहीं कि मैं एक मानव हूँ, दो हाथ, दो पैर और वह सब कुछ है जो एक मानव के लिए ज़रूरी है। यदि मानव होना भी पर्याप्त नहीं, समझ लीजिए उत्तर प्रदेश का एक राजपत्रित अधिकारी हूँ। पंडित जी! मार डालिए इस दिमागी कीड़े को इससे पहले कि वह आपका दिमाग खोखला कर दे।" सी.ओ. की ऐसी प्रतिक्रिया करन और किरपा दोनों के लिए अप्रत्याशित थी। करन डर गए, सोचा, गलत समय पर प्रश्न पूछ लिया। लीपापोती करते हुए कहा—"नहीं सी.ओ. साहब! ऐसी कोई बात नहीं है। मैंने बस ऐसे ही पूछ लिया था। मैं खुद भी जात-पाँत में भरोसा नहीं रखता। कोई किसी भी जाति का हो बनाया सबको भगवान ने ही है।" किरपा ने भी बात सँभालने में करन की मदद की, कहा—"आजकल जात-पाँत में धरा भी क्या है?" सी.ओ. ने तपाक से पूछा—"किरपा जी! जात-पाँत में धरा कब था? धरा हो, न धरा हो, आपने पूछा है, सुन लीजिए, पर आपको निराशा ही होगी। मैं वही हूँ जिसकी पीठ पर गांधी बाबा ने 'हरिजन' का ठप्पा लगा दिया था। देखेंगे पंडित जी! वह ठप्पा मेरी पीठ पर।" तैश में आ सी.ओ. अपनी क़मीज़ के बटन खोलने लगे। किरपा ने रोका—"छोड़िए सी.ओ. साहब! नाराज मत होइए। भोजन तैयार है, पूड़ी ठंडी हुई जा रही हैं। हम सब एक ही हैं। आदमी-आदमी में भेद होना भी नहीं चाहिए।" सी.ओ. के माथे की तनी नसें थोड़ी ढीली पड़ीं, कहा—"आदमी-आदमी में भेद होना भी नहीं चाहिए हा हा...।" करन सी.ओ. के डर से घर जाने के लिए उठ खड़े हुए। किरपा ने हाथ पकड़ बिठा लिया, कहा—"तुम भी सी.ओ. साहब के साथ यहीं चार पूड़ी डाल लो। कहाँ रात में राधेश्याम की महतारी को खाने के लिए परेशान करोगे।" किरपा के अनुरोध पर करन एक बार फिर बैठ गए।

कोठी की दीवार पर टँगी लालटेन के प्रकाश से आकर्षित हो पतंगे, लालटेन के गर्म शीशे से अपना सिर धुनने आने लगे। पतंगे आते, अधजले ही नीचे गिर जाते, उठने, सँभलने की कोशिश करते। कुछ उठ जाते, कुछ वहीं पड़े जीवन के अंतिम क्षण तक उठने की कोशिश करते रहते। लालटेन जलती रहती, पतंगों से बेखबर। कई छायाएँ वस्तु के वास्तविक आकार से कई गुनी बड़ी हो ज़मीन पर पसर गई थीं, स्थिर। दो छायाएँ ही

गतिमान थीं, करन और सी.ओ. की; करन की छाया लम्बी हो दैत्याकार हो गई थी, सी.ओ. की छाया खटिया की छाया से मिल एक जहरीले खनखजूरे जैसी लग रही थी। लालटेन के मद्धिम पीले प्रकाश में पूड़ी पर पूड़ी निगली जाने लगीं। सी.ओ. और करन पूड़ियों से अपनी किसी पुरानी दुश्मनी का बदला जैसा ले रहे थे। सी.ओ. को कटहल की रसीली सब्जी बहुत पसंद आई, एक कौर मुँह में रख कहा—"किरपा जी! कटहल बहुत ज़ोरदार है, कहाँ से मँगाया है?" किरपा प्रसन्न हो गये, सोचा, कटहल ने बात बना दी है, सी.ओ. खुश हो गया है, उत्साहपूर्वक कहा—"मँगवाना क्या साहब! अपने ही बाग का है। ऐसा बड़ा-बड़ा कोया कि कुछ मत पूछिए। ऐसा कटहल आपको पूरे इलाके में नहीं मिलेगा। आपको अच्छा लगा, डमरुआ से जाते समय दो-चार आपकी कार में डलवा दूँगा। कोई जेब से पैसे लगने नहीं, बस, पेड़ से तुड़वाना भर है।" कटहल का गुणगान सुन सी.ओ. हँसा, कहा—"बड़े-बड़े कोये वाला कटहल हा हा...। दो-चार, क्या मुझे तहसील में कोई कटहल की दूकान खोलनी है? एक तुड़वा दीजिएगा। मैं भी दो-चार दिन खा लूँगा आपका बड़े कोये वाला कटहल।"

भोजन समाप्त कर करन, कुर्ते की जेब से पान की थैली निकाल, कुर्सी पर पान बिछा, सरौते से सुपाड़ी कुतरने लगे। सी.ओ. ने प्रसन्न हो कहा—"पंडित जी! आपके शौक रईसों वाले हैं। डमरुआ में रहकर भी आप पान खाते हैं।" करन कुछ नहीं बोले, सुपाड़ी काटते रहे। सी.ओ. ने तत्काल फिर कहा—"क्या पंडित जी! कुछ पहलवानी-अहलवानी का भी शौक रखते हैं?" करन ने सोचा, मेरे हुलिए से सी.ओ. भी धोखा खा गया है, बोले—"पहलवानी कहाँ साहब! मैंने कभी अखाड़े में पैर तक नहीं मारा।" सी.ओ. ने कहा—"पर आपका भारी-भरकम शरीर देख कोई भी धोखा खा जाएगा, पूरे पहलवान लगते हैं। आपको देख मैं पहले पहल डर ही गया था कि आप भी छज्जूराम जी जैसे कहीं के नेता हैं या किसी अखाड़े के पहलवान।" करन ने दाहिने हाथ से पान प्रस्तुत कर प्रणाम किया। सी.ओ. ने चौंक पूछा—"प्रणाम क्यों? जा रहे हैं क्या?" करन ने बताया—"नहीं, नहीं, साहब! हमारे डमरुआ में जब भी अपने से बड़े को पान या पानी देते हैं, प्रणाम करते हैं। पुराने ज़माने से चली आ रही परम्पराएँ हैं, ध्यान रखना पड़ता है।" पान की गिलौरी मुँह में दबा सी.ओ. ने कहा—"नमस्कार, परम्पराएँ हो हो...।" करन ने अपने पहलवानी शरीर का रहस्योद्घाटन करना भी उचित समझा। पान खा, टाँग पर टाँग चढ़ा, कुर्सी पर थोड़ा आगे खिसक, आराम से बैठते हुए कहा—"देखिए सी.ओ. साहब! मेरा शरीर पुरानी खिलाई-पिलाई का है। माँ-बाप ने खूब चराया था। उस ज़माने में मेरे घर में दो भैंसें दूध देती थीं। मजाल था कि एक बूँद दूध भी औटने के लिए दुंधाँड़ी में रख दिया जाता। पूरा का पूरा, सुबह-शाम मैं ही डकार जाता था। खिलाया-पिलाया खूब, काम कुछ करने नहीं दिया, शरीर बन गया। क्या बताऊँ साहब! अब वे बातें कहाँ रहीं?" सी.ओ. साहब ने आश्चर्य व्यक्त करते हुए पूछा—"खिलाते-पिलाते खूब थे, काम क्यों नहीं करने देते थे?

नहीं चाहते थे आप भी अपने जीवन में कुछ करें?" करन उठ कर पान का पीक चौतरे के नीचे थूकने चले गए, लौटकर कहा—"काम क्या कराते, घर में किसी चीज़ की कमी थी नहीं। हम लोग पुराने जमींदार थे, बड़े आदमी थे, बामन भी थे। मेरे पुरखों ने कभी हल छुआ तक नहीं था। वह चली आती परिपाटी मेरे माता-पिता कैसे तोड़ देते? असल में ग़लती उनकी भी नहीं थी। सास्तरों में ही लिखा हुआ है, बामन को हल नहीं छूना चाहिए। बहुत पहले कभी हमारे परदादा के एक भाई ने जिद कर शौक के लिए खुद हल चलाना शुरू कर दिया था। उस ग़लती के लिए उन्हें खामियाजा यह भुगतना पड़ा था कि सालों बमनन टोला के किसी बच्चे तक ने उनके यहाँ पानी नहीं पिया था। उनके लड़के-लड़कियों के विवाह तक होने मुश्किल हो गए थे। कुछ भी कहिए सी.ओ. साहब! इस मामले में हमारे बमनन टोला में बड़ी एकता है।" सी.ओ. ने पूछा—"क्या आप लोग पुराने ज़मींदार थे? इस समय कितने बीघा खेत है आपके पास?" करन ने टाँग पर चढ़ी टाँग नीचे उतार ली। इस प्रश्न की आशा नहीं थी उन्हें। अपनी पोल खुलती नज़र आई। उत्तर देने में दाएँ-बाएँ करने लगे, जैसे कोई असफल छात्र अपना परीक्षा-परिणाम बताते समय करता है। कुर्सी पर थोड़ा ऊपर उचके, मुड़कर अपनी छाया देखी, और लम्बी हो गई थी, मूँछों पर ताव दिया, बोले—"हम लोगों के पास किसी ज़माने में बहुत ज़मीन थी। पीढ़ी दर पीढ़ी बँटवारा होते-होते सब छिया छार हो गई। मेरे पिताजी के पास बीस बीघे थी। उनकी मृत्यु के बाद हम भाइयों में बँटकर मेरे पास दस बीघे बची।" सी.ओ. खटिया पर पंथी मार बैठ गये, जैसे करन से मोर्चा लेना हो, कहा—"वाह! पंडित जी। केवल दस बीघा खेत होने को आप ज़मींदार होना, बड़ा आदमी होना कहते हैं? कभी कानपुर गए हैं आप? वहाँ जो साइकिल-रिक्शे चलते हैं, वैसे दो अच्छे रिक्शे भी नहीं खरीदे जा सकते, आपके उतने बीघा खेत से। शायद, आप अपने को बड़ा आदमी इसलिए समझते हैं कि डमरुआ में और लोगों के पास उतनी ज़मीन भी नहीं है या यह भी हो सकता है, बामन होने भर से ही आप अपने को ज़मींदार समझ बैठे हो। संस्कृत में एक श्लोक है, जिसका संक्षेप में अर्थ यह है कि 'जहाँ पेड़ नहीं होते वहाँ एरण्डी का पौधा भी अपने को महावृक्ष समझने लगता है,' शायद वही हाल आप लोगों का है। डमरुआ की आबादी कितनी है? और कौन-कौन लोग हैं?" सी.ओ. की बातों से करन को ऐसा अनुभव हुआ, जैसे कि सी.ओ. ने उन्हें किसी बहुत बड़े शीशे के सामने ले जाकर खड़ा कर दिया है जिसमें उन्हें अपनी स्पष्ट छवि दिखाई पड़ रही है। सोचने लगे, क्या वास्तव में मैं बड़ा आदमी नहीं हूँ? क्या सी.ओ. सही कह रहा है? करन का मन यह बात मानने को तैयार न था। अपनी जमा-पूँजी गिनने लगे; दो-तीन दिन पहले चालीस का भूसा बेचा था, बीस-पचीस दूकान की बिक्री से बचे थे, दस-पाँच राधेश्याम की अम्मा के बक्से में पड़े होंगे। पूरे सौ रुपए भी नहीं हुए। यह कैसे हो सकता है? याद आया, पचास-साठ पूरब टोला में उधार दिए हैं, कभी न कभी लौट ही आएँगे। पूरे दो सौ भी नहीं। सी.ओ. सही कह रहा है, रिक्शा भी...।

लेकिन सही कैसे कह रहा है? मुझसे कई लोगों ने कहा, 'मैं बड़ा आदमी हूँ।' कितने लोग सुबह-शाम पाँव लागी कर मुझसे आशीर्वाद लेते हैं, बिना बड़ा आदमी हुए पाँव लागी क्यों करेंगे? बकने दो सी.ओ. को, क्या जाने, मैं बड़ा आदमी हूँ, हजार बार हूँ। मूँछों पर एक बार फिर ताव दिया। सी.ओ. ने करन का ध्यान भंग किया, प्रश्न दुहराया—"कहाँ खो गए पंडित जी। मैं आप ही से पूछ रहा हूँ, डमरुआ में चौबे लोगों के अलावा और कौन-कौन लोग हैं?" करन सी.ओ. से डर पहले ही गए थे, अब और सावधान हो गए, प्रश्न का उत्तर घुमा-फिरा कर दिया—"बमनन टोला के अलावा पूरब, पश्चिम तथा उत्तर टोला हैं, जिनमें और जातियाँ हैं। वोटर लिस्ट के हिसाब से डमरुआ की आबादी पाँच सौ के आसपास होगी, बच्चा-कुच्चा अलग। टोले अलग-अलग बँटे ज़रूर हैं, रहते हैं सब आपस में मिलजुल। बामन हो, गैर बामन हो, आपस में कोई भेदभाव नहीं है।" सी.ओ. ने कहा—"पंडित जी! भेदभाव है कि नहीं, कम से कम मुझे न ही बताइए। आप इस समय मेरे सामने बैठे हैं इसलिए चिकनी-चुपड़ी कर रहे हैं। मौका लगते ही रंग बदल मूल रूप में आ जाएँगे। आपने गिरगिट देखा है, गिरगिट? किसी खतरे की आशंका से कैसे अपना रंग बदल देता है। उसी प्रकार आप लोगों ने अपने अस्तित्व के लिए खतरा भाँप रंग बदलना सीख लिया है। परन्तु, मेरी राय में, जिसे आप खतरा समझ रहे हैं, उसमें खतरे जैसा कुछ भी नहीं है। वास्तविक खतरा, आपके अपने विचारों से ही है। उदाहरण के लिए, आप सबके दिमाग में यही बैठा हुआ है, ब्राह्मण को हल नहीं छूना चाहिए। किस शास्त्र में लिखा है? मैंने नहीं पढ़ा। उसी शास्त्र में यह भी लिखा होना चाहिए था कि ब्राह्मण को हल का जुता खाना भी नहीं चाहिए। खैर छोड़िए।" सी.ओ. खटिया पर लेट गए। बात गम्भीर हो गई थी। रात भी काफी हो चुकी थी। करन अपनी पोल खुलवा ही चुके थे। किरपा की चार पूड़ियाँ करन को बहुत महंगी पड़ी थीं। सी.ओ. जैसे किसी मुँहफट् आदमी से उनका सामना जीवन में पहली बार हुआ था। सी.ओ. की बातों से करन के मुँह का स्वाद खराब हो गया था, खाये पान का रसास्वादन भी नहीं कर पाए थे। मन बहलाने के लिए पान की थैली फिर खोल ली। किरपा चुपचाप बैठे सी.ओ.—करन संवाद सुन रहे थे। सी.ओ. की बातें उन्हें भी अच्छी नहीं लग रही थीं। उनके दुआरे बैठ किसी अन्य ने ऐसी बातें की होती, अब तक पता नहीं क्या से क्या हो गया होता। मन का कषैलापन एक किनारे कर किरपा बोले—"जो भी हो, सी.ओ. साहब! ज़माना अब वाकई बदल रहा है। पहले जब हम लोग पूरब टोला के अन्दर से निकलते थे, लोग अपनी खटिया छोड़ खड़े हो जाते थे। नई पौध के लड़के किसी की इज्ज़त करना ही नहीं जानते। एक ज़माना था, मेरे बाबा के सामने से पूरब टोला का कोई आदमी नए कपड़े पहन नहीं निकल सकता था। बाबा किसी को नये कपड़े पहने देख लेते थे, पकड़ कर दिन भर गंडासे से चारा कटवाते थे। इसलिए पूरब टोला के किसी को जब अपनी ससुराल या नाते-रिश्तेदारी जाना होता था, अपने कपड़े कूड़े के झौए में छिपा कर निकाल ले जाता था। बाबा समझते

थे कूड़ा फेंकने जा रहा है, और वह निकल जाता था ससुराल। दूर क्यों जाऊँ, कल की ही बात बताता हूँ। मैं किसी काम से पूरब टोला गया था, मुझे देख एक लड़का बोला—"बाबा! नमस्ते!" मैं दंग रह गया, डाँटा—"धत् साले! तेरे बाप ने ज़िन्दगी भर पाँव लागी की, तू नमस्ते करना सीख गया। दुबारा नमस्ते की कान उखाड़ दूँगा। इन सबसे बचने के लिए मैंने लगभग पूरब टोला जाना छोड़ ही दिया है। नौकर भेजता हूँ।" किरपा अचानक रुक गए, एक ठंडी साँस ली, बोले—"सी.ओ. साहब! किसी का सम्मान करना कोई बुरी बात नहीं होती। कल तक जिसकी इतनी इज़्ज़त की, अचानक बंद कर देंगे, उसे थोड़ा बुरा तो लगेगा ही।" किरपा के इस कथन में गिड़गिड़ाहट थी, सी.ओ. ने प्रतिवाद करना उचित न समझा।

11

पछुआ

[1]

होली आ गई। किसुन और चैतू अपने ककुआ के साथ बमनन टोला में जलाई गई होली के चक्कर लगा आये। चैतू होली के पास कुछ देर रुकना चाहता था, खेलना चाहता था। किसुन और ककुआ नहीं माने, हाथ पकड़ कर खींच लाये उसे, कहा–"क्या करोगे रुककर तुम यहाँ? बामनों की होली है यह।" होली के पास खड़े, अपनी पीठ सेंक रहे सीतला सुकुल ने ककुआ की यह बात सुन ली, अपना डंडा दिखाते हुए कहा,–"हाँ हाँ, जा जा, यह बामनों की होली है। पता नहीं यहाँ आते ही क्यों हो? अगली साल अपनी होली अलग रख लेना। यहाँ दिखाई भी पड़ गये, टाँगें तोड़ दूँगा।" चैतू का हाथ पकड़ कर चले जा रहे ककुआ सुकुल की बात सुन रुक गए। चैतू का हाथ छोड़ सुकुल के निकट चले गए, पैर छुए, कहा–"क्या हो गया सुकुल महराज! पाँव लागी।" सुकुल ने अपना उठाया हुआ डंडा अपनी बगल में दबा लिया और जैसे कि कुछ हुआ ही न हो, शान्त मुद्रा में कहा–"आज धूप बहुत अच्छी है। लेकिन सवेरे की हवा में अभी भी ठंडक है। कुछ नहीं बलवना हम तो बस ऐसे ही। हमने तुम्हें होली में आने से कहाँ रोका है। होली मइया तो सबकी हैं, क्या हमारी, क्या तुम्हारी। साल में एक बार तो बेचारी आती हैं। और आती ही नहीं सब बुराइयाँ जला कर राख भी कर जाती हैं। यह तो इन्हीं की किरपा है कि हम सबकी फसल पक जाती है। यह होली माई ही हैं जो अपने साथ पछुआ लाती हैं।" ज़मीन पर बैठे ककुआ ने सुकुल की बात ध्यान से सुनी, हर बात पर सिर हिला कर "हाँ, हाँ" की। जब सुकुल रुके, कहा–"हाँ सुकुल महराज सो तो है।"

[2]

होली की गर्मी से पछुआ में जान आ गई, पुरवइया की दम उखड़ने लगी। पुरवइया की इस कमजोरी का फायदा उठा, पछुआ ने खेतों पर अपना कब्जा जमा लिया। पछुआ बहते ही, कल तक पुरवइया की तान पर थिरकने वाले गेहूँ-जौ के पौधे, अपने सिर पर बालियाँ उठाए अकड़ कर खड़े हो गए। पौधों का इस प्रकार अकड़ना न्यायोचित भी था क्योंकि उन्होंने अपने सिर पर अन्न के जो दाने उठा रखे थे, उन्हें खाकर ही मानव की साँसें चलती हैं। उन्हीं के सहारे मानव ने सदियों की दूरी तय की है। उन दानों का अभाव अकाल और गृहयुद्ध का कारण बनता है। वे दाने कितनों को दाता और कितनों को भिखारी की संज्ञा दिलवा देते हैं। इतना ही नहीं, बमनन टोला और पूरब टोला के बीच का अन्तर भी वही दाने पैदा करते हैं। तथापि, चाहे कोई कितना भी महान हो, कितना भी महत्त्वपूर्ण हो, अकड़ना शोभा नहीं देता। संसार का शाश्वत् नियम है, जो अकड़ता है उसे समूल नष्ट कर दिया जाता है। पौधों का अकड़ना डमरुआ के किसानों को अच्छा न लगा, दौड़ पड़े हँसिया ले ले उन्हें काट-काट गिराने। चारों तरफ कटाई शुरू हो गई; मूँठों पर मूँठें गिरने लगीं, गठबे पर गठबे बँधने लगे, खलिहान समृद्ध होने लगे। काशी ने भरोसे नाऊ को अपने खेत की मेंड़ पर एक मूठ गेहूँ के पौधों के लिए शाम तक बिठाए रखा। भरोसे ने कई बार खेत में इधर-उधर टहल काशी का ध्यान अपनी ओर खींचने की कोशिश की, पर काशी ने ध्यान न दिया। अन्ततः भरोसे के गिड़गिड़ाने पर आधी मूठ दे दी। भरोसे वह आधी मूठ खेत में ही फेंक फिर मेंड़ पर जा बैठ गया, कहा—"चौबे! साल भर बाल बनाने के बदले आधी मूठ। पूरी मूठ से एक पेड़ भी कम न लूँगा।" काशी ने समझौता कर लिया, सोचा, नाऊ को नाराज करना ठीक नहीं, क्या भरोसा कब अपना उस्तरा गर्दन पर घुमा दे, एक पूरी मूठ भरोसे को दे दी।

काशी के खेत की फसल काटने में बलवान को कई दिन लगे। अंतिम दिन, कटी फसल खेत से खलिहान में ढोते-ढोते रात हो गई। बलवान की पत्नी, किसुन और सस्सुती अंतिम बोझ अपने सिर पर उठा खेत से खलिहान चले गए। खेत से चलते समय बलवान ने एक चक्कर मार देखा कि कहीं कुछ छूटा तो नहीं है। हँसिया, रस्सी समेट वह भी चल दिया। बाहर निकल मेंड़ पर खड़े हो फिर से एक बार ध्यान से खेत की ओर देखा। अँधेरे में पूरा खेत न दिखाई पड़ा। उसे बहुत तरस आया खेत पर, सोचा, बेचारा खेत! अपना सब कुछ हमें देकर स्वयं अँधेरे के नीचे दबा पड़ा है, चुपचाप। उसे अपने ऊपर बहुत शर्म आई कि इतना सारा अनाज लेकर मैं खेत से बिना कुछ कहे ही चला जा रहा था। अच्छा है, अँधेरा है, दिन होता, खेत से आँख न मिला पाता। हँसिया, रस्सी मेंड़ पर रख, झुक कर खेत के पैर छुए, घर की ओर चल

दिया। रास्ते में सोचने लगा, यह धरती भी अजीब जादूगरनी है, हल के छूने भर से ही अपने अन्दर का पूरा खज़ाना निकाल बाहर रख देती है। क्या कभी ऐसा भी होगा कि यह धरती बूढ़ी हो जाएगी, हमें अनाज देना बंद कर देगी, कह देगी—"हे मानव! तंग आ गई हूँ मैं प्रसव-पीड़ा से। तुम उदर-पूर्ति का और कोई विकल्प खोज लो।" क्या करूँगा तब मैं, कहाँ जाऊँगा? उसने मन ही मन धरती से प्रार्थना की—"हे धरती मइया! तुम कभी बूढ़ी मत होना। हम तुम्हारे बच्चे हैं, तुम्हारे जियाए जीते हैं। तुम दे देती हो तो दो कौर खा लेता हूँ, वरना वह भी नसीब न होता। तुम्हारे अलावा हमारा कोई और सहारा नहीं है।"

12

किस्सा बीस आने का

[1]

"सी.ओ. बामन नहीं है, चकबन्दी में बामनों की लुटिया डूबी समझो," करन ने यह खबर सी.ओ. के गाँव पहुँचने के दूसरे दिन ही पूरे डमरुआ में फैला दी। बमनन टोला के लोग इस सूचना से बहुत निराश हुए, पर उन्हें पूरा विश्वास था कि वे किसी न किसी प्रकार मामला सँभाल लेंगे। अन्य टोला वाले इस सूचना से खुश हुए और उन्हें चकबन्दी में उनके साथ अन्याय न होने की कुछ आशा बँधी, पर उनकी इस आशा में निराशा ही अधिक थी। कारण, इतने बड़े अधिकारी के पास अपनी बात कहने पहुँच कौन पाएगा? लोग सी.ओ. को सलाम करने किरपा की कोठी जाने लगे थे। पूरब-पश्चिम-उत्तर टोला से अभी तक कोई नहीं गया था। जाने के लिए स्वतः कोई आगे आ ही नहीं रहा था। जाना ज़रूरी था। कौन जाय? किसे भेजा जाय? आदि पर विचार करने के लिए तीनों टोले के बड़े बूढ़े कर्मा के चौतरे पर इकट्ठे हुए। सबका ध्यान कर्मा की ओर ही था कि कर्मा सालों से शंकर चौबे के साथ बैठता आ रहा है, कुछ ज़रूर ही सीखा होगा, चला जाएगा, अपने साथ एक-दो को और लेता जाएगा, टोले वालों की ओर से सी.ओ. को सलाम कर आएगा। कर्मा अपने शरीर से देखने में भी बड़ा आदमी लगता है, चार लोगों के बीच बैठ गा-बजा सकता है। कर्मा से जाने के लिए कहा गया। कर्मा ने साफ मना कर दिया, "ना भइया ना, गाना-बजाना अलग बात है, और इतने बड़े अप्सर से बात करना अलग बात। मैं नहीं जाऊँगा, और किसी को पकड़ो।" किसी ने मतइया का नाम सुझाया, "मतइया को भेजो, उसके मामा का लड़का सिपाही है। मामा का लड़का मतलब मतइया का भाई। भाई सिपाही है सुन सी.ओ. थोड़ा ज़रूर दबेगा।" बहुत मनाने पर मतइया मान गया। बलवान का नाम सुझाया गया क्योंकि उसका बेटा किसुन कन्नौज पढ़ने जाता था। बलवान के नाम से सब सहमत हो गए—"बलवान एकदम ठीक रहेगा। पढ़े-लिखे परिवार से ही किसी को भेजा ज़ाना चाहिए। मैं तो कहता हूँ बलवान अपने साथ किसुन को भी लेता जाय। पढ़ा-लिखा लड़का साथ रहेगा, सी.ओ. के कुछ पूछने पर तुरन्त बता तो

सकेगा।" बहुत समझाने पर बलवान भी मान गया। किसी ने सलाह दी–"जाने के लिए कम से कम चार जने ज़रूर होने चाहिए।" किसी ने विरोध किया–"चार जने क्या सी.ओ. के पास मेला लगाने जाएँगे? ज्यादा लोग जाना ठीक नहीं, ज्यादा साधू मड़ी उजार, दो ही बहुत हैं।" अन्ततः सब इस बात पर सहमत हुए कि न दो, न चार, कम से कम तीन होने चाहिए, तीन टोले से तीन, सीधा हिसाब। सी.ओ. भी क्या सोचेगा, तीन टोले से केवल दो ही लोग उसे सलाम करने आए। पर तीसरा कौन? सबने यह जिम्मेदारी बलवान और मतइया पर छोड़ दी कि वे जिसे चाहें अपने साथ लेते जायँ। मतइया ने काना का नाम लिया। काना अपना नाम सुनते ही उठकर भाग खड़ा हुआ,–"मैं नहीं जाऊँगा। मैंने आज तक किसी अप्सर से बात नहीं की है। अप्सर से बात कैसे की जाती है, यह भी नहीं जानता। मैं एक बार एक अप्सर से मार भी खा चुका हूँ। तुम सब जानते हो, दो-तीन साल पहले एक चोरी के सिलसिले में दरोगा गाँव आया था। पता नहीं क्यों उसने मेरा नाम पूछा। डर के कारण मेरी घिग्गी बँध गई। तब उस दरोगा ने मेरे मुँह पर तीन-चार तमाचे जड़े थे। वे तमाचे मुझे आज भी याद हैं। मैं फिर से किसी आफत में नहीं पड़ूँगा। अप्सर का क्या भरोसा कब मार बैठे।" बलवान ने काना को पकड़ अपने पास बिठा समझाया–"काना! तू भाग क्यों रहा है? मेरी बात सुन, तू इतनी अच्छी झाँझ बजा लेता है कि वैसी झाँझ अपने इस पूरे इलाके में कोई नहीं बजा पाता। तेरे अन्दर हुनर है हुनर। अपने को किसी से कम क्यों समझता है? तू मतइया का पड़ोसी भी है, सिपाही के भाई का पड़ोसी, यह क्या कोई छोटी बात है? मतइया सी.ओ. को बता भी देगा कि तू उसका पड़ोसी है।" मतइया ने तत्काल हामी भरी, कहा–"क्यों नहीं बता दूँगा?" 'काना मेरा पड़ोसी है' यह मैं डंके की चोट पर कहीं भी कह सकता हूँ। काना साथ चलने को तैयार हो जाए, खुद अपने कानों से सुन ले कि मैंने सी.ओ. को बताया कि नहीं।" काना मान गया, पर एक शर्त रखी, "बलवान भइया! तुम कहते हो इसलिए चला चलूँगा लेकिन एक शर्त पर, सी.ओ. के सामने बोलूँगा कुछ नहीं। अप्सर का क्या भरोसा...।" बलवान-मतइया ने काना की शर्त स्वीकार कर ली, एक साथ कहा–"हाँ हाँ चलो, कुछ मत बोलना।"

[2]

सी.ओ. केशरवानी एक अनुभवी अधिकारी थे, जानते थे सवेरा होते ही लोग उनसे मिलने आना शुरू कर देंगे, इसलिए छज्जूराम के सुझाव के अनुसार उन्होंने कोठी के बैठक वाले कमरे में अपनी मेज़-कुर्सी सजा कर अपना कार्यालय बना लिया था। वही कमरा उनका अस्थायी निवास भी था। तिवारी के लिए कमरे की ज़रूरत न थी, वह कार में ही सो जाता था। तिवारी ड्राइवर भी था और अर्दली भी। कार्यालय खुलते ही वह अर्दली की भूमिका

में आ गया था, सी.ओ. से मिलने वालों को एक-एक कर अन्दर जाने दे रहा था। कार्यालय से किसी के निकलने पर तिवारी ने बलवान को अन्दर जाने का इशारा किया। अपना नाम सुन बलवान हड़बड़ा गया, खड़े होते हुए कहा—"तिवारी जी! मैं अकेला अन्दर नहीं जाऊँगा। हम लोग घर से तय करके आए हैं तीनों एक साथ ही सी.ओ. सा'ब के पास जाएँगे।" तिवारी ने सिर झटकते हुए मना किया—"असम्भव भइया! असम्भव। मुझे अपनी नौकरी देनी है क्या? तीन एक साथ अन्दर जाने के लिए मैं छोड़ ही नहीं सकता। मेरे पास ऐसा कोई रूल नहीं है।" बलवान ने मिन्नत की—"मान जाइए तिवारी जी! अकेले-अकेले हम लोग सी.ओ. सा'ब के सामने कुछ बोल भी नहीं पाएँगे। इससे अच्छा है कि न ही जायँ।" तिवारी ने हाथ का इशारा कर कहा—"ठीक है, बैठिए, एक मिनट यहीं, मैं जाकर साहब से पूछ आता हूँ।" तिवारी जाकर पूछ आया। तीनों को एक साथ जाने की अनुमति मिल गई। सी.ओ. अपनी मेज़ पर डमरुआ का मानचित्र फैलाए गम्भीरता से उसका अध्ययन कर रहे थे। 'नमस्ते सा'ब' सुन दरवाज़े की ओर देखा, तीन पुरुष हाथ जोड़े खड़े थे। मन को एक अजीब-सा सन्तोष प्राप्त हुआ, फिर से मानचित्र का अध्ययन करने लगे। बलवान, मतइया, काना ज़मीन पर बैठ सी.ओ. द्वारा दुबारा अपनी ओर देखे जाने की प्रतीक्षा करने लगे। कुछ क्षण बाद सी.ओ. ने उनकी ओर देख पूछा—"कहिए?" तीनों ने फिर हाथ जोड़ दिए। काना ने मतइया को कोहनी मारी, बोलो। मतइया ने बलवान को कोहनी मारी, बोलो। बलवान ने काना-मतइया की ओर देखा और देवी मइया की कृपा से अचानक उसका बोल फूट पड़ा, कहा—"सा'ब! हम लोग बहुत गरीब आदमी हैं; सबके पास दो-दो, तीन-तीन बीघे खेत है, किसी प्रकार गुज़र-बसर होती है। चकबन्दी में हम लोगों पर यदि आपकी थोड़ी मेहरबानी हो जाएगी, बड़ी दया होगी। अपनी जात-बिरादरी के अप्सर हैं इसलिए आपके पास आने की हिम्मत पड़ गई। आपके जैसे बड़े अप्सर को जिन्दगी में पहली बार इतने पास से देख रहा हूँ। मुँह से यदि कुछ ऊँच-नीच निकल गया हो, कुपढ़ा समझ माफ कर दीजिएगा।" बलवान को बोलते देख मतइया की भी हिम्मत पड़ गई, कहा—"सा'ब! मुझे भी एक बात कहनी है।" सी.ओ. ने कहा—"हाँ कहिए।" मतइया ने कहा—"सा'ब! मेरे मामा का लड़का सिपाही है। इस समय फरूखाबाद थाने में तैनात है। साल में एक बार बिना नागा डमरुआ आता है। काना मेरा पड़ोसी है।" इतना कह मतइया ने बलवान की ओर देखा। बलवान ने इशारा किया हाँ हाँ बोलो, बोलो, और बोलो। पर मतइया की कुछ समझ में ही नहीं आ रहा था कि आगे क्या बोले, चुप हो गया। सी.ओ. ने पूछा—"और कुछ?" तीनों ने सिर हिला मना कर दिया। सी.ओ. ने अपना चश्मा उतार मेज़ पर रख दिया। कुर्सी पर आराम से बैठते हुए कहा—"आप लोग गरीब हैं, यह मुझे दिखाई पड़ रहा है, पर मेहरबानी करने वाली बात मेरे पल्ले नहीं पड़ी। हर काम के अपने कुछ नियम-कानून होते हैं। किसी पर मेहरबानी करने के लिए उन नियम-कानूनों को ताक में रख देना पड़ता है, और वह, मैं कर नहीं सकता। अत:

मेहरबानी जैसी चीज़ का मेरी ओर से कोई सवाल ही पैदा नहीं होता। जहाँ तक जात-बिरादरी का सवाल है, मैं आप लोगों को एक बात साफ बता दूँ, इन सब बेकार की बातों में मैं कतई विश्वास नहीं करता। तुम लोग निश्चिन्त रहो, चकबन्दी में हर काम नियम से ही किया जाएगा। जहाँ तुम्हारे खेत ठीक बैठेंगे, दे दिए जाएँगे। और तुम्हारे मामा का लड़का सिपाही है, उससे मेरा क्या लेना-देना?" सी.ओ. अपना चश्मा लगा फिर मानचित्र देखने लगे। यह स्पष्ट संकेत था कि वे तीनों जा सकते हैं। कार्यालय से निकलने से पहले बलवान का मन किया कि बढ़कर केशरवानी के पैर छू ले। अपनी जात-बिरादरी का इतना बड़ा अधिकारी फिर से कहाँ मिलेगा? पर उसके अंतःकरण ने उसे तुरंत धिक्कार दिया, "अपनी जात-बिरादरी के आदमी के पैर छुओगे, शर्म नहीं आती। वह कोई बामन है? आशीर्वाद देने का पावर भी तो नहीं है उसके पास।"

बलवान, मतइया, काना के बाहर चले जाने पर सी.ओ. ने अर्दली को बुला आदेश दिया—"तिवारी! मेरे पास बेकार सिर खानेवालों को मत भेजो। फालतू टाइम नहीं है मेरे पास।" तिवारी ने कहा—"जी हुजूर! आगे से ध्यान रखूँगा।"

बंगालिन ताई देर से बैठी प्रतीक्षा कर रही थीं। तिवारी ने लौटकर उन्हें अन्दर भेज दिया। सी.ओ. ने ताई को अपने सामने वाली कुर्सी पर बिठा विनयपूर्वक पूछा—"मुहतरमा! कहिए मैं क्या कर सकता हूँ आपके लिए।" ताई ने अपने दोनों हाथ जोड़ कहा—"सी.ओ. साहब! मैंने अपने खेत में अभी हाल में ही एक कुआँ खुदवाया है जिसमें मेरा बहुत पैसा लग गया है। मैं चाहती हूँ, वह खेत मेरे पास ही बना रहे। यदि आप कुछ कर सकें, मैं आपका जिन्दगी भर एहसान मानूँगी।" सी.ओ. बोले—"मुहतरमा! पहले मुझे आप एक बात बताइये कि आपका खेत आपके पास ही बना रहे, उससे मेरा क्या फायदा होगा? ताली कभी एक हाथ से नहीं बजती। मैं आपका ध्यान रखूँगा आपको मेरा ध्यान रखना होगा। यदि आप इस बात के लिए तैयार हैं तब बात आगे बढ़ाई जाय।" ताई सी.ओ. का इशारा समझ गईं, बोलीं—"सी.ओ. साहब! आप जो आदेश देंगे, मेरी औकात में होगा, उसका पालन ज़रूर करूँगी।" सी.ओ. ने ताई के शरीर पर अपनी नज़र दौड़ाते हुए कहा—"मुहतरमा! इस बात को थोड़ी देर के लिए यहीं छोड़ दीजिए, बाद में विचार करेंगे। पहले, यदि आप बुरा न मानें, मैं आपसे एक बात पूछना चाहता हूँ।" ताई ने कहा—"सी.ओ. साहब! आपकी बात का क्या बुरा मानना, पूछिए।" सी.ओ. ने कहा—"आप क्या अपने घर में अकेली हैं? घर में कोई मर्द नहीं है? देखने से आप विवाहिता लग रही हैं। मुझे गलत मत समझिए, यह मैं इसलिए पूछ रहा हूँ कि गाँव में खेती-पाती की बात करने प्रायः मर्द ही आते हैं।" ताई ने कहा—"हैं, मेरे पति गणेश चौबे, लेकिन उनकी खेती-पाती में कोई रुचि नहीं है, इसलिए घर-बाहर के सब काम मैं ही देखती हूँ। आपके पास आकर क्या मैंने कोई अपराध किया?" सी.ओ. ने कहा—"नहीं, नहीं, आप भी कैसी बात करती हैं? कोई अपराध नहीं किया। मैंने बस अपने संतोष के लिए ऐसे ही पूछ लिया। आप

बड़ी हिम्मती स्त्री हैं, वरना गाँव के खाते-पीते घरों की औरतें घर से बाहर अपने कदम कहाँ निकालती हैं, लगता है जैसे उन घरों में आरतें होती ही नहीं हैं।" ताई ने कहा—"घरों में औरतें होती हैं, खूब होती हैं, पर भेंड़-बकरियों जैसे अन्दर बन्द कर रखी जाती हैं, और जब कहा जाता है तभी मिमियाती हैं।" सी.ओ. अपनी पहली बात पर वापस आ गए, पूछा—"मुहतरमा! क्या नाम बताया आपने अपने पति का? देखता हूँ नक्शे में आपका खेत किस नम्बर पर है?" ताई ने बताया—"गणेश चौबे।" सी.ओ. ने नक्शा खोलकर एक स्थान पर पेंसिल गड़ाते हुए कहा—"यह रहा आपका नम्बर, पर इसमें कुआँ नहीं दिखाया गया है।" ताई ने स्पष्ट किया—"सी.ओ. साहब! मैंने निवेदन किया न, कुँआ मैंने अभी कुछ महीने पहले ही खुदवाया है। यदि मुझे चकबन्दी की थोड़ी सी भी भनक लग गई होती, कभी न खुदवाती।" सी.ओ. के माथे पर बल पड़ गए, कहा—"बड़ा पेचीदा काम है। लेकिन आप मेरे पास आई हैं, कुछ न कुछ करना ही पड़ेगा।" नक्शे में गणेश के नम्बर के पास पेंसिल से एक छोटा-सा गोला बना, कहा—"लीजिए, खोद दिया कुआँ आपके खेत में। केशरवानी की क़लम में इतनी ताक़त है कि एक मिनट से कम समय में कुआँ खोदती है। आप बिल्कुल निश्चिन्त रहिए, कुआँ भी खुद गया और खेत भी आपके पास बना रहेगा। मिसेज गणेश! यह बात आप अपने तक ही सीमित रखिएगा। इसके बदले में आपसे क्या लूँगा, वह मैं आपको ठीक समय आने पर ही बताऊँगा।" ताई जाने के लिए उठ खड़ी हुईं। सी.ओ. ने रोका कहा—"बैठिए थोड़ी देर और मेरे पास। और कोई काम हो बताइए। एक बात तो माननी पड़ेगी मिसेज गणेश! आपकी स्टाइल एकदम शहरुआ है। डमरुआ जैसे गाँव में आकर आप कहाँ फँस गई हैं? आपसे मिलकर मन प्रसन्न हो गया। आपका घर डमरुआ में किस ओर पड़ता है? आपके पति आजकल घर में ही हैं?"

शंकर को बिजलीघर जाने की देर हो रही थी, फिर भी एक बार सी.ओ. से मिल लेना चाहते थे। किरपा की कोठी जाने के लिए घर से निकले ही थे कि रास्ते में पड़ियाइन चाची ने टोक दिया—"शंकर बेटा! तुमने सी.ओ. से मिल लिया? कल से गाँव के सब लोग किरपा की कोठी ही चले जा रहे हैं, जैसे सी.ओ. न हो गया कोई देवी-देवता हो गया।" शंकर ने साइकिल से उतरते हुए कहा—"चाची! आप डमरुआ में सबसे बड़ी-बूढ़ी हैं, आप ही देख लीजिए, छज्जू ने पता नहीं किस अधिकारी को लाकर बिठा दिया है। जो लोग उससे मिलकर आए हैं, बता रहे हैं वह सीधे मुँह बात ही नहीं कर रहा है। मेरा उससे मिलने का कतई मन नहीं है, पर क्या करूँ, अपनी ग़रज़ है इसलिए जा रहा हूँ। चलता हूँ चाची! देर हो रही है, बिजलीघर भी पहुँचना है।" चाची ने कहा—"शंकर बेटा! मिलने के बाद मुझे भी आकर बताना, उससे तुम्हारी क्या बातें हुईं।" सी.ओ. अपने कार्यालय में ही बैठे थे, शंकर के प्रवेश करते ही, शंकर के मस्तक पर अंकित चन्दन का टीका देख एक विशिष्ट प्रकार से विचलित हो गए। विचलन छिपाने के लिए अपने को कृत्रिम रूप से व्यस्त रखने का प्रयास किया, तुरन्त तिवारी को पुकारा—"तिवारी! किरपा

जी से कहो, जरीबें खींचने के लिए दैनिक मज़दूरी पर दो मजदूरों की व्यवस्था कर लें, कल से नपाई शुरू करूँगा।" शंकर ने अभिवादन किया। सी.ओ. ने उनके अभिवादन पर न ध्यान दिया, न उत्तर। शंकर के मस्तक का टीका सी.ओ. की छाती में शूल की भाँति धंस गया था। कुछ सामान्य होने पर शंकर को सामने पड़ी कुर्सी पर बैठ जाने का इशारा किया, पूछा—"बताइए ब्राह्मण देव! मैं आपकी क्या सेवा कर सकता हूँ?" शंकर ने हाथ जोड़ कहा—"बस, आपके दर्शन करने चला आया।" सी.ओ. ने कहा—"पंडित जी! बिना स्वार्थ के आजकल कौन, किसके दर्शन करने जाता है? खुलकर बताइए, मैं आपके किस काम आ सकता हूँ?" शंकर ने कहा—"सी.ओ. साहब! ऐसा कुछ खास नहीं, जरा मेरे चक पर भी अपनी कृपा दृष्टि बनाए रखिएगा।" सी.ओ. ने नक्शे में शंकर के खेतों के नम्बर देखे, सोचा, मुर्गी मोटी है, मन मुताबिक अंडे देगी, कहा—"जाइए पंडित जी। सब ठीक हो जाएगा, पर ऐसे ही नहीं, उसके लिए आपको कुछ दान-दक्षिणा की व्यवस्था करनी होगी। दान-दक्षिणा आप समझते ही होंगे। आप नहीं समझेंगे तो और कौन समझेगा? वही बीस आने वाली दान-दक्षिणा; 'ऊँ गणपतायनमः स्वाहः', यहाँ रखिए बीस आने, 'ऊँ स्वाहः', यहाँ बीस आने, 'ऊँ स्वाहः', वहाँ बीस आने। इस बीस आने का कुछ विज्ञान-सिज्ञान मुझे भी समझाइए। चलिए छोड़िए, आप क्या समझायेंगे, मैं ही आपको बताता हूँ। एक था बीस आना...। बीस आना हा हा...।" हँसते-हँसते कुर्सी छोड़ खड़े हो गए, असामान्य होने लगे, चेहरे का रंग बदलने लगा, चेहरे की छलछलाती त्वचा के अन्दर उनका अतीत अपने सहस्र पैने पंजों से रेंगता स्पष्ट दृष्टिगोचर होने लगा। सी.ओ. को दुबारा कुर्सी पर बैठता न देख विवश होकर शंकर भी कुर्सी छोड़ खड़े हो गए, कहा—"सी.ओ. साहब! आपसे मिलकर बहुत प्रसन्नता हुई। आप बहुत ही हंसमुख स्वभाव के अधिकारी हैं। एक अधिकारी को ऐसा ही होना चाहिए। मुझे आज्ञा दीजिए, बिजलीघर जाने की देर हो रही है।" शंकर के जाते ही सी.ओ. ने अपने कार्यालय के कपाट बंद कर अन्दर से कुंडी लगा ली। तिवारी ने किवाड़ों की साँस से अपना कान लगा सुनने की कोशिश की। अन्दर से किसी के रोने-सिसकने की आवाज आ रही थी। सी.ओ. से मिलने के लिए इन्तज़ार कर रहे लोगों में से किसी ने पूछा—"तिवारी जी! सी.ओ. साहब अब क्या किसी से नहीं मिलेंगे?" तिवारी ने कहा—"मिलेंगे, दरवाज़े कुछ देर बाद अपने आप खुल जाएँगे। मैं अपने साहब को तीन साल से जानता हूँ। उनका मन जब कुछ परेशान होता है, दरवाज़ा बंद कर अपने हृदय का गर्म लावा बाहर उड़ेल देते हैं।" तिवारी का अनुमान सही निकला, थोड़ी देर बाद दरवाज़े अपने आप खुल गए।

शंकर ने पड़ियाइन चाची के घर के सामने से अपनी साइकिल दौड़ाकर निकाल ली कि चाची कहीं फिर से न कुछ पूछने लगें। चाची को बताएँगे भी क्या कि सी.ओ. ने उनका परिहास किया है। रास्ते में शंकर के मस्तिष्क में बार-बार 'बीस आना' 'बीस आना' कौंध जाता था। उनकी साइकिल भी कुछ भारी खिंच रही थी। एक बार शंकर को

ऐसा भी लगा कि बीस आना उनकी साइकिल के पीछे बैठा हुआ है। एक बार मुड़कर भी देखा, साइकिल पर कोई न था।

[3]

संध्याकाल चाय पीते हुए सी.ओ. ने किरपा से कहा—"किरपा जी! आपने कल के लिए आदमी पक्के कर ही लिये होंगे। जितने तड़के हो सकेगा, काम शुरू करूँगा। धूप में मुझसे देर तक खड़ा नहीं हुआ जाता। आजकल दस बजते-बजते सूरज जैसे काट खाने को दौड़ने लगता है। न बिजली, न पंखा, आप लोग डमरुआ में कैसे रहते हैं? जल्दी ही काम निपटाकर मैं यहाँ से भागूँगा, अन्यथा मेरी कब्र डमरुआ में ही बन जाएगी।" किरपा ने कहा—"सी.ओ. साहब! हम लोग पूरी जिन्दगी से बिना बिजली-पंखे के ही रहते आए हैं। सर्दी-गर्मी की कोई परवाह ही नहीं रह गई है। किसान यदि सर्दी-गर्मी की परवाह करे तो खाए क्या? मैंने काना-मतइया को पक्का कर दिया है, जिस समय आप बुलाएँगे, हाजिर हो जाएँगे।" काना का नाम सुन सी.ओ. को संदेह हुआ, काना का मतलब एक आँख वाला, पूछा—"किरपा जी! आपको कोई दो आँख वाला नहीं मिला? मज़दूरी के लिए एक आँख वाला रख लिया। सवेरे-सवेरे उसे देख लेने भर से पूरा दिन खराब हो जाएगा।" किरपा सी.ओ. की बात का मतलब न समझ सके, जब समझे, हँसे, कहा—"नहीं, वह काना नहीं है। उसकी दो बड़ी-बड़ी बंटा जैसी आँखें हैं। आप उसे देख चुके हैं। आज सुबह आपसे मिलने आया था। बेचारा गरीब आदमी है, अच्छा नाम कहाँ से लाता?" सी.ओ. को किरपा का तर्क अच्छा लगा। ज़ोर से हँसे, कहा—"गरीब आदमी, गरीब नाम हा, हा...।" किरपा ने स्पष्ट किया—"गाँव में नाम बहुत जल्दी घिस जाते हैं। लोगों को घिसा हुआ नाम ही अच्छा लगता है। उसका असली नाम कुछ और रहा होगा, पर घिसते-घिसते काना रह गया।" सी.ओ. को जैसे कुछ याद आ गया, पूछा—"डमरुआ में काशी चौबे कौन है? मैं डमरुआ के लगभग सभी बड़े किसानों से मिल चुका हूँ, उन्हें छोड़ कर। गाँव में ही रहते हैं कि किसी शहर-वहर में?" किरपा ने बताया—"काशी भइया बमनन टोला के ही हैं, गाँव में ही रहते हैं। बाहर रहने कहाँ जाएँगे? गाँव में रहकर भी वे सबसे निराले हैं। दिन भर अपनी कुर्सी पर बैठे कुछ न कुछ पढ़ा करते हैं। मैं झूठ नहीं कह रहा हूँ, आप चाहे अभी किसी को भेजकर दिखवा लीजिए, किताब उनके हाथ में ही होगी। पक्के ईमानदार आदमी हैं, न किसी को अपनी एक कौड़ी देते हैं, और न किसी के पास अपनी एक कौड़ी छोड़ते हैं।" सी.ओ. ने कहा—"इसका अर्थ है किरपा जी! डमरुआ में भी एक खतरनाक प्राणी निवास करता है।" किरपा हँसे, कहा—"खतरनाक! क्या कहते हैं सी.ओ. साहब! काशी भइया क्या खतरनाक होंगे? दुबले-पतले आदमी हैं, जरा-से धक्का भर से गिर जाएँगे।" सी.ओ. ने अपना सिर हिलाते हुए कहा—"नहीं, किरपा जी! नहीं, इसका

मतलब है, मैंने जो कहा उसका अर्थ आप ठीक से नहीं समझे। मैंने अपनी इतनी नौकरी में यही सीखा है कि हम सबको केवल ईमानदार आदमी से सावधान रहने की आवश्यकता होती है, क्योंकि उसकी शक्ति अतुलनीय होती है। पृथ्वी का भार तौला जा सकता है, ईमानदार आदमी की शक्ति नहीं। किरपा जी! मुझे ईमानदारों से सख़्त नफ़रत है क्योंकि मात्र उन्हीं के कारण ही समाज का पूर्ण परिवर्तन सम्भव नहीं हो पा रहा है। समाज के पूर्ण परिवर्तन के लिए ईमानदारी जड़ से मिटानी बहुत ज़रूरी है। फिर यह समाज अध सड़े फल की अवस्था से पूर्ण सड़े फल की अवस्था में परिणत हो जाएगा। तदनन्तर, एक नया अंकुर, एक नया फल, एक नया समाज। अध सड़ा फल किसी काम का नहीं होता, न उसे खाया जा सकता है, न कल के लिए ही रखा जा सकता है।" सी.ओ. की बातें किरपा की समझ में कितनी आईं, यह किरपा खुद ही जानें, पर हामी ज़ोर-ज़ोर से भरी। चाय के बर्तन उठा जाने लगे। सी.ओ. ने रोका, "किरपा जी! आप बैठिए, तिवारी बर्तन रख आएगा।" तिवारी से कहा–"तिवारी! जाओ, बर्तन धोकर रख आओ।" किरपा तिवारी को चाय के बर्तन नहीं ले जाने देना चाहते थे, डरते थे, सब बर्तन गड्ड-मड्ड कर देगा, पर सी.ओ. का आग्रह न टाल सके।

[4]

काशी ने, सी.ओ. को घूस देने के सन्दर्भ में, अपने विचार बदल लिए थे, तय कर लिया था, ऐसा कोई काम नहीं करेंगे, जिससे उन्हीं की आत्मा उन्हें धिक्कारे। अपने पूर्व के विचारों के लिए उन्हें ग्लानि हुई थी। अपनी तत्कालीन मनःस्थिति का विश्लेषण कर इस निष्कर्ष पर पहुँचे थे कि स्वार्थ के वशीभूत हो यदाकदा किसी भी व्यक्ति के मन का संतुलन बिगड़ जा सकता है। उन्होंने सी.ओ. से मिलना भी आवश्यक न समझा था। अपनी परिवर्तित मनःस्थिति की सूचना, उन्होंने अपने पुत्र राधावल्लभ को निम्नलिखित शब्दों में भिजवा दी थी–

डमरुआ

"प्रिय राधावल्लभ
शुभाशीर्वाद

हम लोग यहाँ ठीक हैं। आशा करता हूँ कि तुम भी सपरिवार स्वस्थ और सानन्द होगे। आगे खबर यह है कि चकबन्दी अधिकारी कल गाँव आ गया है। सम्भवतः एक-दो दिन में खेतों की नपाई शुरू हो जाएगी। मैंने निर्णय कर लिया है कि अपने चकों के लिए सी.ओ. के साथ कोई अनुचित लेन-देन नहीं करूँगा, इसलिए अब तुम्हें मेरे पास पैसे भेजने की आवश्यकता नहीं है। मैं अपनी आगामी पीढ़ियों की जीविका के साधन की

नींव अन्याय पर नहीं रखना चाहता। धरती के सभी टुकड़े एक ही जैसे होते हैं। थोड़े से परिश्रम से किसी भी खेत की उत्पादकता बढ़ाई जा सकती है। छज्जूराम आदि जहाँ चाहें अपने चक कटवा लें, मेरा उनसे कोई मतलब न होगा। अपने पूर्व के विचारों के लिए मैं खेद प्रकट करता हूँ।

बहू और बच्चों को मेरा स्नेह पहुँचे।

शेष बातें आने पर।

तुम्हारा पिता
काशी

विशेष : करन ने पूरे डमरुआ में अफवाह फैला रखी है कि सी.ओ. ब्राह्मण नहीं है, इस कारण अपने टोला के लोग कुछ चिन्तित हैं। तुम करन को जानते ही हो, दूकान पर बैठ सामान कम बेचता है, बेकार की खबरें अधिक फैलाता है।

[5]

सी.ओ. की योजना के अनुसार नपाई डमरुआ के उत्तर से शुरू होनी थी। तदनुसार, जिन किसानों के खेत उत्तर में थे, करन के साथ, सूर्योदय से पूर्व ही किरपा की कोठी के सामने जमा हो गये थे। मज़दूर—काना और मतइया भी आ गए थे। सब खड़े हो सी.ओ. के निकलने का इन्तज़ार कर रहे थे। सी.ओ. ने कपड़े पहन लिए थे, जूते पहनने शेष थे। जब किरपा भी घर से तैयार हो निकल आए, सी.ओ. ने तिवारी से अपने जूते लाने के लिए कहा। तिवारी ने जूते ला रख दिए, जूतों में घुसे मोजे निकाल, सीधे कर झाड़ दिए। जूतों पर चढ़ी धूल देख सी.ओ. की भृकुटि चढ़ गई, तिवारी को डाँटा—"तिवारी! तुमसे इतना भी काम नहीं होता कि जूतों की धूल ही झाड़ दो।" तिवारी ने "अभी झाड़ता हूँ" कह अपने अंगोछे से जूते चमका दिए। तिवारी को सी.ओ. के जूते साफ करते देख किरपा और करन ने एक-दूसरे की ओर देख मूक विस्मय प्रकट किया।

गाँव के कुओं पर ब्राह्म मुहूर्त से ही, पुर चलने शुरू हो गए थे। पुर चलाने वालों की "चल-चल, हट-हट, बस-बस, हे राम" आदि की आवाजें कभी इस और कभी उस कुएँ से आने लगी थीं। नपाई के लिए जाते हुए, सी.ओ. ने रास्ते में एक कुएँ के पास रुक कर पुर का खींचा जाना आश्चर्य से देखा तथा बैठ कर दो चुल्लू शीतल जल पिया। सी.ओ. को पुर का ठंडा पानी पिला, पुर वाले ने अपने को, बैलों को, पुर को और कुएँ को धन्य समझा।

नपाई प्रारम्भ हो गई। सी.ओ. एक कुशल दर्जी की भाँति ज़मीन के छोटे-छोटे टुकड़े जोड़ बड़े-बड़े चक बनाने लगे। वे कभी एक कोना यहाँ से काटते, कभी एक चींट वहाँ

से निकालते, कभी यहाँ का रास्ता खोलते, कभी वहाँ का रास्ता बन्द करते। बीच-बीच में तिवारी को अपना छाता पकड़ा, अपने माथे का पसीना पोंछते, पुनः नक्शा पढ़ते तथा आदेश देने के लिए आगे बढ़ जाते। तेज धूप के कारण नपाई दल का बुरा हाल था, सुस्ताने के लिए आसपास कोई छायादार वृक्ष भी न था। गर्मी से धरती भी बुरी तरह चिटकी पड़ी थी जिसे देखकर लग रहा था मानो प्यास के कारण धरती के होंठ फट गए हों, बस खून निकलना भर शेष रह गया हो या धरती की वे टेढ़ी-मेढ़ी रेखाएँ किसान के हाथ की, हर मौसम में बदल जाने वाली, भाग्यरेखाएँ हों। उस पूरे इलाके में हरियाली के नाम पर गाँव के निकट के दो-तीन खेतों में प्याज की फसल ही दिखाई पड़ रही थी, जिसे पुर के पानी से सींच कर हरा बनाए रखने की कोशिश की जा रही थी। वे छोटे-छोटे हरे खेत दूर से देखने पर सूखी धरती की पीठ पर रिसते हुए घाव जैसे लग रहे थे।

एक दिन करन, सी.ओ. की आँख बचा, तिवारी को थोड़ी देर के लिए नपाई-दल से अलग ले गए, पूछा—"तिवारी जी! एक बात पूछूँ, सही-सही बताना, तुम असली ब्राह्मण हो कि बने हुए?" तिवारी ने आश्चर्य व्यक्त किया—"क्या मतलब आपका? असली और बने हुए से।" करन ने कहा—"पहले तुम मेरी बात का जवाब दो, मतलब मैं बाद में समझा दूँगा।" तिवारी ने कहा—"असली का ब्राह्मण हूँ, पर आपको संदेह क्यों हुआ?" तिवारी ने अपनी क़मीज़ के अन्दर हाथ डाल जनेऊ बाहर खींच दिखाते हुए कहा—"यह देखो मेरा जनेऊ।" करन ने कहा—"चलो थोड़ी देर के लिए मान लेता हूँ कि तुम असली ब्राह्मण हो, पर अपनी अन्तरात्मा को साक्षी मान तुम मेरे इस प्रश्न का उत्तर दो कि जिस प्रकार तुम सी.ओ. के जूते साफ करते हो, उस प्रकार क्या कोई असली का ब्राह्मण कर सकता है? कम से कम डमरुआ का तो कोई ब्राह्मण नहीं कर सकता।" बात तिवारी की समझ में आ गई कि करन को उसके ब्राह्मण होने पर संदेह क्यों हुआ, कहा—"करन जी! आप एक बात बताइए, साहब का अर्दली मैं हूँ, जूते मैं ही साफ करूँगा या उस काम के लिए कोई दूसरा अर्दली आएगा? इसमें असली-नकली होने का प्रश्न कहाँ से पैदा हो गया? ब्राह्मण मैं अपने घर में हूँ, अपनी आस्थाओं, मान्यताओं में पूरा विश्वास रखता हूँ, पर उन्हें अपने कर्म-क्षेत्र में बाधा कभी नहीं बनने देता। काम पर जाने के लिए, घर से निकलते समय मैं केवल एक सरकारी कर्मचारी होता हूँ, उसके अलावा और कुछ नहीं। सी.ओ. साहब के या किसी अन्य अधिकारी के साथ कार्यालय में या किसी दौरे पर जाते समय मैं अपना पूरा ध्यान एक अधीनस्थ कर्मचारी के कर्तव्यों पर केन्द्रित रखता हूँ, न कि इस बात पर कि ब्राह्मण को क्या करना चाहिए, क्या नहीं। करन जी! आप आयु में मुझसे बड़े हैं, फिर भी, मैं आपको एक बात समझा दूँ कि कोई भी यन्त्र कई छोटे-बड़े पुर्जों से मिलकर बनाया जाता है। उस यन्त्र में किसी भी पुर्जे की भूमिका छोटी-बड़ी या अच्छी-खराब नहीं होती। उस यन्त्र का एक भी पुर्जा यदि यह गुमान करके बैठ जाए कि मेरी भूमिका अच्छी नहीं है, अतः यह काम मैं नहीं करूँगा, जानते हैं परिणाम क्या होगा?

वह पुर्जा बदल दिया जायेगा। यन्त्र तो चलेगा ही। उसी प्रकार मैं भी सरकारी शासन-तन्त्र का एक पुर्जा हूँ और उसकी जो भूमिका है उसका निर्वाह करता हूँ।" करन को तिवारी की बातों से बहुत निराशा हुई, कहा—"तिवारी जी! ऐसी पढ़ी-लिखी बातें कर ब्राह्मणों ने ही ब्राह्मणों का बेड़ा गर्क किया है। संसार में, ब्राह्मणों को छोड़ सभी जातियों में एकता है। आजकल ब्राह्मणों को कोई पूछता ही नहीं। जहाँ देखो वहाँ गैर-ब्राह्मण भरते चले जा रहे हैं। आगे भगवान ही मालिक है, पता नहीं क्या होने वाला है?" तिवारी को करन से कतई सहानुभूति नहीं हुई, कहा—"करन जी! पहली बात यह कि दुनिया में और कहीं जाति जैसा कुछ है ही नहीं। दूसरे, जिन ब्राह्मणों ने पढ़ी-लिखी बातें की हैं उन्होंने बेड़ा गर्क नहीं किया है, विपरीत उसके उन्होंने सामाजिक यथार्थ को समय रहते पहचान, ब्राह्मणों का बेड़ा गर्क होने से बचा लिया है। ब्राह्मणों की एकता से आपका क्या मतलब है? क्या एकता कर फिर से पूरे समाज को नीचे दबा उस पर चढ़कर बैठ जाना चाहते हैं? करन जी! समय-चक्र को विपरीत दिशा में नहीं घुमाया जा सकता। आपने कहा, गैर-ब्राह्मण हर जगह भरते जा रहे हैं। देश में ब्राह्मणों और गैर-ब्राह्मणों की संख्या का अनुपात भी तो देखिए। आप जैसे ब्राह्मणों को पता नहीं ऐसा क्यों लगता है कि गैर-ब्राह्मण, ब्राह्मणों के हिस्से का अन्न खाते हैं, उनके हिस्से के हवा-पानी पर जीवित हैं। ब्राह्मण यदि वास्तव में अपनी श्रेष्ठता सिद्ध ही करना चाहते हैं, अपने ज्ञान—जिसका कि वे दावा करते हैं कि उनसे अधिक ज्ञान और किसी के पास नहीं है—का समाज के विकास का उपयोग कर सिद्ध कर सकतें हैं। करन जी! जरा डमरुआ से बाहर झाँक देखिए, हवा बदल रही है। विकास में रोड़ा मत बनिए।" करन ने जोशपूर्वक कहा—"तिवारी जी! हवा जहाँ बदल रही होगी, बदल रही होगी, पर डमरुआ में नहीं बदल रही है। ब्राह्मण आज भी ब्राह्मण है, उसका आज भी कोई मुकाबला नहीं है। मैं पक्का ब्राह्मण हूँ। मेरी अपनी जिन्दगी जिस प्रकार धर्म-कर्म से कट रही थी, उसी प्रकार कटेगी। डमरुआ में आज भी किसी को ब्राह्मण के आगे सिर उठाने की हिम्मत नहीं है। और जब से छज्जू भइया कांग्रेस के नेता हो गए हैं, तब से सब और भी दबने लगे हैं। थाना, कचहरी, सब अपने कन्ट्रोल में हों, फिर किस बात की परवाह रह जाती है? लेकिन तिवारी जी? तुम अगर ऐसे ही सी.ओ. के जूते साफ करते रहे, देख लेना, सीधे नर्क में जाओगे। एक ब्राह्मण होने के नाते तुम्हें समझाना मेरा कर्तव्य था, मानना या न मानना, तुम्हारी मर्ज़ी। मैं कहता हूँ, लात मारो ससुरी ऐसी नौकरी को और एक छोटी-सी दूकान खोल लो। जिस नौकरी में आत्मसम्मान न हो, करने की क्या ज़रूरत है?" तिवारी ने करन को और कुछ समझाना या उनके साथ बहस करना व्यर्थ समझा, कहा—"कोई बात नहीं करन जी! नरक में रहने के लिए भी कोई न कोई चाहिए ही, मैं वहीं रह लूँगा। तुम जब स्वर्ग जाना, कभी-कभी वहाँ की कोई खिड़की खोल नीचे झाँक लिया करना। मैं आपकी बड़ी-बड़ी मूँछों से आपको पहचान लिया करूँगा।" करन ने झिड़का—"तिवारी जी! तुम्हें यह सब हँसी-ठठ्ठा लगता है, पर

ब्राह्मण का अपमान देख मेरे शरीर में आग लग जाती है।" करन और भी कुछ समझाते पर मौका नहीं मिला, सी.ओ. ने संकेत कर तिवारी को अपने पास बुला लिया।

[6]

नपाई का सोलहवाँ दिन। सब काम वैसे ही चल रहा था। वही जरीब वही ज़मीन, पर ज़मीन के मालिक वही न थे, करन और किरपा सी.ओ. के पीछे न थे। शंकर थे अब सी.ओ. के पीछे। डमरुआ के पूर्वोत्तर में शंकर के ही खेत अधिक थे अतः वे बिजलीघर से अवकाश ले सी.ओ. के पीछे लग गये थे। कुछ दिन सी.ओ. के साथ रहते-रहते, शंकर और सी.ओ. में खूब पटने लगी थी। सी.ओ. शंकर की अन्तरंगता देख डमरुआ के लोग कहने लगे थे कि शंकर ने सी.ओ. को कोई ऐसी घूँटी पिला दी है कि वह शंकर की हर बात मानने लगा है। काना और मतइया जरीब खींचते-खींचते इतने माहिर हो गए थे कि खेतों की नाप अंदाजे से ही बताने लगे थे। काना ने तिवारी से माँग एक पेंसिल भी हाथ में पकड़ ली थी, जिसे देख मतइया परिहास करते हुए कहता था—"काना! तुम्हारे हाथ में पेंसिल ऐसी लगती है जैसे बंदर के हाथ में उस्तरा।" काना और मतइया सी.ओ. के साथ थोड़ा-थोड़ा खुल गये थे। सी.ओ. जब से डमरुआ आए थे, डमरुआ की भौगोलिक स्थिति की विचित्रता से बहुत चकित थे। विचित्रता का कारण उनकी समझ में नहीं आ रहा था। कई लोगों से पूछ चुके थे, संतुष्ट न हुए थे। सोलहवें दिन जिस इलाके में नपाई चल रही थी वह एक मीलों लम्बा, वृक्षरहित मैदान था, जो देखने से ही जल-भराव वाला क्षेत्र लग रहा था। सी.ओ. ने शंकर से पूछा—"पंडित जी! आप पढ़े-लिखे आदमी हैं, डमरुआ के बारे में कुछ बताइए। मैं कई लोगों से कुछ न कुछ सुन चुका हूँ, पर संतुष्ट नहीं हुआ हूँ। यहीं देखिए, दूर तक, उन तीन पेड़ों को छोड़ पूरा मैदान खाली है, ऐसा क्यों है?" सी.ओ. को पेड़ों की ओर संकेत करते देख काना दौड़कर सी.ओ. के पास आ गया, कहा—"सा'ब! वे पेड़ मेरे हैं, मेरे खेत में हैं। मेरे बाप ने बहुत मेहनत से लगाए थे। मरते समय उनके प्राण पेड़ों में ही अटके रहे थे। उन पेड़ों में मुझे अपने बाप की सूरत दिखाई पड़ती है।" काना का इस प्रकार बीच में टपकना सी.ओ. को अच्छा न लगा, डाँटा—"काना! जाकर अपना काम करो। मैंने जान लिया, वे पेड़ तुम्हारे खेत में हैं।" काना डर गया, माफी माँग दूर हट गया। सी.ओ. ने फिर शंकर से कहा—"हाँ, पंडित जी!" शंकर ने बताया—"सी.ओ. साहब! मैं डमरुआ के विषय में उतना ही जानता हूँ जितना पुरखों से सुना है। कर्ण-परम्परा से यह कहानी चली आ रही है कि इस समय जहाँ हम लोग खड़े हैं, वहाँ कभी कन्नौज के प्राचीन काल के एक सम्राट वेणु का शाही सरोवर हुआ करता था। उनकी महारानी उस सरोवर में जल-विहार के लिए प्रायः आया करती थीं।" सम्राट के शाही सरोवर की बात सुन सी.ओ. कुछ क्षण के लिए कल्पना में खो गए; उन्हें

दूर सरोवर के नीले जल पर तैरती एक सुसज्जित शाही नौका दिखाई पड़ी। उस नौका के आसपास, सुरक्षा के लिए कई छोटी सैनिक नौकाएँ चल रही थीं। नौका जैसे-जैसे निकट आती गई, वैसे-वैसे नौकासीन महारानी की छवि स्पष्ट होती गई। दिव्य रूप वाली वे महारानी अपनी सखियों और परिचारिकाओं के साथ खिलखिलाकर हँस रही थीं, क्योंकि उनके मध्य एक बौना अपनी कटि पर हाथ रख कुछ स्वाँग भर रहा था। उनकी दंत-पंक्तियों की आभा से सरोवर जल की नीलिमा कम हो गई, बगुले अपने को हीन समझ सरोवर छोड़ चले गए तथा श्वेत कमलों ने अपने मुख नौकाओं की आड़ में छिपा लिए। तभी एक सैनिक की दृष्टि सरोवर तट पर खड़े सी.ओ. पर पड़ गई, कल्पना भंग हो गई। शंकर ने पूछा–"सी.ओ. साहब! कहाँ खो गये?" सी.ओ. ने जागते हुए से कहा–"कहीं नहीं, बताइए–बताइए, अच्छा लग रहा है।" शंकर ने आगे कहा–"सम्राट वेणु एक प्रतापी हिन्दू राजा थे। उनके कई पुत्रियाँ थीं। कन्नौज के 'क्षेमकरी' और 'फूलमती' आदि मंदिरों में उन्हीं पुत्रियों की प्रतिमाएँ स्थापित की गई हैं। सम्राट वेणु के विषय में मैं इतना ही जानता हूँ। आपने डमरुआ के उत्तर में देखा होगा, किरपा के खेत के बीच एक पक्की वेदी का निर्माण किया गया है। उस वेदी पर मनुष्य के आकार के कुछ पाषाण-खंड रखे गए हैं। वे पाषाण-खंड राजा जयचन्द और राजा पृथ्वीराज चौहान के सैनिक हैं, जो परस्पर लड़ते हुए मारे गये थे, और बाद में पत्थर हो गए थे। हुआ यह था कि राजा पृथ्वीराज चौहान जब संयोगिता को बलपूर्वक उठा, अपने घोड़े पर बिठा दिल्ली की ओर भागा था, तब वह डमरुआ से होकर ही निकला था। राजा जयचन्द के सैनिकों ने उसका पीछा किया था पर वे पृथ्वीराज चौहान के सैनिकों का मुकाबला नहीं कर सके थे। चौहान ने यहाँ से थोड़ी दूर जाकर एक घाट से काली नदी पार की थी। डमरुआवासी प्रतिवर्ष एक नियत दिन उस वेदी पर जाकर उन सैनिकों की पूजा करते हैं।" सी.ओ. को संयोगिता वृत्तान्त रुचिकर लगा, पूछा–"पंडित जी! कन्नौज में संयोगिता का कोई मन्दिर है कि नहीं?" शंकर ने बताया–"कन्नौज में संयोगिता का कोई मन्दिर नहीं है।" सी.ओ. ने कहा–"यह अनुचित बात है। आप लोग मारे गए सैनिकों की पूजा करते हैं, पर वे जिसके लिए मारे गए उसे कतई भूल जाते हैं। कन्नौज में संयोगिता का कोई मन्दिर नहीं है, न सही, आप लोग डमरुआ में ही एक बनवा दीजिए।"

तिवारी ने दिन के कार्य के पर्यवसान की घोषणा कर काना-मतइया को जरीबें समेट लेने का आदेश दिया। काना ने अपना खेत भी आज ही नाप लिए जाने की प्रार्थना की। तिवारी ने मना कर दिया, कहा–"काना! ऐसी भी क्या जल्दी है? कल के लिए थोड़ा ही काम बचा है, कल नाप लेंगे।" काना सी.ओ. के पास जा गिड़गिड़ाया–"सा'ब! बड़ी मेहरबानी होगी, दस मिनट लगेंगे, मेरा खेत भी आज ही नपवा दीजिए। मैं भी बेफिकर हो जाऊँ।" सी.ओ. ने पूछा–"काना! अपने पेड़ों के कितने रुपए लोगे?" काना ने कहा–"सा'ब! पेड़ों के रुपए! मैं कुछ समझा नहीं।" सी.ओ. ने बात बदल दी–"कुछ नहीं, कुछ

नहीं। तिवारी! काना का खेत भी आज ही निपटा दो। मैं धीरे-धीरे गाँव की ओर चलता हूँ।" तिवारी ने काना का खेत नाप पीछे से आवाज दी–"साहब! नोट कीजिए, लम्बाई पाँच जरीब सात कड़ी, चौड़ाई तीन जरीब।" तिवारी की आवाज सुन सी.ओ. ने शंकर से धीरे-से कहा–"बकने दो साले को। लेकिन पंडित जी! काना को पेड़ों का मुआवज़ा ज़रूर दे दीजिएगा, अन्यथा उसके साथ अन्याय होगा। क्या कह रहा था 'मुझे पेड़ों में अपने बाप की सूरत दिखाई पड़ती है।' पेड़ों में बाप की सूरत हा हा...। इन गरीबों की भी एक समस्या होती है, घर की दीवारों, जमीनों, पेड़ों में माँ-बाप की सूरत खूब दिखाई पड़ती है। बेचारे वही सोच-सोच अपने दिन बिताया करते हैं। ऐसे लोगों को अंग्रेजी में 'इमोशनल फूल' कहते हैं।" शंकर ने कहा–"ठीक कहा आपने, मूर्ख तो हैं ही, इसीलिए गरीब हैं।" सी.ओ. हँसे, कहा–"मूर्ख हैं, इसीलिए गरीब हैं हा हा...। ना ना ना गरीब हैं इसलिए मूर्ख हैं। मूर्ख हैं इसीलिए गरीब है या गरीब हैं इसीलिए मूर्ख? पंडित जी! भ्रमित कर दिया आपने। छोड़िए, छोड़िए मैं भी कहाँ मूर्ख-गरीब के जाल में फँस गया। हाँ, क्या कह रहा था मैं?" शंकर ने याद दिलाया–"मुआवज़ा।" सी.ओ. ने कहा–"हाँ हाँ मुआवज़ा, ज़रूर दे दीजिएगा उसे।" शंकर ने कहा–"वह मैं उसे कल ही भिजवा दूँगा। आप भी कल तक गाँव में हैं, आपको भी पता चल जाएगा। मैं खुद भी अन्याय में विश्वास नहीं रखता। सी.ओ. साहब! मैं आपका यह एहसान जिन्दगी भर नहीं भूलूँगा।" सी.ओ. ने कहा–"एहसान किस बात का? आपने मुझे समझा, मैंने आपको समझा। मेरा सीधा हिसाब है, इस हाथ दे, उस हाथ ले।"

[7]

काना की खटिया के नीचे बैठा उसका पालतू कुत्ता किसी की आहट पा गुर्राया। कृष्णपक्ष की अँधियारी के कारण काना आने वाले को दूर से न पहचान सका, लेटे-लेटे ही आवाज दी–"कौन?" "मैं हूँ बलवान," आने वाले ने कहा। काना उठकर बैठ गया, पूछा–"बलवान भइया! इतनी रात में कहाँ? सोये नहीं?" बलवान ने काना की खटिया के पैताने बैठते हुए कहा–"नींद कहाँ से आयेगी, इतनी गर्मी है। पूरा शरीर चिपक रहा है। लेटे-लेटे थक गया, सोचा, चलकर तुम्हारे पास एक बीड़ी ही पी लूँ।" काना ने उठकर अपने चौतरे के छप्पर से बीड़ी का बंडल निकाल, बीड़ी जलाते हुए कहा–"बलवान भइया! गर्मी तो आज वाकई है। नींद मुझे भी कहाँ आ रही थी, जबरियन आँखें मींच सोने की कोशिश कर रहा था।" बीड़ी पीते हुए थोड़ी देर दोनों चुप बने रहे। बलवान ने काना के निकट खिसक–जिससे आसपास के चौतरों पर सोये लोग उसकी बात न सुन लें–धीरे-से पूछा–"एक बात सुनी है?" काना ने पूछा–"क्या?" बलवान ने कहा–"अपने पेड़ों के बारे में?" काना ने पूछा–"मेरे पेड़ों के बारे में क्या?" बलवान ने बताया–"आज शाम काशी के

चौतरे पर मुझे एक बात सुनने को मिली है। वह बात गलत है कि सही, मैं ठीक-ठीक नहीं कह सकता। पर मुझे लगता है सही ही होगी क्योंकि काशी कभी गलत बात कहते ही नहीं हैं।" काना ने पूछा—"क्या बात सुनने को मिली है?" बलवान ने बताया—"काशी कह रहे थे, तुम्हारे पेड़ों वाला टुकड़ा शंकर के चक में चला गया है।" काना ने कहा—"भइया! यह कैसे हो सकता है? आज शाम तक ऐसी कोई बात नहीं थी। आज ही मेरा खेत नापा गया है। लेकिन, हाँ, अब मुझे कुछ-कुछ शक हो रहा है। सी.ओ. ने मुझसे यह क्यों पूछा था? 'मैं अपने पेड़ों के कितने रुपए लूँगा?' जब मैंने पूछा, 'कैसे रुपए?' तब कहने लगे 'कुछ नहीं, कुछ नहीं।' बलवान भइया! तुम ठीक से समझ नहीं पाये होगे। काशी ने और किसी के पेड़ों के बारे में कुछ कहा होगा।" बलवान ने ज़ोर देकर कहा—"नहीं काना! मैंने ठीक से सुना था, उन्होंने यही कहा। डमरुआ में क्या कोई दस-बीस काना हैं?" काना ने ठंडी साँस ले कहा—"क्या वाकई यह बात सही हो सकती है? क्या मेरे पेड़ शंकर के चक में चले जा सकते हैं? सी.ओ. अपना आदमी है, क्या हम लोगों का थोड़ा भी ध्यान नहीं रखेगा?" बलवान ने कहा—"कुछ कहा नहीं जा सकता। आज की दुनिया में कौन किसका ध्यान रखता है।" काना ने कहा—"बलवान भइया! यदि ऐसी बात है, सवेरे मैं खुद ही जाकर सी.ओ. से पूछ लूँगा। तुम अपने खेत के बारे में बताओ, उसका क्या हुआ? शंकर ने, उस खेत के लिए, तुमसे चकबंदी शुरू होने से पहले ही कहा था।" बलवान चारपाई पर लेट गया, बोला—"कौन झंझट मोल लेता शंकर से? उनके एक टुकड़े से अपना खेत बदल लिया। मेरा भी थोड़ा स्वार्थ था, शंकर का खेत बीघा भर अधिक था। मेरा खेत अब चार बीघे का हो गया है, दोनों भाइयों में आराम से बँटवारा हो जाएगा। लेकिन क्या बताऊँ, अच्छाई का ज़माना ही नहीं है। मंगा इस बात से इतना नाराज हो गया है कि मुझसे बोलना-चालना तक छोड़ दिया है। आज तक उसने ऐसा कभी नहीं किया था। आपस में चाहे जो भी बात होती रही हो, बोलता हमेशा रहता था।" काना ने पूछा—"मंगा नाराज क्यों हो गया? उसे तो उल्टे खुश होना चाहिए था कि उसका खेत बीघा भर बढ़ गया है।" बलवान ने बताया—"मंगा कहता है, 'खेत बदलने के लिए मैंने उससे पहले क्यों नहीं पूछा?' और कहता है, 'मैंने खेत की अदला-बदली शंकर के डर से की।' उसे कौन समझाए? मेरी बात का भरोसा करो काना! देवी मइया की क़सम, एक बार मैंने उससे खेत की बात चलाई थी, तब उसने कह दिया था, 'मेरी जो मर्ज़ी आए करूँ, मैं बड़ा हूँ।' काना! मैं तुमसे निहोरे करता हूँ, तुम्हें कल कहीं मंगा मिले उसे समझाना, शायद तुम्हारी बात मान ले। एक ही घर में रहकर आपस में बातचीत बंद होना कहीं अच्छा लगता है।" बलवान ने क्या कहा काना ने नहीं सुना क्योंकि उसका ध्यान अपने पेड़ों पर था, फिर एक बार पूछा—"क्या वाकई मेरा खेत शंकर के चक में चला गया है?" रात आधी से अधिक बीत चुकी थी। हवा की गरमाहट भी कुछ कम हो गई थी। बलवान ने खटिया से उठते हुए कहा—"जाऊँगा, नींद आ रही है। तुम भी थोड़ा लुढ़क

लो, दिन भर खेत में जरीब कैसे खींचोगे?" काना ने कहा—"बलवान भइया! अब नींद कहाँ? सवेरे जब तक सी.ओ. से पूछ न लूँगा, तब तक चैन कहाँ?"

बलवान के चले जाने पर काना खटिया पर लेट गया। इस बार वह बलपूर्वक आँखें मींच सोने का प्रयास नहीं कर रहा था, वरन् नीले आसमान की अपरिमेय गहराई अपलक निहार रहा था। आसमान उसे अच्छा नहीं लग रहा था; टिमटिमाते तारे चेचक के घाव जैसे और पूरा आसमान चेचक के रोगी जैसा संक्रामक लग रहा था। सवेरा होने वाला था, 'सप्तऋषि तारा मण्डल' आसमान से बहुत नीचे उतर चुका था। सप्तऋषि देख काना ने सोचा, सवेरा होते ही आसमान मर जाएगा, तब उसे इसी सप्तऋषि रूपी खटोले पर लिटा कर, घसीट कर ले जाया जाएगा। उसके मस्तिष्क में बारम्बार एक ही प्रश्न ध्वनित हो रहा था, 'काना! अपने पेड़ों के कितने रुपए लोगे?' सोचने लगा, 'मेरे पेड़ यदि सचमुच चले गए, मैं शंकर का क्या बिगाड़ लूँगा? लेकिन मेरे पेड़ जाएँगे ही कैसे? यह क्या कोई सी.ओ. और शंकर की मनमर्ज़ी है। मुझसे पूछे बिना, मेरा खेत, मेरे पेड़ कोई कैसे ले सकता है? फिर भी, मान लो, चले ही गए, मैं क्या कर लूँगा? कुछ नहीं, रो-पीटकर रह जाऊँगा। हे ईश्वर! तूने मुझे इतना निर्बल क्यों बनाया है कि मेरी अपनी वस्तु, कोई मेरी बिना मर्ज़ी के ले ले और मैं कुछ न कर सकूँ? हे देवी मइया! खेत जाने वाली बात झूठ निकले, मैं तुम्हारा बीस आने का परसाद चढ़ाऊँगा।' सोचते-सोचते काना की हृदय-गति असामान्य होने लगी। उसे लगा कि आसमान बहुत नीचे आ गया है और उसके भार से वह दबा जा रहा है। उसके आसपास साँस लेने के लिए एक फेफड़ा भर हवा भी नहीं बची है। अनजाने ही आँखों की कोरों से आँसू रिस कनपटियों पर धीरे-धीरे ठंडे होते हुए नीचे जाने लगे। बिना हिलेडुले ही अपनी पत्नी को पुकारा—"कलुआ की महतारी! एक लोटा पानी पिला दे।" फिर पुकारा—"कलुआ की महतारी!" कलुआ की महतारी घर के आँगन से दहाड़ी—"आधी रात में तुम्हें ढुकास लगी है। कुएँ से खुद भर कर काहे नहीं पी लेते। घर में चुल्लू भर भी पानी नहीं है। कलुआ दूध पी रहा है, मैं उठूँगी, जाग जाएगा।" पत्नी ने क्या कहा, काना ने नहीं सुना, सो गया, प्यासा। निद्रा मृत्यु की सगी छोटी बहन है, आकर कुछ देर के लिए सभी कष्टों से मुक्त कर देती है।

[8]

सवेरा होते ही काना किरपा की कोठी पहुँच गया। सी.ओ. ने अभी अपनी चाय भी नहीं निपटा पाई थी। किरपा ने अभी-अभी चाय परोसी थी, काना को आया देख पूछा—"काना! आज इतनी जल्दी! क्या मुझे चाय भी नहीं पीने दोगे?" काना ज़मीन पर बैठ गया, कहा—"सा'ब! आप आराम से चाय पी लीजिए। आपसे थोड़ी बात करनी थी इसीलिए जल्दी आ गया हूँ।" सी.ओ. ने चाय पीते हुए पूछा—"कुछ पैसे वैसे चाहिए?" तिवारी की ओर

मुड़कर कहा—"तिवारी! इसे दो-चार रुपए की ज़रूरत हो दे देना, शाम को पूरा हिसाब कर देना।" तिवारी ने काना से पूछा—"बताओ कितने चाहिए?" काना ने कहा—"मुझे पैसे नहीं चाहिए। सा'ब से एक बात पूछनी थी।" सी.ओ. का माथा ठनका, चाय का गिलास कुर्सी पर रख दिया, पूछा—"क्या बात?" काना ने कहा—"सा'ब! मैंने गाँव में उड़ती-उड़ती खबर सुनी है कि मेरा खेत शंकर के चक में चला गया है। क्या सा'ब यह बात? या किसी ने ऐसे ही झूठ-मूठ?" सी.ओ. ने हड़बड़ाते हुए कहा—"तुमसे किसने कहा? सब बकवास है। मैंने सब काम नियम से ही किये हैं। मुझ पर विश्वास नहीं है क्या?" उठ कर खड़े हो गए, काना से आँख नहीं मिलाना चाहते थे। डरते थे, आँख मिलाते ही काना कहीं सही बात न जान ले। काना प्रसन्न हो गया, हाथ जोड़ कहा—"सा'ब! मुझे मालूम था, आप हमारे साथ ऐसा नहीं कर सकते। वे पेड़ हमारे घर भर की जान हैं। उनके अलावा हमारे पास कुछ और है ही नहीं। वे भी चले जाते, हम लोग क्या करते?" उसी बीच मतइया आ गया। दोनों जरीबें उठा खेत चले गए। काना-मतइया के चले जाने पर काना के प्रति सहानुभूति प्रकट करते हुए तिवारी ने सी.ओ. से कहा—साहब! बेचारे को आज ही सही बात बता देते। बाद में पता लगने पर उस पर क्या बीतेगी? कैसा प्रसन्न हो चला गया बेचारा।" सी.ओ. ने कहा—"तिवारी! गाँव में ऐसे बहुत से लोग हैं जो बहुत-सी चीजें नहीं जानते। सबको एक साथ ही पता लगने दो। मेरे यहाँ से जाने के बाद किरपा और शंकर इनसे निपटते रहेंगे।"

किरपा ने कहा—"कुछ नहीं होगा तिवारी! सी.ओ. साहब उसे आज बता देते या उसे कल पता लगे। उस साले की दम ही क्या है? घर में लंघन होते हैं, वह किसी का क्या बिगाड़ लेगा?" सी.ओ. ने कहा—"किरपा जी! यह आपका गाँव है, आप ही सँभालिए इसे। कल मुझे यहाँ से जाने दीजिए।"

शाम तक बचाखुचा काम भी निपट गया। तिवारी ने काना और मतइया की मज़दूरी का हिसाब कर उन्हें दो-दो रुपए इनाम में दे दिए। सी.ओ. ने काना-मतइया की पीठ ठोंकी—"तुम दोनों की मेहनत से सब काम सत्रह दिन में ही निपट गया। मैं सोचकर आया था, एकाध महीना लगेगा। मैं भी मुक्त हो गया, कल हेड-ऑफिस वापस चला जाऊँगा।"

अगले दिन प्रातःकाल जब काना कुएँ पर कुल्ला कर रहा था, कर्मा गड़रिया सौ रुपए का एक नोट ले काना के पास पहुँच गया, कहा—"काना! यह लो अपने पेड़ों का मुआवज़ा, शंकर ने भेजा है। तुम्हारा दूसरा खेत कहाँ है? किरपा से पूछ लेना, नक्शा देख बता देंगे। अपने पेड़ अब भूल जाओ, वे अब शंकर के हो गए हैं। अभी जाकर सी.ओ. को बता दो कि तुम्हें मुआवज़ा मिल गया है। जल्दी जाओ, सी.ओ. की कार जाने के लिए तैयार हो गई है।" काना ने अपने हाथ का लोटा बाल्टी में डुबो दिया, कहा—"कर्मा भइया! सवेरे-सवेरे चुहलबाजी मत करो, सही-सही बताओ बात क्या है?" कर्मा ने नोट आगे बढ़ाते हुए कहा—"पहले यह नोट पकड़ो, यह चुहलबाजी नहीं है। शंकर ने मुझसे जो कहा,

मैंने तुम्हें बता दिया। और कुछ पूछना हो, चले जाओ, शंकर अभी घर में ही है।" काना ने कहा–"मैं रुपए कैसे ले लूँ? मेरे खेत में पेड़ हैं, मेरा खेत है, और मुझसे पूछा तक नहीं। मेरे पेड़ सौ रुपए में बिकाऊ नहीं हैं।" कर्मा ने कहा–"काना! अपनी औकात में रहो। तुम कौन-से कलक्टर थे जो तुमसे पूछकर हर काम किया जाता। रुपए लेना हो लो, अन्यथा यह भी चले जाएँगे।" कर्मा ने नोट काना के आगे फेंक दिया। नोट उठा काना अपने घर की ओर मुड़ कर वहीं से चिल्लाया–"कल्लू की महतारी! कुएँ पर से लोटा-बाल्टी उठा लेना, मैं अभी आया।"

शंकर गायत्री-मंत्र बुदबुदाते हुए बिजलीघर जाने के लिए तैयार हो रहे थे, पूजा सम्पन्न हो गई थी, शंख फूँका जा चुका था, माथे पर चंदन अंकित हो गया था, घर-आँगन अगर-धूप से सुवासित हो रहा था। उनके बेटे ने आ सूचित किया–"पापा! काना आपसे मिलने आया है, बाहर बैठा है।" "काना यहाँ क्या करने आया? मेरे पास अभी किसी से मिलने का टाइम नहीं है, वैसे ही देर हो रही है। कह दो उससे, सी.ओ. को जाकर बता दे, उसे मुआवज़ा मिल गया है," शंकर ने कहा। काना बैठा रहा। शंकर कन्नौज जाने के लिए घर से निकले, काना को चौतरे पर बैठा देख पूछा–"तुम अभी तक गए नहीं? यहाँ क्या कर रहे हो? रुपए मैंने कर्मा के हाथ सवेरे ही भिजवा दिए थे, मिले कि नहीं?" काना ने अपनी मुट्ठी में बंद रुपए शंकर की ओर बढ़ाते हुए कहा–"मालिक! तुम्हारे रुपए लौटाने आया हूँ। गरीब आदमी हूँ, मर जाऊँगा, ऐसा मत कीजिए।" शंकर ने कहा–"मुझे कुछ नहीं मालूम। जो कुछ कहना है सी.ओ. से जाकर कहो।" काना ज़मीन पर बैठ गया, कहा–"मालिक! मैंने कल ही सी.ओ. से पूछा था, उन्होंने कहा था–'ऐसा कुछ नहीं है।' अपना नोट वापस ले लो मालिक!" शंकर ने तेवर बदलते हुए कहा–"काना! तुम्हारे खेत के बारे में जो कुछ किया है, उसी सी.ओ. ने किया है। तुम लोग अपना माई-बाप समझते थे न उसे। उसी तुम्हारे बाप से मैंने सब कुछ करवाया है। लेकिन, ऐसे ही नहीं, उसके लिए अपनी गाँठ ढीली की है मैंने। वह सी.ओ. साला भला फ्री में कहीं कुछ करने वाला था। जाओ, ले जाओ नोट। तुम्हारे बाप ने भी अपनी जिन्दगी में सौ का नोट कभी हाथ में लेकर न देखा होगा।" शंकर साइकिल पर सवार हो चल दिए। काना पीछे से गिड़गिड़ाया–"मालिक! दया करो, तुम्हारे बच्चे सुखी रहेंगे।" काना की समझ में अब तक हर बात साफ-साफ आ गई थी कि यह सब कुछ सी.ओ. की साँठ-गाँठ से हुआ है। नोट अभी भी उसके हाथ में था। उसने शंकर के घर की देहरी पर वह नोट रख दिया, पुकारा–"भौजी! यह नोट उठा लेना।" नोट हवा के साथ उड़ घर के आँगन में चला गया। काना बदहवाश-सा काशी के घर की ओर दौड़ा। काशी अपनी बैठक में बैठे गीता अध्ययन कर रहे थे। उसने जाते ही काशी के पैर पकड़ लिए। काशी चौंके, पैर पीछे खींचते हुए पूछा–"क्या है?" काना ने पैर पकड़े-पकड़े ही कहा–"मालिक! मेरे पेड़ बचा लो। तुम बड़े आदमी हो, सी.ओ. तुम्हारी बात नहीं टालेगा, शंकर भी तुम्हारी बात मान लेंगे। आप अभी

मेरे साथ सी.ओ. के पास चले चलो, वरना सी.ओ. चला जाएगा।" काशी ने गीता बंद कर मेज़ पर रख दी, चश्मा उतार लपेट लिया। थोड़ी देर कुछ सोचते रहे, बोले—"नहीं काना! शंकर के मामले में मैं कुछ नहीं कहूँगा। बमनन टोला की बात है, आपस की लड़ाई कौन मोल लेगा? मुझे यह बात कल ही पता चल गई थी। मैंने सोचा, यह तुम्हारी रज़ामंदी से हुआ होगा। तुम खुद ही जाकर सी.ओ. से पूछो कि तुम्हारी मर्ज़ी के बगैर यह कैसे हो सकता है? जल्दी जाओ, यदि सी.ओ. चाहे, अपना निर्णय अभी भी बदल सकता है। बाद में उसे बदलवाने के लिए सालों तहसील के चक्कर लगाने पड़ेंगे।" काना उठ खड़ा हुआ, कहा—"ठीक है मालिक! मैं ही जाकर पूछ लेता हूँ।" काना चला गया। काशी ने अपनी गीता का अध्ययन वाला पन्ना खोल पुनः पढ़ना शुरू किया—"...तस्मात् युध्वस्व अर्जुन!"

सी.ओ. केशरवानी अठारहवें दिन डमरुआ से अपने घर वापस जा रहे थे, बहुत प्रसन्न थे। जाने की पूरी तैयारी हो चुकी थी; एक बड़ा कटहल, एक मटकी आम का अचार, दो किलो खोया, एक बोरी आलू आदि कार में लादा जा चुका था। तिवारी कार को धो-पोंछ कई बार चालू-बंद कर चुका था। कार की आवाज सुन कुछ कार-दर्शनार्थी भी कार को विदा करने आ पहुँचे थे। काना ने जाते ही कार की चालक सीट पर बैठे तिवारी से पूछा—"तिवारी! सी.ओ. कहाँ है?" तिवारी ने कार के शीशे में देख अपनी मूँछ सँभालते हुए लापरवाही से पूछा—"साहब का क्या करोगे? तुम्हारी मज़दूरी का हिसाब कल ही हो गया था। उसमें कुछ लेन-देन हो मुझे बताओ।" काना ने किरपा की कोठी की ओर देखते हुए कहा—"मेरी मज़दूरी का हिसाब कल हो गया था, आज सी.ओ. का हिसाब करना है।" तिवारी को काना के कथन की भंगिमा कुछ असामान्य लगी, वह कार से नीचे उतर आया। उसी समय सी.ओ. किरपा के साथ बातें करते हुए कोठी से बाहर निकले। काना ने आगे बढ़ पूछा—"सी.ओ.! कल जब मैंने तुमसे अपने पेड़ों के बारे में पूछा था, तुमने कहा था, 'सब बकवास है, मेरे पेड़ों का कुछ नहीं हुआ है। पर आज अभी शंकर ने मेरे घर सौ रुपए भेजे कि मेरे पेड़ उनके चक में चले गए हैं।" सी.ओ. ने मुस्कुराते हुए पूछा—"सौ रुपए कम हैं, कुछ और दिलवा दें?" काना ने कहा—"लेकिन मेरी रज़ामंदी के बिना यह कैसे हो सकता है?" सी.ओ. ने किरपा की ओर मुड़कर कहा—"किरपा जी! मेरे पास इस देहाती से बहस करने का टाइम नहीं है। मेरे जाने के बाद आप इसे नियम-कानून समझा दीजिएगा। और इसे, इसका दूसरा खेत भी दिखा दीजिएगा।" सी.ओ. कार में बैठने के लिए आगे बढ़ गए। काना आत्मनियंत्रण खो बैठा, क्रुद्ध बैल की भाँति फुँकारते हुए सी.ओ. पर झपटा और उनकी एक कलाई अपने मुँह में भर ली। किरपा-तिवारी ने काना को पीछे से लात-घूँसों से मारना शुरू किया, तब कहीं जाकर काना ने सी.ओ. की कलाई छोड़ी, पर कलाई से एक कौर मांस उखाड़ लेने के बाद। काटा हुआ मांस सी.ओ. के मुँह पर थूक उसने कहा—"हरामी के पिल्ले साले! मैंने सोचा था,

तू अपना आदमी है, अपनी जात-बिरादरी का आदमी है, हम लोगों के साथ कुछ न्याय करेगा। क्या फायदा हुआ तेरी पढ़ाई-लिखाई से बिरादरी का? तू तो बमनन टोला वालों से भी बढ़कर निकला। चाट, तलवे चाट। तेरे बाप-दादे जिन बामनों के तलवे गरीबी के कारण चाटते रहे थे, उन्हीं बामनों के तलवे तू अमीर बनने के लिए चाट रहा है।" सी.ओ. अपना घायल हाथ ले दौड़ कर कोठी में घुस गए। किरपा ने तत्काल वैद्य रतीराम दुबे को बुला भेजा। वैद्यजी ने आकर घाव की मरहमपट्टी कर दी। कुछ शान्त होने पर सी.ओ. बोले—"पंडित जी! आपने डमरुआ में कैसे-कैसे आदमी पाल रखे हैं? कैसा गाँव है यह? यहाँ आदमी भी काटते हैं।" किरपा ने अपने पास की पूरी बुद्धि का प्रयोग करते हुए तर्क दिया—"सी.ओ. साहब! बात असल में यह है कि गरीब आदमी में सहन-शक्ति कम होती है, किसी छोटी-सी बात पर ही उफन पड़ता है।" वैद्यजी को किरपा की बात तर्कहीन लगी, कहा—"मेरे विचार से सहनशक्ति का अमीरी और गरीबी से कोई ताल्लुक नहीं होता। आदमी तभी काटता है जब दूसरे उसे आदमी समझना बंद कर देते हैं। जो भी हो, मुझे इस सन्दर्भ में और कुछ नहीं कहना। मैं कुछ गोलियाँ लिख देता हूँ, कन्नौज से खरीद लीजिएगा। दूसरे-तीसरे दिन घाव की ड्रेसिंग कराते रहिएगा। आदमी के काटने से भी यदा-कदा गम्भीर इन्फेक्शन हो जाता है।" वैद्यजी अपना चमड़े का थैला उठा औषधालय वापस चले गए।

रास्ते में कार चलाते हुए तिवारी ने सी.ओ. से पूछा—"साहब! सीधे थाने चलें, पुलिस आकर काना के चार डंडे मारेगी, सब काटना भूल जाएगा।" सी.ओ. ने तिवारी को घूरते हुए कहा—"तिवारी! बात का बतंगड़ बनवाओगे? जिले भर में बात फैल जाएगी। कोई चिन्ता की बात नहीं है, अपने आदमी का काट्या घाव है, जल्दी भर जाएगा।"

13

“लग रहा हूँ न बिट्टो का चाचा?”

[1]

“क्या आज किसी ने कुछ कहा? इतने उदास?” गणेश को गुमसुम लेटा देख ताई ने पूछा।

गणेश उठ कर बैठ गए, दोनों हथेलियों से अपना मुँह रगड़ कर पोंछा, दरवाज़े से बाहर देख शून्य में कुछ खोजने-सा लगे।

ताई ने गणेश के पास जा, उनके कंधे पर हाथ रख प्रेम से पूछा–“क्या हुआ, मुझे भी नहीं बताओगे?”

ताई का स्नेह पा गणेश का देर से थमा आँसुओं का बाँध टूट गया। ताई के वक्ष में अपना मुँह छिपा फफक कर रो पड़े।

ताई ने अपनी साड़ी के पल्लू से उनके आँसू पोंछते हुए कहा–“गाँव में किसी ने कुछ?”

गणेश रुँधे गले से भर्राई आवाज में बोले–“क्या करूँ? कुछ समझ में नहीं आता। लगता है जैसे मैं जिन्दा ही मर गया हूँ। बमनन टोला के लोग इतने निर्दयी होंगे, नहीं जानता था। टोला के सहारे रह कब तक अपने विवाह की प्रतीक्षा करता? बाप-महतारी प्रतीक्षा करते-करते मर ही गए थे। तुमसे विवाह क्या कर लिया जैसे पहाड़ ही टूट गया। पूरे टोला ने हमें दूध की मक्खी जैसा निकाल बाहर फेंक दिया। हमारे यहाँ कोई पानी तक नहीं पीता। बड़े भइया बिट्टो का विवाह तक पक्का कर आये, मुझे नहीं बताया। बिट्टो के विवाह की बात मुझे गाँव में किसी से पता चली। घर की बात गाँव वालों से! तुम्हीं कुछ सुझाओ।”

ताई ज़मीन पर बिछी चटाई पर बैठ गईं, बोलीं–“मैं क्या सुझाऊँ? समस्या की जड़ मैं ही हूँ। यदि मेरे घर छोड़ कर जाने से सब ठीक हो जाए, मैं आज ही जाने को तैयार हूँ। छोड़ दो मुझे, कहीं भी चली जाऊँगी। कलकत्ते में पुरानी दूकान पर मुझे अभी भी काम मिल जाएगा।”

गणेश ने ताई का हाथ अपने हाथ में ले कहा—"तुम्हारे घर छोड़ कर जाने की बात कहाँ से आ गई? तुम्हें छोड़ने के लिए ब्याह कर नहीं लाया हूँ। कोई और रास्ता निकालना होगा। टोला में सबके पैर छू-छू कर थक गया हूँ। मैंने यहाँ तक कहा बताओ जितने बामन खिला दूँ, जितनी दान-दक्षिणा दे दूँ, कथा-भागवत करा दूँ, मुझे वापस मिला लो। कोई सुनता ही नहीं।"

ताई ने कहा—"मेरी समझ में नहीं आता, लोगों की शिकायत क्या है? मैं भी एक स्त्री हूँ, तुम्हारी पत्नी हूँ, एक सभ्य समाज में विवाह के लिए और क्या कोई शर्त हो सकती है? क्या मैं केवल इसीलिए वेश्या हो गई कि मेरे पिता गरीब थे और उस कारण समय रहते मेरा विवाह नहीं कर पाए थे, और मैं कलकत्ते जैसे बड़े शहर में रहती थी?"

'वेश्या' शब्द गणेश की पीठ पर चाबुक-सा लगा। अपने ओंठों पर एक उँगली रख चुप रहने का संकेत करते हुए कहा—"चुप! ऐसा शब्द फिर कभी अपने मुँह से मत निकालना। गाँव में कोई तुम्हें जाने या न जाने, मैं जानता हूँ। मेरे सामने तुम्हें कोई वेश्या कहे, उसकी जबान खींच लूँ।"

ताई ने कहा—"ऐसी बातें कोई सामने नहीं बोलता। लोगों की आँखें बोलती हैं। गाँव में जिस नज़र से लोग मुझे देखते हैं, मैं ही जानती हूँ। मेरे अलावा टोला की सब स्त्रियाँ अच्छी हैं। कितनी अच्छी? यह मैं कुछ ही दिन डमरुआ में रहकर जान गई हूँ। कितनों के अपने यारों, नौकरों के साथ अवैध सम्बन्ध हैं, फिर भी वे अच्छी हैं। क्योंकि वह सब वे छिपकर करती हैं। छिपकर करने से बुरा कर्म भी अच्छा हो जाता है। यदि समाज से बाहर ही करना है, मुझे ही केवल क्यों, उन सबको बाहर करो, तब मैं बामनों की शान जानूँ।"

गणेश ने ताई की हाँ में हाँ मिलाई—"मुझे सब मालूम है, बमनन टोला में क्या-क्या होता है।"

ताई को तैश आ गया, बोलीं—"जो मालूम है, उसे चिल्ला-चिल्लाकर सबके सामने क्यों नहीं कहते। पूरे डमरुआ को पता चले, बमनन टोला के ढोल में कितना पोल है?"

गणेश ने कहा—"नहीं कह सकता, सब अपने हैं। उनके बारे में कहना और अपने बारे में कहना एक ही बात है।"

ताई ने कहा—"सब अपने, कैसे विचित्र अपने? क्या अपने ऐसे ही होते हैं? क्या कोई इसीलिए भाई हो जाता है कि उसने एक ही माँ की कोख से जन्म लिया है? मेरी समझ में, भाई केवल जन्म और मृत्यु के अवसर पर शोभा बढ़ाने वाले एक उपादान होते हैं। थे तो तुम्हारे भी एक बड़े भाई। आये तुम्हारी मदद को? यदि वे चाहते, आगे आकर कह सकते थे, 'स्वीकारता हूँ उस स्त्री को जिसे मेरा भाई ब्याह कर लाया है।' उल्टे? जब तुम्हारा अपना ही अपना नहीं रहा, टोला और गाँव की क्या शिकायत की जाए। पर यह लड़ाई एकतरफा है। पूरा टोला एक तरफ, तुम अकेले एक तरफ। कनौजिया ब्राह्मण बंगाली ब्राह्मणों से भी गए बीते निकले। मेरे पिताजी कहा कहते थे, 'कनौजिया ब्राह्मणों

में परस्पर मतभेद की पराकाष्ठा यह होती है कि जहाँ आठ कनौजिया होते हैं, वहाँ नौ चूल्हे होते हैं। कनौजिया ब्राह्मण जिस पत्तल में खाते हैं, उसी में छेद करते हैं।' पिताजी की बातें अब धीरे-धीरे मेरी समझ में आ रही हैं।"

गणेश को कनौजिया ब्राह्मणों की आलोचना अच्छी नहीं लगी, कहा—"ऐसा मत कहिए। उनकी भी मजबूरी है। बेचारे धर्म, कर्म, अनुशासन सभी तो मानते हैं।"

ताई पलटीं—"धर्म-कर्म! टोला के जितने लफंगे अपने घर में बीड़ी पीने आते हैं, उन सबको भी धर्म-कर्म के साये में पाला गया होगा। फिर वह धर्म-कर्म उनके चरित्र तक क्यों नहीं उतर पाया? क्यों सबके सब, अवसर पाते ही लक्ष्मण-रेखा पार कर जाने को उद्धत रहते हैं? वास्तव में अन्दर वह नहीं है जो बाहर दिखाई पड़ता है।"

गणेश इस विषय पर अधिक बात नहीं करना चाहते थे। बात की दिशा बदलने के लिए कहा—"तो बताओ क्या किया जाय? बिट्टो की बारात आने से पहले छज्जू से एक बार और बात कर ली जाय? कई लोग अपने यहाँ खाने को तैयार हैं, पर छज्जू के डर से आगे नहीं आना चाहते। कहते हैं, यदि छज्जू हमारे यहाँ पहले खा लेंगे, वे भी खा लेंगे। कुछ लोगों ने यह भी सुझाव दिया है कि मैं छज्जू को मनाने के लिए उनके नाम अपना एक-दो बीघा खेत लिख दूँ। यह भी करके देख लिया जाय?"

खेत लिखने के सुझाव पर ताई हँसीं, कहा—"एक वेश्या को पत्नी की पदवी दिलाने के लिए बीघे-दो बीघे का सौदा बुरा नहीं है। परन्तु छज्जू को खेत लिख देने से मेरे शरीर में भौतिक रूप से क्या अन्तर आ जाएगा? यह हाड़-मांस वही रहेगा। वही गरीब बाप की स्वेच्छाचारी बेटी रहूँगी। हाँ, प्रभाव पड़ेगा टोला के बामनों के दिमाग पर। मेरे आँगन में बैठ, मृत्यु को चुनौती देते हुए भर-भर पेट पूड़ी खा सकेंगे, सहर्ष मुझे समाज में स्वीकार कर लेंगे। और तब मैं पाले के उस पार पहुँच जाऊँगी, सबकी रिश्तेदार हो जाऊँगी, सबकी रसोइयों तक घुस सकूँगी, सबके पैर छू और अपने पैर छुआ सकूँगी, टोला में किसी के मरने पर सबसे आगे बैठ रो सकूँगी, और, और मेरे यहाँ किसी के मरने...। सौदा करके देख लेने में कोई घाटा नहीं है। एक बार भाव खुलना भी ज़रूरी है। आगे की पीढ़ियाँ बन्धनमुक्त हो जाएँगी, स्वेच्छा से विवाह कर पाएँगी।"

गणेश ने कहा—"आगे की पीढ़ियों से हमें क्या लेना-देना। मेरा काम एक बार निकल जाय, फिर मैं खुद ही किसी को ऐसा कुछ करने नहीं दूँगा।"

[2]

बहुत मनाने पर ताई गणेश के साथ छज्जूराम के यहाँ जाने के लिए तैयार हुईं। संयोग से छज्जूराम उस दिन घर पर ही मिल गए। गणेश ने जाते ही झुक कर पैर छुए जिससे छज्जू ऐसे बिदके जैसे उनके पैरों पर कोई विषैला जंतु रेंग गया हो। ताई बाहर ही खड़ी रहीं।

गणेश ने छज्जू से पूछा—"आपकी बहू को भी अन्दर बुला लूँ?"

छज्जू कुछ समझ न सके, पूछा—"कौन बहू?"

गणेश ने बताया—"मेरी घरवाली।"

छज्जू कुछ नहीं बोले, मेज़ पर पसरा अखबार पढ़ने लगे। गणेश ने इसे मौन स्वीकृति मान पुकारा—"अन्दर आ जाइए।"

ताई अपने स्वाभाविक अन्दाज में सुपाड़ी चबाती हुई अन्दर आ गईं। ताई के मुँह की चपर-चपर छज्जू के कानों तक निर्बाध पहुँच रही थी। छज्जू ने अपना मुँह एक ओर मोड़ लिया जैसे ताई की ओर से तेज आँच आ रही हो। अखबार पढ़ते हुए ही पूछा—"कहिए, कैसे आए?"

गणेश ने हाथ जोड़ विनम्रता से कहा—"हम दोनों आपसे एक प्रार्थना करने आए हैं। हमें टोला में शामिल कर लीजिए। मैं गंगा की क़सम खाकर कहता हूँ, मेरी पत्नी ब्राह्मण है। अपराध हमसे बस इतना हो गया कि विवाह के लिए आप सबसे अनुमति नहीं माँगी। कलकत्ते में ऐसी कुछ परिस्थितियाँ बनी थीं जिससे चाहते हुए भी मैं डमरुआ तक विवाह की खबर नहीं भेज पाया था। अब डमरुआ में मेरी स्थिति बहुत दयनीय हो गई है; सबने मुझे छोड़ दिया है, बिट्टो की बारात आने वाली है और बड़े भइया ने अभी तक मुझे कुछ नहीं बताया, और तो और नाऊ तक ने मेरे बाल काटने से मना कर दिया। इन परिस्थितियों में मैं जीवित नहीं रह सकता। यदि आपने कोई रास्ता न निकाला, मैं घुल-घुल कर जल्दी ही मर जाऊँगा। आप गाँव के मालिक हैं, दया कीजिए। मैं भी आपका एक अंश हूँ। छोटों के अपराध क्षमा कर दीजिए। आप मेरे यहाँ खा लेंगे, आपके पीछे पूरा टोला खा लेगा। मुझे अस्पृश्य मत समझिए। मैं आपका हर आदेश मानने को तैयार हूँ। कृपा कर कोई रास्ता निकालिए।"

छज्जूराम ने गणेश की बात ध्यान से सुनी, कुछ देर चुप रहे, बोले—"देखो गणेश! प्रत्येक समाज के अपने कुछ नियम होते हैं। उन नियमों का पालन उस समाज में रहने वाले प्रत्येक व्यक्ति को करना पड़ता है। जो एक बार नियम तोड़, सीमा लाँघ बाहर निकल जाता है, उसे पुनः समाज में शामिल करना बड़ा कठिन हो जाता है। समाज के नियम ऐसे नहीं होते कि हममें से जो चाहे, जब चाहे, उन नियमों को अपनी नाप के अनुसार सिलवा ले। ये नियम न मैंने बनाए हैं, न तुमने, हमें विरासत में मिले हैं। विरासत में मिली वस्तु के साथ छेड़छाड़ करने का अधिकार हममें से किसी के पास नहीं होता। प्रत्येक समाज विवाह सम्बन्ध स्थापित करने के प्रति विशेष रूप से जागरूक रहता है, क्योंकि यह विषय भविष्य की पीढ़ियों से सम्बद्ध होता है। स्त्री समाज-शृंखला की एक अति महत्त्वपूर्ण कड़ी होती है। एक भी कड़ी के कमज़ोर हो जाने से पूरी की पूरी शृंखला का अस्तित्व संकट में पड़ जा सकता है। तुमने समाज की अनुमति के बिना विवाह किया है। पता नहीं किया भी है कि झूठ बोलते हो। चलो, तुम्हारी बात पर मैं विश्वास कर लेता

हूँ, किया है। इस अवज्ञा का दंड तुम्हें मिलना ही चाहिए। तुम डमरुआ में सबके लिए एक मिशाल बन कर रहोगे। तुम्हें देखकर, दूसरा कोई, भविष्य में तुम्हारी जैसी ग़लती करने का दुस्साहस नहीं करेगा।"

गणेश ने बीच में ही टोका—"पर मेरी पत्नी बामन है।"

छज्जूराम ने कहा—"पता नहीं कौन-सी बामन है? बंगाली, सरयूपारीण या अन्य कोई। हमारे यहाँ कान्यकुब्जों के विवाह कान्यकुब्जों में ही सम्पन्न होते हैं।"

गणेश ने कहा—"क़सम खाकर कहता हूँ, कान्यकुब्ज है।"

छज्जू ने कहा—"मुझे विश्वास नहीं है। क्या कान्यकुब्ज स्त्रियाँ इनकी जैसी ही होती हैं? देखा है कभी तुमने डमरुआ में किसी स्त्री को बीड़ी पीते, जूते पहन, मुँह उघाड़ गाँव भर में घूमते, अखाड़े आयोजित करते, और गाँव भर के लफंगों को अपने घर में बिठा कर बीड़ी पिलाते? स्त्रियाँ हाथ-मुँह ढक कर घर में बैठें तभी अच्छी लगती हैं। तुमने जो किया है, उसे भुगतो। यदि समाज से लड़ सकते हो, लड़ कर देख लो। समाज ने तुम्हारे चारों ओर जो दीवारें खड़ी कर दी हैं, वे दीवारें न्याय द्वारा खड़ी की गई कारागार की दीवारों से अधिक मजबूत हैं। अन्तर इतना है कि कारागार की दीवारें दिखाई पड़ती हैं, समाज की दीवारें अदृश्य होती हैं।"

ताई ज़मीन पर बैठे-बैठे थक गई थीं। ज़मीन पर बैठना उन्हें अच्छा नहीं लग रहा था, क्या करतीं, विवश थीं, छज्जू के आगे कुर्सी पर नहीं बैठ सकती थीं। छज्जू का भाषण सुन उन्हें क्रोध भी आ रहा था। एक बार कुछ कहने के लिए उमगी भी थीं, पर गणेश ने आँख दिखा दी थी।

गणेश ने पुनः निवेदन किया—"कोई रास्ता निकालिए, वापस ले लीजिए। मैं कान पकड़ता हूँ, भविष्य में सब काम आप बड़ों से पूछकर ही किया करूँगा।"

छज्जू तुनक कर बोले—"तुम वापस ले लो, वापस ले लो इस प्रकार कह रहे हो जैसे समाज न हो गया, कोई फुटबाल का खेल हो गया, जब जो खिलाड़ी चाहे नियम तोड़ मैदान से बाहर चला जाय और दुबारा खेल शुरू होने पर पुनः मैदान में वापस आ जाय। गणेश! समाज एक ऐसा खेल है जो बार-बार शुरू नहीं होता। और मैं क्या बमनन टोला का कोई ठेकेदार हूँ? अन्य बड़े-बूढ़ों से सलाह कर तुम्हें बताऊँगा।"

छज्जू कुर्सी छोड़ घर के अन्दर चले गए। गणेश ने ताई की ओर देखा। ताई ने बेफिक्री से पान की डिबिया से एक पान निकाल मुँह में दबा लिया, कहा—"चलें वापस डमरुआ?"

[3]

बिट्टो की वरिच्छा हो गई थी, दो दिन पहले तिलक भी चढ़ गया था। गणेश को अभी तक किसी कार्यक्रम में नहीं बुलाया गया था। पर गणेश ने अभी तक आशा नहीं छोड़ी

थी, भइया बारात आने पर उन्हें ज़रूर बुलाएँगे, बारात तो दरवाज़े पर ही आएगी, उसमें बुलाना कैसे भूल जाएँगे?

भइया के घर में विवाह की खुशी में आधी-आधी रात तक ढोलक बजने लगी थी। गणेश अपने घर के आँगन में लेट ढोलक सुनते रहते थे तथा ताई को बताते रहते थे, कब, कौन बजा रहा है? कब, कौन गा रहा है? गणेश की भौजी गला फाड़कर गाने के लिए पूरे डमरुआ में जानी जाती थीं। जब भी भौजी ढोलक पर उल्टी थाप दे कोई 'बन्ना' गातीं थीं, गणेश ज़ोर से हँस ताई को बताते थे–"सुनती हो! यह भौजी की आवाज है, बहुत प्रसन्न लगती हैं, बिटिया का विवाह जो है।" ताई खटिया पर गणेश के पास बैठ देर रात तक उन्हें अकारण आनन्दित होता देखती रहती थीं। ताई जानती थीं, यह उनका आनन्द नहीं, परिवार के लिए उनकी तड़प है। उन्हें गणेश पर तरस भी आता था, सोचती थीं, गणेश की इस दशा के लिए वे ही जिम्मेदार हैं।

ताई कभी-कभी गणेश से कहती भी थीं–"सो जाओ, बहुत रात हो गई है, कब तक जागते बैठे रहोगे?"

लेकिन गणेश तब तक जागते थे, जब तक ढोलक बजती थी। ताई से कह देते थे–"तुम सो जाओ। तुम नहीं जानतीं, शादी-विवाह का घर है, ढोलक बज रही है, कहीं कोई चोर चपाट ही भइया के घर में घुस जाय। अकेले भइया क्या कर लेंगे? मुझे आवाज देंगे, मैं तुरंत पहुँच तो जाऊँगा।" इसके लिए गणेश शाम से ही अपनी एक काली लाठी और टार्च अपनी खटिया के पास रख लेते थे।

गणेश को ढोलक के संगीत का आनन्द बहुत दिन तक न मिल सका। एक दिन उनके घर के सामने वाला मैदान बुहारा जाने लगा, गड्ढे खुदने लगे, तखत बिछने लगे, शामियाने लगने लगे। बड़े भाई ने एक शामियाना ऐसा लगवा दिया कि जिसने गणेश के घर का दरवाज़ा पूरी तरह छिपा दिया। गणेश और ताई जान गए कि आज बिट्टो की बारात आने वाली है।

सूर्यास्त होते-होते मैदान में पानी छिड़क धूल दबा दी गई। बारातियों के पीने के लिए बड़ी-बड़ी जंगालों में पानी भर कर रख दिया गया, पानी में केवड़ा इत्र डाल दिया गया। केवड़े की सुगंध पानी के साथ-साथ वातावरण में भी व्याप्त हो गई जिससे आकर्षित हो गाँव के लोग बिना प्यास के ही एक-एक कुल्हड़ पानी डाल लेने लगे। भट्टी पर चढ़े विशालकाय कड़ाहों में खदबदाते पकवानों से निकली सुगंध के बादल पूरे डमरुआ में छा गए। गणेश ने सुगंध के आधार पर घर बैठे ही अनुमान कर जान लिया कि भइया ने मिठाई में बूँदी के लड्डू, बर्फी तथा सब्जी में भिण्डी, घुइयाँ तथा कद्दू आदि बनवाया है।

रात हुई, गैस के हण्डे जला दिए गए। हण्डे के तेज दूधिया प्रकाश में चाँदनी और शामियाने पर छपे शेर-चीते जीवित हो उठे, घरों की रूखड़ दीवारें प्रकाश लिप जाने के कारण सुन्दर लगने लगीं, पेड़ों की पत्तियाँ और हरी हो चमक उठीं। गाँव का हर कोई

सुन्दर लगने लगा, बूढ़ों की झुर्रियों में प्रकाश भर गया, काला गोरा हो गया, गोरा और सफेद, मोटा पतला हो गया, छोटा लम्बा हो गया, तखत के नीचे छिपे बैठे कुत्तों की आँखें नीली हो चमक उठीं, चलते-फिरते लोगों की छायाएँ चलचित्र की भाँति दीवार पर तैरने लगीं।

गणेश के आँगन में हंडे की इतनी रोशनी आ रही थी कि आँगन में पड़ी सुई भी उठाई जा सकती थी, इसलिए गणेश ने अपने घर का दीया बुझा दिया। गणेश का मन नहीं माना, चुपके से अपने घर का दरवाज़ा खोल बाहर निकले, देखा, चाँदनी शामियाने के बीच से निकल प्रकाश की एक पट्टी उनके घर की दीवार पर चिपकी हुई है। मन ही मन बुदबुदाए—"मेरा जीवन भी एक पट्टी भर ही शेष रह गया है।" दरवाज़ा बंद कर कमरे में जा सन्दूक से एक नई धोती, मलमल का कुर्ता और एक नया अंगोछा निकाल लाए।

ताई ने पूछा—"यह किसलिए?"

गणेश ने कहा—"तैयार होकर बैठ जाता हूँ। कहीं भइया मुझे बुलाने आ गए या किसी से खबर भेज कर बुलवाया, उस समय क्या तैयार होने बैठूँगा। शादी-विवाह के घर में बहुत काम होता है। भइया अकेले हैं। पूड़ी की कड़ाही के पास पता नहीं कौन बैठा होगा? अपनी शादी से पहले तक पूरे टोला के कामकाज में मैं ही पूड़ी छानता था। मुझे पूरा अन्दाज़ा रहता है कि पूड़ी कितनी सिकनी चाहिए, कितनी नहीं। मुझे डर है, बारातियों के सामने कहीं नाक न कट जाय कि पूरे डमरुआ में एक अच्छा पूड़ी छानने वाला नहीं था। भइया जैसे ही बुलाएँगे, तुरन्त जाकर कड़ाही पकड़ लूँगा, पर उससे पहले बूँदी का एक लड्डू खाकर पानी पिऊँगा। जानती हो, आग के पास प्यास बहुत लगती है।"

गणेश ने धोती-कुर्ता पहन लिया, बालों में तेल लगा लिया, कंधे पर कलफ लगा लाल अंगोछा डाल लिया, बिट्टो को देने के लिए इक्यावन रुपए जेब में डाल लिए, जूते चमका कर खटिया के नीचे रख लिए। पंथी मार खटिया पर बैठ गए, पूछा—"लग रहा हूँ न बिट्टो का चाचा?"

ताई ने कहा—"हाँ हाँ, बिल्कुल लग रहे हो बिट्टो के चाचा।"

गणेश ने फिर पूछा—"झूठ मत बोलना, शादी-विवाह की बात है, चार लोग बाहर से आए हैं।"

ताई ने कहा—"झूठ नहीं बोल रही हूँ, असली के बिट्टो के चाचा लग रहे हो।"

जनवासे में बैंड बजने लगा, देर तक बजता रहा, एक के बाद एक धुन। बैंड धीरे-धीरे भइया के दरवाज़े की ओर आने लगा। चाँदनी के पास से एक गोला छूटा, आकाश में जाकर चिंदी-चिंदी प्रकाश बिखेर गया। यह संकेत था कि बारात दरवाज़े पर आ रही है। गली में बारात तमाशाइयों के पैरों की धम-धम बढ़ती गई। गणेश का मन फिर नहीं माना, किवाड़ की साँस से, चाँदनी-शामियाने के बीच से देखना शुरू किया। ताई दूसरे किवाड़ की साँस से लग गईं।

गणेश ने ताई को आँखोंदेखा हाल सुनाया—"अब बारात का स्वागत हो रहा है, अब पंडित जी पूजा कर रहे हैं, अब द्वारचार हो रहा है, अब दूल्हा पालकी से नीचे उतारा जा रहा है। ए! सुनती हो, सुनती हो, देखो भइया अपने घर की ओर ही देख रहे हैं, शायद इधर ही आ रहे हैं, लगता है कड़ाही के पास बैठने वाला कोई नहीं है।"

उत्तेजित हो गणेश ने दरवाज़े की कुंडी उतार दी, दरवाज़ा खोल आधे बाहर निकल गए। ताई ने हाथ पकड़ उन्हें अन्दर खींच लिया, कुंडी चढ़ा दी, कहा—"बस! बहुत हो गया। नहीं बुलाया, कोई बात नहीं, हम लोग मर नहीं जाएँगे। उनकी बेटी की शादी है, उनकी मर्ज़ी है, किसे बुलाएँ, किसे न बुलाएँ। चलो, कपड़े बदल कर सो जाओ।"

गणेश ने खिसियाई हँसी हँसते हुए कहा—"कोई दुख नहीं है। मेरी बात का विश्वास करो, मुझे रत्ती भर दुख नहीं है। भइया कामकाज की भड़भड़ में हमें बुलाना भूल गए होंगे। मैं भी कितना मूर्ख हूँ, घरवालों को कहीं निमन्त्रण भेजा जाता है। स्वयं ही चले जाना चाहिए था। जो भी हो, भइया-भौजी के जाने बिना हम लोगों ने बारात के हंडे की रोशनी का खूब आनन्द लिया। रात भर का दीये का तेल भी बच गया।"

गणेश ने कुर्ता उतार खूँटी पर टाँग दिया, बाल्टी से एक लोटा पानी पी खटिया पर बैठ गए, कहा—"सुनती हो! मुझे भूख लगी है, कुछ खाने का मन कर रहा है।"

ताई ने खटिया पर लेटते हुए कहा—"इतनी रात में क्या खाओगे, सो जाओ। चौके में एक रोटी रखी है, कहो तो ले आऊँ।"

गणेश ने कहा—"एक रोटी बहुत है, गुड़ के साथ खाकर पानी पी लूँगा।"

ताई ने रोटी ला दी।

गणेश ने रोटी के दो टुकड़े किये, एक टुकड़ा गुड़ की एक ढिलिया के साथ ताई की ओर बढ़ाते हुए कहा—"बिट्टो की चाची! तुम भी मुँह मीठा कर लो, बिट्टो की बारात आई है।"

ताई ने रोटी ले अपनी तकिया के नीचे रख ली, करवट ले लेट गईं।

बारात खाने बैठ गई। परोसने वालों के 'पानी-पानी, पूड़ी-पूड़ी' के हँकारे सुनते गणेश को नींद आ गई।

सवेरा हुआ।

शामियाने लिपट गये, चाँदनी उतर गई, कुत्तों ने कुल्हड़-पत्तल चाट साफ कर दिए। चटी पत्तलें हवा के नन्हें-नन्हें चक्रवातों के अन्दर उड़ती-नाचतीं गलियों में जाने लगीं।

गणेश नया धोती-कुर्ता पहन बमनन टोला का एक चक्कर मार आए, किसी के बिना पूछे ही, सबको बता आए—"मैं घर के अन्दर काम कर रहा था। अन्दर भी बहुत काम होता है। खाना बहुत स्वादिष्ट बना था। घुइयाँ की सब्जी में मेरी चूक से ही मसाला ज्यादा हो गया था। खाना बहुत बच गया है, सब फेंकना पड़ेगा। इतनी गर्मी है, बासा खाना खिला

कर बारातियों को बीमार करना है? चलूँ, आज भी मेरे लिए बहुत काम है। भइया परेशान हो रहे होंगे, भौजी मुझे पूछ रही होगी।"

पड़ियाइन चाची ने भी गणेश की बातें ध्यान से सुनीं, अपनी अनुभवी नज़र से गणेश का चेहरा ध्यान से पढ़ा, कहा—"जल्दी जाओ बेटा! बारात के नाश्ते का टाइम हो गया है। नाश्ता क्या फिर दोपहर में दोगे? भाभी तुम्हें पूछ रही होंगी।"

14

बलवान, वल्द–सुक्खा, ग्राम–डमरुआ की लाश

[1]

साझेदारी का एक साल बीत जाने पर काशी चौबे ने फसलों के सालाना हिसाब के लिए बलवान को बुला भेजा। बलवान भी इस दिन का इन्तज़ार कर रहा था; साल भर से पूरी की पूरी फसलें काट-गहाकर काशी के घर पहुँचाता रहा था, ज़रूरत पर खाने खर्च के लिए पाँच-दस सेर अनाज, पाँच-दस रुपए काशी से उधार लेता रहा था। काशी की खबर मिलते ही पूरा परिवार काशी के यहाँ जाने के लिए तैयार हो गया। हिसाब पढ़े जाते समय सबका उपस्थित रहना ज़रूरी था क्योंकि बलवान के पास लिखा-पढ़ी कोई थी नहीं, सारा दारोमदार यादगार पर ही था, कुछ अम्मा को याद आएगा, कुछ किसुन और सस्सुती को, सब मिलकर मदद करेंगे बलवान की। काशी अपनी ओर से कौड़ी-कौड़ी का हिसाब लिखते थे, उनके जैसा हिसाबी पूरे डमरुआ में न था। किसुन ककुआ के साथ नहीं जाना चाहता था, जानता था काशी की कुर्सी का पाया पकड़ देर तक ज़मीन पर बैठना पड़ेगा। ककुआ नहीं माने, खींच कर ले गए उसे, कहा–"तुम्हारा चलना ज़रूरी है, कन्नौज में गणित-अंग्रेजी पढ़ते हो, ज़रूरत पड़ने पर हिसाब के पन्ने पर एक नज़र डाल सकते हो।"

किसुन ने मना किया–"क्या बात करते हो ककुआ! काशी के हिसाब का पन्ना मैं? हम सबको डमरुआ में रहना है कि नहीं? आज तक किसी ने हिम्मत की है उनका पन्ना पढ़ने की? कितना भरोसा है सबको उनके हिसाब और न्याय पर।"

ककुआ ने समझाया–"भरोसा मुझे भी है उनका क्या कहते हो? हिसाब और न्याय पर, हिसाब हमारा-तुम्हारा भी है, क्या पन्ने पर एक नज़र भी नहीं डाल सकते? आगे चलकर सीखोगे कैसे?"

काशी ने हिसाब का रजिस्टर उठा, रजिस्टर से बँधी लटकी एक मुथरी पेन्सिल हाथ में ले, बलवान के खाते वाला पन्ना खोल पूछा–"पढ़ूँ?"

बलवान के परिवार ने कठघरे में अपने मुकदमे का फैसला सुनने के लिए खड़े कैदी की भाँति दम साध कहा–"हाँ।"

काशी ने पढ़ना शुरू किया—"बलवान, वल्द सुक्खा, ग्राम डमरुआ का सालाना हिसाब। पहले जो अनाज घर में आया; पन्द्रह मन गेहूँ...। जो बलवान को उधार दिया; दस रुपए किसुन की किताब खरीदने के लिए, पाँच रुपए बीमार पत्नी को सुई लगवाने के लिए...।"

हिसाब का लम्बा चिट्ठा देर तक पढ़ा जाता रहा। सबने हर आये, हर लिये पर सिर हिलाया, हुँकारी भरी। आया जोड़ा गया उस पर भी, उधार जोड़ा गया उस पर भी, लेकिन जब काशी ने कहा—"जोड़ घटा कर तुम्हारे हिस्से में दो मन गेहूँ निकले," तब न किसी ने न सिर हिलाया, न हुँकारी भरी, कैदी को जैसे सज़ा हो गई थी, कोई सिर क्या हिलाता। ककुआ अम्मा की ओर देखने लगे, अम्मा ककुआ की ओर, मानो एक-दूसरे से पूछ रहे हों—"यह कैसे? दो मन गेहूँ बस! सर्दी में रात-रात भर खेत की जुताई, दिन-दिन भर खेत की सिंचाई, पूरी की पूरी धूप का शरीर में सोख लेना, दो मन? बस दो मन?"

बलवान का गला सूख गया, रिरियाया—"केवल दो मन!"

काशी ने पेंसिल की रस्सी रजिस्टर पर लपेटते हुए कहा—"तुम्हारे सामने अभी मैंने पूरा हिसाब पढ़ा है, जितना आया, जितना उधार दिया, एक-एक कर बताया है। कहीं कुछ ग़लत पढ़ा हो बता दो, काटकर दुबारा हिसाब कर देंगे। तुम्हारे हिस्से में दो मन गेहूँ निकलते हैं, जब मन करे उठा ले जाना।"

बलवान ने कहा—"मैं भी कहता हूँ तुमने सब ठीक-ठीक पढ़ा है, कहीं कुछ जोड़ने घटाने में छूट गया हो, एक बार फिर जोड़ कर देख लीजिए। इन्सान तो इन्सान है, भूल-चूक हो भी सकती है।"

काशी ने बलवान से सहमत होते हुए कहा—"क्यों नहीं, इन्सान से ग़लती हो भी सकती है, कभी-कभी मुझसे भी हो जाती है। इसीलिए मैं अपने खाते के हर पन्ने के अन्त में लिख देता हूँ 'भूल-चूक लेना-देना'। आज ही नहीं, साल भर बाद भी, हममें से किसी को कुछ ऐसा याद आ जाए जिससे लेना-देना निकलता हो, खुशी से लिया दिया जाएगा।"

काशी ने पुनः रजिस्टर खोल पूरा पन्ना पढ़ा, संख्याएँ एक-एक कर बुदबुदाईं, कहा—"सब ठीक है।"

बलवान ने निवेदन किया—"यदि आप बुरा न मानें, थोड़ी देर के लिए हिसाब का पन्ना किसुन को दिखा दें, साल भर से कन्नौज में गणित पढ़ रहा है, एक बार जोड़-घटा देख लेगा। हिसाब में एक से दो भले होते हैं।"

इस प्रकार का निवेदन काशी के लिए अभूतपूर्व था, उन्हें यह अपमानजनक लगा। उनका मन किसी पुराने तालाब के पानी पर जमी काई की भाँति फट गया। चश्मा उतार कुछ देर बलवान की ओर देखते रहे। रजिस्टर आगे बढ़ाते हुए कहा—"हाँ हाँ क्यों नहीं, तुम्हारा हिसाब है, पूरा हक है अपना हिसाब का पन्ना देखने का।"

बलवान ने काशी के हाथ से रजिस्टर ले किसुन की ओर बढ़ाया, किसुन ने मना किया—"नहीं, नहीं, मैं नहीं देखूँगा। उन्होंने सब सही ही जोड़ा-घटाया होगा।"

"फिर भी एक बार देख लो," कह बलवान ने रजिस्टर किसुन के हाथों पर रख दिया। किसुन को लगा जैसे ककुआ ने उसके हाथों पर रजिस्टर नहीं, लोहे की गर्म दहकती चादर रख दी हो। रजिस्टर खोल हिसाब के पन्ने पर नज़र दौड़ाई, रजिस्टर लौटाते हुए कहा—"सब ठीक है।"

बलवान ने रजिस्टर किसुन से ले काशी को लौटा दिया, संतुष्ट हो कहा—"सब ठीक है।"

काशी ने पूछा—"सब ठीक है? दो मन गेहूँ, जब चाहना, घर से उठा ले जाना।"

ककुआ ने अम्मा से मंत्रणा कर कहा—'प्रधान जी! हमें गेहूँ नहीं, उसके बदले, उसकी कीमत के बराबर की मकई दे दीजिए। मेरे परिवार के खाने के लिए दो मन गेहूँ दो महीने भी नहीं चलेगा, मकई कुछ अधिक दिन चल जाएगी। हमें पेट भरने के लिए कुछ भी चाहिए, क्या गेहूँ? क्या मकई?"

सिर पर मकई की गठरियाँ लाद घर जाते हुए, रास्ते में किसुन ने ककुआ से पूछा—"ककुआ! काशी ने अपने रजिस्टर में तुम्हारा नाम 'बलवना', और मेरा नाम 'किसुना' क्यों लिखा था? तुम्हारा नाम 'बलवान' है, मेरा नाम 'किसुन'।"

ककुआ ने समझाया—"बेटा! यह सब लक्ष्मी मइया की महिमा है। भगवान की दया से मेरे पास भी चार पैसे हो जाएँ, मैं बलवान सिंह हो जाऊँगा, और तुम कृष्ण सिंह। डमरुआ में काशी, किरपा और शंकर का नाम कोई बिगाड़ कर देखे। कोई बात नहीं बेटा! नाम में धरा भी क्या है? हम लोगों को पेट भर रोटी मिलती रहे, नाम रहे, न रहे, क्या फर्क पड़ता है?"

चैतू ने ककुआ का हाथ पकड़ पूछा—"ककुआ! काशी अपने रजिस्टर में मेरा क्या नाम लिखेंगे?"

ककुआ बोलें उससे पहले अम्मा बोल पड़ीं—"तुम्हारा नाम, चैतुआ या चित्ता या और कुछ ऐसा, जिसके लेने भर से ही तुम नीच लगने लगो।"

[2]

बलवान के घर में साल भर बाद एक साथ इतना अधिक अनाज आया था, पूरा घर प्रसन्न और उत्साहित था। विभिन्न माँगें रखी जाने लगीं; सबसे पहले ककुआ ने कहा—"सस्सुती! थोड़ी मक्का ले करन की दूकान पर चली जा, मेरे लिए बीड़ी का एक बंडल ले आ। आज बैठकर एक बार में पूरी एक बीड़ी पिऊँगा।" अम्मा ने

कहा—"थोड़ा तेल और गरम मसाला भी लेती आना। साल भर में कम से कम एक बार तो चटपटा सालन खा लूँ।" चैतू ने भी जोड़ दिया—"मेरे लिए सन्तरे वाले कम्पट और इनाम वाली चूरन की एक पुड़िया लेती आना।" किसुन ने भी सन्तरे के कम्पट के लिए कहा। सबकी माँगें सुनने के बाद सस्सुती ने कहा—"मैं अपने लिए भी चूरन की एक पुड़िया लाऊँगी, लड़की हूँ क्या इसलिए अपने लिए चूरन की एक पुड़िया भी नहीं ला सकती।"

सालन छौंके जाने की भस पूरे घर में फैल गई, सब खाँसने लगे।

मंगा की पत्नी ने अपने छप्पर से खाँसते हुए पूछा—"सस्सुतिया! क्या छौंका?"

सस्सुती ने कड़ाही में पानी डाल थाली ढकते हुए कहा—"चटपटा सालन।"

चाची ने पूछा—"किसका सालन।"

सस्सुती ने बताया—"बड़ी-बड़ी कतरियों के आलू का।"

चाची ने कहा—"बिटिया! सालन थोड़ा मुझे भी चखाना।"

सस्सुती ने चाची को आश्वस्त किया—"चाची! तुम न कहतीं तो भी तुम्हें सालन ज़रूर देती, अकेले-अकेले थोड़े ही खा लेती। आज क्या, कभी अकेले-अकेले नहीं खाया है। कौन रोज़-रोज़ अपने घर में चटपटा सालन बनता है?"

सालन छौंके जाने के साथ ही चैतू का उत्सव शुरू हो गया था, कम्पट चूसते हुए घर से बाहर निकल, छप्पर की ठुनगिया पकड़ उसके आसपास नाच-नाच गाने लगा था—"आज मेरे घर चटपटा सालन बना है। आज...।"

बीड़ी का बंडल आ जाने से बलवान को बहुत तसल्ली मिली, पीने के लिए एक बीड़ी निकाल, बंडल कमर में धोती की फेंट में लपेट शान्ति से देहरी पर बैठ गया।

सस्सुती ने चूल्हे से एक चिनगारी बीड़ी जलाने के लिए ककुआ की ओर फेंक दी।

बलवान बीड़ी पीने लगा।

सस्सुती रोटी बनाने लगी।

बलवान रोटी बनाती हुई सस्सुती को ध्यान से देखने लगा। चूल्हे की आग की चमक से सस्सुती का स्वेदयुक्त चेहरा शीशे जैसा चमक रहा था। कहना कठिन था, सस्सुती के चेहरे में चमक अधिक थी या चूल्हे की आग में। वास्तव में यौवन एक ऐसा पारस पत्थर है जिसके स्पर्श से लोहा भी सोना हो जाता है। उसे लगा सस्सुती विवाह योग्य हो गई है। याद आया, पिछले साल, इन्हीं दिनों, यहीं बैठ उसने सोचा था, काशी की खेती से जो बचेगा उससे सस्सुती का विवाह कर देगा। पर काशी के यहाँ से केवल दो मन गेहूँ उसके बदले मक्का, उसमें क्या-क्या? सोचा, सस्सुती गाँव या आनगाँव के

किसी लड़के के साथ भाग क्यों नहीं जाती? मेरा भी पिण्ड छूट जाता। गाँव और टोला वालों का क्या, थोड़े दिन में सब भूल जाते। बदनामी? बदनामी रईसों के चोंचले हैं, गरीबों की कहीं बदनामी होती है। गरीबी की आग में तपकर बदनामी भी पवित्र हो जाती है। टोले की कितनी लड़कियाँ भाग गईं, क्या बिगड़ गया उनका? जानती थीं, उनका बाप सात जनम में भी उनके विवाह भर को पैसे न जुटा पाएगा। उसे अपने विचारों पर बहुत शर्म आई, खुद से कहा—'कैसा नीच बाप हूँ? अपनी बेटी के बारे में ऐसा सोच रहा हूँ। क्या अपने इन हाथों-पैरों से मेहनत कर सस्सुती को भी विदा न कर पाऊँगा?' मन-ही-मन सस्सुती से माफी माँगी—'माफ कर देना बिटिया! जो मैंने तुम्हारे बारे में ऐसा सोचा। क्या करूँ, ग़लती मेरी नहीं है, जेब में जब कौड़ी नहीं होती, दूर-दूर तक उसके कोई आसार भी नज़र नहीं आते, तब आदमी कुछ भी सोचता है। परिस्थितियाँ मनुष्य से कुछ भी सुचवाती हैं।" फिर याद आया, उसने किसुन के लिए एक पैंट बनवा देने का भी वादा किया था। तय कर लिया, कल ही किसी के हाथ अपना बैल बेच देगा। किसुन के लिए पैंट बनवाना ज़रूरी है, उसका पैजामा एकदम घिस गया है। आज उसे उस समय किसुन पर बहुत गर्व हुआ था, जब उसने काशी के यहाँ अपना हिसाब का पन्ना ध्यान से पढ़कर देखा था।

[3]

रात में बलवान ने अपनी पत्नी से बात चलाई—"किसुन की अम्मा! तुम्हारी नज़र में सस्सुती के लिए कोई ठीकठाक लड़का है? सस्सुती विवाह लायक हो गई है।"

अम्मा ने कहा—"है न तुम्हारी बुआ का लड़का, उसी से कर दो। तुम्हारी बुआ हैं इसलिए मान भी जाएँगी। तुम्हारे पास लेने-देने को कुछ है नहीं, शादी के नाम पर खाली हाथ जिसके दरवाज़े पहुँच जाओगे, बिना बात सुने ही भगा देगा। अपनी जात-बिरादरी में जिनके लड़के पढ़-लिख गए हैं, शादी के लिए सीधे मुँह बात तक नहीं करते।"

बलवान ने कहा—"लेकिन बुआ का लड़का काला अक्षर भैंस बराबर है, खेती-पाती भी कुछ नहीं है, सस्सुती को खिलाएगा क्या?"

अम्मा ने कहा—"बना रहे काला अक्षर भैंस बराबर, उसके दो हाथ-पैर तो हैं। एक गरीब की लड़की को दो हाथ-पाँव वाला कोई आदमी मिल जाय, यही कम है क्या? खिलाता कौन है? इसी घर में उस बेचारी को कौन खिलाता है? खेतों में हमारे-तुम्हारे साथ एक आदमी भर का काम करती है, तब खाती है। खिलाया-पिलाया रईसों की लड़कियों को जाता है।"

बलवान ने कहा—"किसुन की अम्मा! सो तो है।"

[4]

दूसरे दिन सुबह जब बलवान अपने घर के बाहर चौतरे पर बैठा पानी भरने वाली रस्सी की मरम्मत कर रहा था, सड़ी-गली लटें काट, अच्छी लटों को रस्सी के साथ बट रहा था, मंगा सामने आ खड़ा हो गया। मंगा के पास से ताड़ी की दुर्गन्ध आ रही थी।

बलवान ने रस्सी बटते हुए ही पूछा—"आज क्या भुरारे से ही ताड़ी?"

मंगा कुछ नहीं बोला, बलवान को एकटक देखता रहा।

मंगा को जाता न देख, बलवान ने अपना हाथ रोक, सिर उठा उसकी ओर देख पूछा—"क्या बात है? मुझसे कुछ काम है?"

मंगा बोला—"हाँ काम है, तुमसे एक बात पूछनी है।"

बलवान ने कई लटें नाप कार्टी, हँसिया खटिया पर रखते हुए कहा—"पूछो।"

मंगा बलवान की ओर एक कदम बढ़ गया, कहा—"तुमने चकबन्दी में मेरा खेत किससे पूछकर शंकर के खेत से बदला? मैंने सोचा था, तुम बड़े हो, सब सँभाल लोगे, पर तुमने सब चौपट कर दिया, इतने दिन का बना-बनाया खेत शंकर को दे दिया। बाप-दादों से चला आ रहा था वह खेत। बदले में जो खेत तुमने लिया है, डमरुआ से इतनी दूर है, कौन जाएगा वहाँ उसे जोतने? यह सब तुम्हारे मारे हुआ है।"

बलवान ने रस्सी बटनी रोक दी, समझाया—"मंगा! मैंने तुम्हें एक बार बताया था, शंकर अपने खेत पर दाँत धरे हुए हैं। कौन लड़ता शंकर से, इसलिए सी.ओ. ने जब अदला-बदली के लिए पूछा, मैंने हाँ कर दी। तुमने एक बार मुझसे कहा भी था—'तुम बड़े हो, जो ठीक लगे करो,' मुझे जो ठीक लगा मैंने किया। अब तुम पूछते हो, किससे पूछकर बदला। उस समय तुम भी डमरुआ में ही थे, खुद जाकर सी.ओ. से बात क्यों नहीं कर ली थी? बात करते भी कैसे, ताड़ी पीने से फुर्सत मिलती तब ना।"

मंगा बलवान की ओर एक कदम और बढ़ गया, कहा—"यदि मैं ही बात कर लेता, तब तुम किस मर्ज की दवा थे? शंकर दाँत धरे थे, धरे रहने देते, क्या कर लेते? तुम खुद ही उनसे डर गए थे। यह सब तुमने शंकर के डर के मारे किया है।"

बलवान अपना काम करने में व्यस्त हो गया, कहा—"बात डरने की नहीं थी, और थी भी। मान लो, यही काम शंकर हमारी बिना रजामंदी के कर लेते, हम लोग उनका क्या बिगाड़ लेते? काना का खेत, पेड़ों के साथ शंकर के चक में चला गया, काना ने उनका क्या बिगाड़ लिया? खुद ही पागलों जैसा यहाँ-वहाँ मारा फिर रहा है।"

काना का नाम सुनते ही मंगा को क्रोध आ गया, ताड़ी के नशे से अपना संतुलन खोने लगा, कहा—"मैं काना नहीं हूँ, मंगा हूँ मंगा, डमरुआ का मंगा। मेरी बिना मर्ज़ी के

मेरे खेत की ओर जो आँख भी उठा कर देख लेता, मैं उसे बता देता। खेत ऐसे ही नहीं चला जाने देता, जैसे तुमने चला जाने दिया।"

मंगा को आपे से बाहर होता देख बलवान उठ कर खड़ा हो गया, पूछा—"क्या बता देते?"

मंगा ने खटिया पर से हँसिया उठा हवा में लहराते हुए कहा—"मैं उस साले का मूँड़ काट लेता।"

बलवान ने थोड़ा हँसते हुए कहा—"हाँ हाँ, मूँड़ काटना इतना ही सरल है। मूँड़ न हो गया जैसे कोई गाजर-मूरी हो गया, मूँड़ काट लेता।"

मंगा ने प्रहार करने के अन्दाज में हँसिया भाँजते हुए कहा—"हाँ हाँ इतना ही सरल है।"

बलवान ने लापरवाही से कहा—"मैं भी तो जानूँ, कितना सरल?"

मंगा ने कहा—"इतना सरल," और खचाक् की आवाज के साथ हँसिया बलवान के सीने में उतार दिया। हँसिया लगते ही हृदय से निकली रक्त की धार दीवार पर जा गिरी। 'हुक्क' की आवाज, बलवान चीखा—"किसुन की अम्मा ऽऽऽ"

अम्मा चौका लीप रही थीं, विचित्र-सी चीख सुन पुतना जहाँ का तहाँ छोड़ बाहर दौड़ीं। अम्मा के पीछे चैतू और सस्सुती भी दौड़े। मंगा की पत्नी भी दौड़ कर बाहर आ गई।

बलवान अपने सीने में धँसा हँसिया दोनों हाथों से पकड़े अभी तक खड़ा था। अम्मा को देख कहा—"किसनु की अम्मा हँसिया...।" मंगा से कहा—"भइया! तुमने यह क्या कर डाला? तुम मेरे हिस्से का भी खेत ले लेते, मुझे जिन्दा बना रहने देते।" आँखें बंद होने लगीं, ज़मीन पर ढेर हो गया।

मंगा ने हँसिया निकालने का प्रयास किया। पसलियों में अड़ा हँसिया नहीं निकला। पीछे मुड़ अपनी पत्नी को देखा, दो कदम पीछे हट चौतरे से नीचे उतर किंकर्तव्यविमूढ़ सा खड़ा हो गया। पत्नी ज़ोर से चिल्लाई—"अब यहाँ क्या खड़े हो भाग जाओ। डमरुआ के लोग पकड़ लेंगे, मार डालेंगे।" अब तक मंगा का नशा पूरी तरह उतर चुका था, धीरे-धीरे जाने लगा। गली में कुछ दूर जा पीछे मुड़ अपने मरे पड़े भाई को देखा, तेज-तेज चलने लगा, चला गया।

अम्मा की समझ में अब तक नहीं आया था, क्या हुआ है? उनकी आँखें बड़ी-बड़ी हो फैल गई थीं, अचानक चीख पड़ीं—"यह क्या है? किसुन! वैद्यजी!...।"

किसुन दौड़कर वैद्यजी के पास गया। वैद्यजी ने मना कर दिया—"क़तल का मामला है, पुलिस में रिपोर्ट लिखाए बिना हाथ भी नहीं लगा सकता। सरकारी वैद्य हूँ, नौकरी चली जाएगी।"

किसुन जैसा दौड़ते हुए गया था, वैसा ही दौड़ते हुए लौट आया, देखा, पूरा परिवार ककुआ के शव के आसपास बैठ दहाड़ मार रोने लगा है, वैद्यजी की ज़रूरत नहीं रह गई है। डरते-डरते ककुआ के माथे पर हाथ रख देखा, माथा ठंडा था। किसुन ने अपने जीवन में पहली बार किसी मरे हुए आदमी को अपने हाथ से छूकर देखा था, पहली बार जाना था, आदमी मरने के बाद ठंडा हो जाता है। रक्त शरीर से रिस ज़मीन पर सूख काला होने लगा था, ज़मीन पर रेंगती चीटियाँ मृत शरीर पर चढ़ने लगी थीं। चैतू ने कई चीटियाँ ककुआ के शव से उठा-उठा फेंकीं, रोते हुए कहा—"अम्मा! मेरे ककुआ पर चीटियाँ क्यों चढ़ रही हैं?" चैतू के साथ किसुन और सस्सुती एक बार फिर ज़ोर से रो पड़े।

जिनका बदलना था उनका पल भर में सब कुछ बदल गया था, और जिनका नहीं बदलना था उनका कुछ नहीं बदला था; अधबटी रस्सी, जिसे बलवान बट रहा था, अभी यथावत् वहीं पड़ी थी, चौतरे के कोने में पड़े भूसे पर कुत्ता वैसे ही बैठा था, सामने चन्नी के पास बँधा बैल वैसे ही चारा खा रहा था, छप्पर से छन कर सूर्य की किरणें वैसे ही आ रही थीं, सामने वाली गली से लोग वैसे ही आ-जा रहे थे, नहीं, नहीं वैसे ही नहीं आ-जा रहे थे, जो आ गया था खड़ा हो तमाशा देख रहा था, जो नहीं आया था भय के कारण आ नहीं रहा था।

और डमरुआ में :

"मंगा ने बलवान को मार डाला।"

"कहाँ? कब?"

"अभी-अभी, सवेरे-सवेरे।"

"क्यों? क्यों?"

"मुझे क्या पता?"

"क़तल हो गया, डमरुआ में क़तल हो गया, डमरुआ भी शहर हो गया, दिनदहाड़े क़तल होने लगे।"

"बलवान मर गया।"

"और क्या जिंदा।"

"एकदम मर गया?"

"हाँ, एकदम मर गया।"

"ठौर मर गया?"

"हाँ भाई, ठौर मर गया।"

"अन्धेर है भाई!"

"लेकिन मारा क्यों?"

"मुझे क्या पता।"

"अब क्या होगा?"

"पुलिस आएगी?"

"आनी चाहिए, क़तल है भाई क़तल।"

"मंगा कहाँ गया?"

"सुना है, भाग गया है।"

"मैं भी थोड़ा देखकर आता हूँ बलवान कहाँ पड़ा है? क़तल कैसा होता है? क़तल के बारे में सुना बहुत है पर क़तल वाली लाश निकट से कभी नहीं देखी। ऐसा बढ़िया मौका फिर कहाँ मिलेगा? पता नहीं दुबारा डमरुआ में कब क़तल हो?"

"ना भाई ना, पागल हुए हो क्या? एक बार कहीं पड़ गए पुलिस के चक्कर में, जिन्दगी भर जेल में चक्की पीसनी पड़ेगी। हाथ-पैर झाड़ घर में बैठो, हो सके, डमरुआ छोड़ किसी नाते-रिश्तेदारी में निकल जाओ, दो-चार दिन के लिए।"

"लाख टका की सलाह, लाख टका की।"

[5]

क़त्ल के समय करन चौबे अपने चौतरे पर बैठे स्वभावानुसार सुपारी कुतर रहे थे, गली में रोवापीटी सुन पूछा—"यह कैसी रोवा चिल्ली है? क्या कोई बीमार हँकार है?" पता लगते ही, मंगा ने बलवान को मार डाला है, जल्दी से अपनी थैली समेटी, खटिया उठा घर के अन्दर खड़ी की, घर के सब दरवाज़े ठीक से बन्द किये, पत्नी से कहा—"मंगा ने बलवान की हत्या कर दी है। तुम बच्चों को समेट घर के अन्दर बैठो। मैं दूकान जा रहा हूँ। कोई मेरे बारे में पूछे, अपना-पराया, कह देना, 'गंगा नहाने गया हूँ, दो-चार दिन बाद लौटूँगा।' क़तल का मामला है, कौन पड़ेगा पुलिस-गवाही के चक्कर में?"

किरपा को क़त्ल की सूचना अपने नौकर से मिली, कोई असर नहीं हुआ, न विस्मय प्रकट किया, न पूछा किसने मारा? न पूछा क्यों मारा? आरामकुर्सी पर थोड़ा और पसर, सामने पड़े स्टूल पर अपने पाँव फैलाते हुए कहा—"यह अच्छा रहा। डमरुआ में बहुत दिनों से कुछ रौनक-चौनक भी नहीं हुई थी, बड़ी सुस्ती फैली थी। इसी बहाने दो-चार दिन कुछ हलचल रहेगी। वैसे भी पूरब टोला के लोग इस धरती पर बोझ हैं। देश की जनसंख्या नसबन्दी से नहीं, ऐसे ही कम होगी। जनसंख्या कम करने का यही एक सस्ता और सरल उपाय है। बलवान साला था भी बड़ा पेटकपटी। पिछले चुनाव में, किस चुनाव-चिह्न पर मुहर मारी थी उसने अपनी, उसने कभी नहीं बताया था। भगवान सबको किये की सज़ा यहीं देता है, हो गया क़तल साले का।"

नौकर अपने मालिक की प्रतिक्रिया सुन काम में लग गया।

किरपा ने उठ ग्रामोफोन में चाभी भरी, एक तवा चढ़ाया, नाचते तवे पर नाजुक सुई सँभलकर जमाई, कुन्दन लाल सहगल गाने लगे—"बँसुरिया काहे गुमान भरी...।"

काशी चौबे की गली से ग़ुजरते एक लड़के ने हिम्मत कर काशी को बताया—"बाबा! बलवान का क़तल हो गया।"

काशी ने सुना पर समझ न सके, पूछा—"किसका क़तल हो गया?"

लड़के ने बताया—"पूरब टोला के बलवान का।"

काशी ने फिर पूछा—"क़तल किसने किया?"

"ठीक पता नहीं, लोग कहते हैं मंगा ने," लड़के ने कहा।

"कोई लड़ाई-झगड़ा हुआ था?" काशी ने जानना चाहा।

"कुछ ठीक-ठीक पता नहीं," कह लड़का भाग गया क्योंकि उसे यह उत्तेजनाजनक खबर अधिक से अधिक लोगों को दे वाहवाही पानी थी।

काशी के माथे पर चिन्ता की रेखाएँ उभर आईं, गीता का श्लोक बुदबुदाने लगे—"...न हन्यते हन्यमाने शरीरे।"

रेडियो पर दोपहर के समाचार आने का समय हो चुका था (काशी पहले समाचार सुनने नियमित रूप से किरपा के दुआरे जाया करते थे। कुछ समय बाद, उनके पुत्र राधावल्लभ ने उनके लिए 'फिलिप्स' कम्पनी का एक रेडियो खरीद कर ला दिया था), हाथ बढ़ा रेडियो की घुंडी दाहिनी ओर ऐंठ दी। समाचार आने लगे—"यह आकाशवाणी है, अब आप समाचार सुनिए। आज लोकसभा भंग कर दी गई है। श्रीमती इन्दिरा गांधी...।"

शंकर को क़तल की सूचना शाम को बिजलीघर से डमरुआ वापस आने पर मिली। क़तल के बारे में और कुछ भी सुनने को मिले इस उद्देश्य से अपनी गली में टहलते हुए किसी के ग़ुजरने का इन्तज़ार करने लगे। संयोग अच्छा था, पड़ियाइन चाची किसी घर से निकल पड़ीं, शंकर को देखते ही बोलीं—"शंकर बेटा! तुम बिजलीघर में बैठ ऐसे ही क़लम घिसते रहो। डमरुआ में क्या-क्या हो जाता है? कुछ फिकर है तुम्हें? आज गजब हो गया, भाई ने भाई को मार डाला। ऐसा कभी नहीं सुना गया था। मेरे ज़माने में ऐसा कभी नहीं हुआ था। मेरे पाँड़े अपने छोटे भाई के लिए जान देते थे। एक भाई राम और भरत भी थे, राज्य को गेंद जैसा एक दूसरे की ओर लुढ़काते रहे थे। डमरुआ में यह सब होने से पहले भगवान ने मुझे उठा क्यों नहीं लिया। इन बूढ़ी आँखों से यह सब नहीं देखा जाता। डमरुआ रसातल में जा रहा है, रसातल में।"

शंकर ने चाची को समझाया—"चाची! आप परेशान न होइये, इसमें हमारा आपका कोई दोष नहीं है। कलियुग का प्रभाव है। कलियुग में यह सब होना ही है। और यह युग

अभी हाल फिलहाल खतम होने वाला नहीं है, हजारों वर्ष रहेगा। फिर भगवान अवतार ले हम सबका उद्धार करेंगे। बाबा तुलसीदास ने लिखा है—"जब-जब होइ धरम कै हानी...।", डमरुआ में भी असुरों की भर्ती हो गई है। लेकिन चाची! एक बात के लिए आपको खुश होना चाहिए कि डमरुआ का स्टेण्डर्ड ऊपर उठ रहा है। ऐसे ही क़तल होते-होते डमरुआ एक दिन शहर हो जाएगा। मुझे गर्व हो रहा है अपने डमरुआ पर। कल मैं भी अपने दफ्तर में सिर ऊँचा कर बैठ सकूँगा, कोई पूछेगा गर्व से बता सकूँगा, मैं उस डमरुआ का वासी हूँ जहाँ क़तल होते हैं।"

चाची ने अपनी जिज्ञासा शान्त करने के लिए पूछा—"बेटा! क़तल होने से क्या ऊपर उठ रहा है?"

शंकर ने ज़ोर देकर कहा—"स्टैंडर्ड चाची! स्टैंडर्ड मतलब स्तर, स्तर मतलब नाम।"

चाची ने संतुष्ट हो कहा—"तब खुशी की बात है। मैं क्या जानूँ पढ़ी-लिखी बातें। मेरे ज़माने में क्या कहते हो वो स्टेंडर नहीं होता था।" शंकर के निकट जा धीरे-से पूछा—"अब क्या होगा? पुलिस! डमरुआ में आज तक पुलिस कभी नहीं आई। छज्जू के बाप जब तक जिन्दा रहे गाँव में पुलिस नहीं घुसने दी। सुना है, गाँव में यदि एक बार पुलिस घुस जाती है, गाँव में छूत लग जाती है, पुलिस बार-बार आती रहती है, पुलिस और यमराज के दूतों में कोई अन्तर थोड़े ही होता है।"

शंकर ने कहा—"चाची! आप बात एकदम सही कह रही हैं। कुछ पता है मंगा भाग कर कहाँ गया होगा? गाँव के चार लोग बैठ पंचायत कर देते, बलवान की बेवा को सौ-पचास रुपए दिलवा मामला रफा-दफा करवा देते, पुलिस आने से पहले लाश ठिकाने लगवा देते। पर चिंता किसे है डमरुआ की? सब अपने-अपने में मस्त हैं। गाँव के मालिक के छोटे भाई रईस किरपा ग्रामोफोन पर सइयाँ बलमा के गीत सुन रहे होंगे।"

पड़ियाइन चाची ने अपने घर की ओर चलते हुए कहा—"भगवान जो-जो दिखाएगा, देखूँगी। गले में उँगली डाल प्राण भी तो नहीं निकाले जाते। चलूँ, आज थोड़ी खीर बनाई है, ठंडी हो जाएगी। ठंडी खीर मुझे अच्छी नहीं लगती। मेरे पाँड़े को भी ठंडी खीर पसंद नहीं थी।"

खीर का नाम सुन शंकर को भी भूख लग गई। गली से ही अपनी पत्नी को आदेश दिया—"सुनती हो! जल्दी खाना तैयार करो। दफ्तर में बहुत काम था, थक गया हूँ, नहा-धो, पूजा कर अभी आता हूँ।"

शंकर का बेटा क़तल को लेकर बहुत उत्सुक था, अपनी अम्मा से क़तल देखने जाने के लिए कई बार जिद कर चुका था। उसने घर की देहरी पर बैठ अपने पापा और पड़ियाइन चाची के बीच हुई वार्ता ध्यान से सुनी थी। उसे लगा था, पापा और चाची क़तल

को लेकर बहुत गम्भीर हैं। चाची के चले जाने पर उसने पूछा—"पापा! कल क्या मेरे स्कूल में छुट्टी होगी?"

शंकर ने पूछा—"कल क्या है जो छुट्टी होगी?"

बेटे ने बताया—"बलवान का क़तल हो गया है।"

शंकर ने समझाया—"बेटा! स्कूल में छुट्टी किसी बड़े नेता-वेता के मरने से होती है। ऐसे आम आदमी के मरने से यदि छुट्टी होने लगे, सालों साल स्कूल बंद ही रहेंगे।"

बेटे को बहुत निराशा हुई, सोचा, गाँव में क़तल होने से उसका क्या फायदा हुआ? इससे अच्छा था क़तल न ही होता। फिर पूछा—"पापा! कलियुग कैसा होता है? कहाँ चला गया था, जो अब आ गया है?"

बेटे के इस प्रश्न से शंकर कुछ झल्ला गए, कहा—"कलियुग कैसा होता है? मतलब? पहली बात यह कि सवाल पूछने की तुम्हारी बहुत गंदी आदत है। अपने से बड़ों से सवाल नहीं पूछे जाते। अभी बहुत छोटे हो, कलियुग की बातें नहीं समझोगे। जाकर अपने मित्रों के साथ खेलो। दुबारा कभी कोई सवाल मुझसे पूछा तो तुम्हारे कान उखाड़ दूँगा। मैंने अपने बाप से कभी कोई सवाल नहीं पूछा था। आजकल के बच्चे हैं कि...। यह भी क़लियुग का प्रभाव है। पड़ियाइन चाची सही कह रही थीं, डमरुआ रसातल में जा रहा है।"

[6]

क़तल कर मंगा चला गया, एक गली से दूसरी गली...। कहाँ? डमरुआ में कोई नहीं जान पाया। रात हुई, पुलिस के भय से एक पेड़ पर चढ़ गया, जहाँ से उसे घरवालों का रोना-चीखना साफ सुनाई पड़ रहा था। रोने वाले रोते-रोते थक जाते थे, कुछ देर रुकते थे, और फिर रोने का बाँध फट पड़ता था। मंगा सोचने लगा, यह क्या हो गया? मैंने ऐसा क्यों किया? ऐसा कभी मैंने स्वप्न में भी नहीं सोचा था। खेत के बदल जाने में मेरे भाई का क्या कसूर था? वह भी मजबूर था, मजबूरी में बदला था। मेरा गुस्सा मेरे भाई पर नहीं था, जिन पर था, उनका मैं कुछ बिगाड़ नहीं सकता था। सबसे सस्ता मुझे मेरा भाई ही मिला। हँसिया मार देने पर भी उसे मुझ पर क्रोध नहीं आया, उसके बच्चे भी सहमे खड़े टुकुर-टुकुर मुझे देखते रहे। डमरुआ में किसी और को यदि मैंने ऐसे मार डाला होता, उसके घर वाले अब तक जिंदा ही मुझे ज़मीन में गाड़ चुके होते। मैं भी क्या करूँ? थक गया हूँ बचपन से अब तक दबते-दबते। जीवन भर, न मन का खा पाया, न पहन पाया, न खिला पाया, न पहना पाया। अब सब गया खाना, पीना, पहनना।

गाँव में रोने का बाँध एक बार फिर फट पड़ा, सुना, सोचा, कितने परेशान हैं घर के लोग। इससे बड़ी विपदा और क्या होगी? फिर भी मैं...। याद आया, बचपन में उसके भाई ने कितनी बार उसे गाँव वालों की मार से बचाया था, बदले में खुद मार खाई थी। खेतों में बोझा ढोते समय, हमेशा हल्का वाला बोझ मेरे सिर पर रखता था।

देर तक रोने की आवाज नहीं आई, सोचा, रात आधी से अधिक बीत चुकी है, इस समय गलियों में कोई नहीं मिलेगा, देखकर आता हूँ, घर के लोग क्या कर रहे हैं? पेड़ से नीचे उतरा, छिपते-छिपाते अपने घर के सामने वाली गली की एक दीवार के पास जा खड़ा हो गया, देखा, बच्चे भूखे-प्यासे ज़मीन पर लुढ़क सो गए हैं, स्त्रियाँ शव को घेरे बैठी हैं, मिट्टी तेल की एक कुप्पी जल रही है जो हवा के झोकों से बार-बार बुझ-सी जाती है, शायद कुप्पी में तेल कम है। मन किया, पुकार कर किसुन से कहे, करन की दूकान से कुप्पी भर तेल ले आए, लेकिन करन की दूकान इतनी रात में कहाँ खुली होगी। तभी गली में किसी की पदचाप सुनाई पड़ी। वापस चला गया, एक गली से दूसरी गली...। कहाँ? शायद उसी पेड़ पर।

और रात में डमरुआ में :

"मंगा छुटा घूम रहा है, किसी और का भी क़तल कर सकता है।"

"हत्यारे के लिए जैसा एक क़तल वैसे चार, सज़ा सबकी एक।"

"यह भी हो सकता है, डमरुआ में उसकी जिन-जिनसे दुश्मनी हो, उन्हें आज रात में ही साफ कर दे।"

"ठीक कहते हो, इसी कारण भागा है, नहीं तो भागता क्यों?"

"हो सकता है, अपना साथ देने के लिए आनगाँव के कुछ बदमाशों को बुलाने गया हो।"

"हो नहीं सकता, गया ही है बदमाशों को बुलाने। अब तक चम्बल घाटी में उतर चुका होगा, डाकुओं के किसी गिरोह में भर्ती हो चुका होगा। देखना, अब घोड़े पर चढ़ कर आएगा कट् पट् कट् पट्।"

"सुनो! सुनो! रात में सब लोग अपने घर के दरवाज़े ठीक से बंद कर लेना। ऐसी भयानक रात डमरुआ में फिर कभी नहीं आएगी; मंगा का डर है, सो तो है ही, मुर्दा भी गाँव में रखा हुआ है, यमराज के दूत हर गली में चक्कर लगा रहे होंगे।"

"लेकिन एक बात अभी तक मेरी समझ में नहीं आई, उसने यह क़तल किया क्यों?"

"उसकी क़तल करने की आदत रही होगी, डमरुआ के बाहर क़तल करता रहा होगा। कोई काटने को नहीं मिला, भाई को काट दिया।"

लोगों ने अपने घर के दरवाज़े जुगत से बंद कर लिए, जानवर तक अन्दर कर लिए, हत्यारे का क्या भरोसा, बाहर कोई आदमी न मिले, गुस्सा जानवरों पर ही उतार

दे, उसे कुछ काटने के लिए चाहिए। पड़ियाइन चाची ने शाम होते ही टोना-टुटका कर अपना घर सुरक्षित कर लिया, एक नीबू पर एक हरा मिर्च बाँध, अपने घर के सामने के चौराहे पर रख दिया। टुटके पर मंगा का पैर पड़ जाएगा, किसी को नहीं मार पाएगा, कम से कम टुटका करने वाले का घर ज़रूर ही छोड़ देगा। कुछ ने तुलसी के पास घी का दीया जलाया, कुछ ने भगवान के चित्र के सामने खड़े हो सस्वर आरती गाई, एक पंक्ति कई-कई बार दुहराई—"ऊँ जय जगदीश हरे...।" बच्चों को सिखाया गया—"रात में थोड़ी-सी भी आहट मिलने पर 'जय बजरंगबली जय बजरंगबली' कहने लगना। बजरंगबली के नाम से भूत-पिशाच तक पास नहीं आते, मंगा किस खेत की मूली है।" बच्चों ने अपने सिरहाने अपनी गुलेलें रख लीं, स्त्रियों ने खटिया के पैताने हँसिया लटका लिये, पुरुषों ने कोनों में लाठियाँ टिका लीं, सीतला सुकुल ने अपनी जेब में लाल मिर्च का बुरादा डाल लिया; पहले मिर्च फेंक मंगा को अंधा कर देंगे, फिर डंडे से पीट गाँव वालों के हवाले कर देंगे। सुकुल उस रात बहुत उत्साहित थे, उन्हें पूरा विश्वास था, मंगा अपनी आँखों में मिर्च डलवाने उनके पास ज़रूर आएगा। सुकुल मिर्च वाला नुस्खा अपनी किसी रिश्तेदारी से सीख कर आए थे, अत्यन्त गोपनीय रखते थे।

[7]

रात किसी तरह कट गई। भुरारे ही पुलिस की जीप डमरुआ आ गई। पूछते-पूछते त्यागी दरोगा और आर.पी. सिंह सिपाही बलवान के दुआरे पहुँच गए। पुलिस आई देख शव घेरे बैठीं स्त्रियाँ उठ खड़ी हुईं, सबकी सब रोते-रोते बेहाल हो चुकी थीं, आँसू गालों पर सूख सफेद पड़ चुके थे, होंठ फटकर लहूलुहान हो गये थे, सिसकने भर की ताक़त बची थी। आर.पी. सिंह ने अपना डंडा हवा में लहराते हुए आदेश दिया—"साहब के बैठने के लिए एक खटिया लाओ, जाँच-पड़ताल होगी, बयान लिए जाएँगे, वारदात का नक्शा बनेगा, साहब क्या तब तक खड़े रहेंगे?"

किसुन एक खटिया उठा आया, जिसे देख सिपाही बोला—"इतनी टूटी खटिया! कोई दूसरी ला।"

किसुन ने खटिया बिछाते हुए कहा—"सा'ब दूसरी इससे भी अधिक टूटी है।"

सिपाही ने करन के घर की ओर इशारा कर कहा—"वह किसका घर है? वहाँ से एक खटिया माँग कर ला।"

किसुन ने करन का दरवाज़ा खटखटाया, अन्दर से आवाज आई—"वे घर में नहीं हैं, गंगा नहाने गए हैं, चार दिन बाद लौटेंगे।" बार-बार खटखटाने पर दरवाज़ा खुला, खटिया मिल गई।

दरोगा अपनी पुलिसिया बेल्ट ढीली कर, अपने बढ़े हुए उदर को स्वतंत्र छोड़ खटिया पर बैठ गए। डायरी खोली, जेब से क़लम निकाली, कुछ लिखना चाहा, क़लम नहीं चली। डायरी के पिछले पन्ने पर घिसी, क़लम फिर भी नहीं चली।

सिपाही ने कहा–"साहब! आप क्यों कष्ट करते हैं? मुझे दीजिए, मैं घिसता हूँ।" घिसी, एक पन्ना घिसते-घिसते फट गया, दूसरे पन्ने पर घिसी, चल गई।"

दरोगा ने सिपाही के हाथ से क़लम ले प्रशंसा करते हुए कहा–"आर.पी. सिंह! इस ससुरी को तुम्हीं चला पाते हो, लगता है, तुम्हारा हाथ पहचान गई है।"

अपनी प्रशंसा से अभिभूत होते हुए सिपाही ने कहा–"साहब! आखिर क़लम तो क़लम ही है, थोड़ी गर्म करनी पड़ती है।"

जाँच-पड़ताल शुरू हुई :

दरोगा–"वारदात कब हुई?"

बलवान की पत्नी–"कल सवेरे।"

दरोगा–"ठीक समय।"

बलवान की पत्नी–"यही कोई दस-ग्यारह बजे रहे होंगे।"

दरोगा–"दस या ग्यारह?"

बलवान की पत्नी–"सा'ब! मेरे पास घड़ी नहीं है, धूप आधे आँगन तक आ गई थी, उसी अन्दाजे से बताया।"

दरोगा–"तुम कौन हो?"

बलवान की पत्नी–"जिनका क़तल हुआ उनकी मेहरिया।"

दरोगा–"मरने वाले का नाम?"

बलवान की पत्नी ने ककुआ का नाम बताने के लिए किसुन को इशारा किया। किसुन ने आगे आ कहा–"बलवान।"

दरोगा–"मैंने तुमसे नहीं पूछा। अदालत में बच्चों के बयान नहीं माने जाते।"

बलवान की पत्नी–"मैं 'उनका' नाम नहीं ले सकती।"

दरोगा–"मरने के बाद भी नहीं?"

बलवान की पत्नी–"कभी भी नहीं, मेरे लिए 'वे कहाँ मरे हैं', बस इस संसार में नहीं हैं।"

दरोगा–"मरने वाले के बाप का नाम?"

किसुन–"सुक्खा।"

दरोगा–"किसने मारा?"

बलवान की पत्नी–"मेरे आदमी के छोटे भाई ने।"

दरोगा–"कोई पुरानी रंजिश?"

बलवान की पत्नी–"कुछ दिन से आपस में बोलचाल बंद थी।"

दरोगा—"बोलचाल बंद होने का कारण?"

बलवान की पत्नी—"चकबन्दी।"

दरोगा—"वारदात होते किसने-किसने देखा?"

बलवान की पत्नी—"मारते नहीं देखा। 'उनके' चिल्लाने पर जब हम लोग दौड़ कर बाहर आए, उस समय उनकी गर्दन में हँसिया घुसा हुआ था, मंगा यहाँ खड़ा था, और यहाँ कोई नहीं था।"

दरोगा ने मंगा की पत्नी की ओर इशारा कर पूछा—"यह औरत कौन है?"

बलवान की पत्नी—"मंगा की घरवाली, मेरे साथ ही घर से दौड़ी थी। इस बेचारी की कोई ग़लती नहीं है।"

दरोगा—"हत्यारे की पत्नी! आर.पी. सिंह! मिल गया, हत्यारा मिल गया। हिरासत में ले लो इस औरत को, यही पकड़वाएगी हत्यारे को।"

बलवान की पत्नी से—"मंगा कहाँ गया?"

बलवान की पत्नी—"मुझे कुछ नहीं पता।"

दरोगा—"तुमने उसे पकड़ा क्यों नहीं? मुजरिम को फरार हो जाने दिया, पुलिस का काम बढ़ा दिया।"

बलवान की पत्नी—"हम औरत जात कैसे पकड़ते? उस समय खून सवार था उस पर।"

दरोगा—"और गाँव वालों ने? सामने यह किसका घर है?"

बलवान की पत्नी—"गाँव वाले जैसे हैं, वैसे नहीं हैं। करन चौबे उस समय अपने चौतरे पर ही थे, पास तक नहीं आए। जल्दी अस्पताल ले जाते, शायद बच ही जाते। मेरे आदमी को जानवरों जैसा काट डाला, किसी ने कुछ नहीं किया।" ज़ोर-ज़ोर से रोने की कोशिश की, आँसू नहीं निकले, छाती पर हाथ रख कराहने लगी।

दरोगा—"आर.पी. सिंह! करन चौबे को बुलाकर लाओ।"

"जी हुजूर", कह सिपाही करन को बुलाने चला गया। करन के घर के अन्दर से फिर वही आवाज आई—"वे घर में नहीं हैं, गंगा नहाने गए हैं, चार दिन बाद लौटेंगे।"

सिपाही ने वापस आ बताया—"हुजूर! करन गंगा नहाने गया है, चार दिन बाद लौटेगा। मैं जानता हूँ, बामन साले डरपोक होते हैं, घर में घुसा बैठा होगा। आपका हुकुम हो घसीट कर लाऊँ।"

दरोगा—"कोई ज़रूरत नहीं। चलो वारदात का नक्शा बनवाओ।"

सिपाही—"हुजूर! लिखिए, लाश का सिर उत्तर, पाँव दक्षिण, पूरब की दीवार से लाश की दूरी चार बालिश्त, उत्तर की दीवार से एक बालिश्त तीन अंगुर, आँखें खुलीं, मुँह खुला, दोनों हाथ ज़मीन पर, एक पाँव मुड़ा—एक सीधा, जैसे मरने के बाद भी चलने की

कोशिश की हो, कपड़ों के नाम पर शरीर पर एक धोती, कमर में धोती की फेंट में लिपटा बीड़ी का एक नया बंडल, हँसिया गर्दन में घुसा हुआ, पूरब की दीवार पर खून के छींटे, ज़मीन पर खून फैला हुआ।"

दरोगा–"हँसिया अंदाजे से कितना घुसा होगा?"

सिपाही–"हुजूर! यह मैं कैसे बता सकता हूँ? पोस्टमार्टम के बाद ही पता चलेगा।"

दरोगा–"लाश पलट, कपड़े हटा देखो, कहीं कोई चोट का निशान?"

सिपाही ने लाश बाएँ-दाएँ पलटी, कपड़े हटा देखा, कहा–"कहीं, कोई चोट का निशान नहीं, पेट धँसा हुआ, पसलियाँ उभरी हुईं, पसलियाँ गिन कर बता सकता हूँ।"

दरोगा–"लाश को किसी कपड़े में सिलो। घरवालों से पूछो, कपड़ा मँगवाया?"

बलवान की पत्नी–"मैंने नहीं मँगवाया, पैसे ही नहीं हैं। घर में थोड़ी मक्का धरी है, बेच कर कपड़ा मँगवा सकती हूँ।"

सिपाही–"कोई पुरानी चादर?"

बलवान की पत्नी–"चादर सब फटी हैं।"

सिपाही–"लेकर आओ, जैसी भी हो एक चादर लेकर आओ। लाश क्या हम लोग अपनी जेब में डाल कर ले जाएँगे? 'जिनके' पास कपड़े तक की गुंजाइश नहीं होती, पता नहीं 'वे' मर क्यों जाते हैं?"

सिपाही ने लाश एक चादर में लपेट सिल दी। चादर के एक कोने पर लिख दिया– "बलवान, वल्द-सुक्खा, ग्राम-डमरुआ की लाश, दिनांक..., वारदात सं. 1, थाना-कन्नौज।"

दरोगा–"लाश का पोस्टमार्टम करवाने साथ कौन जाएगा?"

बलवान की पत्नी–"मैं चलूँगी, मेरे बच्चे चलेंगे, घर में कोई आदमी है ही नहीं।"

दरोगा–"औरत-बच्चे लाश के साथ नहीं जाते, कोई आदमी भेजो।"

किसुन डमरुआ भर में आदमी की तलाश कर आया, कोई लाश के साथ जाने को तैयार न हुआ, अंततः वह बंगालिन ताई के दरवाज़े जा खड़ा हो गया। ताई तुरन्त तैयार हो गईं। आनन फानन साड़ी बदली, जूते पहने, घर में जो रुपए थे लिए, किसुन के साथ हो लीं।

ताई को देख दरोगा ने मना किया–"मैं कह चुका हूँ, कोई औरत नहीं जाती।"

ताई ने पूछा–"दरोगा जी! किस कानून की किताब लिखा है, औरतें लाश के साथ नहीं जा सकतीं? आपके हाथ जोड़ती हूँ, मुझे चलने दीजिए, इन बेचारों के घर में लाश के साथ जाने वाला और कोई नहीं है।"

दरोगा ने ताई को ऊपर से नीचे तक देखते हुए कहा–"किसी कानून की किताब में नहीं लिखा है। औरतें लाश के साथ जाने से डर जाती हैं।"

ताई ने कहा—"दरोगा जी! यही आप सबकी भूल है। जब औरतें जिन्दा आदमी के साथ रहते नहीं डरतीं, किसी लाश से भला क्या डरेंगी?"

दरोगा ने कहा—"एक बात मेरी समझ में नहीं आई, इतने बड़े गाँव में एक आदमी ऐसा नहीं है जो इस बेचारे की लाश के साथ जा सके, पोस्टमार्टम के बाद सम्मानपूर्वक उसे दफना सके?"

ताई ने कहा—"दरोगा जी! गाँव में आदमियों की कमी नहीं है; गरीब गुनिया पुलिस के डर से गाँव छोड़ भाग गए हैं, बमनन टोला के लोग अपनी रामायण-गीता के साथ समाज की सुरक्षा चौकियों पर तैनात हैं, इसके अलावा बची मैं, जो डमरुआ की नहीं होते हुए भी हूँ, पैबंद जैसी उस पर चिपकी हुई हूँ।"

15

“डमरुआ में रहने से मरना अच्छा है”

[1]

सी.ओ. को काटने के बाद काना का क्रोध उफनते बरसाती नाले की भाँति हमेशा के लिए शांत हो गया। किरपा के दुआरे खड़ी भीड़ में से कोई चिल्लाया–“सावधान! होशियार! काना कटखन्ना हो गया।” काना खुद भी बहुत डर गया था, अब उसकी खैर नहीं, पुलिस ज़रूर आएगी। दरोगा का वह पुराना थप्पड़, जो कभी पहले उसके कानों पर पड़ा था, याद आने लगा। जी पक्का कर लिया, जो होगा, देखा जाएगा। घर जाने का मन नहीं था, क्या मुँह लेकर घर जाता? पत्नी को क्या बताता? सी.ओ के पीछे सत्रह दिन लगे रहने का उसे क्या इनाम मिला? उसके अपने पेड़ भी चले गए। कितनी तारीफ की थी उसने सी.ओ. की, अपनी पत्नी के सामने। चला गया, अपने पेड़ों के पास, एक आखिरी बार बैठने। कल से शंकर उसे उन पेड़ों के पास खड़ा तक न होने देंगे। रात हो गई, बैठा रहा, पेड़ों के नीचे। उसकी पत्नी कल्लू को गोद में लादे पूरे गाँव में ढूँढ़ती फिरी। गाँव में किसी ने बताया–“मैंने काना को पेड़ों की ओर जाते देखा था।” “कल्लू के बप्पा! कल्लू के बप्पा!” पुकारती वह पेड़ों के पास आ पहुँची, काना को वहाँ बैठा देख कहा–“कल्लू के बप्पा! इतनी रात में पेड़ों के पास? तुम्हारा दिमाग फिर गया है क्या? मैं कब से पूरे गाँव में मारी-मारी घूम रही हूँ। घर चलो, तुमने दोपहर में भी रोटी नहीं खाई है। गाँव के लोग तुम्हारे बारे में कैसी-कैसी बातें कर रहे हैं, तुम कटखन्ने हो गए हो।”

काना ने एक दीर्घ निश्वास के साथ कहा–“कहने दो, जो मन आए, कहें। लोगों पर क्या बीती है? मेरे पेड़ जाने थे सो चले गए। आखिरी बार पेड़ों के पास बैठने चला आया। चलता हूँ, घर नहीं जाऊँगा तो और कहाँ जाऊँगा?”

कल्लू ने अपनी तुतलाती वाणी में पूछा–“बप्पा! पेल कहाँ चले गए?”

काना ने कल्लू को अपनी गोद में उठा लिया, प्रेम से उसके सिर पर हाथ फेरते हुए कहा–“कहीं नहीं बेटा! तुम बड़े होकर शंकर से पेड़ों का बदला ज़रूर लेना।”

कल्लू ने अपनी नन्हीं-नन्हीं बाँहें अपने बप्पा के गले में डाल बदला लेने का आश्वासन दिया।

घर पहुँच काना ने अपनी पत्नी से कहा—"कल्लू की महतारी! भाग्य में जो बदा था, हो गया। अपने भाग्य में पेड़ लिखे होते, चले ही क्यों जाते? इस दुनिया में हर इन्सान को उतना ही मिलता है, जितना उसके भाग्य में होता है। अब भगवान जैसे जिआएँगे, जिऊँगा। पर देखना, कल्लू की महतारी! शंकर चौबे के बिलश्त-बिलश्त भर के कीड़े पड़ेंगे, डमरुआ में ही सड़-सड़कर मरेगा। यह काना की हाय है, एक गरीब की हाय है जो उसे ज़रूर लगेगी। गरीब का सब कुछ चले जाने पर भी उसकी हाय उसी के पास बनी रहती है। इस दुनिया में मुझे न्याय भले ही न मिले, भगवान के यहाँ ज़रूर मिलेगा।" पत्नी ने कहा—"क्या इस बात की शिकायत ऊपर नहीं की जा सकती? तुम कल कन्नौज चले जाओ, किसी से एक क़ागज लिखवाकर किसी बड़े साहब को दे आओ। ऐसे क्या सब जगह अंधेर है? कोई न कोई, कहीं न कहीं, सुनेगा ही। सब जगह डमरुआ नहीं है।"

काना ने कहा—"कल्लू की महतारी! मैं तहसील के अन्दर कभी नहीं गया हूँ। पता नहीं, वहाँ कैसे साहब बैठते होंगे? जैसा सी.ओ. था वैसे ही साहब वहाँ भी होंगे। बामनों के साथ तहसील का हर साहब मिला हुआ है। बामनों से पार पाना बड़ा कठिन है। उनसे बड़ी ताक़त अभी इस दुनिया में नहीं है। इस दुनिया से उनकी ताक़त भगवान ही मिटा सकते हैं। कहीं सी.ओ. ने मुझे तहसील में देख लिया, हो सकता है, पुलिस बुला दे। सुना है, थाने में पुलिस वाले शराब पीकर रात भर पिटाई करते हैं। मैं चार डंडे भी न सह पाऊँगा, पहले ही मर जाऊँगा। फिर कलुआ और तुम्हारा क्या होगा? नहीं, मुझे नहीं मरना, मैं कहीं नहीं जाऊँगा।"

पत्नी ने समझाया—"तहसील जाने से डरते हो, मत जाओ, छज्जू के पास ही चले जाओ। छज्जू शंकर से और तहसील में साहबों से कहकर कुछ करवा सकते हैं।"

[2]

पत्नी के बहुत कहने पर काना छज्जू के पास चला गया। छज्जू ने काना की प्रार्थना सुनी, कहा—"इस मामले में शंकर से मैं कुछ नहीं कह सकता क्योंकि शंकर हमारी पार्टी के आदमी नहीं हैं। और दूसरे, इससे बमनन टोला में दरार पड़ सकती है। पार्टी और टोला, दोनों मामले एक साथ न होते, मैं ज़रूर तुम्हारी कुछ मदद करता।"

काना ने पूछा—"मालिक! डमरुआ में गरीब के लिए भी कुछ है कि नहीं? काशी के पास गया, उन्होंने कहा—यह नियम-कानून का मामला है।" आपके लिए यह पार्टी और टोला का मामला है। गरीब का भी कोई मामला होता है कि नहीं?"

छज्जू के पास काना के प्रश्नों का कोई उत्तर न था, अतः बात घुमाते हुए कहा—"पहले तुम यह बताओ, तुमने सी.ओ. को काटा क्यों था? सी.ओ. उसी दिन पुलिस में रिपोर्ट लिखाने जा रहा था, मैंने ही समझा-बुझा कर रोक दिया था। किसी ऑफीसर को कहीं ऐसे काटा जाता है?"

काना ने कहा—"मालिक! बहुत अच्छा रहता यदि सी.ओ. उस दिन रिपोट लिखा देता। मुझे थोड़े दिन के लिए डमरुआ के इतने सारे मामलों से फुर्सत मिल जाती। जेल डमरुआ से लाख दर्जा अच्छा होगा। वहाँ केवल एक ही मामला होगा 'कैदियों का मामला'। आपके पाँव पड़ता हूँ, अभी पुलिस बुला मुझे पकड़वा दीजिए। मैं सरकारी जेल जाना चाहता हूँ। मेरे लिए यह दुनिया खुद एक अतिभयानक जेल है, जिसमें सी.ओ. हैं, शंकर हैं। इस जेल में मैं और नहीं रहना चाहता। अपने कल्लू की मुझे कोई चिन्ता नहीं है, किसी प्रकार पल ही जाएगा। कोई नहीं मरता, सब पल जाते हैं। और मरेगा, मर जाएगा। डमरुआ में रहने से मरना अच्छा है।"

छज्जू ने बंदर-घुड़की दी—"जेल कभी नहीं गए हो इसलिए जेल बहुत अच्छा लग रहा है। एक बार अन्दर हो जाओगे, डमरुआ में कोई जमानत कराने वाला भी न मिलेगा। अपने पेड़ अब भूल जाओ। चकों के अदला-बदली की कोई गुंजाइश नहीं है। अभी दो-चार रुपए की ज़रूरत हो, उधार ले लो, जब मन करे लौटा देना।"

काना उठ खड़ा हुआ, छज्जू के पैर छू डमरुआ के लिए वापस चल दिया।

छज्जू ने आशीर्वाद दिया—"सदा सुखी रहो।"

16

शेर छाप कालीन

[1]

गणेश का स्वास्थ्य उत्तरोत्तर गिरता जा रहा था। ताई ने उन पर कई घरेलू नुस्खे आज़माए, कोई असर न हुआ, तब वैद्यजी की शरण ली। वैद्यजी ने सामान्य दुर्बलता समझ उनकी चिकित्सा शुरू की क्योंकि किसी भी रोग के लक्षण स्पष्ट न थे। वैद्यजी की दवाओं का भी कोई असर न हुआ। दुर्बलता बढ़ती गई, नौबत यह आ गई कि गणेश का चलना-फिरना भी दूभर हो गया। ताई के अनुरोध पर वैद्यजी गणेश को देखने जब-तब गणेश के घर आने लगे। हर बार वैद्यजी यही प्रतिज्ञा कर आते थे कि आज कोई न कोई रोग ज़रूर खोज निकालेंगे, खोज न पाते थे। ताई को वैद्यजी और उनकी औषधियों पर अगाध विश्वास था। उन्हें यह भी विश्वास था कि एक न एक दिन वैद्यजी गणेश की कमजोरी का कारण ज़रूर पता कर लेंगे।

एक दिन वैद्यजी के आने पर ताई ने कहा—"वैद्यजी! आज आप इनके शरीर की ठीक से जाँच कीजिए। आखिर ऐसा क्या हो गया है इनके शरीर में जो एक वैद्य की नज़र से बचा हुआ है? आपने इतने दिन वैद्यगी पढ़ी है, एक मरीज़ का एक छोटा-सा रोग नहीं खोज पा रहे हैं? एक बार रोग पता चल जाय, ठीक-ठिकाने से उसका इलाज करवाया जाय। देखो, इतने कमज़ोर हो गए हैं, शरीर में केवल हड्डियाँ ही बची हैं। कुछ भी खिलाती हूँ, शरीर में लगता ही नहीं।"

वैद्यजी ने एक बार फिर नये सिरे से पूरी जाँच शुरू की; कान में आला लगा गणेश का पेट दबा-दबा देखा, कई लम्बी साँसें खिंचवायीं, आँखें फैलवायीं, जीभ बाहर निकलवा देर तक आलाप करवाया, घुटनों के जोड़ बजा-बजा देखे, पैरों की त्वचा खरोंची, घड़ी मिला नाड़ी की चाल देखी, मल-मूत्र की दशाएँ पूछीं। कान से आला निकाल, जिस मोढ़े पर बैठे थे, उसे थोड़ा पीछे खिसका, गम्भीर हो बैठ गए। वैद्यजी को गम्भीर देख ताई-गणेश ने सोचा, लगता है वैद्यजी ने आज रोग खोज निकाला है। प्रसन्न हो ताई ने वैद्यजी

के लिए पानी पीने के लिए एक कटोरी में गुड़ और एक लोटा पानी ला दिया। वैद्यजी हाथ धो गुड़ खाने लगे।

[2]

डमरुआ चिकित्सालय के सरकारी वैद्य रतीराम दुबे आयु में चालीस से कम के ही रहे होंगे, कई साल पहले डमरुआ आए थे। डमरुआ उन्हें रास आ गया था, तय कर लिया था, डमरुआ से ही सेवा-निवृत्त हो जाएँगे। विवाहित थे, पत्नी-बच्चों को साथ नहीं रखते थे, महीने में एक बार, वेतन मिलने पर उन्हें देखने चले जाते थे। अपने खाने-पीने, रहने पर अपने वेतन की एक भी पाई खर्च नहीं करते थे, ज़रूरत भी न थी, उनका यह काम अन्य घरों से ही चल जाता था; जहाँ मरीज़ देखने जाते थे, आलू, आटा, दाल आदि किसी न किसी बहाने से माँग ले आते थे। कुछ ही दिन में लोग उनका स्वभाव जान गए थे, बिना माँगे ही घर में जो कुछ होता था, दे देते थे या वैद्यजी के घर पहुँचा देते थे। घर से याद आया, डमरुआ में वैद्यजी का कोई घर जैसा घर न था, चिकित्सालय भवन से लगी एक छोटी कोठरी–जिसमें बान की एक चारपाई, एक दरी, तेल पी हुई एक तकिया, किसी फौजी से खरीदा गया एक मोटा कम्बल, ज़ंग खाई टीन का एक संदूक, और खाने-पकाने के कुछ बर्तनों के अलावा कुछ न रहता था–में निवास करते थे। डमरुआ में वैद्यजी एकमात्र ऐसे प्राणी थे जो प्रतिदिन टेरालीन की क़मीज़ और टेरीकाट का पैंट पहनते थे। वैद्यजी अपने सरकारी चिकित्सालय में आयुर्वेदिक औषधियों के साथ कुछ अंग्रेज़ी दवाएँ–जिनसे उन्हें प्रतिदिन दो-चार रुपए की ऊपरी आमदनी हो जाती थी–भी रखते थे। किसी रोगी के आने पर प्रायः उनका पहला प्रश्न होता था–"सरकारी दवा या अंग्रेजी?" अन्तर भी समझा देते थे–"सरकारी दवा आठ दिन में अपना असर दिखाएगी, ठीक होने में महीनों लग जाएँगे। अंग्रेज़ी दवा, इधर खाई उधर घोड़ा।" दूसरा प्रश्न होता था–"गोली या सुई?" दस पैसे दे, सरकारी दवा खा, महीनों खटिया सेंकी जाय, या एक रुपया दे, अंग्रेज़ी सुई लगवा, कल ही घोड़ा हो जाया जाय, इन दो विकल्पों में से किसी एक का चुनाव रोगी को करना ही पड़ता था। सरकारी दवाओं के नाम पर उनके पास–द्राक्षासव, कुमारी आसव, लवण भास्कर चूर्ण, चन्द्रप्रभा वटी आदि–कुछ ही दवाएँ रहती थीं। अंग्रेज़ी दवाओं में एनॉलजीन, नोवलजीन, एनॉसिन, वेरालगान, सेप्ट्रान और डाइक्रस्टासीन की सुई आदि वैद्यजी की प्रिय दवाएँ थीं। इन दवाओं के नाम डमरुआ का बच्चा-बच्चा जान गया था। वैद्यजी दवा उधार भी देते थे, लेकिन उधारकर्ता द्वारा, बताए दिन, उधार न चुकाए जाने पर उधारकर्ता के घर पहुँच जाते थे, और वहाँ से तब तक न हटते थे जब तक पैसे या बदले में और कुछ वसूल न लेते थे। इतना होने पर भी पूरा डमरुआ वैद्यजी का आदर करता था; हर शादी-विवाह में उन्हें आमन्त्रित किया जाता था, हर अवसर पर

उनका सम्मान किया जाता था। पुण्य का काम माना जाता था, वैद्यजी को बुलाना-खिलाना। निर्धन परिवारों का एकमात्र आसरा वैद्यजी ही थे। बीमार होने पर भी जो, दवा पर, एक बार में दस पैसे से अधिक खर्च नहीं कर सकते थे, वैद्यजी की ही शरण में जाते थे। ऐसे रोगी भली भाँति यह बात जानते थे कि वैद्यजी की दवाओं से उन्हें कोई लाभ होने वाला नहीं है, तथापि संतुष्ट रहते थे कि वे वैद्यजी के पास नियमित जा रहे हैं, वैद्यजी उनकी नाड़ी देख रहे हैं, और वे सरकारी दवाएँ खा रहे हैं। वैद्यजी भी जानते थे कि दस पैसे वाली दवा से रोगी ठीक नहीं होगा, तथापि संतुष्ट रहते थे, रोगी मेरे पास आ रहा है, मैं उसके नाम की पर्ची काट रहा हूँ, सरकारी रजिस्टर पर उसका नाम लिख रहा हूँ, दवा दे रहा हूँ। वैद्यजी की दवा खाते-खाते मरने वाले रोगी के सगे-संबंधियों के मन में इस बात का कोई मलाल नहीं रह जाता था कि उन्होंने मरने वाले की दवा नहीं करा पाई। रोगी का ठीक होना या न होना, भगवान के हाथ में होता है, वैद्य के नहीं—वैद्यजी की इस बात में पूरी आस्था रहती थी।

[3]

गुड़ निपटा, पानी पी, एक लम्बी डकार ले वैद्यजी बोले—"गणेश जी! आप उठकर बैठिए, खुश हो जाइए, बीमार नहीं हैं। मेरे अनुसार आपको कोई बीमारी नहीं है।"

वैद्यजी के इस रहस्योद्घाटन से न ताई प्रसन्न हुईं, न गणेश। यह बात वैद्यजी पहले भी कई बार कह चुके थे। यही कहना था, पहले ही कह देते, इतनी देर प्रतीक्षा क्यों करवाई?

वैद्यजी ने पुनः कहा—"मैं सरकारी वैद्य हूँ इसलिए हो सकता है आपको मेरी बात का विश्वास न हो। ऐसा कीजिए, एक दिन कानपुर जाकर किसी नामी-गिरामी डॉक्टर को दिखा आइए। मैं शर्त रखता हूँ, वह भी आपसे यही बात कहेगा, पर उससे आपके मन को संतोष हो जाएगा। मुझे लगता है गणेश जी! आपने अपने मन में कोई वहम पाल रखा है। दुनिया में रोगों के इलाज तो हैं, वहम का कोई इलाज नहीं है, हकीम लुकमान के पास भी नहीं था।"

ताई ने कहा—"वैद्यजी! ऐसी बात नहीं है, हमें आप पर पूरा भरोसा है। मुझे भी लगता है, इन्हें कोई बीमारी नहीं है। अब आपसे क्या छिपा है? आप हमारा सारा किस्सा जानते ही हैं। मेरे साथ विवाह कर लेने से, बमनन टोला इन्हें बिरादरी से बाहर निकाल देगा, ऐसा इन्होंने नहीं सोचा था। बड़े भाई ने बिट्टो के विवाह तक में नहीं पूछा। इन सब कारणों से इन्हें घर से निकलने में भी शर्म लगने लगी है। दिन भर मुँह औंधाए पड़े रहते हैं, किसी से मिलते-जुलते भी नहीं। मैं रोज़ इनसे कहती हूँ, थोड़ी देर के लिए बाहर घूम आया करो, सुनते ही नहीं। क्या करूँ? जो हो गया, सो हो गया, जिन्दा तो रहना ही पड़ेगा।"

वैद्यजी ने कहा—"समस्या जिन्दा रहने की नहीं, कैसे जिन्दा रहा जाय की है। गणेश जी जैसे जिन्दा रहना चाहते हैं, नहीं रह पा रहे हैं, दुखी हैं। मेरा मानना है, प्रत्येक व्यक्ति को अपने जीवन में हर काम बहुत सोच-समझ कर करना चाहिए, बाद में किये पर पछताना नहीं चाहिए। यदि गणेश जी ने सोच-समझ कर आपसे विवाह किया था, तब उन्हें किसी की परवाह नहीं करनी चाहिए, न बमनन टोला की, न डमरुआ की। जो हो गया, उसे मिटाया नहीं जा सकता, पर जिन्दा रहा जा सकता है, अपनी शर्तों पर। बमनन टोला आपके विवाह को केवल इसी आधार पर अनुचित मानता है कि उनके यहाँ ऐसा पहले कभी नहीं हुआ था। जो पहले कभी नहीं हुआ, वह हर काम अनुचित ही होगा, मैं ऐसा नहीं मानता। प्रत्येक कार्य के उचित या अनुचित होने का निर्णय, देश-काल परिस्थिति को ध्यान में रखकर किया जाना चाहिए। संसार में ऐसे बहुत से काम हैं जो पहले नहीं हुए थे, अब हो रहे हैं, वे क्या सब अनुचित ही हैं? मेरी राय है कि आप दोनों अपनी अन्तरात्मा से पूछिए कि आपने जो किया है, वह उचित है या अनुचित? यदि उचित, टोला का डटकर मुकाबला कीजिए, और सिद्ध कर दीजिए कि हम गलत नहीं थे। समाज अपरिवर्तनीय नहीं है। उसे भी बदला जा सकता है, अपनी शर्तों पर।"

गणेश दुर्बलता के कारण देर तक नहीं बैठ सकते थे, लेट गए, कहा—"वैद्यजी! विवाह मैंने सोच-समझकर ही किया था। मेरा मन एकदम साफ है। परन्तु मेरे प्रति टोला वालों के बदले रुख ने मेरे मन पर एक ऐसा अपराध-बोध लाद दिया है कि मैं उसके नीचे दबता जा रहा हूँ।"

वैद्यजी ने कहा—"अब आ गया है मेरी समझ में आपकी अस्वस्थता का कारण। अपराध-बोध आपकी समस्या है। उतार फेंकिए इस आरोपित भार को। यह आपका नहीं, टोले का भार है। यह भी ध्यान रखिए, समाज के लोग कभी-कभी संस्कृति, परम्परा और सामाजिक नियमों का अस्त्र के रूप में भी प्रयोग करते हैं। आगे बढ़ने का प्रयास कीजिए अकेले ही, जैसे नदी में तैरने वाला हाथ-पैर मार खुद ही नदी पार करता है। मत पड़े रहिए, सदा समाज के ही चक्कर में, अन्यथा, एक दिन डूब जाएँगे उसी में, अपने इस बहुमूल्य जीवन के साथ। अपनी उपयोगिता सिद्ध करने का प्रयास कीजिए। समाज के लोग व्यक्ति की उपयोगिता के अनुसार ही उसके साथ व्यवहार करते हैं। ज़ंग खाया जहाज सागर से निकाल तट पर फेंक दिया जाता है, ज़ंग खाये व्यक्ति को भी कोई नहीं पूछता। संयोग से आप आज के दिन दस-बीस हजार के आसामी होते, विवाह क्या, कुछ भी कर डालते, फिर भी, टोला आपको सिर पर उठाए घूमता। यही छज्जूराम, और यही आपके बड़े भाई, पंक्ति में सबसे आगे खड़े हो, विवाह पर आपको बधाई देते। जो समाज के नियमों को धता बताता है, उसके लिए समाज के नियम शिथिल कर दिए जाते हैं। धनवान समाज को जूते की नोक पर रखता है—क्योंकि उसे समाज की ज़रूरत नहीं होती, समाज को

उसकी ज़रूरत होती है—अतः उस पर सब नियम लागू नहीं होते। गरीब को समाज की ज़रूरत होती है, इसलिए उस पर एक-एक नियम कस कर लागू किया जाता है। धनवान नियमों का पालन करे तो यह उसकी उदारता है, और गरीब करे तो उसका कर्तव्य। डमरुआ में ही देख लीजिए, शंकर ने सी.ओ. को चार पैसे खिला, काना का खेत अपने चक में मिला लिया। शंकर का यह कार्य अनुचित था, फिर भी, किसी ने शंकर का विरोध नहीं किया, जानते हो क्यों, क्योंकि शंकर काना से कहीं अधिक उपयोगी हैं। काना को गुस्सा आया, सी.ओ. को काट लिया, आगे कुछ हुआ? नहीं। इसलिए, गणेश जी! समाज में हार-जीत का खेल रोज़ होता है। कभी हम हारते हैं, कभी हम जीतते हैं। हमें हराने वाला, हमारी ही दुर्बलताओं को सीढ़ी बना, पैर रख आगे बढ़ जाता है। वास्तव में हमीं उसे जिताते हैं। 'जिसकी लाठी उसकी भैंस' वाली कहावत सुनी होगी आपने। इस कहावत का एक अर्थ यह भी हो सकता है कि हम वही पाएँगे जो पाना चाहेंगे, हम वही पाना चाहेंगे जिसकी हमारे अन्दर योग्यता-शक्ति होगी, हमारे अन्दर योग्यता-शक्ति उतनी ही होगी, जितनी हम अपने प्रयासों से अपने अन्दर उत्पन्न करेंगे। मैं पुनः कहता हूँ, जिन्दा रहने के लिए टोले को अपनी वैशाखी मत बनाइए। एक बार खुद भी तो जी कर देखिए, अपनी शर्तों पर।"

वैद्यजी बोलते रहे, गणेश सो गए। वैद्यजी ने एक बार और गणेश की नाड़ी की चाल देखी, कहा—"दुर्बलता अधिक है। ताक़त की एक ऐसी दवा लिख देता हूँ, जिसे पीकर गणेश जी चार दिन में ही दौड़ने लगेंगे, कन्नौज से मंगवा लीजिएगा। नियमित दूध पिलाइए, हरी सब्जियाँ खिलाइए।" अपना झोला बंद कर वैद्यजी जाने के लिए तैयार हो गए।

"वैद्यजी! थोड़ी देर और बैठिए। मैं आपके लिए गर्म-गर्म पूड़ियाँ सेंक देती हूँ, खाकर चले जाइएगा। घर में जाकर अपने खाने के लिए आपको कुछ बनाना ही पड़ेगा। तब तक, ये भी झपक कर उठ जाएँगे, आपके साथ भोजन कर आज भर के लिए खुश हो जाएँगे। बेचारों ने पता नहीं कितने दिन से किसी के साथ भोजन नहीं किया है," ताई यह कह, रसोई की ओर जाने लगीं।

वैद्यजी को इस बात की कतई आशंका न थी कि बंगालिन ताई उनसे भोजन करने के लिए कहने लगेंगी। ताई का प्रस्ताव सुन उनके अन्दर का ब्राह्मण अचानक जाग उठा, सोचा, कैसे साहस हो गया इस स्त्री का, मुझसे भोजन करने के लिए कहने का? मैं क्या कोई गिरे दर्जे का ब्राह्मण हूँ? अपना थैला उठा, बाहर निकलते हुए कहा—"उसकी कोई ज़रूरत नहीं है। आप व्यर्थ परेशान मत होइए। गणेश जी का ध्यान रखिए, स्वास्थ्य ठीक नहीं है। आपके यहाँ गुड़ खा लिया वही बहुत है। आपसे मेरी एक प्रार्थना है, किसी को बताइएगा नहीं कि मैंने आपके यहाँ गुड़ खाया था। ऐसी बातें बहुत जल्दी फैल जाती हैं। कहीं यह बात मेरे गाँव तक पहुँच गई, मैं कहीं का नहीं रहूँगा।"

वैद्यजी चले गए। ताई घर की चौखट से धोख लगाए खड़ी, उन्हें जाता देखती रहीं दूर तक।

[4]

गणेश-ताई सालों छज्जू के निर्णय की प्रतीक्षा करते रहे। छज्जू उस बीच कई बार डमरुआ आए पर गणेश की बात कभी न चलाई। ताई अपना मन समझाने के लिए गणेश को कानपुर के डॉक्टरों को भी दिखा लाईं, कोई फायदा न हुआ, बीमारी का पता न लग सका। वैद्यजी ने भी जवाब दे दिया, क्या करते, थक गए थे, झूठा आश्वासन देते-देते।

एक दिन डमरुआवासियों की नींद ताई का हाहाकार रोदन सुन टूटी। ब्राह्ममुहूर्त का समय था, पड़ियाइन चाची अपने कुएँ से पानी भर रही थीं। रोने की आवाज सुनते ही ताजी भरी बाल्टी नाली में पलट दी। बाल्टी माँजी, दुबारा भरी। कुएँ की मुड़ेर पर बैठ बड़बड़ाने लगीं—"मुझे मालूम था, गाँव में कुछ होने वाला है, मेरी बिलइया तीन-चार रातों से लगातार रो रही थी। मेरी बिलइया सच्ची की बिलइया है, उसे यम-दूत कई दिन पहले से ही दिखाई पड़ जाने लगते हैं। मेरी बिलइया का रोना आज तक कभी छूँछा नहीं गया।" तभी छप्पर पर बैठी बिल्ली ने अपनी प्रशंसा सुन 'म्याऊँ' की। चाची ने ताली पीट डाँटा—"हुस् मुँहजली! चुप हो जा, अब क्या पूरे डमरुआ को एक साथ खाएगी।" चाची को जैसे ही पता चला कि गणेश मर गया है, ठंडी साँस ले कहा—"अच्छा हुआ, मर गया बेचारा, आखिरी बार। सरग-नरक सब यहीं है। सबको अपने किये की सज़ा यहीं भुगतनी पड़ती है। वह भी बेचारा चला गया भुगत कर अपने हिस्से की सज़ा।" चाची को याद आया, बिट्टो की शादी वाले दिन गणेश कैसे डमरुआ भर में घूम-घूम कहता फिर रहा था, "मुझे भौजी पूछ रही होंगी," जबकि उसे किसी ने नहीं पूछा था। चाची की आँखें नम हो गईं, धोती के खूँट से पोंछ लीं, छप्पर पर बैठी बिल्ली की ओर देखते हुए कहा—"उतर रंडी नीचे, तुझे दूध पिलाऊँ। मेरे मरने की खबर, तू मुझे कम से कम आठ दिन पहले ज़रूर दे देना।"

गणेश के भाई ने भी किसी का रोना सुना। कौन रो रहा है? पता करने, घर से बाहर निकले, दबे पाँव गणेश के घर के पास गए। ताई रो-रो कह रही थीं—"मुझे अकेला छोड़ चले गए। क्या इसी दिन के लिए ब्याह कर लाए थे?" समझ गए, गणेश मर गया है। लौट आए, अभी पूरी तरह सवेरा नहीं हुआ था, लोग चल फिर नहीं रहे थे, घर के दरवाज़े बन्द कर लिए।

बिट्टो की अम्मा भी उठ गई थीं, पनारे पर बैठ रात के खाने के बर्तन माँजने लगी थीं। पत्नी के पास जा धीरे-से कहा—"बिट्टो की अम्मा! सुनती हो! गणेश मर गया है।"

बिट्टो की अम्मा ने एक कटोरी माँज झम्म से बर्तनों में फेंकते हुए कहा—"मरने दो निखट्टू को, हम लोगों से उसका क्या लेना-देना था?"

बिट्टो के बापू पनारे के पास ही एक ईंट पर, उदास हो बैठ गए, कहा—"फिर भी, आखिर था तो हमारा छोटा भाई ही।" थोड़ी देर चुप बैठे रहे, अचानक एक बार ज़ोर से अपना सिर झटका, मानो भाई के सम्बन्ध के बोझ को सिर से उतारकर फेंक रहे हों, कहा—"पर, पर, एक तरीके से, बिट्टो की अम्मा! तुम सही ही कह रही हो, हम लोगों से उसका क्या लेना-देना था? क्या बताऊँ? आज मुझे एक बहुत ज़रूरी काम से कहीं जाना था। उस साले को भी आज ही मरना था। कल मर जाता, परसों मर जाता, क्या बिगड़ जाता उसका? लाज-शर्म के मारे अब उसके साथ गंगा जी तक जाना ही पड़ेगा।"

बिट्टो की अम्मा ने पत्थर से भाँय-भाँय कड़ाही रगड़ते हुए कहा—"बिट्टो के बापू! तुम अभी चुपचाप घर में बैठो। ठीक से सवेरा हो जाने दो। गाँव वालों को क्या पता हमने उसके मरने की जानी कि नहीं। मैं बर्तन धो तुम्हारे लिए चार पराँठे सेंक देती हूँ। घर से भरपेट खाकर निकलो। मुर्दे के साथ गंगा जी तक आने-जाने में पूरा दिन लग जाता है।"

बिट्टो की अम्मा ने जल्दी-जल्दी बर्तन धोये, घर में झाड़ू लगाई, चूल्हे की राख फेंकी, चौका पोता और अपने ऊपर दो लुटियाँ पानी डाल चूल्हा जला दिया। आँटा माँड़ते हुए बड़बड़ाने लगीं—"राँड रो तो ऐसे रही है जैसे सगा खसम मर गया हो। रंडियाँ रोने में खूब माहिर होती हैं। कैसे रमल कर-कर रो रही है। रोये भी क्यों न, मौका जो मिला है सबको दिखाने का कि ताई कितनी सती-सावित्री हैं। मेरा बस चले, बदचलन को झोंटा पकड़ आज ही डमरुआ से बाहर निकाल फेंकूँ।"

बिट्टो के बापू ने निश्चिन्त हो चौके में बैठ भरपेट पराँठे खाये। खटिया पर लोट लगा, पराँठे ठौर-ठिकाने बिठाए, क़मीज़ पहनी। क़मीज़ की जेब में हाथ डाला, बीस रुपए थे, पत्नी से पूछा—"बिट्टो की अम्मा! क्या कुछ रुपए साथ लेता जाऊँ? ज़रूरत पड़ सकती है।"

बिट्टो की अम्मा ने चूल्हे पर से गर्म तवा उतार धाँय से चौके के एक कोने में फेंकते हुए कहा—"पैसों की वहाँ क्या ज़रूरत होगी? यदि हो भी, उसी कलकत्ते वाली रंडी से खर्च करवाना। कौन जान पाएगा, तुमने खर्च किये कि उसने? लेना एक, न देना दो, मरे वह, खर्च करें हम।" फिर चौके से बाहर निकल कहा—"बिट्टो के बापू! ध्यान रखना मुर्दे से दूर ही रहना। पता नहीं, कौन-सी बीमारी थी मरे को?"

बिट्टो के बापू ने जेब से रुपए निकाल आरे में रख दिए, अन्य जेबें भी टटोल कर देख लीं, कहा—"वैसे तुम बात सही कह रही हो, जेब में रुपए रहेंगे, भाईपने के जोश में आ मैं कहीं न कहीं खर्च ही कर बैठूँगा। घर में एक-एक पैसे की तंगी रहती है, बीस रुपए की शक्कर खरीदूँगा, घर में महीने भर चलेगी। तुम बेफिकर रहो, मुर्दे से दूर ही रहूँगा, मुझे कौन मरना है।"

गाँव के लोग एक-एक कर गणेश के दुआरे आते जा रहे थे। गणेश की भूरि-भूरि प्रशंसा की जा रही थी। गणेश के भाई का भी मन नहीं माना, कहा—"वैसे तुम लोग बात सही कह रहे हो। था वह बहुत सज्जन इन्सान। मेरी हमेशा इज़्ज़त की उसने, कभी ऊँची आवाज में नहीं बोला। भगवान की मर्ज़ी के आगे किसकी चलती है। मरने के लिए कुछ न कुछ बहाना तो चाहिए ही। ऐसा सच्चा इन्सान सीधे स्वर्ग जाता है। सुबह से मेरे हाथ-पैर ढीले हो गए हैं, समझ में नहीं आता, क्या करूँ?"

बिट्टो की अम्मा भी पराँठे खा, बच्चों को घर में बंद कर आ गईं, दहाड़ मार रोईं—"हाय मेरा हीरा जैसा देवर, हाय मेरा...।" अन्य महिलाओं ने उन्हें सँभाला—"बिट्टो की अम्मा! धीरज धरो, मन को समझाओ, होनी को कौन टाल सकता है? भगवान के आगे किसकी चलती है? ज्यादा मत रो, तुम्हारी तबीयत खराब हो जाएगी।"

उसी समय ताई शव के पास से उठकर अन्दर के कमरे में चली गईं। अन्य महिलाएँ आश्चर्य से एक-दूसरे को देखने लगीं, यह अन्दर क्या करने गई है? कहीं कलकत्ता जाने की तैयारी तो नहीं कर रही है? वापस आ ताई ने खूँटे पर से शेर-छाप कालीन उतारी, घर से बाहर आ गईं, जहाँ पुरुष बैठे थे। गणेश के भाई के हाथ पर इक्यावन रुपए और ज़मीन पर कालीन रख कहा—"मरने से पहले उन्होंने कहा था—मेरे मरने के बाद कालीन भइया को दे देना, बाप-महतारी की निशानी है, इस पर उनका हक अधिक है, बड़े हैं। इक्यावन रुपए बिट्टो के कलेवा के लिए निकाले थे, बिट्टो को भिजवा देना।" गणेश के भाई के हाथ इक्यावन रुपए पकड़े, अनायास काँपने लगे।

ताई घर के अन्दर वापस जाने लगीं। गणेश के भाई कुछ सँभले, रुपए जेब में डाल लिए, पूछा—"और अम्मा की चाँदी की हँसुली?"

ताई ने बिना मुड़े ही कहा—"उसे बेच पक्का कमरा बनवा लिया था।"

ज़मीन पर रखी कालीन में लिपटे भयानक शेर का दम घुटा जा रहा था।

गणेश की अन्तिम इच्छा मृत्यु के बाद पूरी हो गई, ब्राह्मणों के कंधों पर सवार हो गंगा जी चले गए। शव पर ताई की ओर से पाँच-दस पैसे के सिक्के उछाले गए। पूरब टोला के बच्चों ने रास्ते की धूल छान-छान, वे सिक्के कई दिन तक बीने। वैद्यजी ने अपने चिकित्सालय के सामने खड़े हो, भावुक हृदय से गणेश को विदाई दी, कहा—"जियत न देइं कौरा, मरे डुलावइं चौरा।" वैद्यजी ने चिकित्सालय के 'रोगी रजिस्टर' में सालों से चले आ रहे गणेश के नाम के आगे लिख दिया—"रोगी गणेश चौबे। मृत्यु दिनांक... रोग—अपराध-बोध।"

17

मथनी की गड़र-गड़र

[1]

किसुन के घर की दशा ककुआ की मौत के साथ ही सभी प्रकार से बिगड़ गई। मंगा पकड़ा गया, जेल चला गया। मंगा की पत्नी अपने बच्चों को ले अपने मायके चली गई। जाते समय अपने कमरे के दरवाज़े की कुंडी रस्सी से बाँध गई; चौखट की देहरी सड़कर नीचे धँस गई थी, कुंडी बंद नहीं हो सकती थी, ताला नहीं लग सकता था। एक टूटी खटिया चूल्हे के ऊपर औंधा गई, यदि कभी लौटी चूल्हे की ज़रूरत पड़ेगी। घर का मंगा वाला हिस्सा अचानक सूना हो गया, जिसे देख लगता था, मानो घर के एक अंग को लकवा मार गया हो। घर के दूसरे हिस्से में बचे थे, अम्मा, किसुन, सस्सुती, चैतू, और उनका कुत्ता। घर के आँगन की नाली की ईंटें अब प्रायः सूखी रहती थीं, क्योंकि वहाँ बहुत बर्तन नहीं धुलते थे, न ही बार-बार पानी भर कर लाया जाता था। घर के बाहर चौतरे के एक कोने में कुत्ता अपने पैरों में मुँह छिपा, गुड़ीमुड़ी हो वैसे ही बैठता था, सोता रहता था। चौतरे पर चारपाई वैसे ही बिछी रहती थी, उस पर बैठता कोई शायद ही था। दीवार पर चींटियाँ एक-दूसरे के घर वैसे ही आती-जाती रहती थीं। दीवार पर का खून पुलिस वाले खरोंच ले गए थे, एक लहरीदार खरोंच तब से अब तक नीचे की ओर जा रही थी। धूप छप्पर से छनकर चौतरे पर रोज़ वैसे ही आती थी। लेकिन, लेकिन अब सस्सुती और चैतू छप्पर में बैठ नहीं खेलते थे। चैतू सस्सुती की चोटी अब नहीं खींचता था। सस्सुती चैतू को अब नहीं मारती थी। चैतू अब ठुनगिया के आसपास नाच-नाच कुछ भी नहीं गाता था। अम्मा अब सिमई नहीं बटती थीं। दरवाज़े पर का बैल अब नहीं था। उसका खूँटा अभी भी था, ज़मीन पर उसके खुर के निशान भी थे। बैल ने, अन्तिम दिन, जो चारा खाया था, छोड़ा था, उसमें से कुछ हवा अपने साथ उड़ा ले गई थी, कुछ चन्नी के किनारों से वैसा ही चिपका था। अम्मा ने दो सौ रुपए में बेच दिया था बैल। कचहरी, तारीख पर जाने के लिए पैसे जो चाहिए थे। जाते समय बैल ने आगे बढ़ने से मना कर दिया था, अपने पैर ज़मीन पर अड़ा लिए थे, उसकी आँखों की काली कोरों से आँसू बह चले थे।

अम्मा ने उसके पास जा, उसके सिर को अपनी छाती से लगा, माथा सहलाते हुए कहा था—"किसुन के ककुआ जिंदा होते, कभी न बेचती तुम्हें। मजबूरी में बेच रही हूँ। जाओ, चले जाओ, ये लोग तुम्हें ठीक से रखेंगे, अच्छा खिलाएँगे। मेरे यहाँ क्या मिलता था तुम्हें? रूखा, सूखा भूसा।" जब किसुन, सस्सुती और चैतू ने भी उसकी पीठ सहलाई थी, चला गया था वह। एक बार फिर मुड़कर देखा था उन सबकी ओर, मानो कह रहा था—"...।"

किसुन की पढ़ाई बंद हो गई, स्कूल जाना, जिन्दा रहने के लिए अति आवश्यक कार्यों में से एक नहीं था। ककुआ के मरने के बाद, किसी ने, किसुन से स्कूल जाने के लिए कहा नहीं था, वह भी गया नहीं था, पहले एक दिन, फिर एक सप्ताह, और फिर एक महीना, महीनों। साइकिल की अब कोई ज़रूरत नहीं रह गई थी। बेचने की बहुत कोशिश की, अम्मा ने नहीं बेचने दी, औने-पौने दामों में माँगते थे सब। आँगन के एक कोने में टिका दी गई थी। पहियों की हवा कब की निकल चुकी थी, घंटी चमगादड़ की भाँति उल्टी हो लटक गई थी, गद्दी पर मनों धूल जम गई थी। घरवाले, साइकिल के हर अंग का प्रयोग किसी न किसी उद्देश्य से करने लगे थे; हेंडिल पर पानी भरने वाली रस्सी टाँगी जाती थी, कैरियर पर कूड़ा फेंकने वाली डलिया रखी जाती थी, पहियों की तीलियों में झाड़ू फँसाई जाती थी, और बचे हुए अंगों पर चौके का पुतना सुखाया जाता था।

अम्मा और सस्सुती के लिए, दिन भर घर में बैठे रहने के अलावा, अन्य कोई काम नहीं रह गया था। काम होता भी क्या, नियमित भोजन बनता नहीं था, चौका काला होता नहीं था। चूल्हा अधिकांश समय अपना सफेद मुँह फैलाए पड़ा रहता था, उसे खाने को आग जो नहीं मिलती थी। रोटी अब तभी बनायी जाती थी, जब सब खूब भूखे होते थे। घर का बचा-खुचा अनाज पूरा का पूरा पिसा लिया गया था, चुकता जा रहा था। जब भी रोटी बनती थी, किसुन और चैतू एक ही थाली में खाने बैठते थे। थाली में आखिरी रोटी बचने पर किसुन चैतू की ओर, और चैतू किसुन की ओर खिसकाता था "तुम खा लो, तुम खा लो, मेरा पेट एकदम भर गया है।" अन्ततः किसुन अपने बड़े होने का धर्म निभाते हुए "मेरा पेट बहुत भर गया है" कहते हुए उठ जाता था। चैतू बची हुई रोटी जल्दी-जल्दी खा डालता था। चैतू को रोटी खाते देख, खुद थोड़ा भूखा रह जाने पर भी, किसुन के मन को बहुत संतोष मिलता था। चैतू को अब मक्के की रोटी से कोई शिकायत नहीं रह गई थी। एक दिन उसने रोटी खाते-खाते अम्मा से पूछा था—"अम्मा! क्या मिट्टी की रोटी नहीं बनायी जा सकती? दुनिया में इतनी मिट्टी है, फिर सब कोई भर-भर पेट खाता। तुम एक दिन बना कर देखो, गर्म-गर्म, नमक के साथ खाने से शायद अच्छी लगे।"

सस्सुती को अपनी चप्पलों के खराब होने, टूटने की कोई परवाह नहीं रह गई थी। जिन चप्पलों को झाड़-पोंछ कमरे के अन्दर रखा करती थी, वही अब आँगन में साइकिल के पास धूप में पड़ी-पड़ी ऐंठा करती थीं। सस्सुती को अपने कपड़ों की भी कोई चिन्ता नहीं रह गई थी, नया सलवार-कुर्ता नहीं चाहिए था उसे अब। पैंट किसुन को भी नहीं,

हॉफ पैंट चैतू को भी नहीं, और अम्मा को नई साड़ी भी नहीं चाहिए थी। किसी को कुछ भी नहीं चाहिए था, अब।

किसुन ने अपनी किताबें आधे-तिहाई दामों पर गाँव के अपने सहपाठियों को बेच दीं। इतिहास की किताब फटी थी, किसी ने नहीं खरीदी। अच्छा हुआ, इतिहास खरीद भी कौन सकता है? वह किताब चैतू के काम आई। चैतू ने उस किताब के चित्र काट-काट कमरे के किवाड़ पर चिपका दिए। चैतू किवाड़ पर पहले से चिपका 'प्रयाग साड़ी भण्डार' का चिप्पा–जिसमें एक स्त्री लाल रंग की साड़ी पहने खड़ी थी। उसकी साड़ी का लाल रंग धुँए से काला हो गया था–उचेल कर फेंक देना चाहता था, अम्मा ने रोक दिया। उस चिप्पे को देख अम्मा को याद आती रहती थी कि वे कभी ककुआ के साथ कन्नौज जाकर एक नई साड़ी लाई थीं। चैतू ने किवाड़ पर कई चित्र चिपकाए थे; एक चित्र ऊँचे खम्भों वाले एक गोल मकान का था–चैतू को वह मकान बहुत अच्छा लगा था, उसने किसुन से पूछा–"इस घर में, इतने बड़े में कौन रहता है?"

किसुन ने समझाया–"बुद्धू! यह किसी का घर थोड़े ही है, 'संसद भवन' है। देखो नीचे लिखा है। यह हमारा 'संसद भवन' है, पर इसके खम्भे अंग्रेजों के हैं।"

चैतू ने फिर पूछा–"संसद क्या गोल होता है? यह गोल क्यों बनाया गया है?"

किसुन ने कहा–"एक बार मास्टर साहब ने कक्षा में बताया था, गोल चीज का कोई आदि-अन्त नहीं होता। शायद, इसीलिए यह गोल बनाया गया होगा।"

एक चित्र में गांधीजी अपनी लाठी लिए, लपकते, नमक बनाने चले जा रहे थे। एक में सुभाषचन्द्र बोस 'आजाद हिन्द फौज' की सलामी ले रहे थे। एक में लोकमान्य तिलक गीता रहस्य लिख रहे थे। एक में लार्ड माउण्टबेटन भारत को अँगूठा दिखा रहा था, भारत से विदा ले रहा था। एक में मदन मोहनमालवीय 'बनारस हिन्दू विश्वविद्यालय' के लिए चन्दा माँग रहे थे। और एक में सरदास पटेल हैदराबाद के निज़ाम को हुक्म भेज रहे थे।

चैतू को उस किताब में भगवान की एक भी फोटो नहीं मिली, किसुन से पूछा–"इस किताब में भगवान की फोटो क्यों नहीं है?"

किसुन ने बताया–"इतिहास में भगवान की फोटो नहीं होती। एक बार मास्टर साहब ने बताया था, भगवान नया इतिहास बना तो सकते हैं, पर बने हुए इतिहास को बदल नहीं सकते। यही एक काम है, जो भगवान के बस का नहीं है। शायद, इसीलिए इतिहास की किताब में भगवान की फोटो नहीं रखी जाती होगी।"

अम्मा प्रतिदिन निरर्थक ही पूरे गाँव का एक चक्कर मार आतीं थीं। उन खेतों को, जिन्हें बलवान ने कभी अपने हल से जोता था, देख आती थीं। खेत में जुताई की वे लकीरें अभी भी पूरी तरह नहीं मिटी थीं। काशी चौबे के उन बैलों को भी देख आती थीं, जिनकी पीठ पर हाथ रखकर बलवान ने कभी हल में चलाया था। सबके लिए, सब कुछ वैसा ही था–कुओं में पानी, हवा की साँय-साँय, दिन में सूर्य, रात में चाँद और तारे, मंदिर में

घंटे की आवाज, लोगों की आवाजाही, शिशुओं का रोदन और किलकारियाँ, ग्रामवासियों की कलह, हर्ष और विषाद, और भी सब कुछ। अम्मा के लिए कुछ भी वैसा ही नहीं था, ककुआ नहीं थे। अम्मा घर वापस आ, थक कर ऐसे बैठ जाती थीं, जैसे बहुत काम कर आई हों। शरीर उनका भले ही बहुत काम नहीं कर पाता था, पर मन उनका, उतनी देर में सालों-साल पीछे जाकर लौटता था, थक जाता था। दिन बीतने के साथ कष्ट कम-सा होने लगा था। वास्तव में कष्ट कम नहीं होने लगा था, सहने की क्षमता बढ़ गई थी। समय के साथ हमारे कष्ट भी हमारे जीवन का एक हिस्सा बन जाते हैं।

[2]

एक दिन, सिपाही आर.पी. सिंह डमरुआ आकर अम्मा के नाम का अदालत का एक सम्मन दे गया।

किसुन ने सम्मन पढ़कर बताया—"अगले महीने की पन्द्रह तारीख को ककुआ के क़तल की गवाही देने, फतेहगढ़ कचहरी जाना है।"

अम्मा नहीं जानतीं थीं, गवाही कैसे दी जाती है? सोचा, अधिक से अधिक क्या होगा, वही कहना पड़ेगा, जो देखा था। अम्मा इससे पहले कभी कचहरी नहीं गई थीं। कचहरी क्या? फतेहगढ़ तक भी नहीं गई थीं। कभी ऐसा कोई काम ही नहीं पड़ा था। ककुआ होते आज भी उन्हें न जाने देते।

किसुन ने अम्मा को ढाढ़स बँधाया—"तारीख वाले दिन मैं भी तुम्हारे साथ चलूँगा। तुम अकेले फतेहगढ़ नहीं पहुँच पाओगी।"

दो जने का बस का किराया ध्यान में रख, अम्मा अकेले ही जाना चाहती थीं। अम्मा ने तारीख पर जो कुछ कहना था, उसे कई दिन पहले से ही रट लिया था। किसुन ने भी बयान रटने में अम्मा की मदद की थी।

पन्द्रह तारीख को दस बजे कचहरी पहुँचना था। अम्मा और किसुन सात बजे ही सड़क पर पहुँच गए थे। संयोग से बस समय से आ गई। बस में दो ही सीटें खाली थीं। किसुन ने अम्मा का हाथ पकड़ खिड़की की तरफ वाली सीट पर बिठा दिया।

कंडक्टर आ गया—"टिकट! टिकट!"

अम्मा ने कहा—"फतेहगढ़।"

कंडक्टर ने दो टिकटें फाड़ किसुन को पकड़ा दीं, कहा—"छह रुपए।"

अम्मा ने पूछा—"कंडक्टर बाबू! डेढ़ टिकट के छह रुपए कैसे? साढ़े चार हुए।"

कंडक्टर ने कहा—"डेढ़ नहीं दो, इस लड़के की पूरी टिकट लगेगी। पूरा आदमी तो हो गया है।"

अम्मा ने कहा—"कंडक्टर बाबू! पूरी टिकट कैसे? कहाँ आदमी हो गया है? अभी लड़के की मूँछें तक नहीं निकली हैं। मैं अपने लड़के को अपनी गोद में बिठा लूँगी, तुम्हारी सीट खाली छोड़ दूँगी, साढ़े चार रुपए ले लो।"

अम्मा ने साढ़े चार रुपए आगे बढ़ा दिए।

कंडक्टर का धैर्य छूट गया, अपने गले से लटकी सीटी बजा दी, बस सड़क के किनारे खड़ी हो गई।

बस रुकते ही बस के अन्य यात्री अपनी गर्दनें मोड़ अम्मा और किसुन को देखने लगे।

किसुन ने अम्मा का हाथ दबा, धीरे-से कहा—"अम्मा! क्या कर रही हो? दे क्यों नहीं देतीं, दो टिकट के पैसे? कहीं बस वाले ने उतार दिया, दस बजे तक कचहरी भी न पहुँच पाएँगे।"

किसुन के कहने पर अम्मा ने धोती के खूँट से खोल पूरे छह रुपए कंडक्टर को दे दिए थे, परवशता अनुभव की थी। बस फिर दौड़ने लगी। अम्मा खिड़की से बाहर देखने लगीं, पूरी की पूरी धरती अपने सिर पर पेड़ों को उठाए नाच रही थी। खिड़की से आती तेज हवा ने अम्मा के सिर पर की धोती उड़ा दी, अम्मा ने सँभाल ली, फिर सँभाल ली, इस बार हाथ से कस कर पकड़ ली, सोचा, मेरा आदमी नहीं रहा तो क्या बस में सिर उघाड़ बैठूँगी? ऊपर बादलों पर कहीं बैठे, किसुन के ककुआ अभी भी मुझे देख रहे होंगे, क्या कहेंगे? उनकी दौड़ती नज़र कभी किसी साइकिल वाले पर पड़ती, कभी किसी पैदल चलने वाले पर। एक बार बलवान जैसा ही—वैसा ही दुबला-पतला, वही कद, वही रंग—कोई एक जाता दिखाई पड़ा। दुबारा देखने की कोशिश की, नहीं देख सकीं, बस आगे बढ़ गई। मन असम्भव कल्पनाएँ करने लगा, क्या ऐसा नहीं हो सकता, किसुन के ककुआ अचानक कहीं से बस में आ जाएँ और मुझसे पूछें—"किसुन की अम्मा! तुम कहाँ जा रही हो? मैं तो यहाँ हूँ।" तब मैं तुरन्त कंडक्टर बाबू से कहूँगी—"भइया! बस रोक दो, हमें नहीं जाना फतेहगढ़।" दूसरे ही क्षण कल्पना भंग हो गई। निराश हो सीट से धोख लगा ली, सिर खिड़की के झनझनाते शीशे से टिका लिया, सोचा, ऐसा कहाँ होता है? कहाँ से हो सकता है? किसुन के ककुआ अब कभी नहीं लौटेंगे। जाने वाला कभी नहीं लौटता, कभी भी नहीं लौटता। अन्याय है यह। एक बार, कम से कम एक बार, हर जाने वाले को मौका मिलना चाहिए दुनिया में वापस आने का। आँखें गीली हो गईं, हवा के थपेड़ों ने तत्क्षण सुखा भी दीं। खिड़कियों से हवा आँसू सुखाने के लिए ही आती है। मुड़कर देखा, किसुन झकोले खाते-खाते सो गया था, मुँह से लार टपक क़मीज़ पर गिर रही थी। अम्मा ने उसकी गर्दन सीधी कर अपनी धोती के पल्लू से लार पोंछ दी। किसुन जाग गया, अम्मा की ओर देखा, पूछा—"आ गया फतेहगढ़?" आगे की सीट का डंडा दोनों हाथों से पकड़ सीधा बैठ गया।

[3]

कचहरी की सीढ़ियों पर मंगा पहले से ही मौजूद था, हाथों में हथकड़ी लगी थी, जिसकी रस्सी एक सिपाही के हाथ में थी। अम्मा जानबूझ उधर नहीं गईं, जिधर मंगा बैठा था।

ग्यारह बजे पुकार हुई :

"सरकार बनाम मंगा, वल्द-सुक्खा, ग्राम–डमरुआ, हाजिर हो ऽऽऽ"

सरकारी वकील–"बलवान कौन थे तुम्हारे?"

बलवान की पत्नी–"आदमी"

सरकारी वकील–"बलवान की मौत कैसे हुई?"

बलवान की पत्नी–"मंगा ने हँसिया मार दिया था।"

सरकारी वकील ने मेज़ पर रखा हँसिया उठा अम्मा को दिखाते हुए कहा–"इसे पहचानती हो?"

ककुआ के खून से सना, काला पड़ चुका हँसिया देख अम्मा के पैर लड़खड़ा गए, कठघरे में बैठ जाना चाहती थीं, किसी प्रकार खड़ी रहीं, कुछ देर कुछ नहीं बोल पाईं।

सरकारी वकील ने फिर पूछा–"इसे पहचानती हो?"

बलवान की पत्नी–"पहचानती हूँ, इसी से तो...।"

अम्मा कुछ पल के लिए ज़मीन पर बैठ गईं, किसुन ने जो कुछ रटाया था सब भूल गईं।

मंगा का वकील–"तुमने अपनी आँखों से देखा था कि मंगा ने ही तुम्हारे पति का क़तल किया था? और कौन-कौन था, उस समय तुम्हारे साथ?"

बलवान की पत्नी–"मैंने अपनी आँखों से मंगा को क़तल करते नहीं देखा था। मंगा उस समय वहीं खड़ा था। यदि मंगा ने नहीं मारा उन्हें, तो और किसने मारा? और कोई वहाँ आसपास भी नहीं था। किसुन के ककुआ की चीख सुन, मैं जब दौड़ कर बाहर आई थीं उस समय मेरे बच्चे भी मेरे साथ दौड़े थे। मेरा एक बेटा मेरे साथ आया है, बाहर खड़ा है, बुलाकर पूछ लीजिए, वह भी यही कहेगा।"

मंगा का वकील–"मंगा तुम्हारे आदमी से कितनी दूर खड़े थे?"

बलवान की पत्नी–"दूरी मैंने नापी नहीं थी, पास ही खड़े थे।"

मंगा का वकील–"तुम्हारे और तुम्हारे बच्चों के अलावा गाँव के और किसी ने मंगा को उस समय वहाँ खड़े देखा था?"

बलवान की पत्नी–"गाँव का और कोई नहीं था, उस समय वहाँ।"

मंगा का वकील–"ऐसा कैसे हो सकता है? इतना बड़ा गाँव है, कोई नहीं था वहाँ! तुम्हारे घर के सामने वाली गली से उस समय कोई नहीं गुज़र रहा था? उस समय डमरुआ में कर्फ्यू लगा था क्या?"

वकील के इस प्रश्न से अम्मा को गुस्सा आ गया, कहा—"वकील सा'ब! मुझे क्या पता, उस समय मेरे घर के सामने वाली गली से कोई क्यों नहीं गुज़र रहा था। मैं क्या गाँव वालों को पहले से ही अपने घर के सामने खड़ा करके रखती कि चलो सब लोग, मंगा मेरे आदमी का क़तल करने जा रहा है। मेरे आदमी का क़तल हुआ है, और आपको मेरी ही बात का भरोसा नहीं है। गाँव वाले कह देते, आप मान जाते। क्या फ़र्क पड़ता है, कोई उस समय वहाँ था, या नहीं था। मैं इतना जानती हूँ, मेरा आदमी मर गया है। कहीं के नहीं रहे हम लोग, दाने-दाने को मुहताज हो गए हमारे बच्चे। मेरे पास तारीख पर आने-जाने के लिए भी पैसे नहीं हैं। नहीं खर्च कर सकती मैं, हर बार की तारीख पर बारह रुपए, बस के किराए में। वकील सा'ब! आपको जो पूछना है, आज ही पूछ लीजिए। आगे से मैं नहीं आऊँगी। मेरे आदमी को मरना था, मर गया, तसल्ली कर लूँगी। लौट नहीं आएँगे वे कुछ भी करने से।" अम्मा सिसक-सिसक रोने लगीं।

अम्मा जितनी देर गवाही देती रहीं, किसुन बाहर खड़ा एक खिड़की के छेद से उन्हें देखता रहा। अम्मा को रोते देख वह भी रोने लगा था। कुछ देर बाद अम्मा बाहर आ गईं। पीछे से मंगा भी निकल आया।

मंगा ने आते ही अम्मा के पैर पकड़ लिए, कहा—"किसुन की अम्मा! बचा लो मुझे। इस समय तुम्हीं मेरी भगवान हो। तुम्हारी गवाही सही-सही पड़ गई, फाँसी हो जाएगी मुझे। मैंने बड़े भइया को जान-बूझ नहीं मारा था। डराने के लिए हँसिया उठाया था, नशे में था, पता नहीं, हँसिया कैसे उनके सीने में उतर गया? छुड़ा लो मुझे, मैं तुम सबकी देखभाल कर लूँगा। मेरी फाँसी से तुम्हारा क्या फायदा होगा? मेरे बच्चों का क्या होगा? कब तक रिश्तेदार खिलाएँगे उन्हें?" मंगा ज़मीन पर बैठ फूट-फूट रोने लगा।

अम्मा कुछ नहीं बोलीं, अपना मुँह दूसरी ओर फेर लिया।

सिपाही ने हथकड़ी की रस्सी झटकी। मंगा जाने के लिए उठ खड़ा हुआ। अम्मा मुँह फेरे खड़ी रहीं। हथकड़ी बाँधे हाथ जोड़ता, चला गया मंगा, अम्मा और किसुन की ओर देखते, सिपाही के आगे-आगे।

[4]

अम्मा और किसुन को कचहरी से डमरुआ वापस आते-आते रात हो गई थी। सस्सुती ने सबके खाने के लिए रोटी बना कर रख ली थी। रोटी खा-पी सब आँगन में बिछी खटिया पर बैठ गए। अम्मा ने बच्चों से पूछा—"मेरे दिमाग ने काम करना बंद कर दिया है। तुम लोग ही कुछ बताओ, मैं क्या करूँ? मंगा कह रहा था 'मेरी सही-सही गवाही, फाँसी...।"

बच्चे एक-दूसरे की ओर देखने लगे, क्या बोलते? कुछ देर बाद, किसुन ने कहा—"अम्मा! लेकिन मेरे ककुआ को कैसे...।"

अम्मा ने कहा—"हाँ सो तो है। कितनी तकलीफ हुई होगी उन्हें? पाँव में काँटा लगने भर से ही हम सबको कितनी पीर होती है। और उनके तो वह हँसिया, इतना यहाँ। फिर भी, कितनी हिम्मत थी तुम्हारे ककुआ की, कितनी देर तब भी खड़े रहे थे। उतनी देर में, आँखें बंद होने से पहले उन्होंने क्या-क्या सोच डाला होगा? क्या-क्या कहना चाहते होंगे? वह सब कौन जाने? अभी उनकी कोई उम्र थी मरने की। कुछ भी नहीं कर पाए थे। कितने अरमान थे, किसुन को अप्सर बना देखने की। पूरे डमरुआ में कहते घूमते थे 'मेरा किसुन कन्नौज में गणित-अंग्रेज़ी पढ़ता है।' सस्सुती की शादी के लिए कितने परेशान थे। सब उन्हीं के साथ चला गया। होने दो हरामी को फाँसी। जैसा किया है, भरे वैसा। हमारा आदमी चला गया। मेरे बच्चे अनाथ हो गए। फिर भी, हम सबको बचाते घूमें। क्या ज़रूरत पड़ी है, हमें ऐसी?"

किसुन ने पूछा—"चाची का, बच्चों का क्या होगा?'

अम्मा ने मंगा के छप्पर में चूल्हे पर औंधी चारपाई की ओर देख कहा—"भुगतें वे भी सब, उसके किये की सज़ा। मुझे कोई फर्क नहीं पड़ता। जिसे मरना हो मरे। मैंने अपने आदमी को मरते देख लिया है, मेरा दिल पत्थर का हो गया है। अब मैं किसी को भी मरता देख सकती हूँ। खुद ही यहाँ कोई ठिकाना नहीं रहा। किसको-किसको देखूँ? किसको-किसको अपने सिर पर बिठा लूँ?"

सस्सुती ने अम्मा की चूड़ी रहित सूनी कलाई अपने हाथ में ले सहलाते हुए कहा—"अम्मा! चच्चा को फाँसी हो जाएगी?"

अम्मा ने कहा—"क्या पता? वही हत्यारा कचहरी में मिला था, कह रहा था।"

सस्सुती ने आगे कहा—"अम्मा! चच्चा को भी फाँसी हो गई तो घर में एक भी आदमी नहीं बचेगा। हम लोग क्या करेंगे? अकेले। मुझे बहुत डर लगा करता है। गाँव में लोग मेरी ओर पता नहीं कैसे-कैसे देखते हैं?"

अम्मा उठकर चौके के आरे में रखा दीया बुझाने चली गईं, बेकार जल रहा था। बातें करने के लिए रोशनी की क्या ज़रूरत थी? दीया फूँक, उसकी लाल बत्ती चुटकी से मसल खटिया पर लौट आईं। अब आँगन में उतना ही अँधेरा था जितना कि कृष्णपक्ष की रात में होता है। अम्मा ने सस्सुती से पूछा, उसने क्या कहा था?

सस्सुती ने अपनी बात फिर कही—"चच्चा को भी...।"

अम्मा कुछ नहीं बोलीं, सस्सुती के रूखे-उलझे बालों में अपनी उँगलियाँ चलाने लगीं। सस्सुती ने अपना सिर अम्मा के कंधे से टिका लिया। अम्मा ने चैतू की पीठ पर भी हाथ घुमाया, अनुभव किया, कुपोषण के कारण उसकी रीढ़ की हड्डी इतनी उभर आई है कि उसकी एक-एक गुरिया गिनी जा सकती है। चैतू प्रेम पा अम्मा के घुटने पर सिर रख लेट गया।

उसी समय किसी ने बाहर का दरवाज़ा खटखटाया। चैतू डर कर अम्मा की छाती से लिपट गया। सस्सुती ने भी अम्मा की बाँह कस कर पकड़ ली, धीरे-से कहा—"अम्मा! कौन? इतनी रात में!" सभी चुप हिम्मत बाँधे बैठे रहे, आहट लेते रहे, अनुमान लगाते रहे। दरवाज़ा फिर खटका, इस बार किसी ने बाहर से ज़ोर से धक्का दिया।

किसुन ने फुसफुसाकर पूछा—"अम्मा! दीया जलाऊँ? दियासलाई कहाँ है?"

अम्मा ने कहा—"आरे में।"

किसी की हिम्मत नहीं थी, खटिया छोड़ आरे से दियासलाई उठाने जाता। अन्ततः किसुन ने ही हिम्मत की, अपनी बनावटी कड़क आवाज़ में पूछा—"कौन है?"

उत्तर में कुत्ते ने अपना सिर दरवाज़े पर दे मारा—"कूँ कूँ।"

किसुन ने हँसते हुए कहा—"तुम लोग बेकार ही डर गए थे, अपना कुत्ता है।" दरवाज़ा खोल किसुन ने उसे अन्दर कर लिया। कुत्ता दौड़कर चारपाई के नीचे घुस गया। कुत्ते के आ जाने से सबके साहस में थोड़ी वृद्धि हुई। यदि अब कोई दरवाज़ा खटखटायेगा, उस पर सबसे पहले कुत्ता ही झपटेगा।

अम्मा ने कहा—"कल से शाम होते ही कुत्ते को घर के अन्दर बिठा लेना। एक आदमी भर को कुत्ता ही बहुत होता है।"

चैतू ने कहा—"मैं एकदम नहीं डरा था।"

सस्सुती ने कहा—"मैं भी नहीं डरी थी।"

किसुन ने कहा—"मुझे डर लगता ही नहीं, आवाज मैंने ही दी थी।"

अम्मा ने कहा—"हाँ हाँ कोई नहीं डरा था, पर डर कर कौन-कौन मुझसे लिपटा था?"

[5]

क्या करें, क्या न करें का द्वन्द्व, अम्मा के मस्तिष्क में चलता रहा। अगली तारीख कब पड़ेगी, पता नहीं था, सम्मन अभी तक नहीं आए थे। बार-बार सोचतीं, वही कहूँगी, जो देखा था, झूठ क्यों बोलूँ? तत्काल अपने बच्चों का ध्यान आ जाता। कहीं से कोई सहायता नहीं, न रिश्तेदारों से, न गाँव वालों से। कैसे जिंदा रख पाऊँ सबको? कैसे अपने हाथों-पैरों लायक बना पाऊँ? सदैव ऐसे ही नहीं बने रहेंगे। कोई सदैव वैसा ही नहीं बना रहता। सुख हो, दुख हो, बच्चे तो बढ़ेंगे ही। मंगा छूट भी गया, उसका क्या भरोसा, हमारे बच्चों की देखभाल करेगा ही। अभी गिड़गिड़ा रहा है, प्राण फाँसी के फंदे पर अटके हुए हैं। मैं उसका भरोसा नहीं कर सकेती। जो अपने सगे भाई का क़तल कर सकता है, उस पर भरोसा नहीं किया जा सकता। फिर सोचतीं, हम सबकी इस दुनिया में जिंदा रहने की ही क्या ज़रूरत है? चार आने की चूहा मार दवा, हम चार के लिए काफी होगी। कितना

सस्ता सौदा, चार आने में चार लोग। रोटी के आटे में मिला, रात में सबको खिला दूँगी, खुद भी खा लूँगी। फिर कभी सवेरा नहीं होगा। सब शान्त हो जाएँगे, सब दुख-दर्द मिट जाएँगे, सब समस्याएँ एकसाथ निपट जाएँगी। फिर न कोई रोटी माँगेगा, न किसी के कपड़े फटेंगे, न कोई गवाही देने जाएगा, और न फिर गाँव वाले सस्सुती को पता नहीं कैसे-कैसे देख पाएँगे। मंगा भी आराम से फाँसी से उतर जाएगा। रोटी सबसे पहले किसे खिलाऊँगी? पहले खुद खाऊँगी, नहीं, पहले खुद नहीं खाऊँगी। कहीं खाते ही मर गई, डमरुआ के लोग मेरे बच्चों को भीख भी न देंगे। पहले सस्सुती को खिलाऊँगी, नहीं, उसे भी नहीं, उस बेचारी ने क्या बिगाड़ा है? पहले चैतू को, नहीं, पहले किसुन को। नहीं, नहीं, किसी को नहीं, किसी को नहीं। मैं अपने बच्चों को अपने सामने मरता नहीं देख सकती। अपने आदमी को मरते देखना मेरी मजबूरी थी। मैं किसी को मरता नहीं देख सकती। शरीर पसीने से लथपथ हो गया, हृदय की गति तेज हो गई। उठकर घर के बाहर चली गईं, छप्पर की ठुनगिया पकड़, बैल की खाली पड़ी चन्नी देखने लगीं। मन पक्का किया, यह मैं क्या सोच रही हूँ? गवाही देने की भी क्या ज़रूरत है? आता रहे इस बार सम्मन, नहीं जाऊँगी। जिसे छूटना हो छूटे, न छूटना हो न छूटे। मेरे लिए पुलिस, थाना, कचहरी सब बकवास है, ढकोसला है। जहाँ खाने के लिए एक कौर रोटी न हो, वहाँ न्याय लेकर कोई क्या करेगा? न्याय माँड़ कर एक रोटी भी तो न बनाई जा सकेगी, जिसे हम चौथाई-चौथाई खा लें। हमारा आदमी लौट आएगा क्या? सरकार हमें क्या इनाम दे देगी? कौन, किसकी, कितनी मदद करता है, इतने दिन में ही, मैंने देख लिया है। फिर उन्हें बंगालिन ताई की वह बात याद आ गई, जो ताई ने अम्मा से कुछ दिन पहले कही थी, "समय हमेशा एक-सा नहीं बना रहता।" अम्मा ने मन में कहा–"समय हमेशा...।" कुछ बल मिला, घर के अन्दर आ गईं, किवाड़ पर चिपका 'प्रयाग साड़ी भण्डार' का चिप्पा देखने लगीं।

कुछ दिन पहले, अम्मा को रास्ते में बंगालिन ताई मिल गई थीं, जिन्हें देख अम्मा ऐसे रोने लगी थीं, जैसे कोई सगा-सम्बन्धी मिल गया हो। अम्मा को ढाढ़स बँधाते हुए ताई ने कहा था–"मत रो! किसुन की अम्मा! परेशान मत हो! समय हमेशा एक-सा नहीं बना रहता। जो हुआ, उसमें किसी का दोष नहीं था। संसार में कभी-कभी ऐसा भी कुछ घट जाता है जिसकी हमने कल्पना भी नहीं की होती। हम घटने को नहीं रोक सकते, पर जो घट गया है उसमें अपने पैर मजबूती से टिकाये खड़े ज़रूर रह सकते हैं। कौन जानता था, एक दिन मंगा बलवान का क़तल कर देगा? मैंने कहा न, कोई दोषी नहीं है, मंगा भी नहीं। उसे, कम से कम, क्रोध तो आया, अन्यथा पूरब टोला वाले, क्रोध क्या होता है, जानते ही कहाँ हैं? बस चूक एक हो गई, उस क्रोधपूर्ण प्रतिक्रिया की दिशा भटक गई। स्वाभाविक भी था, दिशा का भटकना। सदियों में जब एक बार क्रोध आएगा, दिशा ज़रूर भटक जाएगा। सदियों में जब एक बार हाथ उठेगा, तो वह केवल

उठेगा, उस समय वह, यह भूल जाएगा कि कहाँ, किस पर और क्यों उठ रहा है, तथा उसका परिणाम क्या होगा? हर बार क्रोध आने का मतलब किसी को मार डालना ही नहीं होता। बिना क्रोध के प्रतिरोध भी नहीं किया जा सकता। तुम लोगों को घर के अन्दर जो क्रोध आता है, वह क्रोध नहीं, परिस्थितिजन्य कुंठा होती है, जिसके वशीभूत हो पुरुष अपनी पत्नियों को पीटते रहते हैं और स्त्रियाँ अपने बच्चों को। छोटे से छोटा कीड़ा भी सताए जाने पर प्रतिकार करता है। अपने पालतू कुत्ते की पूँछ पर भी पैर पड़ जाय, वह काटता भले ही नहीं, पर गुर्राना कभी नहीं भूलता। साँप भी, कभी किसी को, अपनी ओर से दौड़कर नहीं काटता, आत्मरक्षा के लिए फुंकारना हमेशा रहता है। जो काट नहीं सकते, उन्हें अपनी आत्मरक्षा के लिए फुंकारना ज़रूर ही सीख लेना चाहिए।"

[6]

अम्मा ने तय कर लिया था, गवाही देने नहीं जाएँगी। बैल बेचने से जो रुपए मिले थे, उसमें से एक सौ अस्सी अभी भी अम्मा के हाथ में थे। वे रुपए अम्मा ने एक चुकरिया में रख दीवार में गाड़ दिए, बच्चों को बता दिया—"विपत आफत के लिए मैंने रुपए यहाँ गाड़ दिए हैं। इन्हें तभी खोदना जब किसी के प्राण जा रहे हों।"

गवाही की तारीख आई, निकल गई, अम्मा नहीं गई। दूसरे ही दिन सिपाही आर.पी. सिंह अपनी साइकिल में पुलिसिया डंडा लगा बलवान के दुआरे आ धमका। साइकिल खड़ी कर, डंडा खींच, दरवाज़े की चौखट पर खटाखट मार पुकारा—"घर में कोई है? सब मर गए क्या?"

अम्मा घर में नहीं थीं। चैतू बाहर निकला। आर.पी. सिंह ने आदेश दिया—"बलवान की बेवा को बुलाकर ला, ए लौंडे? आज साली को देख लूँगा।"

चैतू दौड़कर अम्मा को बुला लाया। अम्मा के आते ही आर.पी. सिंह बरस पड़ा—"हरामजादी! कचहरी अपने बाप की समझ रखी है? कल तारीख पर क्यों नहीं आई। अगली तारीख पर नहीं आई तो तेरे गदरे...। थाने में जाकर चार दिन...। गवाही न देने से यदि तेरा मुकदमा बिगड़ जाय, फिर हमसे न कहना। खसम मरा था उस दिन हाय-हाय कर कैसे टेसुए बहा रही थी। अब गवाही देने में भी जान निकलने लगी है। तू भी मिली हुई है, अपने खसम के क़तल में। ध्यान रख, अबकी तारीख पर समय से कचहरी पहुँच जाना।"

आर.पी. सिंह ने विजयी सैनिक की भाँति अपना डंडा साइकिल में लगा लिया। माथे का पसीना पोंछ सिर पर नोकदार टोपी जमा ली। चली गई उसकी साइकिल, सन्न सन्न करती।

अम्मा बड़बड़ाईं—"मैं भी मिली हुई हूँ, अपने आदमी के क़तल में। मंगा को जेल से छोड़, मुझे ही फाँसी क्यों नहीं दे देता? मेरे गदरे इतने सस्ते हैं। थाने में ले जाकर चार दिन...। उससे मुझे न्याय मिलेगा। सुअर का पिल्ला!"

[7]

अम्मा को सम्मन और तारीख से कहीं अधिक चिंता अपना घर चलाने की थी। बमनन टोला के सब बड़े घरों में जा पूछ आई थीं, चाहती थीं, किसुन को कोई माहवारी पर नौकर रख ले। फिर खेत में भी कुछ न कुछ पैदा हो ही जाएगा, किसी प्रकार, ठहर गई घर की गाड़ी, फिर से रेंग निकलेगी। सोचतीं, खेती हम लोगों से होगी नहीं। किसुन के ककुआ थे, तब दूसरी बात थी। वे आगे चलते थे, हम लोग उनके पीछे लगे रहते थे। उस समय लगता था, हम लोग उनसे अधिक काम करते हैं। आदमी की कीमत, आदमी के जाने के बाद पता लगती है।

रोज़ शाम किसुन अम्मा से पूछता—"मेरे लिए कुछ काम मिला?" अम्मा बिना कुछ बोले 'नहीं का' सिर हिला देतीं। बहुत अनुनय-विनय करने पर शंकर चौबे किसुन को अपने यहाँ रखने को तैयार हो गए थे। उनके बिजलीघर चले जाने से, उनके पशुओं को चारा-पानी समय से नहीं मिल पाता था। पर शंकर ने अम्मा से साफ कह दिया था—"तीस रुपए महीने से एक टका अधिक नहीं दूँगा। दोपहर में रोटी खिला दूँगा। साल में एक-दो पुराने कपड़े दे दूँगा। बीमार-हँकार होने पर वैद्यजी से दवा दिला दूँगा। घर का पूरा काम करना होगा। एक दिन की भी छुट्टी नहीं। जिस दिन काम पर नहीं आएगा, मजूरी काट लूँगा। मेरे पैसे फालतू के नहीं हैं। पैसे दूँगा, कस कर काम भी लूँगा। तुम्हारा लड़का बहुत कोमल हो, घर में बिठा रखो। काम प्यारा होता है, चाम नहीं। खूब सोच-विचार लो, ग़रज़ हो कल से भेज देना। कहना, नहा-धोकर आए, मेरे घर में दरिद्रता टपकाता न घूमे। नाऊ बुला, उसके सिर के बाल भी घुटवा देना।"

अम्मा ने शंकर चौबे की सभी शर्तें स्वीकार कर ली थीं। अपनी ओर से कुछ भी नहीं कहा था।

किसुन का शंकर के यहाँ जाने का कतई मन नहीं था। पहले दिन सुबह, काम पर जाने से पहले, खल्वाट सिर किसुन ने दीनतापूर्वक अम्मा से पूछा—"अम्मा जाऊँ, काम पर?"

अम्मा, किसुन के 'अम्मा' कहने के अन्दाज से ही उसके मन की बात समझ गईं, वह काम करने बमनन टोला जाना नहीं चाहता है। समझ भी क्यों न जाती, माँ के हृदय के तार उसके बच्चे के हृदय के तार से सदैव जुड़े रहते हैं, अपने बच्चे के हृदय का लघुतम कम्पन भी, अनायास ही, अनुभव कर लेती है। उनके मन में एक बार आया, कह

दें, कोई ज़रूरत नहीं है जाने की, हम लोग और कुछ कर लेंगे। पर और कुछ क्या? मन कमज़ोर पड़ने लगा, सँभाला, बनावटी कठोर हो कहा–"जा जा काम पर जा, यहाँ खड़ा-खड़ा अम्मा-अम्मा न कर। मर गई तेरी अम्मा, काम पर जा।"

किसुन को अम्मा की ओर से ऐसी सख्ती की आशा न थी, सोचा, ककुआ के मरने के बाद अम्मा का व्यवहार कितना बदल गया है। चला गया काम पर, आगे अम्मा से कुछ नहीं कहा।

अम्मा बैठकर रोने लगीं–"निर्दयी! चला गया, एक बार पीछे मुड़कर भी नहीं देखा अपनी अम्मा की ओर।"

शंकर बिजलीघर जाने के लिए निकल चुके थे। उनकी पत्नी ने किसुन को उसका सब काम समझा दिया। पहले दिन के उत्साह में सारा काम जल्दी-जल्दी निपटा, किसुन ने घर में जा पूछा–"चाची! और काम?"

शंकर की पत्नी अपने चौके में थीं, चूल्हे में जलती लकड़ी ठेलते हुए कहा- "बैठ, आँगन के एक कोने में बैठ। सिर पर सवार मत हो। अभी कोई काम नहीं है। जब होगा, बताऊँगी।"

एक कोने में बैठ गया वह, बैठा रहा। बमनन टोला के किसी घर के अन्दर वह इतनी देर पहली बार रुका था। देखने लगा, ध्यान से घर, घर में जो कुछ रखा था, टँगा था; एक बरामदे में एक लिपा-पुता चौका था, जिसमें जल रहा था, एक चूल्हा धुँधुआता। उस चूल्हे पर पीतल का एक बटुआ चढ़ा था जिसमें दाल खदक रही थी। बटुए की खदकती दाल में जब उफान आ जाता, शंकर की पत्नी दौड़कर चूल्हे की लकड़ियाँ बाहर खींच आतीं। दाल का खदकना थोड़ी देर में पूरी तरह बंद हो जाता, तब लकड़ियाँ पुनः चूल्हे के अन्दर ठेल आतीं। चूल्हा चमक उठता, दाल फिर खदकने लगती। किसुन ने इतना बड़ा, साफ-सुथरा चौका पहली बार देखा था। इतने बड़े बटुए में खदकती दाल भी पहली बार देखी थी।

एक अन्य बरामदे में अनाज के कई बोरे लगे थे। ठसाठस भरे बोरों का अनाज, बोरों की किनारियाँ फाड़ निकला पड़ रहा था। चिड़ियाँ अपनी चोंचों में भर भर वह अनाज, अपने घोंसलों के लिए उड़ जाती थीं, फिर लौट आती थीं। उसी बरामदे के एक खम्भे से रस्सियाँ बाँध मथनी चलाने की व्यवस्था की गई थी। शंकर की पत्नी को चूल्हे पर चढ़ी दाल से जब भी फुर्सत मिलती, मटकी में पड़ी मथनी पर दो हाथ मार आतीं। मथनी नाचने लगती 'गड़र-गड़र'। मटकी से उछलती दही की बूँदें, गिर जाती, पास के खम्भे पर, ज़मीन पर। कभी कोई बूँद मथनी चलाने वाली के कपोलों पर भी गिर जाती। नहीं पोंछतीं वे उस बूँद को, मसल देतीं उसे कपोलों पर ही जहाँ का तहाँ। चिकनाई से उनके कपोल और अधिक चमक उठते। किसुन को मथनी की 'गड़र-गड़र' बहुत अच्छी लग रही थी। उसने अपने घर में ऐसी मथनी-मटकी कभी नहीं देखी थी। मास्टर साहब ने जब सूरदास का एक पद "मैया! मैं नहिं माखन खायो," पढ़ाया था, तब उसने मथनी-मटकी की एक

कल्पना की थी। पुस्तक में छपा, मटकी से मक्खन फैलने वाला एक चित्र भी देखा था, सोचा था, कैसा अच्छा लगेगा यदि खूब सारा मक्खन एक बार में मुँह में भर लिया जाय, धीरे-धीरे खाते हुए उसे निगला जाय। खाने की ज़रूरत ही क्या होगी, शायद, मक्खन इतना चिकना होगा, आप ही आप गले से नीचे उतर जाएगा। किसुन एक बार मटकी में झाँक असली का दही-मक्खन निकट से देखना चाहता था, चाची कहाँ देखने देंगी?

किसुन का ध्यान एक खम्भे की एक खूँटी पर टँगे एक दर्पण पर चोंच मारती गौरेयों की ओर चला गया। गौरैयाँ उड़ उड़ कर बारी-बारी से दर्पण पर चोट कर रही थीं। उन्हें लगता था दर्पण के अन्दर उन्हीं जैसी कोई चिड़िया कैद है। मुक्त कराना चाहती थीं वे उसे। अबोध गौरैयाँ, दर्पण से भी भला कभी किसी को मुक्ति मिली है।

एक अन्य बरामदे में एक कुआँ था। कुएँ के ऊपर लगी गरारी से फँसी एक रस्सी-बाल्टी स्थायी रूप से रखी थी। किसुन ने सोचा, कितनी सुविधा रहती होगी, घर में कुआँ होने से। जब प्यास लगती होगी, ताजा पानी भरकर पी लेते होंगे। उसी बरामदे में भगवान की एक अलमारी सजी थी, जिसमें जन्माष्टमी की सजावट अभी भी जैसी की तैसी थी। भगवान के शीशे में मढ़े हुए चित्र देख उसे याद आया, उसके घर में भी भगवान का एक कैलेण्डर है, पुराना हो गया है। कहीं से नये भगवान का, एक नया कैलेण्डर अपने घर के लिए माँग कर लाएगा।

मथनी की 'गड़र-गड़र' अचानक अन्तिम रूप से बंद हो गई। किसुन का ध्यान उस ओर चला गया। मक्खन तैयार हो चुका था। शंकर की पत्नी मथनी में लिपटा मक्खन पोंछने लगीं थीं। असली का मक्खन देख किसुन ने मन ही मन कहा 'यह मक्खन, वाकई किताब में फैले मक्खन जैसा ही सफेद है।'

दाल खदक चुकी, मथनी चल चुकी तब शंकर की पत्नी ने आदेश दिया—"किसुन! बाहर गली में देखकर आ, कोई है तो नहीं, फिर तुझे एक काम बताऊँगी।"

किसुन ने पूछा—"क्या काम चाची?"

चाची ने कहा—"पहले तू बाहर देखकर आ, सवाल मत कर।"

किसुन देख आया,—"बाहर गली में कोई नहीं है।"

शंकर की पत्नी ने अनाज की एक गठरी की ओर इशारा करते हुए कहा—"उठा ले जा इसे, बेच आ करन की दूकान पर, पैसे लाकर मुझे दे। तराजू-बाँट ठीक से देख लेना, बहुत लुच्चा है करन मुच्छड़, हमेशा कम तौलने की कोशिश करता है। यदि करन पूछे, कह देना, तुम्हारा अनाज है। जल्दी उठा ले जा। कोई आ जाएगा।"

किसुन गठरी उठाने में हिचकिचाया, कहा—"पर चाची! यह एक तरीके की चोरी है।"

शंकर की पत्नी ने गुस्से से कहा—"तू अधिक मत बोल! नौकर क्या जानें, चोरी क्या होती है?"

किसुन ने फिर कहा—"शंकर चच्चा को पता चला? मेरी तो खाल ही उधेड़ देंगे।"

शंकर की पत्नी ने कहा—"कैसे पता चलेगा? आज तक नहीं चला, तू बताएगा क्या? अपना माल बेचने में चोरी कैसी? मुझे हाथ खर्च के लिए पैसे नहीं मिलेंगे, बेचूँगी ही, और क्या करूँगी? तू उतना कर जितना तुझसे कहा जाय, बहस न कर।"

करन ने तराजू पर अनाज तौलते हुए पूछा—"किसुन! तेरे घर में इतना अनाज कहाँ से आया? तेरा बाप मरते समय घर में बहुत अनाज छोड़ गया था क्या? सही-सही बता, कहाँ से लाया? चुराया है? चोरी के माल के आधे पैसे मिलेंगे।"

किसुन दुविधा में पड़ गया। एक तरफ चाची कहती हैं 'नौकर क्या जाने चोरी क्या होती है?' दूसरी तरफ करन कहते हैं 'चुराया है?' मैं बिना किसी अपराध के चोर बना जा रहा हूँ, बता दिया, "अनाज शंकर की पत्नी ने भेजा है।"

करन प्रसन्न हो गए, अपनी मूँछें सँभालते हुए कहा—"पूछना उनसे, और कुछ है बेचने को? ले आना धीरे-से, मैं किसी को नहीं बताऊँगा। तुझे भी कुछ न कुछ समझ लूँगा।"

करन का यह नया रूप देख किसुन को उनका मूँछों वाला भारी चेहरा विचित्र सा लगने लगा; आँखें अचानक बहुत बड़ी हो गईं, मूँछें और लम्बी हो नीचे तक लटक गईं।

बिके अनाज के रुपए ला किसुन ने चाची के हाथ पर रख दिए। चाची ने रुपए अपने ब्लाउज के अन्दर घुसाते हुए कहा—"चल बैठ जा, रोटी खा ले, तैयार है।" रोटी लाने चली गईं।

किसुन ने आँगन में खड़े हो पूरा घर फिर से एक बार ध्यान से देखा। इस बार, न जाने क्यों, उसे घर की कोई भी वस्तु अच्छी नहीं लगी। बरामदे के खम्भे भी उतने ऊँचे नहीं लगे।

चाची ने किसुन के हाथ पर रोटी फेंक उसी पर गर्म दाल डाल दी। किसुन ने रोटी का दोना बना दाल फैलने से रोक ली। गर्म दाल से किसुन का हाथ जला जा रहा था, क्या करता? थोड़ी देर रोटी बाएँ हाथ पर रखता, थोड़ी देर दाएँ हाथ पर, दाल ठंडी होने लगी। किसुन घर से आते समय, अपनी थाली लाना भूल गया था, कल लेकर आएगा। एक दिन की बात नहीं है, अब तो रोज़ दोपहर में यहीं खाना पड़ेगा। लेकिन थाली धोएगा कहाँ? चाची क्या अपने कुएँ के पास उसकी जूठी थाली धोने देंगी? ऐसे ही ठीक है, रोटी खा, हाथ झाड़, पानी पी लूँगा।

रोटी खाने के लिए किसुन आँगन के उस कोने में बैठ गया था, जहाँ रात में शंकर की गाय का बछड़ा बाँधा जाता था। इस प्रकार किसी दूसरे के घर में वह पहली बार रोटी खा रहा था। शर्म लग रही थी, इसलिए अपना मुँह दीवार की ओर कर लिया था। एक

कौर मुँह में रख चबाता, निरुद्देश्य दीवार देखता। वास्तव में वह रोटी नहीं खा रहा था, रोटी खाने का काम कर रहा था।

रोटी माँगी—"चाची! रोटी।"

शंकर की पत्नी ने एक रोटी ला किसुन के हाथ पर फेंकते हुए कहा—"कितना खाता है? पेट में नाँद गड़ी है क्या?"

किसुन ने रोटी ले ली, मुँह में कौर भरे-भरे ही शंकर की पत्नी की ओर देख खिसियाई हँसी हँसी। फिर दीवार की ओर मुँह कर लिया, फिर चबाने लगा, रोटी खाने का क़ाम करने लगा। उसे ककुआ की याद आ गई, गला रुँध गया, कौर निगल साफ कर लिया। आँखें क़मीज़ की बाँहों से थपथपा लीं। ककुआ की वह बात भी याद आ गई जो उन्होंने एक बार चैतू के संदर्भ में अम्मा से कही थी, 'मत डाँटो उसे, आदत पड़ जाएगी। बड़ा होगा तब तक आदत पड़ जाएगी।' मन ही मन कहा—'आदत पड़ जाएगी, सबकी आदत पड़ जाएगी।'

रोटी निपटा, हाथ झाड़ लिए, पूछा—"चाची! कोई काम?"

खंड-2

1

पेटीकोट राज

[1]

लोकसभा का कार्यकाल पूरा हो गया था, भंग कर दी गई थी। चुनावों की घोषणा भी हो गई थी। काशी चौबे ने चुनावों की सूचना अपने रेडियो के आधार पर बहुत पहले ही डमरुआ के लोगों को दे दी थी। डमरुआ सक्रिय हो गया था। बरगद के नीचे के ठलुआ-समुदाय की सुस्ती में भी थोड़ी कमी आ गई थी। यद्यपि ठलुआ-समुदाय के सदस्यों की—चुनाव, वोट, जीत, हार, सरकार आदि में कतई रुचि नहीं रहती थी, तथापि, चुनावों के नाम पर वे उतने सुस्त नहीं रह जाते थे। उनकी सुस्ती में कमी आने के सतही कारण कई हो सकते थे, जैसे—उन्हें प्रति पाँच वर्ष बाद आने वाली कुछ दिन की रौनक-चौनक अच्छी लगती थी, अच्छी कारें देखने को मिल जाती थीं, कार पर जमे भोंपुओं से ताजे फिल्मी गाने सुनने को मिल जाते थे, झंडे-बिल्ले-टोपी-पोस्टर-बैनर आदि मिल जाते थे, और संयोग से जिस दिन शहर की कोई स्त्री प्रचार करने आ जाती थी, उस दिन उनका जी भी बहल जाता था। इसके अतिरिक्त उन्हें आनन्द आता था, डमरुआ के बड़े लोगों के बीच, चुनाव को लेकर छिड़ी आपसी लड़ाई देखने में। ऐसा नहीं था कि ठलुआ भाई चुनाव के बारे में परस्पर विचार-विमर्श नहीं करते थे, करते थे, पूरी गम्भीरता से करते थे :

"चुनाव फिर आ गए।"

"इस बार लगता है कुछ जल्दी आ गए।"

"कहाँ जल्दी आ गए? जिस साल डमरुआ में ओले पड़े थे, उस साल हुए थे।"

"नहीं, तुम भूल रहे हो, पिछली साल भी हुए थे।"

"तो अब कौन वाले हैं?'

"इतना भी नहीं मालूम, दिल्ली वाले। तभी कहता हूँ, कभी-कभी काशी के पास जाकर बैठा करो।"

"हमें काशी के पास जाने की क्या ज़रूरत? दिल्ली वाले हों, लखनऊ वाले हों, मेरा उनसे क्या लेना-देना?"

"लेना-देना क्यों नहीं? वोट नहीं देना?"

"ना भइया ना, मुझे नहीं देना वोट। कौन पूछता है? हम गवाँर के वोट को।"

"क्यों नहीं पूछता, दिल्ली की सरकार नहीं बनती?"

"उससे मुझे क्या मिल जाता है? वोट देने के चक्कर में एक दिन की मजूरी का नागा और हो जाता है। कहीं जाकर दो रुपए कमाऊँगा कि वोट देने के लिए घंटों लाइन में लगा रहूँगा।"

"तुम अपना वोट दो या न दो, पर मैं अपना वोट ज़रूर दूँगा, उसे जिसे शंकर बताएँगे। पिछले चुनाव में भी मैंने उसी खाने में मुहर मारी थी, जिस खाने में शंकर ने कहा था। मुहर मार शंकर के एजेंट को दिखा भी दी थी, जिससे बाद में शंकर उलाहना न दे सकें, मैंने उनकी पार्टी को वोट नहीं दिया था।"

"मैं, जिसे किरपा बताएँगे, उसे अपना वोट दूँगा। किरपा ही गाहे-बगाहे मेरे काम आते हैं, बिना ना-नुकर के उधार दे देते हैं।"

"मैं अपना वोट मुफ्त में किसी के कहने से भी नहीं दूँगा। इस सीधे हाथ पर जो दस का एक करारा नोट रखेगा, मेरा वोट पाएगा। पिछली साल मैंने किरपा के एजेंट से दस-दस दो बार धरा लिए थे।"

"दो बार क्यों?"

"दो बार क्यों नहीं? वोट जो दो थे, मेरा और मेरे कक्का का।"

"लेकिन तुम्हारे कक्का चुनाव से पहले ही खतम हो गए थे।"

"उससे क्या हुआ? वोटर लिस्ट में उनका नाम तो था। वोट के लिए भी भला कोई मरता है?"

"तुमने केवल दो, मैंने पूरे पाँच वोट दिए थे, वह भी मुफ्त में। दो जनसंघ को, दो कांग्रेस को, और एक में मैंने कोई बेईमानी नहीं की थी, सब खातों में मुहर मार दी थी। मेरे लिए सब पार्टी बराबर।"

"कौन-कौन खड़ा है अपने इलाके से?"

"पोस्टर नहीं देखे? पूरे गाँव में लगे हैं। 'दीया' वाला बाबा रामदास अग्निहोत्री का है, और 'दो बैल' वाला लाला जगत नारायण का।"

"एक पोस्टर पर 'पीपल या बरगद' कुछ बना है, किस पार्टी का है?"

"मुझे ठीक नहीं पता, काशी को पता होगा। काम की पार्टी नहीं लगती। पिछली साल उस पार्टी की कार एक बार भी डमरुआ नहीं आई थी। बिना कार घुमाए कहीं वोट मिलते हैं?"

"मेरी सलाह मानो, वोट दो उसे, जिसे देने के लिए गाँव के बड़े आदमी कहें। चुनाव के बाद पार्टी निकल जाती है दिल्ली-लखनऊ, हमारे-तुम्हारे किस काम आती है? हमारी-तुम्हारी जान बखत-बेबखत गाँव के बड़े लोग ही बचाते हैं।"

"मेरी समझ में एक तरकीब और आ रही है कि सबसे कहो "हाँ, हाँ और मुहर मारो वहाँ, जहाँ तुम्हारा मन कहे। बड़े लोग भी खुश, तुम भी खुश।"

"तुम्हारी यह तरकीब डमरुआ में नहीं चलने वाली। शंकर और किरपा हमेशा खुला वोट देने के लिए कहते हैं।"

"अगर ऐसी बात है, उसके लिए भी एक तरकीब है। मतदान वाले दिन घर में पड़े रहो, कह दो बीमार हैं।"

"शंकर और किरपा बैलगाड़ी भेज उठवा लेंगे।"

"तब निकल जाओ किसी रिश्तेदारी।"

"मेरी बात मानो, सौ मर्ज की एक दवा, किसी प्रकार वोट देने से बचो। जल में रहे मगर से बैर अच्छा नहीं, क्या समझे?"

[2]

शंकर चौबे ने चुनावों की घोषणा के साथ ही अपनी पार्टी की पीली टोपी स्थायी रूप से अपने सिर पर जमा ली थी, जिसे केवल सोते और स्नान करते समय ही उतारते थे। काशी ने अपने रेडियो पर आने वाली हर खबर ध्यान से सुननी और डमरुआ के लोगों को बतानी शुरू कर दी थी। किरपा कुछ दिनों के लिए अपनी ग्रामोफोन की दुनिया से बाहर आ गए थे। करन, किरपा के अनुरोध पर, अपनी दूकान पर आने वाले हर ग्राहक को सौदे के साथ कांग्रेस की एक झंडी मुफ्त देने लगे थे। पड़ियाइन चाची भी बहुत प्रसन्न हो गई थीं क्योंकि उनके घर की दीवार पर दो बड़े-बड़े पोस्टर चिपकाए गए थे। उन पोस्टरों पर क्या लिखा है? चाची पढ़ नहीं सकती थीं, पर बाबा रामदास अग्निहोत्री और लाला जगत नारायण के चित्र ध्यान से देखती रहतीं थीं। किरपा और काशी के घर की दीवारें कांग्रेस के पोस्टरों तथा शंकर और बंगालिन ताई के घर की दीवारें जनसंघ के पोस्टरों से भर गई थीं। गाँव की शायद ही कोई ऐसी दीवार बची हो जो सजाई न गई हो। दीवार पर चिपके सैकड़ों बाबा जी और लालाजी, वोट माँगने के लिए, अपने हाथ स्थायी रूप से जोड़े मुस्कुराने लगे थे।

डमरुआ के लोगों के लिए बिल्लों-झंडों की कोई कमी न थी, जितने चाहें, शंकर और किरपा के चौतरे से माँग कर ला सकते थे। शंकर ने बिल्ले-झंडे बाँटने का काम कर्मा गड़रिया और किसुन पर छोड़ दिया था क्योंकि खुद उन्हें बिजलीघर जाना पड़ता था। किरपा वह काम खुद ही देखते थे क्योंकि उन्हें अपने अलावा डमरुआ में और किसी पर

भरोसा न था। उन्होंने कर्मा को सख्त हिदायत दी थी—"कर्मा! मुझे बिजलीघर से लौटने पर, गाँव में किसी से शिकायत नहीं मिलनी चाहिए कि उसे अपनी पार्टी का बिल्ला-झंडा नहीं मिला। अपनी जेब से क्या जाता है? पार्टी का माल है दिल खोल बाँटते जाओ। खतम हो जाएगा, बाबा जी और भिजवा देंगे।"

कर्मा को भी यही चाहिए था। उसने तय कर लिया था कि वह इस बार के चुनावों में बिल्ले बाँट-बाँट पूरे गाँव से अपना व्यवहार सुधार लेगा। अपने टोला का हो, आन टोला का हो, सबको एक नज़र से देखेगा। जात-पाँत का भी भेद नहीं करेगा। जो जितनी बार माँगने आएगा, उसे उतनी बार देगा।

कर्मा प्रतिदिन शंकर के चौतरे पर एक चटाई बिछा, अपने सामने बिलों का डिब्बा रख सवेरे से ही बैठ जाता था, आवाज देता था—"बिल्ला, बिल्ला, बिल्ला, चलो रे बच्चो बिल्ला ले जाओ। टीन का अच्छा लगे टीन का ले जाओ। प्लास्टिक का अच्छा लगे प्लास्टिक का ले जाओ। एक-एक ले जाओ, दो-दो ले जाओ, जितने चाहो उतने ले जाओ। भगवान की कृपा से बाबा जी के भंडारे में किसी चीज की कमी नहीं है। बाबा जी के बिल्ले-झंडे सीधे भगवान के यहाँ से आये हैं, इसलिए जल्दी ले जाओ, खतम होने से पहले ले जाओ। चाची! बिल्ला ले जाओ। हर बिल्ले के साथ एक काँटा मुफ्त ले जाओ। बच्चों की क़मीज़ की बटनों की जगह काँटे लगाओ। चाचा टोपी ले जाओ, अपनी पार्टी की टोपी ले जाओ। चुनाव के बाद मुफ्त की टोपी साल दो साल पहनो। टोपी लगा सिर की धूप बचाओ, नाते-रिश्तेदारी जाओ। बच्चो! बिल्ला...।"

डमरुआ की स्त्रियों को कर्मा की मुफ्त काँटों वाली बात जल्दी ही समझ में आ गई थी, सोचा, कर्मा बात सही कह रहा है, काँटे बाद में भी काम आएँगे। काँटे महँगे भी कितने हो गए हैं। करन दारीजार अपनी दूकान पर पाँच पैसे के दो बेचता है। लड़के-बच्चे वाले घर में काँटों की ज़रूरत पड़ती ही रहती है। बच्चे आपस में दिन भर लड़ते हैं, बटनें तोड़ लाते हैं, क़मीज़ फाड़ लाते हैं। काम के मारे दिन भर हाथ भी खाली नहीं रहता, काँटा घर में हो झट से लगा दो, काम ख़तम। कर्मा से बिल्ले माँग लातीं, काँटे निकाल बिल्ले चूल्हे में फेंक देतीं, काँटे सुरक्षित रख लेतीं।

बिल्ले का एक डिब्बा निपटता, किसुन मुस्तैदी से दूसरा डिब्बा खोल कर्मा के सामने रख देता। कर्मा अबाध गति से बाँटता रहता।

गाँव के पुरुष कर्मा से टोपी भी माँग लाते। टोपी ला रात भर के लिए पानी में डुबो देते। टोपी का पीला रंग उतर जाता, सफेद निकल आती। रात भर में जनसंघी टोपी कांग्रेसी टोपी बन जाती। टोपी के अनुभव के आधार पर डमरुआ के लोगों को यह रहस्य पता चल गया था कि भीतर से दोनों पार्टियाँ एक हैं, ऊपर से रंग अलग-अलग हैं। कर्मा यह रहस्य कभी नहीं जान पाया कि गाँव के चाचा उसकी पीली टोपी धोकर अपनी सफेद टोपी बना लेते हैं।

किसुन को शंकर का नौकर होने के नाते बिल्लों-झंडों की कोई कमी न थी। कर्मा से पूछ अपने घरवालों, टोले वालों के लिए जितने चाहे ले जा सकता था। पूरब टोला वालों को किसुन से ईर्ष्या होती थी, सोचते थे, शंकर के यहाँ नौकरी करने से किसुन को कितना फायदा है; अपनी जेब पर 'दीया' का बिल्ला टाँग पूरा गाँव घूम सकता है, किरपा के घर के सामने से भी निकल सकता है। ऐसी हिम्मत गाँव के और किसी में न थी। किरपा के दुआरे से निकलते समय हर किसी को अपना 'दीया' का बिल्ला छिपा लेना पड़ता था। किरपा को किसुन का इस प्रकार गाँव में बेलगाम घूमना रास न आया। एक दिन अपने दुआरे से निकलते समय पकड़ लिया किसुन को, पूछा—"बलवान की औलाद! इधर आ। तेरी छाती पर किस पार्टी का बिल्ला टँगा है?"

किरपा को देख किसुन डर गया, शंकर का नौकर होने की उसकी पूरी हेकड़ी निकल गई, अपने कान पकड़ते हुए कहा—"मालिक! इसमें मेरी कोई ग़लती नहीं है। शंकर मालिक के यहाँ नौकरी करता हूँ, कर्मा ने जबरियन लगा दिया है। कान पकड़ता हूँ, आगे से कभी नहीं लगाऊँगा।"

किरपा ने एक बिल्ला किसुन की ओर फेंकते हुए कहा—"चल, उठा, इसे भी लगा।"

किसुन ने उठा कर लगा लिया वह 'दो बैल' वाला बिल्ला भी अपनी छाती पर। चला आया।

शंकर के दुआरे लौटने पर, किसुन की छाती पर लगे दो पार्टियों के बिल्ले देख कर्मा ने पूछा—"किसुन! तुम्हारे कितने बाप?"

किसुन ने चौंककर पूछा—"कितने बाप! मतलब?"

कर्मा ने किसुन की छाती की ओर इशारा कर पूछा—"तुम्हारी छाती पर दो पार्टी के बिल्ले! आखिर तुम किस पार्टी में हो?"

किसुन ने गुस्से से दोनों बिल्ले नोच ज़मीन पर फेंकते हुए कहा—"कर्मा भइया! मैं किसी पार्टी में नहीं हूँ। गेहूँ के साथ घुन जैसा मुझे मत पीसो। मैं केवल बलवान की औलाद हूँ और बलवान की औलादें किसी पार्टी में नहीं होती। मैं केवल काम करना जानता हूँ। मुझे केवल काम बताओ, क्या करना है? बिल्ले-झण्डे-टोपी का नया डिब्बा खोलूँ या छत पर जा झंडे का डंडा घुमा कर आऊँ?"

डमरुआ में झंडों की प्रतियोगिता भी कम न थी। जिस पार्टी का झंडा डमरुआ में सबसे ऊँचा है, वही शान की पार्टी है, महान पार्टी है, और जीतने वाली पार्टी भी है। शंकर की छत का झंडा किरपा की छत के झंडे से, और किरपा की छत का झंडा शंकर की छत के झंडे से ऊँचा होना ही चाहिए था। इसलिए दोनों झंडों की ऊँचाई प्रतिदिन हाथ-हाथ भर बढ़ाई जाती थी। एक दिन शंकर का झंडा ऊँचा होता था, दूसरे दिन किरपा का। ऊँचाई किसी काम की न थी यदि झंडा ठीक से लहरा न रहा हो।

एक दिन शाम को, बिजलीघर से लौटते समय किसी ठलुआ ने शंकर को बरगद के पास ही रोक लिया, हितैषी बन पूछा–"शंकर भइया! आजकल तुम्हारी छत का झंडा ठीक से नहीं लहरा रहा है। क्या चुनाव में बाबा जी की लुटिया डूबने के आसार हैं? मेरी बात मानो, यदि बाबा जी को वाकई चुनाव में जितवाना हो, चुनाव भर झंडा ठीक से लहरवाओ। झंडा लहराने का जनता पर बहुत अच्छा असर पड़ता है। किरपा का झंडा देखो कैसा लहरा रहा है, झूम-झूम।"

शंकर ने किरपा के घर की ओर देखा, वास्तव में किरपा का झंडा खुलकर लहरा रहा था। फिर अपने घर की ओर देखा, झंडा डंडे से लिपटा सो रहा था, सोचा, ठलुआ बात सही कह रहा है। ठलुआ को वहीं बैठा छोड़ आनन-फानन घर पहुँचे, सीधे छत पर जा डंडे से लिपटा झंडा छुटाया, नीचे आ गए। कर्मा को ठीक से डाँटा–"इतना भी नहीं होता तुम लोगों से, दिन भर झंडा ही ठीक से लहरा सको। झंडे से चुनाव का रुख पता चलता है, दूसरी पार्टी के वोट कटते हैं।" किसुन को झंडे की पूरी जिम्मेदारी दे दी–"हर घंटे छत पर जाकर देखो, झंडा किस हालत में है? यदि ज़रूरत हो, दिन भर वहीं खड़े रहो, हवा के रुख के अनुसार झंडे का डंडा घुमाते रहो। आगे से शिकायत नहीं मिलनी चाहिए, अन्यथा, नौकरी से निकाल बाहर करूँगा।"

झंडों की प्रतियोगिता से याद आया, कर्मा झंडा देने से पहले हर किसी से एक सवाल ज़रूर पूछता था–"हिम्मत है अपनी छत पर झंडा लगाने की? यदि हिम्मत हो झंडा लेना, वरना नहीं।" कर्मा का सवाल सुन, शायद कोई हिम्मती ही झंडे को हाथ लगाता था। पड़ियाइन चाची उन डरने वालों में से नहीं थीं, खुद एक दिन जाकर कर्मा से एक झंडा माँग लाई थीं। वे माँग दो रहीं थीं, कर्मा ने एक देकर टरका दिया–"चाची! झंडे कुछ कम हैं। पार्टी दफ्तर से आने वाले हैं। आते ही, दूसरा झंडा मैं खुद आकर आपकी छत पर लगा जाऊँगा। झंडे के लिए एक लम्बा बाँस भी काटकर अपने साथ लाऊँगा।"

पड़ियाइन चाची ने मना कर दिया–"छोड़ दो बेटा! मेरा काम एक ही झंडे से चल जाएगा।"

पड़ियाइन चाची को वास्तव में एक ही झंडे की ज़रूरत थी। उनकी एक रज़ाई बहुत दिन से फटी चली आ रही थी, सर्दियों में बहुत तकलीफ होती थी, पैर फैलाने पर फटे में फँस जाते थे। कभी-कभी चाची की बिल्ली भी उस फटे में घुस कर बैठ जाती थी, निकाले नहीं निकलती थी, और जब निकलती थी अपने पंजों के पैने नाखूनों से उस फटे को और बढ़ा देती थी। चाची बहुत परेशान हो जाती थीं। उन्हें झंडे जितना ही बड़ा गेरुए रंग का एक कपड़ा रज़ाई पर प्योंदा लगाने के लिए चाहिए था। कब से कपड़े के लिए इन्तजार कर रहीं थीं। उतने से कपड़े के लिए कन्नौज की बाज़ार जाना नहीं चाहती थीं। चाची ने रज़ाई के फटे पर झंडा रख नाप कर देखा, झंडा एकदम नाप का बैठा। रज़ाई

बाहर निकाल लाईं। चौतरे पर चटाई बिछा उस पर रज़ाई फैला बैठ गईं सिलने। बिल्ली चाची को परेशान कर रही थी, अपने पंजे से झंडा फटे से अलग हटा देती थी, शायद चिन्तित थी, फटा बन्द हो जाएगा, जाड़ों में वह कहाँ घुस कर बैठेगी। चाची ने बिल्ली को धमकाया, बिल्ली दौड़कर चाची के कंधे पर चढ़ कर बैठ गई। चाची सिलने लगीं। उसी समय, कहीं से घूमते-घामते शंकर चाची के दुआरे आ गए, सोचा, चाची से भी पूछ लूँ, आजकल मेरी पार्टी का झंडा ठीक से लहरा रहा है कि नहीं, पूछा–"पड़ियाइन चाची! आजकल मेरी पार्टी का झंडा कैसा लहरा रहा है?"

शंकर के पूछने पर चाची ने अपना चश्मा सँभाल शंकर के घर की ओर देखते हुए कहा–"शंकर बेटा! आज खूब लहरा रहा है तुम्हारा झंडा। डमरुआ की पूरी हवा जैसे उसी के पास से होकर ग़ुजर रही है। लगता है बाबा रामदास इस बार चुनाव जीत जाएँगे।"

शंकर ने प्रसन्न हो कहा–"कुछ नहीं चाची! यह सब आप जैसे बड़े-बूढ़ों का आशीर्वाद और भगवान की कृपा है। और लहरायेगा भी क्यों नहीं, कल बाबा जी से पूछ कर, गौरीशंकर मठ से थोड़ी भभूत लाकर झंडे के डंडे में लगा दी थी। तब से एक मिनट भी झंडे का लहरना नहीं रुका है।"

शंकर अपने घर की ओर जाने लगे। चाची ने बुलाया–"शंकर बेटा! कहाँ जा रहे हो? थोड़ी देर चाची के पास भी बैठ लो। गौरीशंकर मठ की थोड़ी भभूत मुझे भी लाकर देना, अपनी बिलइया के लगाऊँगी। भभूत की कृपा से मेरी बिलइया को जबान मिल जाय, कितना अच्छा रहे।"

शंकर लौट आए, कहा–"आपको भभूत ज़रूर दूँगा चाची! क्या सिल रही हैं? गर्मी में रज़ाई की क्या ज़रूरत पड़ गई आपको?"

चाची ने रज़ाई में सुई गड़ाते हुए कहा–"बेटा! रज़ाई पर एक प्यौंदा लगा रही हूँ। साल भर से फटी ओढ़ रही थी। नई रज़ाई बनवाने की अभी गुंजाइश है नहीं, कम से कम बीस की बनेगी। प्यौंदा लगा देने से हाल-फिलहाल के लिए कुछ मजबूत हो जाएगी, दो-तीन जाड़े आराम से निकाल देगी।"

शंकर चटाई पर ही, थोड़ी रज़ाई एक तरफ कर, चाची के पास बैठ गए, देखा, प्यौंदे का कपड़ा बिल्कुल उनकी पार्टी के झंडे जैसा लग रहा है, पूछा–"चाची! यह कपड़ा कहाँ से मिला आपको? मेरी पार्टी के झंडे जैसा रंग है।"

चाची ने रज़ाई से सुई खींच धागा सुलझाया, कहा–"शंकर बेटा! ठीक पहचाना तुमने। बड़ी पैनी नज़र है तुम्हारी। अभी-अभी कर्मा से एक झंडा माँग कर लाई हूँ। बड़ा मजबूत कपड़ा है, सुई तक नहीं गड़ती।"

शंकर चटाई छोड़ खड़े हो गए, झल्लाते हुए कहा–"चाची! यह क्या कर रही हैं आप? मेरी पार्टी का झंडा प्यौंदे के लिए! हद हो गई आपसे! कोई दूसरा कपड़ा ही नहीं

मिला आपको? यह बहुत खराब बात है। झंडा छत पर लगातीं, चार लोग देखते, कांग्रेस के वोट कटते।"

चाची पर शंकर के झल्लाने का कोई असर नहीं पड़ा। सुई रज़ाई में गड़ा छोड़ दी, चश्मा उतार लिया, कहा—"शंकर बेटा! हवा में बेकार फड़फड़ाते झंडों ने अभी तक यदि एक-एक घर का, एक-एक फटा भी ढका होता, शायद दुनिया में अब तक एक भी फटा न रह गया होता।"

शंकर ने चलते हुए कहा—"चाची आपसे कुछ भी कहना बेकार है।"

चाची ने रोका—"जा कहाँ रहे हो? मेरे पास बैठो, एक बात बताती हूँ। मेरे पाँड़े के ज़माने में अंग्रेजों का झंडा...।"

[3]

किसुन को चुनाव-प्रचार के लिए डमरुआ की दीवारों पर 'दीये' का चित्र बनाने की जिम्मेदारी भी सौंपी गई थी। प्रारम्भ में उसे दीये का चित्र बनाना नहीं आता था, इसलिए उसका बनाया हुआ 'दीया', 'दीया' कम मटका, बाल्टी, चाय का प्याला, और बहुत सँभाल कर बनाने पर जूता अधिक लगता था। किसुन की इस अयोग्यता के लिए कर्मा ने एक दिन उसे डाँटा भी—"कन्नौज के स्कूल में क्या पढ़ते रहे थे तुम? तुम्हारे मास्टरों ने कक्षा में तुम्हें 'दीया' तक बनाना नहीं सिखाया था? स्कूल में उतने दिन आखिर सीखा क्या था तुमने? बाबा जी को इस बार चुनाव जीत जाने दो, उनसे कह कर कन्नौज के हर स्कूल में 'दीया' वाली पढ़ाई शुरू करवा देंगे।"

रोज़-रोज़ कर्मा के ताने सुन एक दिन किसुन को गुस्सा आ गया, पलट पड़ा—"कर्मा भइया! स्कूल में गणित-अंग्रेज़ी पढ़ाई जाती है कि 'दीया' बनाना? तुम कभ स्कूल...।"

जो भी हो, अभ्यास करते-करते, तीन दिन में उसे दीया बनाना आ गया था। किसुन को दीया बनाने का अभ्यास कराने के लिए कर्मा ने अपनी जेब से तीस पैसे खर्च कर, करन की दूकान से 'हाथी छाप' एक कॉपी खरीदी थी—किसुन इतना दक्ष ज़रूर हो गया था कि अब वह जो कुछ बनाता था, कुछ-कुछ दीये जैसा लगता था।

निकल पड़ा था एक दिन वह एक बाल्टी में गेरू घोल, एक कूँची ले, गाँव भर में दीये बनाने। दीये बनाये, सब दीवारों पर बनाये। एक बाल्टी गेरू निपट गया। गेरू फिर घोला, फिर बनाए। एक दीया भूल से किरपा की कोठी की दीवार पर भी बना दिया। असल में ग़लती किसुन की नहीं थी, कर्मा ने उसे पहले से क्यों नहीं बताया था कि गाँव की कौन-कौन-सी दीवारें छोड़ देनी हैं।

किरपा को, उनकी अपनी कोठी की दीवार पर 'दीया' बनाये जाने की खबर मिली, घर-द्वार में कोहराम मच गया। किरपा दौड़कर घर के अन्दर गए, अपने पितामह वाली ज़ंग खाई हुई तलवार खींच लाए, चौतरे पर खड़े हो दहाड़े—"कहाँ है दीया? कहाँ है दीया? कौन साला बना गया दीया मेरी कोठी की दीवार पर? हिम्मत देखो उसकी। कौन हो सकता है? पता लगाओ कौन था? उसकी पुलिस में रिपोर्ट करूँगा, साल भर जेल में चक्की पिसवाऊँगा। बस, एक बार पता भर चल जाय, था कौन, उसके घर की ईंट से ईंट न बजा दूँ, किरपा चौबे नाम नहीं मेरा। नौकर बुलाओ। खड़े-खड़े मेरा मुँह मत ताको। उस दीये को देख अब तक कांग्रेस के कितने वोट कट गए होंगे।"

किरपा के दुआरे होता कोहराम सुन बमनन टोला के अन्य कई लोग भी अपने घर से निकल आए।

"क्या हुआ? कोहराम कैसा?"

"कोई 'दीया' बना गया किरपा की दीवार पर।"

"किरपा की दीवार पर 'दीया'! यह अनर्थ! कौन हो सकता है?"

"और कौन होगा? शंकर का कोई आदमी होगा। डमरुआ में और किसकी हिम्मत?"

"ऐसा नहीं करना चाहिए। कम से कम किरपा की दीवार ज़रूर छोड़ देनी चाहिए। शंकर पढ़े-लिखे हैं, बिजलीघर में नौकरी करते हैं, जानना चाहिए उन्हें कि राजनीति में आदमी की कीमत हो न हो, दीवार की बहुत कीमत होती है।"

"मैं तो कहता हूँ ग़लती किरपा की भी है, जानते थे चुनाव चल रहे हैं, अपनी कोठी की दीवारों की पहले से ही कुछ हिफाजत कर लेनी चाहिए थी। कुछ टोना-टुटका कर लटका दिया होता बाहर, दीया बनाने वाले को आटे-दाल का भाव पता चल जाता। अब तक उसे (दीया बनाने वाले को) कै-दस्त होने लगते। आपसे आप ही पकड़ा जाता।"

"टोना-टुटका न सही, एक पुराना जूता ही टाँग दिया होता।"

किरपा ने नौकर बुला, दीया के चित्र पर बेशरम बेल के हरे पत्ते रगड़वाये तथा दीवार पर कोयले से लिखवा दिया—"इस दीवार पर दीया बनाना मना है। जो बनाए उसका बाप चोर। आदेश—किरपा चौबे।"

रात भी नहीं बीती थी कि किसी ने शंकर की दीवार पर 'दो बैल' बना दिए। शंकर को पता लगा, बैलों के ऊपर लिखवा दिया—"मेरी दीवार पर बैल बनाना मना है। जो बनाए उसके बाप का बाप चोर। आदेश—शंकर चौबे।"

दीवार पर 'दीया' बनाने वाली घटना से उत्तेजित हो किरपा ने दूसरे दिन ही डमरुआ में घूम-घूम बैलों की प्रशंसा करनी शुरू कर दी थी—"सब लोग बैलों पर ठप्पा मारना। बैल हमारे पूज्य हैं क्योंकि वे गाय के बेटे हैं। हम गाय की पूजा करते हैं

इसलिए बैलों की भी कर सकते हैं। गाय हमारी माता है तो बैल हमारे पिता हैं। बैल भगवान का दूसरा रूप हैं। संसार में उनसे (बैलों से) बढ़कर और कोई नहीं है। वे (बैल) हमारा खेत जोतते हैं, जिससे अन्न उपजता है। यदि बैल न होते, इस संसार में हम लोग भूखों मर गए होते। भगवान शंकर कितने समझदार थे, नन्दी बैल को अपना वाहन बनाया था। बैल पर ठप्पा नहीं मारोगे, शंकर जी नाराज हो जाएँगे। बैलों का चुनाव-चिह्न शंकर भगवान को ध्यान में रखकर ही रखा गया है। 'दीया' क्या एक फूँक मारोगे, बुझ जाएगा। पीपल, बरगद क्या जरा-सी आँधी में गिर जाएँगे। इस संसार में केवल बैल बचेंगे।"

[4]

जैसे-जैसे मतदान की तिथि निकट आती जा रही थी, जनसंघ और कांग्रेस की कारें कई बार डमरुआ आकर चुनाव-प्रचार करने लगी थीं, ढेरों छोटी-बड़ी पर्चियाँ फेंकने लगी थीं, जो उनके जाने के बाद भी गाँव की गलियों की धूल में, नालियों में चित-पट लोट-लोट चुनाव-प्रचार करती रहती थीं।

शंकर एक दिन बाबा रामदास अग्निहोत्री को भी डमरुआ ले आये। बाबाजी को डमरुआ लाने के लिए शंकर को बाबा जी और उनके मठ के चेलों की बहुत दिन तक पाँवपलोटी करनी पड़ी थी। बाबा जी अपने चेलों के साथ, अपनी कार से डमरुआ आए, साथ में शंकर को भी अपनी बगल वाली सीट पर बिठा कर लाए। शंकर की साइकिल कार के पीछे बँध कर आई। बाबा जी के साथ कार में बैठकर डमरुआ तक आना शंकर के राजनीतिक जीवन की सबसे बड़ी सफलता थी। एक पते की बात मैं आपको बताऊँ कि बाबा जी डमरुआ आते समय शंकर को अपनी कार में बिठा कर लाने के लिए कतई राजी नहीं थे, कारण : गाँव का गँवार आदमी है मुँह लग जाएगा। उसके पास से पसीने की बदबू भी आ रही होगी। परन्तु उनके एक समझदार चेले ने उन्हें समझा दिया था—"बाबा जी! मान जाइए। बिठा लीजिए इस पहलवान को अपनी कार में। थोड़ी देर की बात है, सहन कर लीजिए। आप अपनी नाक खिड़की की ओर हवा में कर लीजिएगा। हमें डमरुआ का रास्ता भी नहीं पता, ऊबड़-खाबड़ हुआ, कार फँस गई, धक्का ही लगाएगा। चुनाव के बाद साले को मठ में पाँव भी न रखने दूँगा।" बाबा भी मान गये थे, बेमन से।

बाबा जी की कार बरगद के पास आकर रुकी, भोंपू चिल्लाया—"हमारा वोट कहाँ पड़ेगा? 'दीया' वाले खाने में। हमारा प्रत्याशी कौन? हमारे बाबा रामदास अग्निहोत्री, तुम्हारे बाबा रामदास अग्निहोत्री। हमारा चुनाव-चिह्न 'दीया, दीया, दीया।' हमारा वोट...।"

बरगद के नीचे लेटी जिज्ञासु ठलुआ पार्टी भोंपू की कर्णभेदी आवाज सुन उठकर बैठ गई, देखने लगी, कार में कौन-कौन?

बाबा जी सबसे पहले कार से उतरे। उनके पीछे उनके चेले उतरे। शंकर की साइकिल उतरी, पर शंकर नहीं उतरे, कार में बैठे प्रतीक्षा करते रहे, भोंपू की आवाज सुन गाँव के अधिक से अधिक लोग बरगद के पास आ जाएँ तब उतरें।

शंकर को देर तक कार से बाहर न निकलता देख बाबा जी ने कार में झाँकते हुए कहा—"आ जा, नीचे आ जा, क्या नाम है तेरा? पहलवान! डमरुआ आ गया।"

बाबा जी के बुलाने पर शंकर कार से उतर आए, पर अपना झोला-छाता जानबूझ कार के अन्दर ही छोड़ आए। बाबा जी के साथ गली में दो कदम चले, बोले—"बाबाजी! एक मिनट रुकिए, मैं अपना झोला कार में ही भूल आया हूँ।" वे झोला लेने के लिए कार में फिर घुसे, निकले। लोगों ने उन्हें कार में घुसते-निकलते फिर से देखा। बाबा जी के साथ फिर दो कदम चले, फिर बोले—"बाबाजी! मेरा छाता...।" फिर कार में घुसे, फिर निकले। लोगों ने फिर उन्हें कार में घुसते-निकलते देखा, इस बार ठीक से देख लिया। इस अन्तिम बार शंकर ने कार से निकल कर संतोष की साँस ली, दर्शकों पर नज़र डाली, पाया, इतनी देर में उन्होंने गाँव की मूर्ख जनता को उसकी हीनता का बोध करा दिया है। और क्या चाहिए था शंकर को? अपने प्रभुत्व से दूसरे को हीनता का बोध करा देना ही मानव जीवन की सबसे बड़ी उपलब्धि है।

गेरुआ वस्त्रधारी बाबा रामदास अग्निहोत्री कन्नौज गंगा तट स्थित 'गौरीशंकर मठ' के मठाधीश थे। उनके हृष्ट-पुष्ट शरीर को देख उनकी आयु का अनुमान करना कठिन था।

उनके बारे में मठ के अन्य साधुओं का कहना था—"बाबा जी एक चमत्कारी पुरुष हैं। हम लोग उन्हें न जाने कब से ऐसा ही देखते आ रहे हैं। उन्होंने अपनी आयु को योग-साधना से जहाँ का तहाँ रोक दिया है।" मठ के बाहर के लोग कहते थे—"बाबा जी के चिकने शरीर का रहस्य मठ में आनेवाले चढ़ावे के माल में छिपा है। खूब खाते हैं, व्यायाम करते हैं, सोते हैं, चिंता-मुक्त रहते हैं। बाबा जी जितना माल भारत के किसी भी किसान को खिला दीजिए, बाबा जी जितना ही चिकना हो जाएगा, उसकी भी आयु जहाँ की तहाँ रुक जाएगी।"

बाबा जी ने शंकर के साथ डमरुआ का भ्रमण करना शुरू किया और पाया कि भारत के अन्य गाँवों की जनता की भाँति डमरुआ की जनता भी उनके गेरुए वस्त्रों का लोहा मान रही है। डमरुआवासी गेरुए रंग से अपरिचित न थे। ऐसे बाबा लोग डमरुआ में जब-तब आते ही रहते थे। बाबा जी गाँव की जिस गली से ग़ुजरते थे, उस गली के स्त्री-पुरुष वर्षा में भीगी दीवार की भाँति भरभरा कर उनके चरणों पर गिर पड़ते थे। बाबा जी को देख उन्हें लगता था, शायद ईश्वर ने उनकी सहायता के लिए ही बाबा जी को

डमरुआ भेजा है। उनके ऐसा लगने में ऐसी कोई खास बात भी न थी क्योंकि टूटे और निराश लोगों की हर स्थान-व्यक्ति में आश्रय खोजने की बुरी आदत होती है। बाबा जी पेशेवर आशीर्वाद दाता थे इसलिए उनके पास आशीर्वादों की कोई कमी न थी, मुक्त कंठ से सबको बाँटे जा रहे थे। गाँव के बच्चे भी झुंड बनाकर प्रसाद के लालच में बाबा जी के पीछे हो लिए थे। बच्चों का अब तक का अनुभव था कि गाँव में जो भी बाबा आता है प्रसाद बाँटता है, बाबा रामदास भी बाँटेंगे। परन्तु बच्चों को शायद यह पता नहीं था कि बाबा रामदास प्रसाद वाले बाबा नहीं, पर्ची वाले बाबा हैं। बच्चों ने पहली बार जाना था कि बाबा दो प्रकार के होते हैं—प्रसाद वाले और पर्ची वाले। यह जानकर बहुत निराशा हुई थी बच्चों को। बाबा जी के चेले पैर छूने के बदले में एक पर्ची पकड़ा देते थे। बच्चे बेचारे पर्ची का क्या करते?

बाबा जी पोस्टर, बैनर, झंडे और दीवार पर बने 'दीये' देखते हुए, घूमते-घामते काशी चौबे के दुआरे पहुँच गए।

शंकर ने काशी चौबे की बैठक के बाहर से ही पुकारा—"काशी दद्दा! जनसंघ वाले बाबा जी आए हैं।"

अन्दर से कुछ आवाज नहीं आई। काशी किसी गम्भीर विचार में लीन बैठे थे, शंकर का बुलाना न सुन सके थे।

बाबा जी अपने चेलों के साथ स्वयं ही बैठक के अन्दर प्रवेश कर गए, हाथ जोड़ कहा—"प्रधान जी! मैं बाबा रामदास अग्निहोत्री, जनसंघ का प्रत्याशी आपको प्रणाम करता हूँ। आपका वोट और सहयोग माँगने आया हूँ।"

बाबा जी के गेरुए वस्त्र देख काशी के शरीर में ऐड़ी से चोटी तक आग लग गई, अपने दोनों पैर उठा कुर्सी पर रख लिये, कुछ नहीं बोले, न ही बाबा जी से बैठ जाने के लिए कहा। काशी को पाखंडी बाबाओं से बहुत नफरत थी, अपने दरवाज़े पर किसी भी बाबा को पल भर भी नहीं ठहरने देते थे, डंडा ले दूर तक खदेड़ आते थे। संयोग अच्छा था कि बाबा रामदास जनसंघ के प्रत्याशी थे और शंकर के साथ काशी के यहाँ आये थे, अन्यथा काशी ने अब तक उन्हें भी अपने दरवाज़े से खदेड़ दिया होता।

काशी को कुछ बोलता न देख शंकर ने आगे बढ़ कर कहा—"काशी दद्दा! बाबा जी वोट...।"

काशी कुछ देर तक अपनी कुर्सी के दाएँ हत्थे पर अपनी बूढ़ी उँगलियों से ढोलक जैसी बजाते रहे, फिर बोले—"वोट माँगने के लिए पूरा गाँव पड़ा है, माँगिये जाकर। मैं पुराना कांग्रेसी हूँ, अपना वोट कांग्रेस को ही दूँगा। मेरे पास आकर आप लोग अपना और मेरा समय बरबाद कर रहे हैं।"

शंकर ने बाबा जी के लिए खुद ही एक कुर्सी बिछा दी। बाबा जी ने कुर्सी पर बैठते हुए कहा—"प्रधान जी! आपने पिछले दो-तीन चुनावों में अपना वोट कांग्रेस को

देकर देख लिया है। एक बार हमें भी मौका देकर देखिए। कांग्रेस शासन में देश को क्या-क्या बुरे दिन देखने पड़े हैं। क्या दिया है कांग्रेस ने देश को? दो-दो बार युद्ध के मुँह में और झोंका है। नेहरू जी ने जो किया, शास्त्री जी ने भी वही किया। इन युद्धों से देश की प्रगति बहुत बाधित हुई है। देश कम से कम बीस साल पीछे चला गया है।"

बाबा जी की बात बीच में ही काट काशी ने कहा—"देश की बात बाद में करेंगे। पहले आप मुझे यह बताइए कि 'गौरीशंकर मठ' छोड़ आपको राजनीति में आने की क्या आवश्यकता पड़ गई? या भारतीय संसद को ही अपना मठ बना लेने की ठान ली है? बाबागीरी और राजनीति दोनों एक साथ नहीं चल सकतीं। ऐसा मैं इसलिए कह रहा हूँ कि मठ में बैठ चढ़ावे में आया माल खाने वाले के मुख से देश, युद्ध, प्रगति वगैरा की बातें शोभा नहीं देतीं। आपने अपने जीवन में अभी तक, मठ में आराम करने के अलावा किया क्या है? देश के लिए क्या किया है? बताइए, फिर नेहरू जी, शास्त्री जी का नाम लीजिए।"

काशी की इस टिप्पणी से बाबा जी अन्दर ही अन्दर तिलमिला गए थे, पर संयम रखते हुए बोले—"प्रधान जी! मैं आपसे यह कहना चाहता हूँ कि शास्त्री जी थे तब तक ठीक था। उनकी असमय मृत्यु के अवसर पर लाभ उठा एक स्त्री देश की प्रधानमंत्री बन बैठी। इन चुनावों में भी उसी स्त्री के नाम से वोट माँगे जा रहे हैं। मैं झूठ नहीं कह रहा हूँ। आपके दरवाज़े पर जो पोस्टर चिपके हैं, उनमें देख लीजिए, श्रीमती गांधी लालाजी के लिए वोट माँग रही हैं। वैसे इस बार कांग्रेस जीतेगी नहीं, इसका मुझे पूरा विश्वास है, क्योंकि जनता त्रस्त आ गई है युद्धों से। लेकिन संयोग से, मैं कह रहा हूँ संयोग से यदि इस बार भी कांग्रेस सत्ता में आ गई, आप देख लीजिएगा देश की प्रधानमंत्री एक स्त्री ही बनेगी। यह मैं हरगिज नहीं होने दूँगा। मैं क्या, इस देश की जनता ही नहीं होने देगी। पूरे देश में विद्रोह फैल जाएगा। ऐसा विद्रोह जैसा एक बार अठारह सौ सत्तावन में हुआ था। आप देखिएगा, अपनी फौज भी विद्रोह कर देगी। विदेश में भी लोग क्या कहेंगे? महान भारत की नाक कट जाएगी। आश्चर्य होता है कल्पनामात्र से ही कि करोड़ों की आबादी वाले इस भारतीय गणतंत्र में एक भी ऐसा योग्य पुरुष नहीं जो देश का प्रधानमंत्री बन सके। भारतीयों को यह दिन भी देखना पड़ेगा कि एक स्त्री उनके सिर पर बैठ देश का शासन चलाएगी। यह 'पेटीकोट राज' हम कतई सहन नहीं करेंगे, कतई नहीं। मैं प्रतिज्ञा करता हूँ कि जिस दिन हमारे देश में 'पेटीकोट राज' आ जाएगा, उस दिन यह बाबा रामदास अग्निहोत्री मठ में एक गड्ढा खोद हमेशा-हमेशा के लिए समाधि ले लेगा। प्रधान जी! स्त्रियाँ घर के अन्दर अपना हाथ-मुँह ढक कर इज्ज़त से रहें, बच्चे पैदा करें तभी अच्छी लगती हैं, शासन चलाती नहीं। इस देश में 'पेटीकोट राज' का सवाल ही पैदा नहीं होता।"

काशी ने बाबा जी की पूरी बात धैर्यपूर्वक सुनकर कहा—"मुझे अब तक यह पता नहीं था कि स्त्री इतनी खराब होती है। मुझे लगता है, इस प्रकार की बातें कर आप जनता को गुमराह करने की कोशिश कर रहे हैं। प्रश्न स्त्री या पुरुष का नहीं है। जिसमें योग्यता हो, जिसे जनता चुने, वह शासन करे। ध्यान रखिए, हमारी माता भी एक स्त्री है। झाँसी की रानी ने जब अंग्रेज़ों के विरुद्ध लड़ते हुए अपने प्राण गँवाए थे, तब किसी ने उस लड़ाई को 'पेटीकोट लड़ाई' की संज्ञा नहीं दी थी। मैं आपसे ही पूछता हूँ, भारत के लोगों को 'पेटीकोट राज' की चिन्ता कब से होने लगी? ब्रिटेन की महारानी ने लन्दन में बैठ, हम पर कितने दिन शासन किया था, जानते हैं आप? तब 'पेटीकोट शासन' का सवाल किसी ने नहीं उठाया था।"

काशी के तर्क सुन बाबा रामदास अपने हथियार डालने की सोचने लगे थे क्योंकि उन्हें किसी से तर्क करने और किसी के तर्क सुनने की आदत नहीं थी। उनका अनुभव था कि भारतीयों के सभी तर्क गरुए वस्त्र देखने मात्र से ही बुझ जाते हैं। सोचा, इस गाँव के बूढ़े से पार पाना कठिन लगता है, कहा—"अंग्रेज़ी राज की बात आप छोड़ दीजिए। वहाँ अपने बस की बात नहीं थी। यहाँ हर चीज अपने बस में है, अपना देश है, हम रोक सकते हैं। चलिए, आपके कहने पर हम किसी प्रकार स्त्री-शासन की बात निगल भी लें, लेकिन वह स्त्री कम से कम हिन्दू तो हो।"

काशी ने विस्फारित नेत्रों से पूछा—"क्यों? श्रीमती गांधी हिन्दू नहीं हैं?"

बाबा जी थोड़ा हँसे, कहा—"लीजिए प्रधान जी! आप इतनी भी सूचना नहीं रखते। उन्होंने गैर धर्म वाले एक व्यक्ति से विवाह कर लिया था, अतः सिद्धान्ततः अब वे हिन्दू कहाँ रहीं। उन्हें कोई हक नहीं है देश का प्रधानमंत्री बनने का। नेहरू जी बेचारे उसी गम में घुल-घुलकर मर गए थे।"

काशी ने हाथ का संकेत कर बाबा जी को रोकते हुए कहा—"किसी के जीवन की व्यक्तिगत बातों पर टिप्पणी करना उचित नहीं है। आपको कांग्रेस के सिद्धान्तों पर बात करनी हो, कीजिए, अन्यथा अन्तिम बार सुन लीजिए, मैं अपना वोट कांग्रेस को ही दूँगा।"

बाबा जी ने अंगोछे से अपने गले का पसीना पोंछते हुए कहा—"लो प्रधान जी! जब मैं कोई सही बात कहता हूँ, आप कहते हैं व्यक्तिगत टिप्पणी है। ठीक है भाई, कुछ नहीं कहूँगा। परन्तु आपसे केवल एक प्रश्न और पूछूँगा कि आप आखिर किस बात के लिए कांग्रेस का पल्ला पकड़े हुए हैं? वर्तमान कांग्रेस स्वतन्त्रता-संग्राम वाली कांग्रेस नहीं रही। स्वतन्त्रता-संग्राम के मोह से बाहर निकलने का प्रयास कीजिए। देश के जिन-जिन हिस्सों में जनता उक्त मोह से बाहर आती जा रही है, वहाँ-वहाँ से कांग्रेस का सफाया होता जा रहा है। कांग्रेस ने स्वतन्त्रता-संग्राम के लिए जो बलिदान दिया था, उसकी कीमत, दस-पन्द्रह साल शासन कर देश की जनता से वसूल ली है। हिसाब बराबर हो गया। आगे

आपकी मर्ज़ी। चलता हूँ, दूसरे गाँव भी वोट माँगने जाना है। वोट न दीजिए, न सही, अपना आशीर्वाद तो दे दीजिए।"

बाबा जी जाने के लिए कुर्सी छोड़, हाथ जोड़ कर खड़े हो गए।

काशी ने फिर दो टूक शब्दों में कह दिया—"मैं न वोट दूँगा, न आशीर्वाद। आशीर्वाद देने का धंधा आप लोगों का है। आपको भला मैं क्या आशीर्वाद दे सकता हूँ।"

बाबा जी ने अपने जुड़े हुए हाथ अलग-अलग कर कुर्ते की जेबों में ठूँस लिये, कहा—"प्रधान जी! आप बहुत खरे आदमी हैं। यह बहुत अच्छी बात है। फिर मिलेंगे। प्रणाम करता हूँ।"

शंकर ने बाबाजी के सुर में सुर मिलाते हुए कहा—"सो तो है, काशी दद्दा बहुत खरे आदमी हैं, जो कहना होता है, मुँह पर ही कहते हैं हा हा हा...।"

रास्ते में एक चेले ने बाबा जी के पास आकर कान में कहा—"बाबाजी चुनाव जीत जाने के बाद इस बूढ़े को ज़रूर देख लीजिएगा।"

चेले की बात सुन बाबा जी ने गम्भीरतापूर्वक हुंकारी भरी। उत्साहित हो चेले ने नारा लगाया—"पेटीकोट राज नहीं आने देंगे।" अन्य चेलों ने अनुसरण किया—"नहीं आने देंगे, नहीं आने देंगे।"

बाबा रामदास के डमरुआ घूम जाने से शंकर का एक लाभ हुआ था, उन्हें एक नया नारा मिल गया था, 'पेटीकोट राज नहीं आने देंगे'। बाद में पूरे चुनाव भर वे (शंकर) उसी का राग अलापते रहे थे। डमरुआ की स्त्रियाँ भी पेटीकोट राज के बारे में जानने की कोशिश करने लगी थीं। वे परस्पर पूछती थीं, "इस बार के चुनाव में आखिर यह पेटीकोट राज कौन-सी बला है?"

[5]

एक दिन शंकर की पत्नी ने अपनी गली से गुजरती हुई पड़ियाइन चाची को अपने पास बुला लिया, कहा—"चाची, कहाँ जा रही हैं? जल्दी में हैं? थोड़ी देर अपनी बहू के पास भी बैठ लीजिए। आपसे एक बात पूछनी है।"

चाची अपने किसी काम से कहीं जा रही थीं, जल्दी में थीं, फिर भी प्रेम के बुलावे को न ठुकरा सकीं, आ गईं, शंकर के घर की देहरी पर बैठ गईं।

शंकर की पत्नी चाची के पैर छू, देहरी के दूसरी ओर किवाड़े की आड़ ले बैठ गईं। बातों-बातों में शंकर की पत्नी ने पूछा—"चाची! आपको कुछ पता है? इस चुनाव वाले 'पेटीकोट राज' में, कौन वाला पेटीकोट है?"

चाची ने बताया—"तुम भी बहू बड़ी नादान हो, और कौन वाला! वही जो हम लोग पहनते हैं, वही वाला पेटीकोट।

चाची का उत्तर सुन शंकर की पत्नी का मुँह आश्चर्य से खुला का खुला रह गया, कहा—"हम लोगों वाला पेटीकोट! अरे चाची! डमरुआ के आदमियों को हो क्या गया है? मौका लगते ही पेटीकोट में मुँह छिपा लेने वाले मर्द इतने बेशर्म होते हैं, मैं नहीं जानती थी। घर की बात कहीं इस प्रकार गलियों में उछाली जाती है, पेटीकोट राज, पेटीकोट राज।"

चाची ने समझाया—"बहू! अपने गाँव के लड़कों की इसमें कोई ग़लती नहीं है। सुना है वह मरा 'गौरीशंकर मठ' वाला बाबा रामदास इन लोगों को उल्टा-सीधा कुछ भर गया है।"

शंकर की पत्नी ने कहा—"चाची! कितना अच्छा रहता यदि पूरी दुनिया में औरतों का राज हो जाता।"

चाची ने असहमति में अपना सिर हिलाते हुए कहा—"नहीं होने पाएगा। होने नहीं देंगे, आदमी लोग औरतों का राज होने नहीं देंगे।"

शंकर की पत्नी ने कहा—"पर चाची! औरतों का राज आना है बहुत ज़रूरी। ये आदमी लोग तभी ठीक रहेंगे जब औरतें उनके मूड़ पर चढ़ कर बैठेंगी, और उनकी चुटिया पकड़ उन्हें अपने हिसाब से नचावेंगी।"

चाची ने कहा—"वैसे बहू! कुछ भी कहो, हम लोगों के पास आदमियों जितनी बुद्धि होती नहीं है। आदमियों को भगवान ने ही अधिक बुद्धि-बल देकर भेजा होता है। औरतों का राज अपने देश में कहीं अगर आ भी गया, देख लेना जल्दी ही गिर जाएगा। राज चलाने के लिए पैनी बुद्धि चाहिए। हमारे पाँड़े के पास बहुत बुद्धि थी इसलिए हमने जिन्दगी भर उनकी हर बात मानी थी। पाँड़े ने बुढ़ापे तक डंडे से मारा था मुझे, पर मैंने कभी चूँ तक नहीं की।"

चाची ने अपनी एक बाँह पर का ब्लाउज थोड़ा ऊपर खिसका, चोट का एक निशान दिखाते हुए कहा—"बहू! जानती हो, यह निशान कैसा है? एक बार पाँड़े ने गुस्से में आकर मेरे ऊपर हँसिया चला कर मार दिया था। हँसिया सीधा आकर मेरी बाँह में गड़ गया था। तो क्या हो गया? आदमी था मेरा, हक था उसका हँसिया मारने का। दयालु बेचारे इतने थे कि बाद में खुद ही महीनों बाँह के घाव की मरहम-पट्टी करते रहे थे। उनके जैसा दयालु मैंने दुनिया में नहीं देखा।"

चाची का चोट का निशान देख शंकर की पत्नी को अपने शरीर के चोट के निशान याद आ गए। अपनी एक टाँग पर का पेटीकोट थोड़ा ऊपर खिसकाते हुए कहा—"चाची! मेरे शरीर में ऐसे कितने निशान हैं, यह देखो, यह देखो।"

चाची ने शंकर की पत्नी के कंधे पर हाथ रख, सान्त्वना देते हुए कहा—"बहू! हम औरतों को इन निशानों की चिन्ता नहीं करनी चाहिए। इन निशानों से औरतों की बढ़ती होती है। हमारी-तुम्हारी जैसी भाग्यशाली औरतों को ही ऐसे निशान नसीब होते हैं।

इसीलिए पुरखों से अपने यहाँ एक कहावत चली आ रही है—'अन्न की धूर खसम की गारी, जे न मिटिअउ नाथ हमारी।' मैं हमेशा भगवान से यही प्रार्थना करती हूँ कि हमारे सबके आदमी इस धरती पर बने रहें, औरतों का राज आए न आए। मेरे पाँड़े इस दुनिया में थोड़े दिन और बने रहते तो भगवान का क्या बिगड़ जाता?'

चाची अपने पाँड़े के बारे में सोच भावुक हो गई थीं। थोड़ी देर तक कोई कुछ नहीं बोला था। शंकर की पत्नी ने ही चुप्पी तोड़ी—"चाची! तुम्हें अपना समझ एक बात बताती हूँ, किसी से कहिएगा नहीं, इस बार के चुनाव में मैं अपना वोट 'बैल' वालों को दूँगी। तुम भी अपना वोट 'बैल' वालों को देना। मैं देखना चाहती हूँ, औरतों का राज होने से हमारा-तुम्हारा क्या फायदा होता है?" फिर अपना सिर दरवाज़े से थोड़ा बाहर निकाल, गली में इधर-उधर झाँकते हुए पूछा—"चाची! जो औरत अपने देश पर राज करेगी, वह भी पेटीकोट पहनती होगी, बिल्कुल हमारी-तुम्हारी जैसी ही होगी? उसके भी दो हाथ, दो पैर और सब कुछ हमारे-तुम्हारे शरीर जैसा ही होगा?"

चाची ने कहा—"और क्या बहू! औरतें पूरी दुनिया में एक जैसी होती हैं।"

शंकर की पत्नी ने फिर पूछा—"उसका आदमी भी उसे मारता होगा? उसके शरीर पर भी चोट के निशान होंगे?"

चाची ने कहा—"यह बात मुझे ठीक से पता नहीं। गाँव में शायद काशी जानते होंगे या शंकर जानता होगा।"

तभी कहीं से शंकर आ गए। पड़ियाइन चाची को अपनी देहरी पर बैठा देख सोचा, लगता है चाची अपनी रज़ाई के लिए दूसरा झंडा माँगने आई हैं। तय कर लिया, कुछ भी हो जाये, चाची कोई भी बहाना बनायें, दूसरा झंडा उन्हें किसी भी हालत में नहीं दूँगा, ऊपरी मन से मुस्कुराते हुए कहा—"चाची! औरतों के बीच क्या मंत्रणा चल रही है?"

चाची ने कहा—"हम लोग बातें कर रही हैं, औरतों का राज कैसा होता होगा?"

शंकर को बात करने के लिए मन का विषय मिल गया, उत्तेजित हो कहा—"औरतों का राज थू, कभी नर्क के बारे में सुना है? भागवत में रामदुलारे पंडित जिस प्रकार के नर्क का वर्णन करते हैं, वैसा ही होता होगा, औरतों का राज। नर्क नहीं होगा तो और क्या होगा? औरतों के पास अक्ल ही कहाँ होती है। भगवान ने उन्हें यदि नाक न दी होती तो वे...भी खा लेतीं। इसीलिए कहता हूँ इस बार सब लोग 'दीया' पर मुहर मारो। डमरुआ से 'दीया' को जिताओ। 'दीया' हमारे कितने काम आता है; मंदिर में भगवान के सामने जलाया जाता है, रात में घर में प्रकाश के लिए जलाया जाता है, प्रकाश 'ज्ञान' का प्रतीक होता है, आदि। बैल भी कोई चुनाव-चिह्न है। बैल मूर्ख और मूर्खता का प्रतीक होता है। केवल मूर्ख लोग ही बैल पर मुहर मारते हैं।"

चाची जाने के लिए उठ खड़ी हुई; अपनी धोती की धूल झाड़ते हुए कहा–"पर वही 'दीया' यदि किसी गलत हाथ में दे दिया जाय या गलत जगह रख दिया जाय, घर में आग भी लगा सकता है।"

शंकर बोलते रहे। चाची अपने जिस काम से जा रहीं थीं, चली गईं।

[6]

डमरुआ में कांग्रेस का प्रचार-कार्य किरपा और करन देख रहे थे, पर छज्जूराम को उन दोनों पर ही भरोसा नहीं था, इसलिए कभी-कभी खुद डमरुआ आकर वास्तविक स्थिति का जायजा ले जाते थे।

एक दिन डमरुआ आकर उन्होंने किरपा को आदेश दिया–"किरपा! अपना हिसाब खाता लाकर उन सब लोगों के नाम पढ़कर सुनाओ, जिन्होंने तुमसे कुछ उधार लिया है।"

आदेशानुसार किरपा ने नाम पढ़े–"...पाँच रुपए,...दस रुपए।" देर तक पढ़ते रहे, डमरुआ के आधे से अधिक लोगों के नाम पढ़ डाले।

छज्जू को संतोष हुआ इतने अधिक नाम सुन, सुझाव दिया–"अब सही समय आ गया है। आज और अभी से इन सबको पैसा वसूली के लिए धमकाना शुरू कर दो। केवल धमकाओ, अपमानित करो। वसूलना किसी से नहीं, विशेषकर चुनाव भर। जो उधार लौटाने भी आए, उससे भी मत लेना। गाँव के लोगों में डर पैदा करो। दबाव बनाओ। एहसास करा दो उन्हें कि वे छोटे हैं, और हम उनके काम के हैं, उनके काम आते रहे हैं, आगे भी आते रहेंगे। ऐसी परिस्थिति पैदा कर दो जिससे पूरे गाँव की समझ में आ जाय कि कांग्रेस को वोट देने में ही उनका कल्याण है। किरपा! ज़माना बहुत बदल गया है। लोगों पर अपना प्रभाव बनाए रखने का माध्यम केवल पैसा ही रह गया है। इसलिए, चुनाव भर जो उधार माँगने आए, उसे दो, दस माँगे, बीस दो। जिन्हें उधार दिया है, उन्हें वसूलने के लिए धमकाओ, और जिन्हें ज़रूरत है उन्हें उधार दो। दोनों तरफ से दबाना सीखो, जिससे कोई बचकर न निकल सके। मैंने राजनीति में रहकर अब तक यही सीखा है कि अपने पीछे चलाने के लिए तुम्हें यदि चार पिछलग्गू चाहिए तो पैसे बाँटो। वैसे भी सरकार ने आजकल पैसे उधार देने के लिए दूसरे विकल्प भी प्रस्तुत कर दिए हैं। कन्नौज के हर नुक्कड़ पर एक बैंक खुल गया है। तुम यदि उधार नहीं दोगे, लोग बैंक जाकर ले लेंगे। फिर तुम्हें-हमें डमरुआ में कौन पूछेगा? किरपा! तुम्हारे हाथ में यह जो डमरुआ का हिसाब खाता है, यह खाता नहीं, आधे डमरुआ की लगाम है। इसे थोड़ा-सा भी खींच लोगे, लोग मुँह फैलाकर तुम्हारे सामने आकर खड़े हो जाएँगे। चुनाव भर यह लगाम खींचे रहो, अपना काम निकाल लो, बाद में ढीली कर देना।"

किरपा को अपने बड़े भाई के विचारों पर गर्व हुआ, सोचा, राजनीति ने भइया को कितना माँज दिया है। गाँव वालों के दिमाग में ऐसी चालाकी सपने में भी नहीं आ सकती। आश्वासन दिया—"भइया! आप चिंता न कीजिए। मैं आज से ही लोगों को बेइज़्ज़त करना शुरू कर दूँगा।"

छज्जू ने कहा—लाला! जगत नारायण जी को भी मैं एक दिन डमरुआ लाने की कोशिश करूँगा। पिछले हफ्ते लालाजी से बात हुई थी, बहुत व्यस्त हैं। बड़े आदमी हैं, चुनाव के अलावा भी उनके पास अपने व्यापार से जुड़े हजारों काम हैं। लालाजी तो इस बार चुनाव लड़ने के इच्छुक ही नहीं थे, पर जब कांग्रेस के आलाकमान ने उनके नाम की घोषणा कर दी, उन्होंने भी मना करना उचित न समझा। सुना है 'गौरीशंकर मठ' वाला बाबा रामदास किसी दिन डमरुआ का चक्कर मार गया है। यह सब शंकर की करामात है। मैं जानता हूँ कि वही बुला लाया होगा उसे। बाबा को गाँव घुमाकर शंकर ने अच्छा नहीं किया। एक गाँव में दो-दो पार्टियों का प्रचार कहीं अच्छा लगता है? पूरा गाँव एक पार्टी को वोट दे, गाँव में एकता रहे। पर शंकर है कि डमरुआ को बाँटने पर तुला हुआ है। सुना है बंगालिन ताई भी भीतर-भीतर शंकर की मदद कर रही हैं।"

किरपा ने कहा—"भीतर-भीतर क्या, खुलकर शंकर की मदद कर रही है। उसने अपने दरवाज़े पर बाबा रामदास के न जाने कितने पोस्टर चिपका लिए हैं, छत पर बाबा की पार्टी का झंडा लगा लिया है। पर आप चिन्ता न कीजिए, अपनी छत का झंडा, गाँव भर के झंडों से ऊँचा है।"

छज्जू ने कुर्सी से उठ अपनी छत पर लगे झंडे की ओर देखते हुए कहा—"लगा लेने दो उसे झंडा अपनी छत पर। एक दिन वह भी जान जाएगी कि यह कलकत्ता नहीं डमरुआ है।"

[7]

लाला जगत नारायण भी एक दिन डमरुआ आए, पर उनकी कार बाबा रामदास की कार की भाँति बरगद के पास नहीं रुकी, चली गई छज्जू की कार का पीछा करती सीधी किरपा के दुआरे। उनकी कार बरगद के पास नहीं रुकी तो क्या हुआ, ठलुआ-पार्टी का अनुभव भी इतना कम नहीं था, जान गए थे वे, कार के पीछे कार देखते ही कि 'बैल' वाले लालाजी आए हैं। जो भी हो, ठलुओं ने इसे अपना अपमान समझा था। खबर फैल गई डमरुआ भर में—"बैल वाले आए हैं।" लोग इन्तज़ार करने लगे। लालाजी देर तक नहीं निकले, निकलते कैसे, किरपा के चौतरे पर उनका शर्बत पानी चल रहा था, राजनीति-अर्थशास्त्र पर, देश के भविष्य और गाँव के वर्तमान पर गम्भीर बातें चल रही थीं। अन्ततः छज्जू ने ही लालाजी को याद दिलाया—"लालाजी! गाँव घूमने भी जाना है।"

लालाजी ने सफेद दस्ती से अपने ओंठ पोंछते हुए कहा—"छज्जूराम जी! पूरा डमरुआ घूमने की ज़रूरत मुझे नहीं लगती। गाँव के कुछ महत्त्वपूर्ण लोगों से मिलना ही ठीक रहेगा। उन लोगों को या तो यहीं अपने चौतरे पर बुलवा लीजिए या टहलते हुए हम लोग उन्हीं के दुआरे चले चलते हैं। गाँव भर में घूम-घूम हर किसी से हाथ मिलाते फिरना मुझे पसन्द नहीं है। गाँव के लोग जिस हाथ से दिन भर अपनी नाक साफ किया करते हैं, वही हाथ मिलाने के लिए आगे बढ़ा देते हैं। मुझे घिन लग जाती है हाथ मिलाते ही। कुछ के हाथ काठ के पंजे जैसे कठोर होते हैं। मैं जब भी वोट माँगने किसी गाँव जाता हूँ, लौटकर, सबसे पहले साबुन से अपने हाथ धोता हूँ। आप भी किरपा से कह दीजिए, एक तौलिया और साबुन की व्यवस्था करके रख लें। यदि कोई कीड़े मारने वाली दवा भी मिल जाय, अति उत्तम रहेगा।"

किरपा ने कहा—"लालाजी! कीड़े मारने वाली कोई दवा इस समय घर में नहीं है। आप डमरुआ घूम आइए। तब तक मैं वैद्यजी से कुछ न कुछ दवा माँग लाऊँगा।"

लालाजी ने कहा—"छज्जूराम जी! जैसा कि आप जानते ही हैं, चुनाव इस बार मैं लड़ना ही नहीं चाहता था, पर क्या बताऊँ, बड़ा आदमी होना भी कभी-कभी जी का जंजाल बन जाता है। हर पार्टी को बड़ा आदमी चाहिए चुनाव लड़ने के लिए। अपने देश में बड़े आदमी इतनी संख्या में हैं भी कहाँ? जो हैं कुछ बेचारे हमारे जैसे, पकड़ लिए जाते हैं। बाद में मैंने भी अपना मन बदल लिया यह सोचकर कि चुनाव लड़ने में घाटा भी क्या है? राजनीतिक सत्ता पूँजीपतियों के लिए घी का काम करती है। जैसे आप भोजन करने बैठें और आपको थोड़ा घी मिल जाय, मजा आ जाता है, वैसे ही पूँजी में चार चाँद लग जाते हैं यदि उसमें थोड़ी राजनीति मिला दी जाय। ईश्वर साक्षी है मुझे सत्ता की भूख कतई नहीं है। बिना सत्ता के ही कन्नौज से लेकर बम्बई, दिल्ली तक, पूरे देश में सब जानते हैं मुझे। प्रजातन्त्र में सत्ता की भूख पहचानरहित व्यक्ति को ही अधिक होती है क्योंकि वह सत्ता के माध्यम से अपनी पहचान स्थापित करने का प्रयास करता है। आपका गाँव देखना था, केवल इसीलिए आज मैं चला आया। इसी बहाने मेरा भी थोड़ा जी बहल गया।"

छज्जू ने कहा—"लालाजी! इस सन्दर्भ में मैं आपके हर विचार से सहमत हूँ। मैं भी जब कभी गाँव आता हूँ, सबसे नहीं मिलता, जबकि इसी गाँव में पला-बड़ा हुआ हूँ। लोग आते हैं, मेरे पैर छूकर चले जाते हैं। बस, उतना ही रिश्ता रहता है उनसे। कुछ लोग तो मेरी कार के पैर छूकर ही लौट जाते हैं, उसी से उन्हें संतोष मिल जाता है। क्या बताऊँ लालाजी!

कहते हुए कुछ अच्छा नहीं लगता, जब से मैं गाँव से बाहर रहने लगा हूँ, मुझे गाँव वालों की सूरतें बुद्धुओं जैसी लगने लगी हैं। पर अपना काम निकालने के लिए उन बुद्धुओं से मतलब रखना ही पड़ता है। आप गाँव घूमने जायँ या न जायँ, गाँव से आपको

मिलने वाले मतों में कोई कमी नहीं आयेगी। उसकी चिंता आप मुझ पर छोड़ दीजिए। मेरे भाई किरपा जिस बुद्धू को जिस खूँटे से बाँध देंगे वह उनके अगले आदेश तक वहीं बँधा रहेगा। चलिए, चलकर काशी चौबे से मिल लेते हैं, अपने आदमी हैं। गाँव के और लोग, डमरुआ की गलियों में आपको देखकर, खुद ही आपकी ओर खिंचे चले आएँगे, जैसे पतंगे दीपक की ओर खिंचे चले जाते हैं।"

लालाजी, छज्जूराम के साथ, काशी चौबे के यहाँ जाने के लिए निकले। पूरे गाँव ने भौचक्के होकर देखा उन्हें। लालाजी की हर चीज आकर्षित करने वाली थी; लम्बा कद, दूध जैसी सफेद धोती, मलमल का कुर्ता, कुर्ते के सोने के बटन, पैरों के नागरा जूते, चाँदी की मूठ वाला बेंत, माथे पर घूम कर आई श्वेत-श्याम केशों की एक लट, बड़ी-बड़ी आँखें, आँखों के नीचे सूजी त्वचा की लटकती थैलियाँ, और बड़ी-बड़ी सफेद मूँछें। गाँव वालों को लालाजी सचमुच के बड़े आदमी लग रहे थे, सचमुच के कांग्रेस के प्रत्याशी लग रहे थे, सचमुच के ऐसे आदमी लग रहे थे जिसे वे अपना वोट दे सकते थे। इतना ही काफी था डमरुआवासियों के लिए लालाजी के पैरों पर गिरने के लिए। परन्तु पैरों पर गिरने से पहले गुरु-गोविन्द वाली दुविधा में पड़ गए थे लोग। वास्तव में, गुरु-गोविन्द वाली नहीं, छोटे गोविन्द और बड़े गोविन्द वाली दुविधा में पड़े थे लोग, क्योंकि यहाँ कोई गुरु नहीं दोनों गोविन्द थे। लालाजी देखने में बड़े गोविन्द लग रहे थे क्योंकि उनके में सोने के बटन थे, हाथ में चाँदी की मूँठ वाला बेंत था, अतः गिरे पहले लोग उनके चरणों पर, बाद में छोटे गोविन्द छज्जू के। लालाजी के चरणों पर गिरने वाले डमरुआ के लगभग वही सब लोग थे जिन्होंने बाबा रामदास अग्निहोत्री की चरण-रज श्रद्धापूर्वक अपने माथे से लगाई थी। लालाजी की चमक-दमक देख भूल गए थे बाबा जी को। सोचा था, कुछ नहीं कहा जा सकता, क्या पता, पैर छूने से कहीं लालाजी ही प्रसन्न हो जाएँ, उनकी कुछ सहायता कर दें। लालाजी बहुत अमीर आदमी हैं, अपनी जेब हिला भर दें, डमरुआ में एक भी गरीब न बचे। बाबा जी भगवान से कहकर जो काम करवाएँगे, लालाजी वह काम खुद ही कर सकते हैं। लालाजी स्वयं ही किसी भगवान से कम नहीं हैं। उनकी गरीबी उन्हें हर ओर खींच ले जाती थी, कभी गेरुए वस्त्रों की ओर, और कभी सोने के बटनों की ओर।

जब पैर छूने वाले कुछ कम हुए, शायद पैर छूकर अपने-अपने घर चले गए थे बताने कि मैंने अपने हाथों से लालाजी जैसे बड़े आदमी के पैर छुए हैं, लालाजी ने पूछा—"छज्जू जी! एक बात बताइए, गाँव का आदमी हर किसी को तिनके का सहारा क्यों समझ बैठता है? हर किसी के सामने टूटी माला के मनकों की भाँति बिखर क्यों जाता है?"

लालाजी के प्रश्नों के उत्तर में छज्जू कुछ नहीं बोले, चलते हुए सोचने लगे, लालाजी को हमारे गाँव डमरुआ वालों की आवभगत पसन्द आई है। उन्हें अपने गाँव वालों की सभ्यता पर गर्व का अनुभव हुआ। छज्जू को चुप देख लालाजी भी चुप हो गए, ईश्वर

से प्रार्थना करने लगे–"हे ईश्वर! भारत के हर ग्रामवासी को राजनेताओं के चरणों पर गिरने की अथाह शक्ति प्रदान करना। इनकी सोच का स्तर सदैव ऐसा ही बनाए रखना। जब तक हमारे भोले ग्रामवासी माटी मदार बने रहेंगे, लाला जगत नारायण जैसों को राजनीति में कोई खतरा नहीं रहेगा।"

चलते-चलते लालाजी को अचानक गली के एक नुक्कड़ से शंकर की छत पर लहराता गेरुआ झंडा दिखाई पड़ गया, पूछा–"छज्जूराम जी! मैं यह क्या देख रहा हूँ? 'दीया' की संक्रामक बीमारी, आपके रहते, आपके गाँव तक कैसे पहुँच गई है? कौन देख रहा है उसका काम?"

छज्जूराम ने थोड़ा-सा शर्मिन्दा होते हुए कहा–"क्या बताऊँ, लालाजी! है, अपने ही घर का एक आदमी है। कुछ साल पहले तक मेरा ही पिछलग्गू था। अचानक महत्त्वाकांक्षा के कीड़े ने काट लिया उसे, मुझसे अलग हो गया। आपने अभी कुछ देर पहले कहा था न 'पहचानरहित', वही बात उसके साथ भी लागू होती है।"

लालाजी ने भृकुटि चढ़ाते हुए कहा–"आपके ही घर का आदमी है तो समझाइए उसे। आपसे अलग रहकर वह गाँव के कुछ न कुछ वोट ज़रूर काट ले जाएगा। समझाने से न माने, कोई और रास्ता निकालिए। आप इतने अनुभवी कांग्रेसी हैं, लगता है, कुछ नहीं सीखा आपने कांग्रेस से। हर समझदार कांग्रेसी को समय-समय पर अपने बगीचे का खर-पतवार साफ करते रहना चाहिए। एक बात आप और समझ लीजिए, राजनीति में कोई घर वाला, बाहर वाला नहीं होता, हर जिन्दा आदमी या औरत की कीमत केवल एक वोट होती है।"

छज्जू ने दीर्घ निश्वास के साथ कहा–"मैं सब समझता हूँ, पर लालाजी! खानदान-घर का मामला बहुत पेचीदा होता है। खर-पतवार साफ करने के लिए मैं किसी ऐसे सही मौके की प्रतीक्षा कर रहा हूँ, जिससे कि साँप भी मर जाय और लाठी भी न टूटे।"

काशी चौबे अपने रेडियो पर उस्ताद बिस्मिल्ला खाँ का शहनाईवादन सुन रहे थे, समाचार अभी-अभी निपटे थे। वैसे काशी का संगीत से दूर-दूर का भी रिश्ता नहीं था। रेडियो पर शहनाई बजे या तबला, बाँसुरी बजे या मृदंग, उन पर कोई फर्क नहीं पड़ता था, पर कभी-कभी कुछ भी सुनते थे जब उनके पास कोई काम नहीं होता था। छज्जू को किसी सजे-धजे, शहरुआनुमा व्यक्ति के साथ गली में अपने दुआरे की ओर आता देख काशी ने उठकर रेडियो बंद कर दिया, अपनी घुटनों तक चढ़ी धोती नीचे उतार ली (लेकिन सिकुड़ी हुई धोती स्प्रिंग की भाँति पुनः घुटनों के ऊपर चली गई थी) और खूँटी से उतार अपना कुर्ता पहन लिया।

छज्जूराम ने आते ही लालाजी का परिचय कराया–"काशी दद्दा! अपने निर्वाचन क्षेत्र से कांग्रेस के प्रत्याशी लाला जगत नारायण जी, अपने जिले के बहुत बड़े आदमी हैं,

बम्बई, कलकत्ता जैसे शहरों में कपड़े की कई मिलें हैं, आपसे मिलने और आपका वोट माँगने आए हैं।"

काशी ने हाथ जोड़ लालाजी का अभिवादन किया। बदले में लालाजी ने भी अपने हाथ जोड़ दिए। काशी का लालाजी के प्रति व्यवहार नितान्त तटस्थ था। उनकी तटस्थता से लालाजी ने क्षण भर में ही ताड़ लिया कि काशी पर उनकी अमीरी का प्रभाव अपेक्षानुरूप नहीं पड़ा है। इस बात से लालाजी का मन कुछ क्षुब्ध हो गया, गाँव के अन्य लोगों द्वारा पैर छुए जाने से श्रेष्ठतम होने का जो आनन्द उन्हें मिला था, उसमें खलल पड़ गई। उनका चाँदी का मूठ वाला बेंत उनके हाथ से छूट ज़मीन पर गिर गया। छज्जू ने बेंत उठा वापस लालाजी को पकड़ा दिया। लालाजी घुटन का अनुभव करने लगे, उनके दिमाग में कई प्रश्न उमड़ने-घुमड़ने लगे; काशी दौड़ कर उनसे लिपट क्यों नहीं गए? उनके पैरों पर गिर क्यों नहीं गए? हाथ जोड़े उनके सामने खड़े क्यों नहीं रहे? खीसें क्यों नहीं निपोर दीं? उनकी स्तुति क्यों नहीं करने लगे? आदि। पर लालाजी शायद यह नहीं जानते थे कि काशी जैसा आत्मज्ञानी पुरुष संसार के सब अमीरों की अमीरी अपनी एक छगुनिया से लटका लेने की क्षमता रखता है।

छज्जू और लालाजी अपने-अपने लिए कुर्सियाँ ले बैठ गए। थोड़ी देर कोई कुछ नहीं बोला। काशी को कुर्ते में गर्मी लग रही थी, इसलिए उसे उतार वापस खूँट पर टाँग दिया, नंगे बदन कुर्सी पर बैठ गए। लालाजी काशी की पसलियाँ एक-एक कर गिनने लगे।

छज्जूराम ने मौन भंग किया—"दद्दा! हर बार की भाँति इस बार भी चुनाव की हवा कांग्रेस के पक्ष में ही बह रही है। संसद में कांग्रेस की सीटों की संख्या इस बार कुछ न कुछ ज़रूर बढ़ जाएगी। पूर्ण बहुमत मिलने में तो कोई संदेह ही नहीं लगता। हो भी क्यों न, भारत की जनता कांग्रेस के कारनामों से बहुत प्रभावित है। अभी हाल के भारत-पाकिस्तान युद्ध में कांग्रेस ने पाकिस्तान को मुँहतोड़ जवाब जो दिया था।"

काशी ने, अपनी कुर्सी के दाहिने हत्थे को अपनी उँगलियों से बजाते हुए पूछा—"भारत-पाक युद्ध के दौरान लालाजी किस सीमा चौकी पर तैनात थे?"

काशी के प्रश्न ने छज्जू और लालाजी दोनों को एक साथ चक्कर में डाल दिया। दोनों एक-दूसरे की ओर देखने लगे। छज्जू ने स्पष्ट किया—"दद्दा! लालाजी सेना में नहीं हैं। अपने जिले के बहुत बड़े आदमी हैं, बम्बई-कलकत्ता...।"

काशी ने कहा—"तब यह कहिए कि कांग्रेस ने नहीं, भारतीय सेना ने पाकिस्तान को मुँहतोड़ जवाब दिया था।"

छज्जू ने सँभलते हुए कहा—"मेरा मतलब वही था। चुनाव में आप भी थोड़ा ध्यान रखिएगा, गाँव के लोगों को याद दिलाते रहिएगा कि उन्हें 'बैल' पर मुहर मारना है। आप की बात पर डमरुआ के लोग बहुत विश्वास करते हैं।"

काशी ने कहा—"छज्जू! गाँव वालों से वोट देने के लिए न मैंने पहले कभी कहा था, न अब कहूँगा। सब स्वतन्त्र हैं, अपनी अन्तरात्मा के अनुसार, जिसे चाहें उसे, अपना वोट देने के लिए। मैं अपने परिवार के सदस्यों से भी कभी नहीं कहता कि उन्हें वोट कहाँ देना चाहिए कहाँ नहीं। व्यक्तिगत प्रभाव का प्रयोग कर किसी का वोट लेना प्रजातन्त्र के नियमों के विरुद्ध है। मैं केवल अपने वोट के बारे में जानता हूँ जो मैं कांग्रेस को ही दूँगा, देता आया हूँ और जब तक जिन्दा रहूँगा देता रहूँगा। यह नहीं है कि लालाजी बड़े आदमी हैं, इसलिए मैं कांग्रेस को वोट दूँगा। यदि लालाजी की जगह हमारे निर्वाचन क्षेत्र से कांग्रेस पार्टी की ओर से एक काला कुत्ता भी खड़ा किया गया होता, तो भी मैं अपना वोट कांग्रेस को ही देता।"

काले कुत्ते की बात सुन लालाजी के कानों में "भौं-भौं" की आवाज बजने लगी। उन्होंने काशी की नजरें बचा अपनी धोती की सफेदी देखी, गर्दन झुका कुर्ते के सोने के बटन देखे, सोचा, चुनाव में क्या-क्या बनना पड़ता है, काला कुत्ता और न जाने क्या-क्या? लालाजी काशी की बैठक से उठकर भाग जाना चाहते थे, पर सभ्यतावश किसी प्रकार बैठे रहे। काशी का एक वोट उन्हें बहुत महँगा पड़ रहा था।

काशी की बैठक से निकल गली में पहुँचते ही बचे-खुचे डमरुआवासी फिर से दोनों गोविन्दों के चरणों पर गिरने लगे। जैसे-जैसे लोग लालाजी के पैर छूते जा रहे थे, वैसे-वैसे काशी की बैठक में क्षुब्ध हुआ उनका मन खिलता जा रहा था। किरपा के दुआरे वापस आ एक कुर्सी पर आराम से बैठते हुए लालाजी ने कहा—"छज्जूराम जी! एक बात मैं हमेशा सोचता हूँ कि इस देश में जब तक काशी वाली पीढ़ी जीवित है तब तक कांग्रेस पार्टी को कोई खतरा नहीं है, पर बाद में कांग्रेस का क्या होगा?"

छज्जू ने कहा—"निश्चिन्त रहिए लालाजी! कुछ नहीं होगा। एक भेड़ के पीछे दूसरी भेड़ चलेगी। यह भारत है, यहाँ की सन्तानें पुरखों की लीक सहजता से नहीं छोड़तीं, उसी पर चलने में गर्व का अनुभव करती हैं।"

लालाजी ठहाका लगाकर हँसे—"ठीक कहा आपने, एक भेड़ के पीछे दूसरी भेड़ हा हा...।"

छज्जू ने गम्भीर होकर आगे कहा—"पर इसके लिए लालाजी! अपनी पार्टी को बहुत कुछ करना होगा; आगामी पीढ़ियों में अपनी भारतीय संस्कृति कूट-कूट भरनी होगी तथा अपने समाज पर होने वाले विदेशी संस्कृतियों के आक्रमण को रोकना होगा। हमें भारत की आगामी पीढ़ी को अनवरत याद दिलाते रहना होगा कि 'हम कौन थे?' और उन्हें 'कौन थे' की अवस्था में ही हमेशा-हमेशा के लिए रोक कर रखना होगा, बंद घड़ी की सुइयों की भाँति।"

लालाजी ने कहा—"बहुत गम्भीर बात कही है छज्जूराम जी। आपने। पर पहले इस काले कुत्ते को चुनाव तो जीत जाने दीजिए।"

काले कुत्ते की बात पर लालाजी के साथ छज्जूराम और किरपा भी ठहाका लगा कर हँस पड़े।

किरपा, लालाजी के हाथ धुलाने के लिए एक बाल्टी पानी और साबुन की एक चिपाक ले आये। साबुन की चिपाक में ढेर सारे लम्बे-लम्बे बाल चिपके हुए थे, जिसे देख लालाजी ने कहा–"किरपा जी! यह कैसा साबुन है? इससे हाथ कैसे धोऊँगा।" किरपा ने साबुन की चिपाक हाथ में ले, उससे एक-एक बाल खींच कर छुड़ाते हुए कहा–"घर में किसी ने अपना सिर धोया होगा। लो अभी मैं बाल छुटा देता हूँ। हम लोग पुराने ज़माने के आदमी हैं, साबुन का इस्तेमाल कभी-कभी ही करते हैं।" लालाजी ने रगड़-रगड़ तीन बार हाथ धोये, कीटनाशक घोल में डुबोए तथा अपनी सफेद दस्ती से पोंछ, सूँघ कर देखे, डमरुआवासियों के हाथों की गंदगी अब उनमें नहीं थी।

डमरुआ से जाते समय लालाजी किरपा को समझा गए थे–"किरपा जी! मतदान वाले दिन डमरुआ की जनता की खूब सेवा करना, सबका मुँह मीठा करवाना। घी, शक्कर, और अन्य सामान की जितनी भी आवश्यकता हो, मेरा नाम लेकर कन्नौज की किसी भी दूकान से उठवा लेना। मतदान वाले दिन मिठाई बाँटना पुण्य का काम होता है। लोग हमारी मिठाई खायेंगे, हमें वोट देंगे, हमें आशीर्वाद भी देंगे। पैसा क्या वह तो हाथ का मैल है, आता-जाता रहता है।"

[8]

मतदान का दिन आ गया। मतदान-केन्द्र के पास के बागों में पार्टियों के तम्बू लग गए, भट्ठियाँ खुद गईं। डमरुआ में चुनावों के नाम पर पहली बार दो भट्ठियाँ खुदी थीं। अब तक के चुनावों में केवल किरपा ही मिठाई बँटवाया करते थे, इस बार शंकर भी मिठाई बँटवाने के लिए तैयार थे।

शंकर को घी, शक्कर आदि के लिए बाज़ार जाने की भी आवश्यकता नहीं पड़ी थी, 'गौरीशंकर मठ' के भंडार-गृह से ही सब सामान उठा लाये थे। बाबा जी ने उन्हें पूरी छूट देते हुए कहा था–"शंकर चेले! तुझे जितने भी सामान की ज़रूरत हो, उठा ले जा। मेरे भक्तों के लिए मेरे मठ के भंडार-गृह के दरवाज़े सदैव खुले रहते हैं। जो भक्त मठ में आते हैं, वे भी प्रसाद पाते हैं और जो भक्त मुझे वोट देंगे, वे भी प्रसाद पाएँगे। भगवान वाले भक्त और वोट वाले भक्त दोनों ही मुझे प्रिय हैं। इसमें से वोट वाले भक्त मुझे अत्यंत प्रिय हैं क्योंकि एक बार मुझे वोट देने के बाद उनकी भक्ति पाँच वर्ष के लिए मुझ में ही अटल हो जाती है।"

शंकर ने मतदान की पूर्व संध्या को ही कर्मा से पूरे गाँव में ढिंढोरा पिटवा दिया था–"सुनो! सुनो! ध्यान से सुनो! कल वोट वाले दिन हर घर के, हर आदमी, औरत, बच्चे

को मिठाई खाने को मिलेगी। जो लोग भट्ठी तक पहुँच पाएँगे उन्हें भी, और जो लोग घर में रह जाएँगे उन्हें भी। बड़े-बूढ़ों के लिए परसा बाँध कर घर में ही भेज दिया जाएगा। बाबा जी के भण्डारे में किसी चीज की कमी नहीं है। भगवान उनका भण्डारा हमेशा भरे रहते हैं। आप लोग भगवान के नाम पर बाबा जी को वोट दीजिए, फिर देखना, भगवान तुम सबकी कैसी मदद करते हैं।"

मिठाई के लालच ने डमरुआ के उन ठलुओं को भी मतदान केन्द्र तक जाने को विवश कर दिया था, जो शंकर और किरपा रूपी दो पाटों के बीच पिसने से बचने के लिए, यह निश्चित कर बैठ गए थे कि वोट देने नहीं जाएँगे। उन्होंने भी सोचा, क्या घाटा है? अपने पास से क्या जाता है? जरा-सी एक मुहर मारने से दो-दो जगह मिठाई खाने को मिलेगी। ऐसा मौका रोज़-रोज़ कहाँ मिलता है।

लोग वोट डालने के लिए घर से निकले। उनके साथ उनके बच्चे भी मिठाई खाने के लिए लग लिए। किरपा सबको बुला-बुला जलेबियाँ खिला रहे थे—"आ जाओ, आ जाओ, पहले मेरे तम्बू में आ जाओ। खाकर देख लो, जलेबियाँ एकदम गर्मागर्म हैं। जलेबियाँ शुद्ध डालडा घी में न बनी हों तो मेरी पार्टी को एक भी वोट न देना। यह किसी बाबा के भंडारे का माल नहीं है। बाबा रामदास क्या खाकर लालाजी की टक्कर लेगा? ऐसी मिठाइयाँ लालाजी के यहाँ प्रतिदिन उनके कुत्ते खाते हैं। जानते हो लालाजी ने चार बड़े-बड़े विदेशी कुत्ते पाल रखे हैं। लालाजी बहुत बड़े आदमी हैं, बम्बई, कलकत्ता...। फिर भी महानता देखो उन बेचारों की, डमरुआ से जाते समय ज़ोर देकर मुझसे कह गए थे, "मतदान वाले दिन सबका मुँह मीठा करवाना।"

कर्मा ने भी सबको बुलाया—"चाचा! इधर आ जाओ, चाची! इधर आ जाओ। पहले भगवान का प्रसाद पा लो, फिर वोट डालो। यह मिठाई नहीं भगवान का प्रसाद है। प्रसाद खाने से बुद्धि के बंद कपाट खुल जाते हैं।"

लोगों ने वोट डालने से पहले दो-दो, तीन-तीन दोना मिठाई खाई, इस भट्ठी के पास भी, और उस भट्ठी के पास भी। यहाँ मिठाई खाकर कहा—"किरपा मालिक! मैं नमक-हरामी नहीं करूँगा। तुम्हारी मिठाई खाई है, अपना वोट लालाजी को ही दूँगा।"

वहाँ प्रसाद खाकर कहा—"कर्मा! भट्ठी की आग के सामने खड़ा हूँ, झूठ नहीं बोलूँगा, भगवान का प्रसाद खाया है अपना वोट बाबा जी को ही दूँगा।"

पड़ियाइन चाची हर बार के चुनाव में अपना वोट तड़के ही डाल आती थीं, क्योंकि उस समय मतदान केन्द्र पर लम्बी कतार भी नहीं होती थी, और किरपा के यहाँ मिठाई खाने वालों की भीड़ भी नहीं। इस बार अन्यत्र कुछ व्यस्तता के कारण वे वोट डालने के लिए कुछ देर से निकलीं। एक कारण और भी था कि इस बार उन्हें कोई चिंता भी नहीं थी, क्योंकि दो जगह मिठाई बँट रही थी। यदि मतदान केन्द्र पर लम्बी कतार होगी, तब तक दोनों जगह मिठाई खाने का काम ही निपटा लेंगी। किरपा ने पड़ियाइन चाची

को खेत की पगडंडी पर आते हुए दूर से ही देख लिया, पुकारा—"पड़ियाइन चाची! इधर-इधर, यह भट्ठी बड़े-बूढ़ों की सेवा के लिए ही खुदवाई गई है। कांग्रेस पार्टी बड़े-बूढ़ों की सेवा की दम पर ही चल रही है। आइए गर्म-गर्म जलेबी चख लीजिए।"

किरपा के बुलाने पर चाची पहले किरपा के तम्बू की ओर ही मुड़ गईं। चाची के आते ही किरपा ने दौड़ कर जलेबी का एक दोना चाची के हाथ पर रखा और झुक कर चाची के पाँव छुए। चाची ने आशीर्वाद देकर गर्म-गर्म जलेबी खाते हुए कहा—"किरपा! तुमसे एक बहुत बड़ी चूक हो गई, जलेबी के साथ तुम्हें कुछ नमकीन चीज भी बनवानी चाहिए थी। क्योंकि, मीठा खाते-खाते आदमी का मन जल्दी ऊब जाता है। बीच-बीच में कुछ नमकीन खाने से मन बदल जाता है। इतनी कंजूसी ठीक नहीं थी। कौन तुम्हारी जेब से कुछ जाना था। हाँ, उससे तुम्हारी पार्टी के कुछ वोट ज़रूर ही बढ़ जाते।"

किरपा ने अपने कान पकड़, चाची के सामने उठक-बैठक लगाते हुए कहा—"माफी माँगता हूँ चाची! बहुत बड़ी ग़लती हो गई। यह बात पहले कभी दिमाग में आई ही नहीं वरना नमकीन कौन बड़ी चीज थी। इसीलिए कहता हूँ, बड़े-बूढ़ों की सलाह का आज भी कोई जवाब नहीं है। अगली बार के चुनाव में ध्यान रखूँगा, गाँठ बाँध लेता हूँ आपकी यह बात। असल में चाची! लालाजी कह गए थे कि 'सबका मुँह मीठा करवाना' इसलिए केवल वही बात दिमाग में बनी रही। लेकिन चाची! आप जानती हैं, लालाजी बहुत बड़े आदमी हैं, बम्बई, कलकत्ता...। ऐसी मिठाई उनके यहाँ रोज़ उनके कुत्ते खाते हैं। लालाजी ने चार बड़े-बड़े विदेशी...।"

किरपा अपनी बात पूरी भी न कर पाए थे कि चाची ने अपने हाथ का मिठाई का दोना ज़मीन पर फेंक एक ज़ोरदार तमाचा किरपा के मुँह पर रसीद किया, कहा—"नालायक! क्या समझता है तू! हम डमरुआवाले भी लालाजी के कुत्ते हैं? लानत है तुझ पर और उस लाला की मिठाई पर। लाला बड़ा आदमी होगा अपने घर का। हम गरीब ही सही, उससे रोज़ कुछ माँगने नहीं जाते।"

तमाचा खा किरपा सन्न रह गए। इधर-उधर देखा कि किसने-किसने मुझे चाची का तमाचा खाते देखा? जिन्होंने किरपा को तमाचा खाते देखा था, उन्होंने अपना मुँह दूसरी ओर फेर लिया था, जैसे कि कुछ देखा ही न हो। किरपा ने दौड़ कर पड़ियाइन चाची के पैर पकड़ लिए, कहा—"चाची मेरा मतलब वह नहीं था। मैं गँवार आदमी हूँ, सोच नहीं पाता हूँ कि क्या बोलना चाहिए। मैंने वही कहा जो छज्जू भइया मुझसे कह गये थे। आप नाराज मत होइए। मैं माफी माँगता हूँ। आप मिठाई का दूसरा दोना ले लीजिए।"

किरपा के गिड़गिड़ाने से चाची पिघल गईं, दूसरा दोना लेकर फिर जलेबी खाने लगीं। जलेबी खाते-खाते चाची का ध्यान किरपा के तम्बू से कुछ दूर वीराने में कुर्सी पर बैठे एक व्यक्ति की ओर चला गया। उस व्यक्ति के आगे एक छोटी-सी मेज़ पड़ी थी

जिस पर एक पत्थर से दबे कुछ क़ागज फड़फड़ा रहे थे। चाची ने पूछा—"किरपा! वहाँ, वह अकेला कौन बैठा है?"

किरपा ने वीराने में बैठे उस व्यक्ति की ओर देख कहा—"कौन? वह, लोहिया की पार्टी वालों का एक एजेंट है। पार्टी वालों ने कन्नौज से भेजा है। अपने गाँव से उन्हें एक एजेंट तक नहीं मिला। मिलता कैसे? किसी की हिम्मत ही नहीं थी डमरुआ में, किरपा का मुकाबला करने की।"

उसी बीच कुर्सी पर बैठे लोहिया पार्टी के एजेंट ने किरपा की ओर ऐसे देखा जैसे वह देर से प्यासा हो। उसे अपनी ओर देखते देख किरपा ने कहा—"चाची! देखो! वह आदमी अपनी ओर कैसी ललचाई नजरों से देख रहा है। थोड़ी देर में वह यहीं जलेबी खाने न आ जाय तो मैं अपना नाम बदल दूँ।"

चाची ने जलेबी खाकर खाली दोना फेंकते हुए कहा—"किरपा! एक दोने में चार जलेबी घर के लिए भी दे देना, कल सवेरे खाकर पानी पी लूँगी, कांग्रेस का नाम लूँगी।"

"पड़ियाइन चाची ने किरपा को तमाचा मारा", यह खबर पूरे डमरुआ में आनन-फानन फैल गई। किरपा का वफादार नौकर खबर मिलते ही दौड़ते हुए किरपा के तम्बू में आया, पूछा—"मालिक! सुना है, चाची ने आपको...। आप कहो तो दौड़कर घर से आपके बाबा वाली तलवार ले आऊँ, चाची को मारने के लिए। अभी चाची यहीं घूम रही हैं, काट डालिए उन्हें। आपके हाथ में तलवार देखकर लालाजी के कुछ वोट ज़रूर ही बढ़ जाएँगे।"

किरपा ने नौकर को आँख दिखाते हुए कहा—"सूअर कहीं के, जब तेरी अम्मा तेरे मुँह पर तमाचा मारती है तो क्या तू उन्हें मारने के लिए भी तलवार लाता है। पड़ियाइन चाची मेरी अम्मा के समान हैं, उनके तमाचे का मुझे कोई गम नहीं है। जा भाग जा यहाँ से। पड़ियाइन चाची ने कहीं तेरी तलवार की बात सुन ली, तू भी उनका एक तमाचा खाएगा।" नौकर जैसा दौड़ता आया था, वैसा ही दौड़ता लौट गया।

पड़ियाइन चाची किरपा के यहाँ से सीधी कर्मा की भट्ठी पहुँचीं। कर्मा ने उत्साहित हो चाची के लिए प्रसाद प्रस्तुत किया। चाची ने मना करते हुए कहा—"कर्मा! मैंने किरपा की भट्ठी पर एक दोना जलेबी खा ली हैं, अब और कुछ खाने का मन नहीं है।"

कर्मा ने दुखी सा होते हुए कहा—"चाची यह कैसे हो सकता है? इसका मतलब आप बाबा जी को वोट नहीं देंगी। मेरे कहने पर आपको जलेबी का एक टुकड़ा चखना ही होगा। कोई भला प्रसाद के लिए मना करता है। आपने सत्यनारायण कथा में सुना होगा, राजा मकरध्वज ने प्रसाद लेने से मना कर दिया था, उस कारण कितना नुकसान हो गया था राजा का।" सत्यनारायण कथा का नाम सुनते ही चाची सहम गईं, कर्मा के हाथ से प्रसाद का दोना ले लिया। जलेबी का एक टुकड़ा मुँह में डाल स्वाद लेते हुए कहा—"कर्मा!

तुम्हारी मिठाई किरपा की मिठाई से अच्छी है, क्योंकि यह भगवान का प्रसाद है। इस प्रसाद को मैं अपने घर लेते जाऊँगी, थोड़ा अपनी बिलइया को भी खिला दूँगी, जिससे भगवान उसे अगले जनम में मानव योनि में जन्म दें।" चाची ने प्रसाद का दोना श्रद्धापूर्वक अपने माथे से छुआ, अपनी धोती के पल्लू के दूसरे खूँट में बाँध लिया। पल्लू के पहले खूँट में किरपा की जलेबी का दोना बँधा था। प्रसाद के प्रति पड़ियाइन चाची की श्रद्धा देख कर्मा प्रसन्न हो गया।

चाची गाँव की ओर वापस चल दीं। कर्मा ने पीछे से आवाज दे पूछा—"चाची! आप अपना वोट क्या पहले ही डाल आईं?"

चाची जाते-जाते रुक गईं, कर्मा की ओर घूम कर खड़ी हो गईं, कहा—"कर्मा बेटा! बुढ़ापे में यह पाप मुझसे न करवाओ। मेरी जिन्दगी अब बची ही कितनी है। भगवान के यहाँ भी जाकर मुँह दिखाना है। किरपा की मिठाई खाई, तुम्हारा प्रसाद लिया। वोट मेरे पास एक, किसे दूँगी? जब तक एक जगह मिठाई बँटती थी तब तक कोई दिक्कत न थी, मिठाई खाकर वोट दे आती थी, न्याय हो जाता था। मैं किसी के साथ धोखा नहीं करना चाहती, इसलिए तय कर लिया है कि किसी पार्टी को भी अपना वोट नहीं दूँगी। मेरे पाँड़े मरते मर गए उन्होंने कभी किसी को धोखा नहीं दिया, मैं किसी को धोखा कैसे दे सकती हूँ। वैसे भी 'कोउ नृप होइ हमइ का हानी, चेरी छाँड़ि न होउब रानी।' तुमने प्रसाद दिया उसके लिए मैं तुम्हें आशीर्वाद देती हूँ। तुम चाहो, अपने प्रसाद का दोना अभी भी मुझसे वापस ले सकते हो।"

कर्मा ने हाथ जोड़ते हुए कहा—"कैसी बातें करती हैं चाची! प्रसाद भी भला कहीं देकर वापस लिया जाता है। सबका अपना-अपना सिद्धान्त है। मैं कहता हूँ आपका सिद्धान्त डमरुआ में सबसे अच्छा है।"

चाची चली गईं। उनकी धोती के खूँट से बँधे, कंधे से लटकते मिठाई के दोने, प्रजातन्त्र के उत्तोलक की भाँति, रास्ते भर झूलते रहे।

[9]

अगले सप्ताह चुनाव परिणाम घोषित हुए। भारत की प्रधानमंत्री एक स्त्री बन गई। बाबा रामदास 'पेटीकोट राज' का आना न रोक सके। डमरुआ में शंकर और उनके सहयोगी बहुत निराश हुए। यह निराशा शंकर और उनके सहयोगियों तक ही सीमित न रहकर सभी पुरुषों में फैल गई। डमरुआ के पुरुष अन्दर-अन्दर भयभीत हो गए थे, खतरा लगने लगा था उन्हें, स्त्रियों का अपने सिर पर हावी होने का। सभी ने अपनी पत्नियों की दिनचर्या पर कड़ी नज़र रखनी शुरू कर दी थी। उनके व्यवहार में बदलाव के लक्षणों का सूक्ष्म अध्ययन करना शुरू कर दिया था। शंकर के क्रोध का केन्द्र अब छज्जू और उनकी

कांग्रेस पार्टी नहीं, संसार की स्त्रियाँ हो गई थीं। शंकर ने भी अपनी पत्नी पर नज़र रखनी शुरू कर दी थी। उन्होंने अनुभव किया था कि उनकी पत्नी को बाबा जी की हार का कोई खास रंज नहीं हुआ था। परन्तु पत्नी के व्यवहार में बदलाव के कोई प्रत्यक्ष लक्षण दिखाई नहीं पड़ रहे थे। जैसे-जैसे समय बीतता गया, उनकी आशंका बढ़ती गई कि कहीं ऐसा तो नहीं कि मेरी पत्नी मन ही मन संसार के सभी पुरुषों को मूर्ख समझने लगी हो, और मुझे भी। क्या किया जाए? कैसे पता लगाया जाय? कैसे पक्का किया जाय कि वह बदली है कि नहीं। निर्णय कर लिया, एक दिन जाँच करूँगा।

एक रविवार की दोपहर, शंकर स्नान-ध्यान, पूजा-पाठ कर, माथे पर चन्दन का टीका लगा, आधी धोती पहन, आधी ओढ़, लिपे-पुते चौके में, लकड़ी के पाटे पर भोजन करने के लिए बैठे। उनकी पत्नी ने दाल-सब्जी की कई कटोरियों के साथ भोजन की थाली परोस, चौके में बैठे-बैठे ही शंकर के सामने खिसका दी तथा स्वयं मुड़कर तवे पर पड़ी रोटी पलटने लगी। उसके मुड़ते ही शंकर ने भोजन की थाली उठा आँगन में फेंक दी। धड़ाम की एक आवाज के साथ थाली-कटोरियाँ झनझनाती-लुढ़कती आँगन की विभिन्न दिशाओं में चली गईं। आवाज सुन पत्नी चौंकी, मुड़कर देखा शंकर के सामने थाली नहीं थी, सन्न रह गई। यह क्या हुआ? अभी-अभी कितने मन से थाली परोसी थी।

शंकर पाटे से उठते हुए चिल्लाए—"यह भी कोई खाना है? रोज़-रोज़ खाने में एक ही चीज बनाती हो। पूरे सप्ताह बिजलीघर में बैठ क़लम घिसता हूँ। केवल इतवार को घर में रहता हूँ, उस दिन भी वही घिसा-पिटा खाना खाने को मिलता है। तुम क्या मुझे मूर्ख समझने लगी हो?"

पत्नी ने तवे पर की रोटी उतार सिंकने के लिए चूल्हे में डाल दी। चूल्हा धीमा कर चौके से बाहर निकल आई। थाली-कटोरियाँ समेटीं, आँगन में फैला भोजन बटोरा, हाथ धो पुनः चौके के अन्दर जाने लगी। शंकर ने आगे बढ़कर पत्नी की चोटी पकड़ ली, खींचते हुए कहा—"हरामजादी! यह मत समझ बैठना कि किसी औरत के प्रधानमंत्री बन जाने से हम मर्दों की मर्दानगी में कुछ कमी आ गई है। पुरुषों ने चूड़ियाँ नहीं पहन ली हैं। मैं अभी भी अपने घर का मालिक हूँ। यह दिल्ली नहीं डमरुआ है। औरत बनी होगी प्रधानमंत्री दिल्ली में, डमरुआ में नहीं। दिल्ली से डमरुआ तक औरत की आवाज आते-आते सैकड़ों साल लग जाएँगे। तुम अपना दिमाग ठिकाने रखना क्योंकि तुम्हें मेरे घर में ही रहना है, मेरी ही रोटी खानी है, मेरे ही दिए कपड़े पहनने हैं।"

शंकर ने एक झटका दे चोटी छोड़ दी। पत्नी चुपचाप अपने सिर पर से उतर गई धोती सँभालते हुए चौके के अन्दर जाने लगी। शंकर का इतने से जी नहीं भरा था; अपने पैर से चप्पल उतार पूरे ज़ोर से पत्नी के सिर पर मारते हुए कहा—"देख साली! मैं मर्द हूँ कि नहीं?"

पत्नी ने अपने सिर से उतर गई धोती फिर से ऊपर खींच ली, चुपचाप चौके के अन्दर चली गई। चूल्हे में पड़ी रोटी जल गई थी, निकाल चौके के एक कोने में फेंक दी। चूल्हा तेज कर रोटी बेलने लगी।

शंकर आँगन में खड़े हो बड़बड़ाने लगे—"इस साले प्रजातन्त्र ने हम पुरुषों को हिजड़ा बनने पर मजबूर कर दिया है। पर मैं ऐसे प्रजातन्त्र को अपने नेकर के नाड़े से बाँधता हूँ।"

पत्नी ने भोजन की दूसरी थाली परोस चौके से बाहर खिसकाते हुए कहा—"अभी खाना खा लो। मुझसे ग़लती हो गई। अगले इतवार से पूड़ी-सब्जी बनाया करूँगी।"

शंकर प्रसन्न मन से पुनः भोजन करने बैठ गए, सोचा, मेरी आशंका निराधार थी। मैं बेकार ही चिंतित था। मेरी पत्नी अभी भी गाय जैसी सीधी है।

पत्नी ने अपना गुस्सा निकालने के लिए, शंकर की आँख बचा एक रोटी के आटे की लोई में थूक कर रोटी बेल दी। रोटी सेंक कर शंकर को परोस भी दी। दीवार से धोख लगा सिर टटोल कर देखा, चप्पल की मार से सिर पर गुलम्मा उभर आया था। सोचने लगी, सौ साल बाद ही सही, औरत की आवाज एक दिन डमरुआ तक ज़रूर आएगी। फिर उसे पड़ियाइन चाची की सीख याद आ गई—"अन्न की धूर खसम की गारी, जे न मिटिअउ नाथ हमारी।' लकड़ी अन्दर खिसका चूल्हा तेज कर दिया।

भोजन समाप्त कर शंकर ने आँगन में खड़े हो अपने भीगे हाथ अपने मुँह पर रगड़ते हुए संतोषपूर्वक गाया—"दीन दयाल विरद सम्भारी, हरहु नाथ मम संकट भारी।"

2

चच्चा

[1]

किसुन की अम्मा एक बार और अदालत गई थीं, अदालत में दिया अपना पहला बयान बदलने। उन्होंने अपना बयान बदल दिया था। क्यों बदल दिया था? यह वे खुद भी नहीं जानती थीं। हाँ, इतना वे जरूर जानती थीं कि उनकी इस बयान बदली से मंगा छूट जाएगा। क्या वे चाहती थीं कि मंगा छूट जाए? चाहती थीं, और नहीं भी। बस, उन्हें बयान बदलना था सो बदल दिया था, भय, अनिश्चितता और असुरक्षा में घिरे अपने बच्चों के 'आज' के लिए। 'कल' होगा कि नहीं, वे नहीं जानती थीं। वे जानती थीं केवल 'आज' और उसी में अपने बच्चों को लिए खड़ी रहती थीं। ऐसा नहीं था कि प्रतिदिन के एक नए सूर्य के साथ, एक 'नया कल' आता नहीं था, आता था पर वह 'नया कल' टटका ही उनके तपते 'आज' पर गिरकर तत्क्षण ही भाप बनकर उड़ जाता था, और पुनः शेष रह जाता था 'आज'। अम्मा ने अपने मन के एक हिस्से में अपने पति की स्मृतियाँ रखकर उसके कपाट मजबूती से बंद कर दिए थे, और दूसरे हिस्से में वह सब कूड़ा-करकट भर दिया था जो उन्हें अब तक समाज से मिला था। उसी दूसरे हिस्से में गाँव वालों की वे टिप्पणियाँ भी रख ली थीं, जो उन्हें बयान बदल देने के बाद परोक्ष या अपरोक्ष रूप से सुनने को मिली थीं। उनका बयान बदलना गाँव वाले जान गए थे, और फिर जिसे जो कुछ कहना था उसने बेलगाम होकर कहा था :

"खसमखानी के बयान बदलने से अच्छा था कि कहीं जाकर डूबकर मर जाती।"

"हाय! उसके सामने उसका आदमी मार डाला गया, फिर भी उसने अपना बयान बदल दिया।"

"कलजुग है भाई कलजुग, कलजुग में औरतें, औरतें कहाँ रहीं।"

"औरतजात है, डरपोक है।"

"अपने आदमी के क़तल में मंगा के साथ मिली रही होगी, इसीलिए जेल से उसे छुड़ाने के लिए अपना बयान बदल दिया।"

"बदजात औरत है। पूरब टोला की औरतों का भी कोई धर्म-कर्म होता है।"

"आदमी की हत्या का बदला लिए बिना कैसे चैन मिलेगी उसे?"

गाँव वालों की टिप्पणियों का अम्मा पर कोई असर नहीं पड़ा था। पड़ता भी कैसे? वे अपनी तार-तार जिन्दगी सिलने में खुद ही इतनी व्यस्त थीं कि किसने, क्या कहा, सुनने-समझने का समय ही नहीं था उनके पास।

मुकदमा कमज़ोर पड़ जाने से मंगा को जमानत मिल गई। वह जेल से छूट सीधा, उसी दिन डमरुआ पहुँचा। अपने घर के दुआरे पहुँचने पर उसके कुत्ते को छोड़, उसे और कोई नहीं मिला। कुत्ता चौतरे के एक कोने में अपनी प्रिय मुद्रा में बैठा था। मंगा को देख उसने कोई प्रतिक्रिया व्यक्त नहीं की; न उठा, न पूँछ डुलाई, न भौंका। इतना ही एहसान किया था उसने कि मंगा को एक बार देखकर अपनी आँखें बंद कर ली थीं। इतने दिन में कुत्ता भूल गया था मंगा को। दरवाज़े का छप्पर कई जगह से टूट कर नीचे लटक गया था। छप्पर के टूट जाने से दुआरे की दीवार बरसा के पानी के अरघों से और मटमैली हो गई थी। दीवार पर की खरोंच भी अब ताजी नहीं लगती थी, लगता था जैसे समय के साथ उसका भी घाव भर गया है। मंगा चौतरे पर चढ़ कर बैठ गया। देर तक बैठा रहा। देर तक गली से न कोई गुज़रा, न कोई घर के अन्दर गया, और न कोई घर से बाहर निकला। घर के भीतर-बाहर सब जगह सन्नाटा था, केवल एक मधुमक्खी भनभनाती-उड़ती छप्पर के चारों ओर चक्कर लगा रही थी। कभी-कभी सीतला सुकुल की चारा मशीन की खच्-खच् की आवाज आ जाती थी। यह भी पता नहीं लग रहा था कि घर में कोई है भी कि नहीं। पर घर के खुले दरवाज़े से लग रहा था कि घर के अन्दर कोई न कोई ज़रूर है। जब वह बैठे-बैठे ऊब गया, और घर से कोई नहीं निकला, उठकर घर के अन्दर चला गया। उसके पैरों की आहट सुन सस्सुती ने कमरे के अन्दर से ही आँगन में झाँक कर देखा। मंगा को देख—"चच्चा!" निकल गया उसके मुँह से।

"चच्चा" सुनकर मंगा ने कमरे की ओर मुड़कर कहा—"हूँ।"

कमरे के अन्दर से फिर कोई कुछ नहीं बोला।

चैतू ने भी उत्सुकतावश उठ कर बाहर जाकर देखा। वापस आकर, बिना कुछ बोले, पुनः अम्मा के पास बैठ गया।

चच्चा सुनते ही अम्मा जान गईं कि मंगा आ गया है, पर वे कुछ नहीं बोलीं, बैठी रहीं यथावत्। तीनों (सस्सुती, चैतू और अम्मा) मूक एक-दूसरे की ओर देखते रहे। मूक ही परस्पर वे ऐसा कुछ कहते रहे जो उनकी वाणी नहीं कह सकती थी। मंगा के आने से पति और पिता के क़तल की घटना एक बार फिर ताजी हो गई थी उनके मन-मस्तिष्क में। उन्हें लग रहा था कि जैसे अभी और इसी समय क़तल हुआ हो बलवान का। उन सबका चीख-चीख कर रोने का मन करने लगा था। पर वे रोए नहीं, बैठे रहे मन दबाए, यह सोचकर कि रोने से फायदा भी क्या, कौन सुनेगा उनका रोना? मंगा बीच आँगन में

खड़ा रहा, शायद इन्तज़ार कर रहा था, कोई उससे कुछ बोले, कुछ पूछे। धूप आँगन से लगभग पूरी जा चुकी थी। सस्सुती ने एक बार फिर आँगन में झाँक कर देखा, खड़ा था मंगा, अपने चूल्हे पर औंधी चारपाई देखता।

मंगा का जेल से छूटकर वापस आना अच्छा लगा था उन्हें। यह विडम्बना ही थी कि उस व्यक्ति का घर वापस आना उन्हें अच्छा लगा था जो उनके पति का, पिता का हत्यारा था। वे अलग-अलग नहीं कर पा रहे थे अपने पति-पिता की हत्या का दुख और मंगा के घर वापस आने की प्रसन्नता।

उसी समय किसुन भी शंकर के यहाँ से घर आ गया। उसने मंगा को आँगन में खड़े देखा। मंगा ने भी किसुन को देखा। मंगा के देखने में पितृत्व भाव साफ झलक रहा था। वह अधिकारपूर्वक किसुन से पूछना चाहता था—"कहाँ से आ रहे हो?" पर पूछ न सका क्योंकि वह जानता था कि वह उसके बाप का हत्यारा है।

अम्मा के पास जाकर किसुन के मुँह से भी निकल गया—"अम्मा! चच्चा!!! बाहर...।"

मंगा ने फिर सुना 'चच्चा,' कहा—"हूँ।"

फिर कोई कुछ नहीं बोला।

अम्मा भी कुछ नहीं बोलीं, देखती रहीं किसुन की आँखों में। किसुन के मस्तिष्क में भी अपने पिता की हत्या का दृश्य अचानक कौंध गया। बैठ गया चुपचाप अम्मा के पास। अम्मा ने देखा किसुन की आँखों से बड़े-बड़े आँसू बहकर गालों पर आ गए हैं। अम्मा ने अपनी धोती के खूँट से किसुन की आँखों के आँसू पोंछ दिए। अम्मा की आँखों से भी आँसू बहने लगे। किसुन ने अपना सिर अम्मा के घुटने पर रख लिया। अम्मा-किसुन को रोता देख सस्सुती-चैतू भी रोने लगे। वास्तव में उनमें से रो कोई भी नहीं रहा था, पर आँसू सबके बह रहे थे। निःशब्द आँसू बहाने की कला केवल विवश प्राणियों को ही आती है।

मंगा से घृणा नहीं हुई थी उन्हें या शायद त्रासदी में जीते-जीते वे सब एक ऐसे चरम बिन्दु पर पहुँच गए थे जहाँ उनकी किसी से घृणा करने की योग्यता ही समाप्त हो गई थी, यहाँ तक कि अपने पति-पिता के हत्यारे से भी। घृणा करने के लिए भी पैरों का ज़मीन पर टिके रहना बहुत ज़रूरी होता है। डूबता हुआ व्यक्ति किसी से घृणा भी नहीं कर सकता क्योंकि डूबते हुए व्यक्ति का ध्यान किसी प्रकार डूबने से बचने पर केन्द्रित रहता है।

मंगा के घर आने से उन सबको ऐसा लगा था कि मानो उनके पैरों के नीचे की खिसकी हुई दो पैर भर ज़मीन उन्हें वापस मिल गई हो।

मंगा ने अपने चूल्हे पर औंधी चारपाई उठाकर आँगन में खड़ी की, दरवाज़े की कुंडी की रस्सी खोल दरवाज़ा धकेला, साल भर से बंद दरवाज़ा चरचराकर खुल गया। कमरे

से एक भभक निकली। कमरे में ज़मीन पर मिट्टी की दो मटकियाँ लुढ़की पड़ी थीं जिनमें अनाज नहीं बच्चे के फटे-पुराने कपड़े घुसा कर रखे गए थे, एक कोने में खाने-पकाने के कुछ बर्तन पड़े थे, बच्चे का एक फटा जूता पड़ा था। दीवार की खूँटियों पर एक सूप टँगा था, एक झौआ टँगा था, बैल के गले में बाँधने वाली एक घंटी टँगी थी, एक चलनी टँगी थी, रज़ाई का एक गूदड़ टँगा था, और पत्नी की एक पुरानी धोती टँगी थी। दीवार पर टँगी सभी वस्तुओं के ऊपर मकड़ी ने अपना जाल तान दिया था। कई मकड़ियाँ बीच कमरे में लटकी झूला झूल रही थीं। मंगा बैठ गया कमरे की देहरी पर, अंदर की ओर मुँह कर। बच्चे का जूता हाथ में उठा देखने लगा। जूता हाथ में लेते ही उसे कुछ याद आया, जूते की धूल फूँक कर जूता आरे में रख दिया। इधर-उधर देखा उसके साथ का दूसरा जूता कमरे में कहीं नहीं दिखाई पड़ा। थोड़ी देर बाद उठकर, कमरा खुला ही छोड़ कर रस्सी-बाल्टी लेकर पानी भरने चला गया। पानी लाकर पनारे पर रखी दोनों बाल्टियाँ भरीं तथा खड़े-खड़े अपना हाथ-मुँह धोया जिससे खूब पानी फैला, पनारे की सभी ईंटें तर हो गईं, आधा आँगन तक छिटक गया। घर के पनारे की ईंटें भीग जाने भर से ही लगने लगा था कि घर में जिंदा लोग रहते हैं।

चच्चा के घर आ जाने से चैतू में भी थोड़ा साहस आ गया था। ककुआ के मरने के बाद से उसने सस्सुती के साथ चौतरे पर खेलना बंद कर दिया था। उस शाम उसका खेलने का मन करने लगा था। एक गुट्टी से चौतरे पर सत्ता के साथ घर खींच उसने दुआरे से ही सस्सुती को पुकारा—"सस्सुती! आओ, सत्ता खेलें।"

सस्सुती घर में किसी काम में व्यस्त थी, मना कर दिया—"आज नहीं चैतू! आज संजा हो गई है। चच्चा के लिए रोटी बनानी है। चच्चा जेल से आए हैं, भूखे होंगे। कल खेलूँगी।"

चैतू ने सस्सुती की प्रतीक्षा नहीं की, अकेले ही खेलने लगा। एक चिकनी गुट्टी सत्ते के पहले घर में फेंकी, अपनी लँगड़ी बाँध कूद-कूद गुट्टी दूसरे-तीसरे घरों में खिसकाई। गुट्टी सफलतापूर्वक सातों घर पार कर गई, जीत गया चैतू। उत्साहित हो चैतू ने फिर से गुट्टी पहले घर में डाली, फिर से लँगड़ी बाँधी...। खेलता रहा, अँधेरा हो जाने तक।

सस्सुती ने रोटी बनाने की तैयारी की, लकड़ियाँ तोड़ीं, आलू छीले, आटा माड़ा, चूल्हा जलाया। रोटी बनायी। रोटी बनाने से पहले सस्सुती ने अपने रूखे बालों में कंघी कर ली थी।

अम्मा ने उस रात दीया कुछ देर के लिए दुआरे के आरे में रख दिया था। गली में दीये का प्रकाश फैला देख करन ने अपने दुआरे से ही पूछा—"पूरब टोला में कौन ऐसा बड़ा आदमी हो गया है जिसके दुआरे आज दीया जल रहा है?"

किसी ने करन को बताया—"बलवान के दुआरे, मंगा जमानत पर जेल से छूटा है।"

करन ने ठहाका लगाते हुए कहा–"तब तो आज पूरब टोला में दिवारी है, राम जी जेल से छूट कर घर आए हैं।"

सस्सुती ने रोटी तैयार कर दुआरे जाकर पूछा–"चच्चा! रोटी?"

हाथ-पैर धोये बैठे मंगा ने दीये के पीले प्रकाश में मुड़कर सस्सुती की ओर देखा, कुछ नहीं बोला।

सस्सुती कुछ देर इन्तज़ार करती रही, फिर घर चली आई। रोटी की थाली ले जाकर चौतरे पर चच्चा की ओर खिसका दी। मंगा थाली उठाकर खाने लगा, बहुत भूखा था। रोटी और नहीं माँगी। थाली पनारे पर रख, पानी पीकर पुनः दुआरे आ गया, ज़मीन पर बिना कुछ बिछाए ही लेटकर सो गया।

अम्मा ने किंसुन से कहकर घर की कुंडी अंदर से बंद करवा ली। कुत्ता अपनी आदत के अनुसार रात होते ही आँगन में बैठने आ गया था। सस्सुती ने कुत्ते को आँगन में बैठा देख अम्मा से पूछा–"अम्मा! क्या आज रात भी कुत्ते को घर के अन्दर बैठाएँगे?"

अम्मा ने कहा–"अब कुत्ते को अन्दर बैठाने की क्या ज़रूरत है। चैतू! कुत्ते को बाहर निकाल दो।"

चैतू ने कुत्ता घर से बाहर निकाल दिया। कुत्ता बेमन से घर से बाहर चला गया, समझ नहीं पाया कि आज रात उसे घर से बाहर क्यों निकाला जा रहा है?

[2]

जेल में मंगा से कभी-कभी मिलने आने वाले रिश्तेदारों ने मंगा को बताया था–"क़तल वाली रात पूरा डमरुआ तुम्हारे डर से थर-थर काँप रहा था। यहाँ तक कि शंकर और किरपा भी डरे हुए थे।"

जेल के अन्य साथी कैदी भी मंगा को बताते रहते थे–"क़तल करने के बाद गाँव में, और गाँव से बाहर आदमी का रुआब बहुत बढ़ जाता है। डर के कारण गवाही देने वाला कोई मिलता नहीं, इसलिए हजार में एक क़तल करने वाले को ही सज़ा मिल पाती है। एक क़तल करने के बाद, साल-दो साल जेल में काट, बाद में जिन्दगी बड़े ऐश से बिताई जा सकती है। साल-दो साल का समय भी भला कहीं पता चलता है, यूँ चुटकी बजाते निकल जाता है और जेल में तकलीफ़ भी क्या है? समय से तीन बखत खाना मिलता है, कम्बल मिलता है, सोने को एक ऊँची साफ-सुथरी चट्टान मिलती है, हवादार बैरक मिलती है, और चाहिए भी क्या किसी को? कभी-कभी काम करना पड़ता है जेल में, वह तो बाहर भी करना पड़ता है। बाहर कौन मुफ्त में खाने को दे देता है। जो लोग क़तल कर सज़ा से बच जाते हैं, समाज में बहुत ऊँचाई तक पहुँच जाते हैं। कोई एम.एल.ए. बन जाता है, कोई एम.पी. बन जाता है, और कोई-कोई माधव सिंह, मोहर

सिंह बन जाता है। माधव सिंह, मोहर सिंह को जानते हो? उन्होंने कितने डाके डाले, कितने क़तल किए। एक ज़माने में उनके नाम से पूरी चम्बल घाटी थर-थर काँपती थी। उस भय, आतंक और हत्या के बदले सरकार ने इनाम में उन्हें रिहा कर दिया, ज़मीन दी, पैसे दिए। दूर क्यों जाते हो, हाथ कंगन को आरसी क्या, अपने इलाके के एम.एल.ए. करनैल सिंह को ही देख लो। एक ही क़तल किया था, और उसके तुरन्त बाद एम.एल.ए. बन गए थे। आजकल सैकड़ों लोग उनके आगे-पीछे घूमते हैं। पर राजनीति में अभी हाल में थोड़ी महँगाई हो गई है, एक क़तल करने वाले को कोई पार्टी पूछती तक नहीं। एम.एल.ए., एम.पी. बनने के लिए चार-पाँच ज़रूर ही चाहिए। और अधिक हों, और भी अच्छा, निर्विरोध चुन लिए जाने की सम्भावना बढ़ जाती है। डर के कारण चुनाव में सामने कोई खड़ा ही नहीं होता।"

अपने रिश्तेदारों और साथी कैदियों की बातें सुन-सुन कर मंगा को अपने बारे में विश्वास होने लगा था कि वह भी जेल से बेदाग छूट जाएगा, उसे भी सज़ा नहीं होगी, क्योंकि मुख्य गवाह बलवान की पत्नी ने अपना बयान बदल ही दिया था। उसने जेल में बैठे-बैठे अपने भविष्य के बारे में सुखद कल्पनाएँ करनी शुरू कर दी थीं; जब भी जेल से छूट कर डमरुआ पहुँचूँगा पूरा डमरुआ मुझसे डरेगा, जिससे जो कुछ कह दूँगा मान जाएगा, चौबे लोग भी अब मेरे ऊपर घुड़क न पाएँगे, घुड़केंगे कैसे? उन्हें भी हँसिया दिखा दूँगा, एक-एक चौबे से अपना पुराना हिसाब चुकता करूँगा तथा किसी के खेत में भी गुलामी करने नहीं जाऊँगा आदि।

जेल में जो सोचा था उसे आजमाने के लिए, डमरुआ पहुँचने के दूसरे दिन सवेरे ही मंगा डमरुआ का चक्कर लगाने, लोगों के हाव-भाव देखने के लिए निकल पड़ा। बीड़ी पीने का मन कर रहा था, इसलिए चलने से पहले किसुन की अम्मा से दस पैसे माँगे। बीड़ी खरीदने करन की पर दूकान पहुँचा। घर से क़सम खाकर निकला था कि गाँव के किसी भी चौबे को पाँव लागी नहीं कहेगा, क्योंकि पाँव लागी करने के दिन लद गए। जेल जाने से पहले जब मैं पाँव लागी किया करता था तब मैंने क़तल नहीं किया हुआ था। अब मैं 'पाँव लागी' क्यों कहूँगा? एक क़तल कर चुका हूँ। परन्तु करन को देख ही, पूर्वस्वभाववश, अनायास ही उसके मुँह से निकल गया—"पाँव लागी चौबे!"

करन ने आशीर्वाद दिया—"खुश रहो, ससुराल से कब आना हुआ?"

"कल", मंगा ने कहा। बहुत गुस्सा आया उसे अपने ऊपर। क्यों निकल गया उसके मुँह से 'पाँव लागी'?

करन की दूकान पर देर तक नहीं रुका, बीड़ी खरीद, दूसरी गली में मुड़ गया। करन के हाव-भाव से मंगा को ऐसा कतई नहीं लगा था कि वे उससे रंच-मात्र भी डरे हुए हैं। सोचा, आगे से थोड़ा अकड़ कर चलूँगा। बीड़ी के दो फूँक मार कंधे थोड़े उचका लिए। अकड़ कर चलना शुरू कर दिया। रास्ते में कई लोग आते-जाते मिले पर किसी ने उसकी

ओर रत्ती भर भी ध्यान नहीं दिया, जैसे कि दुनिया में उसका कोई अस्तित्व ही न हो। उसने सोचा, कैसे पागल लोग हैं डमरुआ के, मैंने एक क़तल किया है, इतने दिन जेल काट कर आया हूँ, फिर भी मेरी ओर ध्यान नहीं दे रहे हैं। वह फिर भी कंधे उचकाए, अकड़ा चलता रहा। हिम्मत बाँध कई लोगों को पाँव लागी नहीं की। थोड़ी देर बाद, सब कुछ भूल गया, फिर मुँह से निकलने लगा—"पाँव लागी"। उत्तर में "खुश रहो, खुश रहो।" की बौछार होने लगी। बार-बार 'खुश रहो, खुश रहो' सुन उसने सोचा, 'खुश रहो' कहने वाले क्या इन शब्दों का अर्थ भी समझते हैं? डमरुआ की पोरा-पोरा ज़मीन इन शब्दों से पटी पड़ी है, परन्तु लोग फिर भी दुखी हैं। खुशी कहाँ है? कितने छूँछे हैं ये शब्द। चलते-चलते एक सुनसान गली में रुक गया, ज़मीन पर अपनी उँगली से तीन-चार आड़ी-तिरछी लकीरें खींचीं, मान लिया लिखा है 'खुश रहो'। पेशाब कर बहा दिया उन लकीरों को, कहा—"लो चौबे जी! बह गए तुम और तुम्हारा 'खुश रहो'।" गाँव में आगे जाने की ज़रूरत नहीं समझी उसने, घर लौटने लगा। रास्ते में उसका सामना पड़ियाइन चाची से हो गया। चाची ने मंगा को देखते ही अपने पाँव से चप्पल उतार ली। मंगा को चप्पल दिखाते हुए चाची ने कहा—"बदमाश कहीं का लुच्चा! चप्पल मार-मार कर तेरी चाँद गंजी कर दूँगी। क्या बिगाड़ा था तेरा, उस गाय जैसे सीधे बलवान ने जो तूने उसे इतनी बेरहमी से मार डाला। इस संसार में अपने भाई को मारना सबसे सरल काम होता है। तेरे अन्दर ऐसी बहुत ताक़त फटी हो तो डमरुआ के किसी और को हाथ लगाकर दिखा। तू अपने भाई का हत्यारा है। गाँव में क्या करने आया है? जा, कहीं जाकर अपना मुँह काला कर। तुझे दो-तीन बार फाँसी होनी चाहिए। मैं चाहती हूँ कि तुझे फाँसी हो जिससे कि डमरुआ में और कोई अपने भाई को इतनी बेरहमी से न मारे। मेरे पाँड़े आज जिन्दा होते, तुझे मार-मार कर ठीक कर देते।"

मंगा चाची के सामने ज़मीन पर बैठ गया, कहा—"मारो चाची! जितनी चप्पलें मारनी हों मारो। मैं इसी लायक हूँ।" रोने लगा बच्चों की भाँति। चाची ने उसकी एक नहीं सुनी। अपनी चप्पल पहन ली और चली गईं अपने रास्ते। मंगा घर लौट आया। उसे पूरा विश्वास हो गया था कि गाँव में उससे कोई नहीं डरता है। अपने रिश्तेदारों और साथी कैदियों की बातें उसे झूठी लगने लगी थीं। डमरुआ के लोग किस मिट्टी के बने हैं, जानना उसके बस की बात न थी।

[3]

"मैं चाहती हूँ कि तुझे फाँसी हो," कहकर पड़ियाइन चाची ने मंगा को याद दिला दिया था कि उसे अदालत ने जमानत पर भले ही रिहा कर दिया हो, पर फाँसी के फंदे से वह अभी तक नहीं उतरा है। किसुन की अम्मा किसी के दबाव में आकर (विशेष रूप से

पुलिस वालों के) अभी भी अगर अपना बयान बदल दे, उसे फाँसी हो सकती है। यदि फाँसी से किसी प्रकार बच भी गया, उम्र कैद मिलने में तो दो राय ही नहीं है। मंगा कुछ दिन बाद अपनी पत्नी-बच्चों को ससुराल से डमरुआ बुला लाया। एक दिन पत्नी से सलाह कर चालाकी से अम्मा से कहा—"किसुन की अम्मा! एक घर में दो चूल्हे जलाने की क्या ज़रूरत है? जिस घर में एक मर्द हो उस घर में एक ही चूल्हा जलना चाहिए। क्योंकि एक मर्द एक ही चूल्हे की आग बुझा सकता है। जो मर्द दो चूल्हों की आग बुझाने की कोशिश करता है, वह दो नावों पर सवार व्यक्ति की भाँति कहीं का नहीं रहता। दो चूल्हों पर खाना बनने से खरचा भी अधिक होता है। मैं जेल से छूट कर आ गया हूँ, तुम्हारी सबकी ज़िम्मेदारी अब मेरे ऊपर है। मैं अकेला कमाऊँगा, किसुन-चैतू मेरी मदद करेंगे, थोड़े दिन में घर की गाड़ी पटरी पर आ जाएगी।"

अम्मा मान गईं। घर में एक ही चूल्हे पर खाना बनने लगा। अम्मा ने अपना चूल्हा लीप-पोत कर एक झौए से ढँक दिया कि कभी किसुन-चैतू की शादी होगी, किसुन-चैतू मर्द बनेंगे, चूल्हे की फिर से ज़रूरत पड़ेगी।

एक चूल्हे पर खाना बनने लग जाने से और अम्मा के लगातार चुप रहने से मंगा को विश्वास होने लगा था कि अब शायद किसुन की अम्मा अपना बयान नहीं बदलेगी।

साल भर बाद अदालत ने 'सरकार बनाम मंगा, वल्द-सुक्खा, ग्राम-डमरुआ' का फैसला सुनाया। गवाहों-सबूतों के अभाव में मंगा बाइज़्ज़त बरी हो गया।

[4]

एक दिन किसुन की अम्मा, खुद जाकर, सस्सुती का विवाह बलवान की बुआ के लड़के के साथ पक्का कर आई थीं। फूफा दहेज में एक 'हीरो' साइकिल और एक 'तीन बैंड का फिलिप्स रेडियो' माँग रहे थे। पर बुआ अपने मृत भतीजे के परिवार पर तरस खाकर किसी प्रकार मान गई थीं। एक दिन बुआ अपने लड़के को लेकर डमरुआ आईं, और सस्सुती का विवाह सम्पन्न हो गया; न बैंड, न लाउडस्पीकर, न बारात, न रिश्तेदार, न भट्ठी, न मिठाई और न हल्ला-गुल्ला। पूरब टोला और डमरुआ ने विवाह की बात तब जानी थी जब सस्सुती की विदा होने लगी थी। सस्सुती के हाहाकार करुण रोदन ने पूरे डमरुआ को विचलित करके रख दिया था। गाँव की स्त्रियाँ अपने घरों से झाँक-झाँक पूछने लगी थीं :

"किसकी विदा हो रही है? किसकी विदा हो रही है?"

"पूरब टोला के बलवान की बिटिया की, जो रक्षा-बंधन में अपने घरों में राखी बाँधने आती थी।"

"कैसे दुखी होकर रो रही है, लगता है, बेचारी को अपने बाप की याद आ रही है।"

"हाँ भाई, अपने बाप की याद हर लड़की को आती है। लड़कियों को अपने परिवार की बहुत कलक होती है।"

"बेचारी ने बड़े बुरे दिन देखे हैं, ईश्वर करे अपने घर में जाकर सुखी रहे।"

कितनी ही स्त्रियाँ सस्सुती को अपने दूल्हे के साथ जाता देखने अपने घर की छतों पर चढ़ गई थीं।

सस्सुती पूरब टोला की ज़रूर थी पर उसका रोदन टोले की सीमा पार कर गया था। विदा के समय बहने वाले उसके आँसू पूरी स्त्री जाति के आँसू थे। जाते-जाते सस्सुती अपनी अम्मा और चाची से कई बार गले मिली। गले मिलने से उसका जी ही नहीं भर रहा था। अम्मा ने ही धक्का देकर उसे आगे बढ़ाते हुए कहा था—"बिटिया! तुम्हारी गाड़ी छूट जाएगी।" स्त्रियाँ तो स्त्रियाँ, बरगद के पास बैठे ठलुआ भाई भी सस्सुती का करुण रोदन सहन न कर सके थे। सभी ठलुओं ने एक साथ उठ कर सस्सुती से कहा था—"बिटिया! इतना दुखी क्यों होती हो? तुम्हारा बाप नहीं है तो क्या हुआ, हम सब लोग तो हैं। तुम्हें ससुराल में कभी कोई तकलीफ हो, कभी कोई परेशान करे, किसी से लिखा कर एक चिट्ठी भर डलवा देना, पूरा डमरुआ तुम्हारी मदद को पहुँच जाएगा। आज तक तुम केवल बलवान की बिटिया थीं, पर शादी के बाद से तुम पूरे डमरुआ की बेटी हो।"

ठलुओं की बात पर सफेद पैजामा-क़मीज़ पहने, आँखों में मोटा काजल लगाये, सस्सुती के आगे-आगे चल रहे सस्सुती के दूल्हे ने ठलुओं को घूर कर देखा था।

किसुन और चैतू सस्सुती को रेल स्टेशन तक भेजने गए थे। रेलगाड़ी समय से आ गई। किसुन और चैतू ने सस्सुती की बकसिया और पूड़ी की गठरी रेलगाड़ी पर चढ़ा कर, सीट के नीचे ठिकाने से जमा दी। सस्सुती अपने दूल्हे के साथ सीट पर बैठ गई। रेलगाड़ी चलने की सीटी देकर धीरे-धीरे खिसकने लगी। सस्सुती ने चैतू को अपने पास बुलाकर, अपनी मुट्ठी में देर से दबा, पसीने से भीगा एक रुपए का नोट चैतू की हथेली पर रखते हुए कहा—"चैतू भइया! इस रुपए से करन की दूकान से चूरन और संतरे के कम्पट खरीद कर खा लेना। चच्चा के चौके में जो कुछ बना करे चुपचाप खा लिया करना। गेहूँ की रोटी के लिए अम्मा को परेशान मत करना। तुम जानते हो न, हमारे बाप मर गए हैं।"

चैतू ने रुपया अपनी जेब में डालते हुए कहा—"सस्सुती! जल्दी डमरुआ आना, हम लोग सत्ता खेलेंगे।" रेलगाड़ी गति पकड़ने लगी थी। दोनों भाई चलती रेलगाड़ी से स्टेशन पर कूद गए। सस्सुती ने खिड़की से अपना सिर निकाल हाथ हिलाया। दोनों भाइयों ने देखा, सस्सुती के बाल तेज हवा में उड़कर उसके मुँह पर आ गए थे, पर उसकी आँखों से आँसू बह रहे थे। जब तक किसुन और चैतू दिखाई पड़ते रहे थे, सस्सुती अपना हाथ

हिलाती रही थी। रेलगाड़ी चली गई थी साँप जैसी सरकती, ज़मीन पर खाली पड़ी रह गई थीं उसकी लोहे की दो पटरियाँ।

सस्सुती का दूल्हा धैर्य खो रहा था, उसने सस्सुती को खिड़की के पास से खींच अपने पास बिठा लिया था।

सस्सुती के ससुराल चले जाने से अम्मा को बहुत राहत मिली थी, क्योंकि चच्चा के चूल्हे पर एक खाने वाले का बोझ कम हो गया था।

3

आपद् काल

[1]

एक रात जब डमरुआ धुप्प अंधेरे में खड़ा ऊँघ रहा था, गाँव की गलियाँ सूनी पड़ी थीं, पशु अपनी चन्नियों पर खड़े खाया हुआ चारा रौंथिया रहे थे, कुत्ते पूरी सजगता से अपने स्वामी और स्वामी के गृहों की रखवाली कर रहे थे, चकवी करुण-क्रन्दन करती हुई आकाश में चक्कर लगा रही थी मानो उसे लोगों का सोना रास नहीं आ रहा था, जरा-सी आहट भर से जाग जाने वाली वृद्धाएँ चकवी को कोस कर पुनः सो जा रही थीं, बयार मंद मंद बह रही थी, तभी एक मालवाहक ट्रक अपनी आँखें बंद किये हुए (बत्तियाँ बुझाए हुए), मानो नींद में चलता हुआ-सा, धीरे-धीरे रेंगता-घरघराता आकर बरगद के नीचे खड़ा हो गया। उस ट्रक से पच्चीस-तीस सशस्त्र जवान नीचे उतरे, पूर्व नियोजित कार्यक्रम के अनुसार पाँच-सात की टोलियों में बँटकर, गाँव की विभिन्न गलियों में प्रस्थान कर गए। उनके भारी-भारी बूटों की धमक से पहले से ही सजग कुत्ते अचानक एक साथ भौंक उठे। कुत्तों का भौंकना सुन, गली, छत और घर के आँगन में सोये लोग जाग गये। जब कुत्ते उत्तेजित हो दौड़-दौड़ देर तक भौंकते रहे, तब लोगों को आशंका हुई कि मामला कुछ गम्भीर है। गली में सोये लोगों ने डर से अपनी आँखें बन्द किये हुए ही, बूटों की धमक के आधार पर अपनी गली से गुज़रने वालों की संख्या का अनुमान कर लिया था। सीतला सुकुल ने पाँच जवानों के बूटों की धमक सुनी थी, और करन ने सात की। फिर भी न कोई अपनी खटिया छोड़ कर उठा था, न कोई बोला था। सबको यही लगा था कि आज रात डमरुआ के किसी बड़े आदमी के यहाँ डाका पड़ने वाला है। बूट वाले जवान और कोई नहीं, किसी डाकू-गिरोह के सदस्य हैं। उन्हें (डमरुआ के लोगों को) डाके का कोई प्रत्यक्ष अनुभव न था क्योंकि डमरुआ में आज तक कभी डाका नहीं पड़ा था। अप्रत्यक्ष अनुभव के आधार पर वे इतना ही जानते थे कि डाका पड़ने पर लोगों की पिटाई होती है, लोग रोते-

चिल्लाते हैं, गोली चलती है, गाँव वाले दूर से ही हल्ला करते हैं, और सवेरा हो जाने पर डाकुओं को पकड़ने के लिए पुलिस दल आता है। इस अनुभव के आधार पर डमरुआ वाले दम साधे, प्रतीक्षा करते लेटे रहे कि अब किसी के रोने की आवाज आई, अब गोली चली। देर तक किसी के रोने-चिल्लाने की आवाज नहीं आई, सोचा, अभी तक शायद बूट वाले जवान किसी के घर पर आक्रमण करने के लिए मोर्चा सँभाल रहे होंगे या डमरुआ पार कर किसी अन्य गाँव के लिए निकल गए होंगे। पर कुत्तों को पता नहीं क्या हो गया था, लगातार भौंके जा रहे थे, शान्त होने का नाम ही नहीं ले रहे थे।

अचानक "खट् खट् खट्..., खोल, दरवाज़ा खोल!" की आवाज आई। किसी के घर की कुंडी बजा कर दरवाज़ा खोलने के लिए कहा जा रहा था। लोगों का सोचा हुआ सच सा होने लगा था। डर से लोग थर थर काँपने लगे थे। अब तक, थक हार कर सोई हुई घर की स्त्रियाँ भी जाग गई थीं, बच्चे भी कुनमुनाने लगे थे। माताएँ रोते बच्चों के मुँह में अपने स्तन ठूँस उन्हें चुप कराने लगी थीं। किसी को अब तक यह पता नहीं चल रहा था कि किसके घर का दरवाज़ा पीटा जा रहा है?

फिर से आवाज आई—"खोल दरवाज़ा खोल! खोलता है कि तोड़ दूँ!" आवाज देने वाले ने दरवाज़े पर बूट की एक ठोकर मारी, किवाड़ धड़धड़ा कर काँप गए।

अपने घरं की छत पर लेटे शंकर देर से जागे सुन रहे थे कि कोई उनके किवाड़ पीट रहा है, पर डर के कारण कुछ बोल नहीं रहे थे। वे यह नहीं सोच पा रहे थे कि इतनी रात में, इतनी अशिष्टता से उनके घर के किवाड़ पीटने की हिम्मत किसकी पड़ गई? किवाड़ पीटे जाते रहे। उन्हें जब लगने लगा कि दरवाज़ा तोड़े जाने की नौबत वास्तव में ही आ गई है, ज़ोर से चिल्लाकर पूछा—"कौन है?"

"पुलिस! दरवाज़ा खोल," उधर से उत्तर आया।

उत्तर देने के अन्दाज़ से शंकर समझ गए कि यह पुलिस नहीं, डकैत हैं जो पुलिस का नाम लेकर घर का दरवाज़ा खुलवाना चाहते हैं। तय कर लिया, किसी हालत में दरवाज़ा न खोलूँगा। एक लाठी अपने हाथ में लेकर, डाकुओं का मुकाबला करने के लिए, सन्नद्ध होकर खटिया पर बैठ गए। कुछ देर तक बाहर से किसी ने नहीं पुकारा, न किसी ने किवाड़ पीटे। शंकर निश्चिन्त होने लगे कि डकैत वापस चले गए हैं। तभी उनकी छत पर किसी के दौड़ने की धम-धम सुनाई पड़ी। दरवाज़ा पीटने वाले मानव-सीढ़ी बनाकर शंकर के घर की छत पर चढ़ गए थे। वे जब तक अपनी खटिया से उठने के लिए सँभलते, चार-पाँच जवानों ने उन्हें धर दबोचा, सीने पर राइफल तान दी। शंकर थोड़ा-बहुत फड़फड़ाए पर अपने सीने पर तनी राइफल देख आत्मसमर्पण क्र दिया। एक जवान ने शंकर के दोनों हाथ पीछे कर हथकड़ी लगा दी।

हथकड़ी लगाने वाले जवान ने शंकर के मुँह पर टार्च का तेज प्रकाश डालते हुए पूछा—"तू शंकर चौबे ही है न?"

"हाँ, पर तुम लोग कौन? यह क्या तमाशा है?" शंकर ने गुस्से से पूछा।

"देख! पहचानता है मुझे?" हथकड़ी लगाने वाले जवान ने अपने मुँह पर टार्च का प्रकाश डालते हुए पूछा।

शंकर उस व्यक्ति को देखते ही पहचान गए—"त्यागी दरोगा जी! आप!"

"हाँ, मैं," त्यागी दरोगा ने कहा।

"यह क्या है?" शंकर ने पूछा।

"यह तो तुझे थाने चलकर ही पता चलेगा। अभी फिलहाल तू जल्दी से उठकर कपड़े पहन ले। मेरे पास समय कतई नहीं है," दरोगा ने कहा।

"दरोगा जी! फिर भी कुछ तो बताइए। इस तरह आधी रात में चोर-बदमाश की तरह मुझे गिरफ्तार करने का मतलब?" शंकर ने पूछा।

"अभी तुझे मैं इतना ही बता सकता हूँ कि अपने देश में इमरजेंसी लग गई है," दरोगा ने कहा।

"इमरजेंसी! कहाँ, कब? और मेरा क्या लेना-देना?" शंकर ने हैरान होते हुए कहा।

"अबे साले, गाँव के गुबड़ैले! इतना भी नहीं जानता। इमरजेंसी आज लगी है, पूरे देश में," दरोगा ने कहा—"बचा-खुचा थाने चलकर बता दूँगा। उठ! तैयार हो जा, नहीं तो उघारा ही घसीट कर ले जाऊँगा।"

"इमरजेंसी लगी है, ठीक है, पर मुझे क्यों गिरफ्तार कर रहे हैं? मैंने क्या किया है?" शंकर ने पूछा।

"मैंने कहा न, बहरा है क्या? थाने चलकर सब कुछ बता दूँगा। तुझे ही नहीं, उन सबको गिरफ्तार किया जा रहा है जो देश की आन्तरिक सुरक्षा को खतरा हैं। तेरा नाम भी उन्हीं लोगों की सूची में है," दरोगा ने कहा।

शंकर ने हथकड़ी में फँसे अपने हाथ निकालने का व्यर्थ प्रयास करते हुए कहा—"मैं देश की आन्तरिक सुरक्षा को खतरा, मैं? इसका मतलब कि मैं देशद्रोही?"

"बेशक! चल, जल्दी चल! हथकड़ी से हाथ निकालने की कोशिश न कर, अन्यथा मेरे सिपाही तेरे दोनों हाथ हथकड़ी के अन्दर ही तोड़ देंगे, जिन्दगी भर के लिए लुञ्जा हो जाएगा," दरोगा ने धमकाया।

शंकर डर गए, कपड़े पहन दरोगा के आगे-आगे चल दिए। शंकर की पत्नी रोने-चिल्लाने लगी।

गाँव वालों को अब तक पता चल गया था कि शंकर के यहाँ डकैती पड़ रही है। शंकर की पत्नी के रोने की आवाज भी आने लगी थी। पर गोली अभी तक नहीं चली

थी। इससे उन्होंने सोचा था कि डकैती डालने वाले किसी अच्छे डाकू-गिरोह के नहीं हैं, गोली-बन्दूक साथ लेकर नहीं आए हैं।

शंकर को बरगद के नीचे खड़े ट्रक पर चढ़ाकर उनके हाथ हथकड़ी से निकाल दिए गये। सिपाही भी कूद-कूद कर ट्रक पर चढ़ गए। तिरपाल से ढके ट्रक के अन्दर घनघोर अँधेरा था। एक झटके के साथ ट्रक का इंजन चालू हुआ। एक सिपाही ने शंकर को आदेश दिया—"अबे पंडित! बैठ जा ज़मीन पर। ट्रक चलने वाला है, गिर जाएगा।" शंकर ने तुरन्त उत्तर दिया—"दीवान जी! बैठने की क्या ज़रूरत है। कन्नौज है ही कितना दूर, खड़े-खड़े ही निकल चलूँगा।"

शंकर का उत्तर सुनना था कि सिपाही आगबबूला हो गया। वास्तव में सिपाही को गुस्सा शंकर द्वारा बैठने से मना करने के कारण नहीं, वरन् शंकर द्वारा अपने को 'दीवान जी' सम्बोधित करने के कारण आया था। वह सिपाही अभी तक दीवान नहीं था। दीवान पद पर प्रोन्नति के लिए तीन वर्ष से प्रतीक्षा कर रहा था। 'दीवान जी' कहकर शंकर ने उसके जले पर नमक छिड़क दिया था। उसने तक कर अपनी राइफल का बट शंकर के एक पैर पर दे मारा, कहा—"बैठ साले पंडित की औलाद! हुकुम उदूली करता है। तेरे लिए क्या यहाँ मसनद लगाया जाएगा?"

सिपाही की राइफल का अन्दाजा बिल्कुल सही निकला था। राइफल ने शंकर के एक पैर का पंजा बुरी तरह कुचल दिया था। शंकर के मुँह से चीख निकल गई, बिना किसी दूसरे हुक्म के ही ज़मीन पर बैठ गए। पैर पर हाथ रखकर देखा, कुछ चिपचिपा-सा लगा, खून बहकर चप्पल की तली में भरने लगा था। अँगूठे का नाखून उखड़ गया था।

शंकर की चीख सुन ट्रक में बैठे किसी ने पूछा—"शंकर मालिक तुम!"

"कर्मा तुम!" शंकर ने पूछा।

इसके बाद कई आवाजें आईं।

"मैं भी हूँ मालिक! किसुन।"

"मैं भी हूँ शंकर! बंगालिन ताई।"

"तुम भी हो बंगालिन ताई?" शंकर ने अँधेरे में देखने का प्रयास करते हुए पूछा।

"हाँ मैं भी," बंगालिन ताई ने दुखी स्वर में कहा—"शंकर! हम लोग कहाँ जा रहे हैं?"

"पता नहीं ताई, कहाँ जा रहे हैं?" शंकर ने अपने पैर के दर्द को छिपाते हुए कहा।

एक सिपाही ने गाली दी—"चुप साले बहन... यहाँ पंचायत करने आये हैं।"

गाली सुन शंकर, ताई आदि चुप हो गए।

ट्रक अपनी बत्तियाँ जलाकर, खेत की मेंड़ें लाँघता, झकोले खाता, धूल उड़ाता डमरुआ से चल दिया। बत्तियाँ जलने से तिरपाल के अन्दर भी कुछ प्रकाश आया था, पर सिपाहियों की भीड़ के कारण शंकर, कर्मा आदि एक-दूसरे को देख न सके थे।

[2]

सवेरा होते ही डमरुआ में तहलका मच गया। सबकी ज़बान पर एक ही सवाल था, पुलिस भले आदमी-औरतों को कब से पकड़ने लगी? गिरफ्तार लोगों में से कोई भी चोर नहीं, चपाट नहीं, अपराधी नहीं फिर...?

काशी चौबे ने सबको बताया—"कल रेडियो बोला था, इमरजेंसी लग गई है। इमरजेंसी मतलब आपात् काल। सब लोग अपने-अपने घर में चुपचाप बैठो, किसी प्रकार का सवाल मत पूछो।"

काशी चौबे की बात बिजली के करंट की भाँति पूरे गाँव में फैल गई। कोई नहीं जानता था कि इमरजेंसी क्या चीज़ होती है? डमरुआ के जो लोग कभी कानपुर के हैलट अस्पताल गए थे, एक कमरे के बाहर लिखा देखा था 'इमरजेंसी', जहाँ दुर्घटना वाले रक्तरंजित, मरणासन्न रोगी भर्ती किये जाते थे। उन लोगों ने काशी के मुँह से इमरजेंसी की खबर सुनकर मन में कल्पना कर ली थी कि लगता है किसी कारणवश अपना देश भी मरणासन्न अवस्था में है इसलिए दुर्घटना में घायल रोगी की भाँति उसे इमरजेंसी में भर्ती कर दिया गया है। जिन लोगों ने हैलट अस्पताल वाला 'इमरजेंसी' का कमरा नहीं देखा था उनके पास कल्पना के लिए कोई ठोस आधार न था, बस इतना ही कि अपने देश में कोई बहुत ही खतरनाक चीज लागू कर दी गई है जिसमें केवल सज्जन व्यक्तियों को गिरफ्तार किया जाता है।

शंकर, कर्मा और किसुन के परिवार वाले किंकर्तव्यविमूढ़ से गाँव भर में घूम-घूम मदद की गुहार करने लगे थे। ताई की ओर से गुहार लगाने वाला कोई न था।

किसुन की अम्मा जाकर काशी के पैरों पर गिर पड़ीं—"छुटा लो मालिक! मेरे लल्ला को पुलिस से छुटा लो। मुझ दुखिया को तो इतना भी नहीं पता कि पुलिस कहाँ ले गई है मेरे लल्ला को? घर में आराम से सो रहा था, घसीट कर ले गई। बेबात में ही एक सिपाही ने मेरे लल्ला के मुँह पर इतनी ज़ोर से तमाचा मारा था कि बेहरा कर रह गया था वह। क्या किया है मेरे लल्ला ने? क्यों पकड़ ले गई है पुलिस उसे? मालिक! पुलिस मेरे लल्ला को मार तो नहीं डालेगी?" इतना कहते-कहते किसुन की अम्मा बेहोश हो गईं।

किसुन की अम्मा को बेहोश होता देख काशी घबड़ा गए, दौड़ कर पड़ियाइन चाची को बुलाया। पड़ियाइन चाची अपनी बिल्ली के साथ दौड़ती हुई आईं, किसुन की अम्मा

के मुँह पर पानी के छींटे मारे, एक चुल्लू पानी मुँह में डाला। किसुन की अम्मा को होश आ गया, फिर वही रट लगाई—"मालिक! पुलिस मेरे लल्ला को...?"

काशी चौबे अपनी कुर्सी पर बैठ गये। अपने दोनों पैर समेट कर ऊपर रख लिये, समझाया—"किसुन की अम्मा! धैर्य से काम लो। क्या बताऊँ? इस मामले में मैं भी कुछ नहीं जानता। मैंने इमरजेंसी कभी नहीं देखी है। अब तक रेडियो से जो सुना है उस आधार पर इतना ही कह सकता हूँ कि अपने देश की आन्तरिक सुरक्षा को खतरा था इसलिए इमरजेंसी लगाई गई है। इसका अर्थ यह हुआ कि जो लोग पकड़े गए हैं, उनसे देश को खतरा था, और है। कल रेडियो ने कुछ नामी-गिरामी नेताओं की गिरफ्तारी की खबर दी थी, पर पता नहीं क्यों, रेडियो पर भी अब खबरें आनी बन्द हो गई हैं। लगता है रेडियो पर भी इमरजेंसी लग गई है।"

अम्मा ने उठकर बैठते हुए कहा—"पर मालिक! मेरे लल्ला का, क्या कहते हो तुम, इस इमरजेंसी फिमरजन्सी से क्या लेना-देना है?"

"तुम्हारी यह बात एकदम सही है, तुम्हारे किसुन का इमरजेंसी से कुछ भी लेना-देना नहीं है। पर मुझे किसी अन्य चीज का संदेह हो रहा है कि अपने गाँव से जो चार लोग गिरफ्तार हुए हैं, वे ही लोग कुछ वर्ष से डमरुआ में कांग्रेस के खिलाफ़ काम कर रहे थे। इसका मतलब यह कि देश भर में वही नेता गिरफ्तार किये जा रहे हैं जो कांग्रेस के विरोधी हैं। लेकिन एक बात मेरी समझ में नहीं आई कि शंकर आदि के नाम थाने में किसने दिए होंगे? हो सकता है छज्जू ने दिए हों, यह भी हो सकता है कि लालाजी ने खुद दिए हों। अगर छज्जू ने इनके नाम थाने में दिए हैं, बहुत गलत किया है। अपनी दुश्मनी निकालने के लिए निर्दोष लोगों को इस प्रकार फँसाना उचित नहीं है," काशी ने हाथ के पंखे की डंडी से अपनी पीठ खुजलाते हुए कहा।

"मालिक अब क्या होगा?" अम्मा ने पूछा।

"अभी फिलहाल कुछ भी नहीं होगा। यदि कोई खास बात नहीं होगी, पुलिस गिरफ्तार लोगों को डरा-धमका कर खुद ही छोड़ देगी। अन्यथा, जब तक इमरजेंसी लगी रहेगी, कोई नहीं छोड़ा जाएगा," काशी ने कहा।

"इमरजेंसी कब तक लगी रहेगी?" अम्मा ने पूछा।

"यह तो भगवान ही जाने।," काशी ने कहा।

"जेल में मेरे लल्ला को मारेंगे-पीटेंगे तो नहीं?" अम्मा ने पूछा।

"मारना-पीटना तो नहीं चाहिए। इस तरीके की गिरफ्तारियों में मार-पीट नहीं की जाती," काशी ने बताया।

"मालिक! मेरा लल्ला शरीर से बहुत कमज़ोर है। आदमी के क़तल के बाद मैंने अपने बच्चों को बड़ी तंगी में पाला है। मेरे सामने कोई मेरे बच्चों को छू भी लेता है तो मेरी जान निकल जाती है। मेरा किसुन बहुत ही सीधा है। वह तो यह भी नहीं

जानता था कि 'दीया' और 'बैल' में क्या अन्तर होता है? अपना, और हम सबका पेट भरनें के लिए शंकर के यहाँ नौकरी करता था। उस बेचारे का नौकरी पर जाने का पहले ही दिन मन नहीं था। मैंने अपनी छाती पर पत्थर रखकर, धकिया कर भेज दिया था उसे। क्या करती? मजबूरी थी, दाने-दाने को मोहताज थी उस समय। किसुन ने कर्मा के कहने पर गाँव भर में 'दीये' बनाए थे। हमें क्या पता था कि शंकर की नौकरी हम सबके लिए इतनी महँगी पड़ जाएगी कि किसुन के जेल जाने की नौबत आ जाएगी। चाहे भूखों मर जाते, कभी न भेजते किसुन को शंकर के यहाँ नौकरी करने," अम्मा ने रोते हुए कहा।

[3]

कुछ रातें शांतिपूर्वक निकल जाने के कारण डमरुआ में लोगों का भय कुछ कम हो गया था, फिर भी रात में किसी कारण से भी कुत्तों के भौंकने पर सब उठ कर बैठ जाते थे। एक बात साफ हो गई थी कि गिरफ्तार वही लोग हुए हैं जिन्होंने चुनाव में 'दीया' के लिए काम किया था। दूसरे दिन ही लोगों ने अपनी पीली टोपियाँ (वे टोपियाँ भी जो धोकर सफेद कर लीं गई थीं) खोज-खोज कर चूल्हे में झोंक दीं थीं। पीले कपड़े की एक चींट तक घर में न रखी थी। जिन्होंने शंकर के कहने पर 'दीया' को अपना वोट दिया था, बिना किसी को बताए, रात होते ही घर छोड़ कर भाग जाते थे।

ठलुआ-पार्टी का करन और किरपा की आँख बचा कर किया जानेवाला—इमरजेंसी से जुड़ा विचार-विमर्श बहुत गम्भीर था। ध्यातव्य है कि गिरफ्तारी वाली रात के बाद ठलुआ-सभा अनिश्चित काल के लिए भंग कर दी गई थी। लेकिन जब कई दिन तक कोई और गिरफ्तारी नहीं हुई थी, सभा फिर से जुड़ने लगी थी।

"यह इमरजेंसी भी अच्छी बला है, जिसे चाहो, जब चाहो, रात में, दिन में घर से उठा ले जाओ, जेल में ठूँस दो। मुझे डमरुआ में कोई सुरक्षित नहीं लगता। काशी कह रहे थे, 'जो लोग पकड़े गए हैं उनसे देश को खतरा है।' गलत कह रहे हैं काशी। जो लोग पकड़े गए हैं उनसे नहीं, इमरजेंसी से देश को खतरा है।"

"इमरजेंसी के बारे में कुछ मत कहो भइया, दीवारों के भी कान होते हैं।"

"तभी मैं हमेशा कहा करता था न कि यह देश अभी वोट देने लायक नहीं हुआ है। अपने प्राण बचाने के लिए जहाँ तक हो सके हमें वोट देने से बचना चाहिए, भूल कर भी वोट के चक्कर में नहीं पड़ना चाहिए। यह सब वोटों की ही करामात है।"

"शंकर पर चुनाव का जोश पूरी तरह सवार रहता था, पीली टोपी लगाकर डमरुआ भर में कूदे-कूदे घूमते थे। पहले छज्जू के साथ थे, सफेद टोपी लगाते थे। 'दीया' पार्टी

में आये पीली टोपी लगाने लगे। छज्जू के साथ ही बने रहते, सफेद टोपी ही लगाते रहते, कम से कम आज यह दिन तो न देखना पड़ता। अब पुलिस वाले उनकी पीली टोपी उतार कर, इमरजेंसी की टोपी पहना देंगे।"

"बंगालिन ताई की भी कलई पूरी तरह उतर जाएगी। भूल जाएँगी, बूट पहन कर मटक-मटक कर चलना। बहुत बहादुर बनती थीं, अपनी छत पर किरपा के खिलाफ 'दीया' का झंडा फहराती थीं। अब पुलिस वाले थाने में उनकी साड़ी फहराएँगे।"

और वह कर्मा मोटू, शंकर के चौतरे पर बैठ कैसे रहटा-रहटा कर गाता था—'आओ चाचा! टोपी ले जाओ, आओ चाची! बिल्ला ले जाओ।' खूब मुफ्त में काँटे बाँटे पर चाचियों का आशीर्वाद काम न आया। पुलिस वाले उसका मुटापा चार दिन में ही छाँट देंगे। जिन्दगी भर के लिए भूल जाएगा, शंकर के साथ पार्टीबंदी करना।"

"किसुन बेचारे को बेकार ही पकड़ ले गए। वह बेचारा तो केवल नौकर था शंकर का। नौकर का काम ही है कि उससे जो कहा जाएगा, करेगा। किरपा की कोठी की दीवार पर 'दीया' बनाने में उसका कोई कसूर नहीं था।"

"इसीलिए कहता हूँ, डमरुआ में कुछ भी करने से लाख दर्जे अच्छा है ठलुआ बने रहना।"

"पर गिरफ्तार लोगों के नाम सरकार तक किसने पहुँचाए होंगे?"

"डमरुआ में उनके अलावा और कौन है?"

"कौन?"

"नाम किसी का नहीं लूँगा, इशारे से समझ लो। मुझे जेल नहीं जाना।"

"अच्छा, सही-सही बताना, तुमने अपना वोट किस पार्टी को दिया था?"

"कांग्रेस को, ईश्वर की क़सम।"

"डर के मारे कह रहे हो न?"

"डर के मारे नहीं, वाकई कांग्रेस को दिया था। ईश्वर की क़सम झूठ-मूठ थोड़े ही खा जाऊँगा। विश्वास न हो तो गंगा की ओर मुँह करके कह दूँ।"

"क्या गुलामी ऐसी ही थी? अंग्रेज़ों के ज़माने में पुलिस क्या ऐसे ही अपने घरों में घुसती रही होगी? काशी जानते होंगे, एक दिन उनसे पूछूँगा।"

"पूछा था, कह रहे थे, 'ऐसी ही थी'। केवल झंडे का अन्तर है। उस समय अंग्रेज़ों का झंडा था, आज तिरंगा।"

"कल मेरा एक रिश्तेदार आया था, कह रहा था, 'सरकार ने हमारे सब अधिकार छीन लिए हैं। कोई सरकार से कुछ माँग नहीं सकता, कुछ पूछ नहीं सकता। और तो और, जेल में बंद किये जाने पर भी नहीं पूछ सकता कि किसलिए बंद किया गया है। शहर में चार आदमियों के एक साथ खड़े होने पर भी पाबंदी लग गई है। कानपुर में कहीं-कहीं फौज भी लग गई है।"

"तो क्या देश में फौजी शासन लागू हो गया है? पर डमरुआ में कहीं फौज नहीं?"

"क्यों नहीं, उस रात कौन आया था?"

"फौज कहाँ? किसुन की अम्मा कह रही थी, त्यागी दरोगा थे।"

"इमरजेंसी में पुलिस भी फौज हो जाती है।"

"मानो या न मानो, शंकर एक बात सही कहा करते थे कि 'पेटीकोट राज' ठीक नहीं होगा।"

"ऐसी बात नहीं है, सभी औरतें एक जैसी नहीं होती।"

"तुम क्या समझते हो, ऐसा करके यह सरकार बहुत दिन तक चल जाएगी?"

"क्यों नहीं चल जाएगी, फौज-पुलिस की लगाम हाथ में हो, सरकार चलाना क्या मुश्किल है?"

"गलत कह रहे हो। फौज-पुलिस अंग्रेज़ों के हाथ में भी थी, चला पाए थे?"

"हाँ सो तो है, पर एक बात सोच कर मन ही मन हँसी आती है कि देश को खतरा उस मरघिल्ले किसुन से है जो एक धक्के में चार ठौर गिरे। देश को खतरा उस मोटू कर्मा से है, जिससे अपनी तोंद तक नहीं सँभलती। देश को खतरा उस बंगालिन ताई से है जो बीड़ी पीने और पान खाने के अलावा कुछ जानती ही नहीं। गिरफ्तार करने से पहले पुलिस वालों को इतना तो देख ही लेना चाहिए कि जिन्हें पकड़ कर ले जा रहे हैं वे खतरे लायक हैं भी या नहीं।"

"पुलिस क्या करे, ऊपर से आया हुकुम बजाती है, खानापूरी करती है।"

"मुझे लगता है यह सरकार अंधी है।"

"यह सरकार क्या, सभी सरकारें अंधी होती हैं।"

"एक बात बताऊँ, किसी से कहिएगा नहीं, वास्तव में देश को नहीं, छज्जू को शंकर बगैरा से खतरा था, इसीलिए पकड़ा दिया।"

"बात एक ही हुई, छज्जू को खतरा मतलब देश को खतरा। नेता ही तो देश होते हैं और क्या हम गँवार? पर मेरी बात मानो, उनका नाम मत लो। किसी ने जाकर जड़ दिया, आज ही रात टाँग ले जाएगा त्यागी दरोगा, हमें भी।"

डमरुआ में किरपा का दबदबा और बढ़ गया था। अब केवल किरपा ही किरपा बचे थे डमरुआ में। गाँव वाले बिना नागा उन्हें, दिन में कई-कई बार, पाँव लागी करने लगे थे। पकड़े केवल चार ही गए थे पर दिमाग पूरे डमरुआ का ठिकाने आ गया था। किरपा के सामने किसी की सिर उठाकर चलने की हिम्मत पहले भी नहीं थी, और अब तो कतई नहीं रह गई थी। सबने देख लिया था कि किरपा के सामने उठने वाला सिर कैसे कुचला

जाता है। किरपा को डमरुआ की कुपढ़ी जनता से कोई खास भय नहीं रहता था, क्योंकि उनका फार्मूला था कि गँवारों की सौ लाठियों का मुकाबला दूर से एक क़ागज दिखाकर किया जा सकता है। गँवार आदमी यदि किसी चीज से डरता है तो वह है कानून और कचहरी। वैसे तो किरपा भी कोई खास पढ़े-लिखे नहीं थे, पर छज्जू का भाई होने के नाते उन्हें कुपढ़ा कोई कहता नहीं था। शंकर जैसे इक्का-दुक्का पढ़े-लिखे ही उनकी आँख की किरिकिरी थे, वह भी इमरजेंसी की कृपा से दूर हो गई थी। किरपा को इस बात के लिए अपने भाई छज्जू पर हमेशा गर्व होता था कि वे पढ़ाई-लिखाई का सही समय पर प्रयोग करना भलीभाँति जानते हैं। वह भी क्या पढ़ा-लिखा जो अपने परिवार, घर और गाँव वालों को भी न नीचा दिखा सके। लानत है ऐसे पढ़े-लिखे पर, धिक्कार है उसकी पढ़ाई और समझदारी पर।

[4]

शंकर आदि को ले जाने वाला ट्रक कन्नौज थाने के मुख्य द्वार पर जाकर रुका। सिपाही अपनी-अपनी राइफलें समेट कर धम-धम ट्रक से नीचे कूद गये। शंकर आदि के हाथों में हथकड़ी फिर से लगा दी गई। दरोगा ने हुक्म दिया—"डमरुआ के इमरजेंसी के मेहमानों को नीचे उतारो।" शंकर, कर्मा और किसुन ट्रक से नीचे कूद आए, पर ट्रक की ऊँचाई के कारण ताई न उतर सकीं। एक सिपाही ने ट्रक के पास कुर्सी लगाकर उन्हें नीचे उतारा। कैदियों को थाने के बरामदे में एक खम्भे से पशुओं की भाँति बाँध दिया गया। ताई को हथकड़ी नहीं लगी थी। वे कहाँ जाती, थाने में उन तीनों के अलावा उनका कोई अपना न था, खड़ी हो गई खम्भे के सहारे किसुन के पास। ताई बँधी नहीं थी, फिर भी बँधी थीं।

कर्मा, किसुन और ताई इससे पहले कभी थाने नहीं आई थीं। शंकर कभी-कभी आए थे, किसी की सिफारिश करने, किसी की शिकायत करने-करवाने पर इस प्रकार अपराधियों की भाँति हथकड़ी में बँधकर नहीं।

ताई का डर के कारण बुरा हाल था, उनके होंठ बार-बार थरथरा उठते थे, दाँतों से भींच लेती थीं, छूटते ही फिर थरथराने लगते थे। पान से सदा लाल रहने वाले उनके होंठ सूख कर काले पड़ गए थे।

किसुन का शरीर डर के कारण सुन्न-सा हो रहा था। उसे नेकर में बार-बार पेशाब हो-हो जाती थी।

पौ फटते ही थाने के आँगन में खड़े पेड़ पर बैठी चिड़ियाँ चहचहाने लगीं। बिगुल की तूती के साथ तिरंगा झंडा थाने परिसर के डंडे पर चढ़ा दिया गया। सूर्य की किरणें तरकश से छोड़े गए तीरों की भाँति एक-एक कर थाने परिसर में गिरने लगीं। सूर्य की

लाल किरणों ने थाने की लाल रंग से पुती दीवारों को और लाल कर दिया था। परन्तु सूर्य की किरणों की लालिमा में पहले वाली बात नहीं थी। इमरजेंसी के कारण वह लालिमा कुछ कच्ची-जैसी लग रही थी। उनमें गरमाहट भी कुछ विचित्र-सी थी। उषाकाल की सुखदायी किरणें शरीर में काँटों की भाँति चुभ रही थीं। शंकर आदि के लिए इमरजेंसी का वह सूर्योदय, उनके जीवन का दुर्भाग्यतम सूर्योदय था, जिसने उन्हें थाने में बँधा देखा था।

घुटनों तक चढ़ी हुई चौखानेदार हरी लुंगी और गुँजली हुई मटमैली बनियान पहने एक भीमकाय मानव ने थाने के आँगन में प्रवेश किया। वह देखने में कसाई जैसा लग रहा था। छाती और भुजाओं पर जमे काले घने बाल तथा बड़ी-बड़ी मूँछों के कारण वह भयंकर लग रहा था। वह थाने परिसर में इधर-उधर टहलता हुआ, परिसर के बीचोबीच खड़े विशाल नीम के पेड़ के नीचे पड़ी एक ऊँची कुर्सी पर जाकर बैठ गया। एक सिपाही जो पहले से ही कुर्सी के पास तैनात खड़ा था, शायद थाने का नाई था, ने उस मानव के बैठते ही उसकी चौड़ी छाती पर एक तौलिया बिछा दी, एक ब्रश से दाढ़ी बनाने वाला साबुन तैयार करना शुरू कर दिया।

उस भीमकाय मानव को देखते ही शंकर उसे पहचान गए, अपने साथियों से फुसफुसाकर कहा—"थानेदार, थानेदार लोहासिंह!!"

एक तो थानेदार, दूसरे लोहासिंह, और तीसरे इतना भारी-भरकम, इन तीनों चीजों को एक साथ देखकर किसुन और ताई की बचीखुची जान भी निकल गई थी।

त्यागी दरोगा तत्काल ही थाने कार्यालय से निकल कर थानेदार के सामने हाजिर हुए, अपना दाहिना पैर ज़मीन पर पटक कर सलूट ठोंकते हुए कहा—"हुज़ूर! डमरुआ से पार्टी गिरफ्तार होकर आ गई है, आपके मुआयने के लिए हाजिर है।"

थानेदार दाढ़ी बनवाने के लिए, ऊपर पेड़ की ओर मुँह किये बैठा था। नाई ने अभी-अभी उस्तरा चलाना शुरू किया था। त्यागी दरोगा की बात सुन थानेदार ने अपना दाहिना हाथ उठा कर नाई को उस्तरा रोकने का संकेत किया। नाई का पूरा ध्यान साहब की दाढ़ी बनाने पर केन्द्रित था, अतः थानेदार के हाथ का इशारा न देख सका। बस क्या था, थानेदार को तेज गुस्सा आ गया, छाती पर पड़ी तौलिया उठा कर ज़मीन पर फेंक दी। नाई की गर्दन पकड़ कर उसके मुँह पर एक ज़ोरदार थप्पड़ रसीद किया। थप्पड़ पड़ते ही नाई दूर जाकर गिरा, उस्तरा हाथ से छूट कर ज़मीन पर गिर गया। वह समझ न सका कि उसके मुँह पर थप्पड़ क्यों मारा गया है? चुपचाप उठकर, अपने गाल पर उभर आई उँगलियाँ सहलाने लगा।

थानेदार गरजा—"हरामी साले! अन्धा है क्या? हाथ का इशारा भी नहीं समझता। पुलिस में किसने भर्ती किया तुझे? अभी ही नौकरी से बर्खास्त कर दूँगा।"

नाई उस्तरा बंद कर अपनी क़मीज़ की जेब में डालते हुए गिड़गिड़ाया—"ऐसा न कीजिए माई-बाप! भूखों मर जाऊँगा। बच्चे भूखों मर जाएँगे। आगे से ध्यान रखूँगा।"

थानेदार ने डमरुआ पार्टी के मुआयने के लिए कुर्सी से उठने की कोशिश की, पर न उठ सका, कारण, कुर्सी उसकी भारी कमर में फँस कर साथ ही उठ रही थी। त्यागी ने लपक कर कुर्सी कमर से नीचे खींची, तब थानेदार सीधा खड़ा हो पाया।

एक कनपटी पर साबुन के सफेद झाग के साथ थानेदार खम्भे से बँधे शंकर चौबे के सामने जाकर खड़ा हुआ, शंकर को ऊपर से नीचे तक देखते हुए पूछा—"क्या नाम?"

"शंकर चौबे।"

थानेदार ने शंकर चौबे की मूँछों की ओर इशारा करते हुए पूछा—"तूने इतनी बड़ी-बड़ी मूँछें क्यों पाली हुई हैं? मूँछें और वह भी ऐंठी हुई। थानेदार लोहासिंह अपने सामने किसी की ऐंठी हुई मूँछें नहीं देख सकता।" त्यागी की ओर मुड़कर कहा—"दरोगा जी! नाई को बुलाकर पहले इसकी मूँछें मुड़वाइए फिर इससे बात करूँगा।"

त्यागी ने इशारे से नाई को अपने पास बुलाया। नाई ने उस्तरे के एक ही झटके में शंकर की मूँछें सफाचट कर दीं। विवश खड़े शंकर कभी थानेदार और कभी दरोगा की ओर देखते रहे।

शंकर की मूँछें मुड़ने के बाद प्रसन्नचित्त थानेदार ने शंकर से कहा—"हाँ, यह हुई न कोई बात, अब बात करूँगा। मुछमुण्डे लोगों से बात करने में मुझे बहुत आनन्द आता है। क्या नाम बताया था तूने अपना? शंकर, हाँ तो शंकर महराज! देश की आन्तरिक सुरक्षा को खतरा पैदा करने वाली गतिविधियों में तूने जब और जहाँ भाग लिया हो, चुपचाप बैठ कर दरोगा जी को लिखवा देना। उसमें जरा-सी भी चूँचपड़ करने की कोशिश की तो थानेदार लोहासिंह को इस जनम में तो नहीं ही भूलेगा, अगले जनम में भी नहीं भूलेगा, जानता है क्यों? क्योंकि लोहासिंह के सामने कठोर से कठोर लोहा भी मोम क़ी भाँति बह चलता है।"

संयोग से थानेदार की नज़र शंकर के घायल पैर की ओर चली गई। पैर का पंजा सूखकर काला पड़ गया था, जिस पर मक्खियाँ भिनभिना रही थीं। अँगूठे के नाखून से खून थोड़ा-थोड़ा कर अभी भी रिस रहा था जो चप्पल की तली में आकर चिपक रहा था। घायल पैर पर अपना भारी-भरकम पैर रखकर ज़ोर से मसलते हुए थानेदार ने कहा—"दरोगा जी! यह तो चुटीला भी है। तब फिर आपको बहुत मेहनत नहीं करनी पड़ेगी इसके साथ। सब कुछ इशारे भर से उगल देगा।" अपने चुटीले पैर पर थानेदार द्वारा पैर मसले जाते समय शंकर ने बहुत हिम्मत बाँधी थी, फिर भी दर्द के कारण उनकी चीख निकल गई थी। उनकी चीख सुनकर थानेदार और दरोगा ठहाका लगाकर हँस पड़े थे। उन्हें हँसता

देख ड्यूटी पर तैनात अन्य सिपाही भी खिलखिला कर हँस पड़े थे। यहाँ तक कि थप्पड़ खाया हुआ नाई भी अपने थप्पड़ का दर्द भूल कर ज़ोर-ज़ोर से हँसने लगा था, लेकिन वह शायद थानेदार को खुश करने के लिए हँसा था।

थानेदार कर्मा की ओर मुड़ा। कर्मा ने अपनी नजरें नीची कर लीं। थानेदार ने अपनी बनियान में हाथ घुसाकर छाती खुजलाते हुए कहा—"दरोगा जी! आज रात इसका पेट पिचकाकर बराबर कर दीजिए, मुझे मोटे लोग पसंद नहीं हैं।"

थानेदार किसुन के सामने पहुँचा। थानेदार के सामने आते ही किसुन ने धलधलाकर मूत मारा जो बरामदे की सीढ़ियों पर बहकर नीचे उतरने लगा। थानेदार ने किसुन से कुछ नहीं कहा, शायद उसका सिद्धान्त था 'डरे पर दया करो'। आगे बढ़कर थानेदार ने ताई पर एक नज़र डाली, उनके फटे ब्लाउज के अन्दर कुछ खोजने की कोशिश की। ताई का ब्लाउज रात में अँधेरे का फायदा उठाकर, ट्रक में उनके पास बैठे सिपाहियों ने खींच कर फाड़ दिया था। उस समय ताई ने भगवान कृष्ण को बहुत याद किया था कि शायद उनकी भी लज्जा बचाने के लिए भगवान कृष्ण कुछ करेंगे। चीर बढ़ाएँगे या नहीं बढ़ाएँगे, सिपाहियों को ब्लाउज फाड़ने से ज़रूर ही रोक देंगे। पर भगवान को याद करने से कोई लाभ नहीं हुआ था। ताई भगवान को याद करती रही थीं और सिपाही उनका ब्लाउज फाड़ते रहे थे।

मुआयना कर थानेदार चला गया, कुर्सी में धँस कर अपनी अधूरी दाढ़ी बनवाने लगा।

त्यागी ने फिर से थानेदार के पास जाकर पूछा—"हुजूर! डमरुआ पार्टी की गिरफ्तारी थाने के रोज़नामचे में दिखा दूँ?"

थानेदार की दाढ़ी बन गई थी। कुर्सी पर सीधे बैठते हुए कहा—"क्या बात करते हो त्यागी? तुम्हें तो दरोगा नहीं किसी स्कूल का मास्टर होना चाहिए था। पार्टी के नाम रोज़नामचे में दिखाकर तुम अपनी नौकरी तो दोगे ही, साथ में हमारी भी ले बैठोगे। ऊपर से साफ-साफ आदेश आया है कि इमरजेंसी में हुई गिरफ्तारियाँ रोज़नामचे में न दिखाई जाएँ। यदि किसी का नाम रोज़नामचे में दिखाना ही है तो केवल चोरी-डकैती में। चोरी-डकैतियाँ हमेशा होती रहती हैं, इमरजेंसी लगी हो या न लगी हो। दूसरी बात, किसी का नाम एक बार रोज़नामचे में दिखा दिया, खुदानखास्ता थाने में पूछताछ करते समय वह मर गया, जवाबदेही किसकी होगी? इमरजेंसी में खतरा सबको है, यहाँ तक कि हम पुलिस वालों को भी। यह पुलिस की खाकी वर्दी, जिसे पहन ऐंड़ियाँ उचका-उचका कर चल रहे हो, सरकार के एक इशारे पर उतर जाएगी। त्यागी! ऊपर से आये हुक्म को आँख बन्द कर बजाओ, पर पहले अपनी नौकरी बचाओ। इन गिरफ्तार लोगों को दो-चार दिन थाने में रखकर किसी न किसी बहाने से ऐसा कर दो कि जीवन में फिर कभी कांग्रेस के खिलाफ बोलने की हिम्मत न कर सकें।"

शंकर आदि खड़े-खड़े थक गए थे, बैठ जाना चाहते थे, पर डर रहे थे कि थाने में बैठ जाना भी कहीं अपराध न माना जाता हो। थानेदार ने जिस प्रकार नाई को थप्पड़ मारा था उससे यह अनुमान करना कठिन नहीं रह गया था कि थाने की सीमा के अन्दर कोई भी गतिविधि अपराध मानी जा सकती है, उठना, बैठना, बोलना भी। फिर भी डरते-डरते चारों ज़मीन पर बैठ गए। शंकर अपने पैर की चोट पर बैठी मक्खियाँ डुलाने लगे।

कुछ देर बाद थाने के एक कमरे से किसी के रोने-चीखने की आवाज आने लगी। उस दर्द भरी आवाज से ऐसा लग रहा था जैसे कि कोई चिकित्सक किसी रोगी के पके फोड़े की चीर-फाड़ कर रहा हो। थाने में कहाँ चिकित्सक, कहाँ रोगी, और कहाँ फोड़े की चीर फाड़? पुलिस वाले शायद किसी कैदी को यातना देकर उससे उसका अपराध उगलवाने का प्रयास कर रहे थे। किसुन के रोंगटे खड़े हो गए। उसने भयभीत नजरों से ताई की ओर देखा, मानो पूछ रहा हो—"ताई! थाने में क्या मेरी भी पिटाई होगी?" ताई बिना कुछ कहे ही उसके मन का भाव समझ गई थीं। उसे अपनी छाती से लगा लिया था। ताई का स्नेह पाकर किसुन हुसक-हुसक कर रोने लगा था।

ताई ने उसे समझाया—"नहीं बेटा! रोना बंद करो। यह घर नहीं, थाना है। थोड़ा मजबूत बनने की कोशिश करो। समय आने पर मनुष्य ही सब कुछ सहता है। कष्ट से ही कष्ट सहने की क्षमता निकलती है।"

शंकर ने किसुन को धीरे-से घुड़का—"रो-रोकर हम सबको भी कमज़ोर मत बना। निश्चिंत रह, किसी की मार-पीट नहीं होगी। हम लोग क्या कोई चोर-चपाट हैं? किसी के कहने पर हमें झूठा फँसाया गया है। मैं अच्छी तरह जानता हूँ, किसने फँसाया है। एक बार थाने से निकल भर पाऊँ, देख लूँगा उसे। जब थानेदार असली बात जानेगा कि हम लोग निर्दोष हैं, खुद ही रिहा कर देगा। रिहा ही नहीं कर देगा, बाइज्ज़त ट्रक से डमरुआ तक पहुँचा भी देगा। मेरी बात पर विश्वास कर, आज शाम तक हम लोग अपने-अपने घर पहुँच जाएँगे।"

शंकर के इस कथन से सबको थोड़ी राहत मिली। किसुन आँसू पोंछकर थाना-परिसर देखने लगा। जिस बरामदे में वे बँधे थे उसमें कतार से कई कमरे थे। उन कमरों में से एक कमरे के बाहर लिखा था—'थाना कार्यालय' जिसमें फोन की घंटी थोड़ी-थोड़ी देर बाद बज रही थी। एक कमरे पर बन्दीगृह (पुरुष), एक कमरे पर बन्दीगृह (महिला) और एक कमरे पर 'शस्त्रागार' लिखा था। 'बन्दीगृह' (पुरुष) और 'बन्दीगृह' (महिला) की बीच की दीवार पर अर्ध चन्द्राकार में 'सत्यमेव जयते' लिखा था। 'शस्त्रागार' के बाहर एक अधेड़ उम्र का सिपाही ड्यूटी पर तैनात था जो थोड़ी-थोड़ी देर बाद अपनी क़मीज़ की जेब से तम्बाखू की चुनौटी निकाल कर तम्बाखू फाँकता था तथा तम्बाखू फाँकने से फुर्सत मिलते ही घूमकर ताई को देखने लगता था। ताई की दृष्टि जब कभी

भी उस सिपाही पर पड़ जाती थी, वह मन्द-मन्द मुस्कुराने लगता था। वही सिपाही हर घंटे बरामदे में दो खम्भों के बीच लटके पीतल के घंटे पर हथौड़े मारने का काम भी करता था। किसुन ने पुरुष बन्दीगृह में देखा, दरवाज़े की सलाखों से चिपके कई कैदी बैठे, अपना सब दुख-दर्द भूलकर ताई को देख-देख मुस्कुरा रहे थे। थाने में एक और बरामदा शस्त्रागार वाले बरामदे के ठीक सामने था। किसी कैदी के चीखने की आवाज उसी ओर से आई थी। सामने वाले बरामदे के एक कमरे से ज़ोर का धुँआ उठ रहा था, शायद वह पुलिस वालों की 'मेस' का कमरा था। 'मेस' के ठीक सामने सफेद चूने से पुता झंडे का चौतरा था जिस पर एक तिरंगा झंडा एक लौह दंड के शिखर पर चढ़ा बैठा था। परिसर के बीचोबीच नीम का एक विशाल वृक्ष था, जिसके तने के आसपास एक पक्का चौतरा बना था। चौतरे से लगा एक विशाल कुआँ था। नीम के पेड़ की शाखाओं से बँधे कई रस्से लटक रहे थे। किसुन ने धीरे-से शंकर से पूछा–"मालिक! इन रस्सों से क्या फाँसी दी जाती है?"

शंकर ने बताया–"इतना भी नहीं जानता, फाँसी थाने में नहीं, जेल में दी जाती है।"

तभी एक दूसरा ट्रक थाने के सामने आकर रुका। उस ट्रक से भी कुछ कैदी उतार कर अन्य खम्भे से बाँध दिए गए। उन कैदियों में से कई कैदी बुरी तरह घायल थे, शायद भागने की कोशिश की थी, पुलिस वालों द्वारा पीटे गए थे। ट्रक से कैदियों को उतरता देख ताई ने आशा की थी कि उनमें भी कोई महिला कैदी ज़रूर आई होगी। ताई सोच रही थीं, एक महिला कैदी तक और आ जाती, अच्छा रहता, उससे बात कर सकतीं, पूछ सकतीं कि थाने में औरतों के साथ क्या-क्या होता है। पर उनमें कोई महिला कैदी नहीं आई थी।

दोपहर होते-होते सभी कैदियों को बन्दीगृह में ठूँस दिया गया। ताई को महिला बन्दीगृह में बन्द किया गया था अतः वे सबसे अलग हो गई थीं। अपने बन्दीगृह में ताई नितान्त अकेली थीं।

[5]

शस्त्रागार पर तैनात सिपाही ने अपनी हाथ-घड़ी देख घंटे पर पूरे दस हथौड़े मारे। बन्दीगृह में पच्चीस वॉट की बत्ती की पीली रोशनी में बैठे कैदियों ने घंटे की आवाज सुनी। कर्मा समय पता करने के लिए हर बार के घंटे एक-एक कर गिनता था। इस बार भी गिने, पूरे दस थे। यदि वह अपने घर में होता अब तक कम से कम एक नींद मार चुका होता। पर यहाँ बन्दीगृह में उसकी पलक भी नहीं झपकी थी। रात बढ़ने के साथ ही उसका डर भी बढ़ता जा रहा था, सोच रहा था, आज की रात सही-सलामत निकल जाए तब मैं मान

लूँगा कि थानेदार ने मेरा पेट पिचकाने के लिए मज़ाक की होगी। वास्तव में थानेदार का वह मतलब नहीं रहा होगा। मेरा पेट न हो गया कोई फुलक्का हो गया जो रात भर में पिचक जाएगा। शंकर से कहा–"मालिक! दस बज गए। तुम कह रहे थे आज शाम हम लोग घर पहुँच जाएँगे।"

घंटे शंकर ने भी सुने थे, गिने नहीं थे, उस समय उनका मन अपनी पत्नी-बेटे के पास था, सोच रहे थे, आज शाम पता नहीं उन लोगों ने घर में भगवान की आरती की होगी कि नहीं। कर्मा की बात का कोई उत्तर नहीं दिया।

कर्मा को बोलता सुन ताई पुरुष बन्दीगृह की दीवार के पास खिसक आईं, कर्मा को धीरे-से पुकारा–"कर्मा! समय पर ध्यान रखना बंद कर दे, वरना बहुत कष्ट होगा। मेरा, तेरा, इस देश का, सबका समय इमरजेंसी लगने के साथ ही जहाँ का तहाँ रुक गया है। घंटे-घंटे पर बजने वाला यह घंटा केवल समय की रश्मअदायगी है। हम लोग सही सलामत थाने से बाहर आ गए और देश से इमरजेंसी उठ गई तो अपने और अपने देश के समय को धो-माँज कर नए सिरे से शुरू करेंगे।"

ताई और भी कुछ कहना चाहती थीं, बरामदे में किसी सिपाही के बूटों की आहट पा चुप हो, पुरुष बन्दीगृह की दीवार से दूर हट गईं।

सिपाही ने पुरुष बन्दीगृह के बाहर खड़े हो एक क़ागज से पढ़कर पुकारा–"किसुन, ग्राम–डमरुआ, कौन है? खड़ा हो जा, साहब ऑफिस में बैठ चुके हैं, तेरा बयान लिया जाएगा।" उसने अपनी कमर में लटके चाभी के गुच्छे से एक चाभी खोलकर बन्दीगृह का ताला खोला तथा कुंडा घड़र-घड़र कर एक ओर खिसका दिया। बन्दीगृह से बाहर निकलने से पहले किसुन ने एक बार कर्मा और शंकर की ओर देखा। कर्मा और शंकर ने अपना मुँह दूसरी ओर फेर लिया। ताई किसुन की पुकार लगते ही अपने बन्दीगृह के दरवाज़े की सलाखों से चिपक कर खड़ी हो गई थीं। किसुन ने बाहर निकल मुड़कर ताई की ओर देखा। ताई ने पीले प्रकाश में किसुन की भयाक्रान्त विस्फारित दो सफेद सूखी आँखें देखीं। उनका दिल दहल गया, पैर जवाब दे गए, धम्म से ज़मीन पर बैठ गईं, माथा दरवाज़े की सलाखों से टिका लिया।

बन्दीगृह का ताला बन्द कर सिपाही ने किसुन के हाथ में हथकड़ी लगा दी और घसीट कर ले जाने लगा। बरामदे की सीढ़ियाँ उतरते हुए किसुन ने कहा–"ताई!..." मानो कहना चाह रहा था–"ताई! सिपाही मुझे कहाँ ले जा रहा है? मेरी मार तो नहीं होगी? मैं मर तो नहीं जाऊँगा? मुझे थानेदार के सामने क्या कहना है? अम्मा से कह देना...।"

चला गया किसुन घिसटता हुआ सिपाही के पीछे-पीछे बलि-मानव की भाँति।

ताई ने देर तक अपना सिर सलाखों से नहीं उठाया क्योंकि वे किसुन को जाता हुआ नहीं देख सकती थीं।

थानेदार कार्यालय के बाहर सिपाही ने सलूट ठोंकी—"हुजूर! किसुन हाजिर है।"

त्यागी दरोगा ने किसुन को कार्यालय के अन्दर लाने का संकेत किया। सिपाही ने किसुन को अन्दर लाकर ज़मीन पर बिछी दरी पर बिठा दिया। त्यागी ने सिपाही की ओर अपनी कुर्सी घुमाई—"मैं तेरे से जो भी पूछूँ सच-सच बताना। वही बताना जो तू अदालत में मजिस्ट्रेट के सामने कह सके। एक शब्द भी इधर-उधर नहीं, समझा।"

किसुन ने कुछ कहने की कोशिश की, पर डर के कारण उसकी घिग्घी बँध गई, उसके सूखे गले से घें-घें के अलावा कुछ भी न निकला। उसने थूक निगलकर फिर कोशिश की—"जी सा'ब!"

त्यागी ने अपनी जेब से एक क़लम निकालते हुए पूछा—"तूने देश की आन्तरिक सुरक्षा को खतरा पैदा करने वाली गतिविधियों में भाग लिया? 'हाँ' या 'ना'।"

किसुन ने हाथ जोड़ कर कहा—"सा'ब! यह देश की आन्तरिक सुरक्षा क्या चीज होती है?"

दरोगा ने अपना प्रश्न फिर से दुहराया—"...हाँ या ना।"

किसुन ने सँभल कर उकरूँ बैठते हुए कहा—"सा'ब! आप नाराज मत होइए। मैं जब जानता ही नहीं हूँ कि देश की आन्तरिक सुरक्षा और गतिविधियाँ क्या चीज़ होती हैं, हाँ या ना कैसे?"

दरोगा ने अपने हाथ की क़लम वापस अपनी क़मीज़ की जेब में रखते हुए कहा—"मैंने कहा था न कि सच-सच बताना। तू तो पहले ही सवाल पर अड़ गया।"

थानेदार ने अपनी मेज़ पर रखे काले चिकने गोल दंड को अपने हाथ में ले गोल-गोल नचाते हुए कहा—"त्यागी जी! मैंने आपसे सही ही कहा था कि आपको दरोगा नहीं किसी स्कूल का मास्टर होना चाहिए था। आज तक कभी कोई मुज़रिम बिना गर्म कराए बोला भी है कि यही हरामजादा बोलेगा। इसे बाहर भेज कर थोड़ा गर्म करवाइए तब पिघलेगा, तोते जैसा राम-राम करेगा।"

दरोगा ने किसुन को बाहर ले जाने का इशारा करते हुए सिपाही से कहा—"इसे थोड़ा गर्म करके लाओ।"

सिपाही ने किसुन को खड़ा हो जाने के लिए रस्सी खींची।

किसुन ने खड़े होते हुए कहा—"सा'ब! आप बता दीजिए कि देश की आन्तरिक सुरक्षा क्या चीज होती है? मैं तुरत हाँ या ना बता दूँगा। अम्मा क़सम सा'ब! थोड़ा भी इधर-उधर न करूँगा। मैं कभी झूठ नहीं बोलता हूँ सा'ब! मेरे ककुआ ने हमें बचपन से ही सच बोलना सिखाया था।"

दरोगा ने किसुन की एक न सुनी, अपनी कुर्सी थानेदार की ओर मोड़ ली।

सिपाही किसुन को खींचता हुआ कार्यालय से बाहर ले गया। और कुछ देर बाद थाने की एक-एक ईंट ने किसुन की चीख सुनी—"हाय! अम्मा मर गए...।"

चार सिपाहियों ने मिलकर किसुन की एक टाँग का घुटना उतार दिया था। किसुन अकेला, सिपाही चार। होने को तो यातना-कक्ष में और सिपाही भी थे, उनकी ज़रूरत ही नहीं पड़ी थी। यह कोई नई बात न थी, अभिमन्यु को भी कई श्रेष्ठ धनुर्धारियों ने घेर कर मारा था। दर्द से किसुन अचेत हो गया था। उसकी दर्दनाक चीख थाने के अँधेरे में देर तक भटकती रह गई थी, उसी समय थोड़ी देर के लिए बिजली चली गई थी। एक सिपाही ने किसुन के मुँह पर एक बोतल से ठंडा पानी डालते हुए कहा—"उठ जा पुत्तर! उठ जा, रमल मत कर। तेरे जैसे रमली थाने में रोज़ देखता हूँ। पुत्तर! अभी तो श्रीगणेश ही हुआ है। इस बार भी सच न बोला, दूसरी टाँग भी उतार दूँगा। और फिर जेल से निकलने के बाद, कन्नौज के किसी तिराहे पर जिन्दगी भर भीख माँगेगा—'अल्ला के नाम दे दे बाबा!'" अन्य सिपाहियों ने भी एक साथ कहा—"अल्ला के नाम दे दे बाबा! हा हा हा...।"

मुँह पर ठंडा पानी गिरने से किसुन की चेतना जागृत हो लौट आई। आँखें खोल चारों ओर देखा—अँधेरा ही अँधेरा था, बिजली आ गई, दीवार पर बल्ब के पास एक बड़ी छिपकली एक छोटी छिपकली को दौड़ा रही थी। एक छिपकली झपट-झपट कर छोटे-छोटे कीड़े खा रही थी। पैर समेटने चाहे, एक पैर सिमट गया, दूसरा जैसा का तैसा ही पड़ा रहा। समझ गया, उसकी एक टाँग बेकाम हो गई है। पल भर के लिए दार्शनिक हो गया वह, ताई सही ही कह रही थीं, 'कष्ट से ही कष्ट सहने की क्षमता निकलती है।' मेरी एक टाँग बेकाम हो गई है, फिर भी मैं जिन्दा हूँ। मुझे मालूम ही नहीं था, मेरे अन्दर कष्ट सहने की इतनी बड़ी शक्ति विद्यमान थी। मुझे लगता है दर्द की भी एक सीमा होती है, जिसे पार कर लेने पर दर्द दर्द नहीं रह जाता। मृत्यु दर्द की सीमा नहीं, उसका अंत है। दर्द और मृत्यु के बीच एक और भी पड़ाव होता है जहाँ आकर इस समय मैं ठहर गया हूँ।

एक सिपाही ने किसुन के सिर पर अपने बूट की ठोकर मारी—"उठ जा, उठ जा, तेरी ससुराल नहीं है यह, जो आराम से पसरा पड़ा है। साहब बयान लिखने के लिए इन्तज़ार कर रहे हैं।"

किसुन उठकर बैठ गया। खड़े होने की कोशिश की, न हो पाया; एक टाँग सिमट ही नहीं रही थी। उस टाँग में सूजन दौड़ने लगी थी। दो सिपाहियों ने किसुन को घसीट कर थानेदार कार्यालय में पहुँचा दिया। किसुन एक टाँग सीधी फैलाकर दरी पर बैठ गया।

थानेदार ने सिपाही को हुक्म दिया—"हथकड़ी लगाओ साले के हाथों में। चोट खाया साँप खतरनाक हो जाता है।"

सिपाही ने किसुन के हाथों में हथकड़ी लगा दी, रस्सी पकड़ किसुन के पीछे खड़ा हो गया।

त्यागी ने फिर से अपनी कुर्सी किसुन की ओर घुमाई, उसके उतरे हुए घुटने पर अपना बूट रखा, कहा—"अब, सच-सच बोलेगा न?"

किसुन ने कराहते हुए कहा—"जी सा'ब! मर जाऊँगा, पैर हटा लीजिए, सच-सच बोलूँगा।"

"ठीक है, तू कहता है तो हटा लेता हूँ," त्यागी ने अपना पैर हटाते हुए कहा। अपना पहले वाला प्रश्न फिर पूछा—"तूने देश की...।"

"जी सा'ब!" किसुन ने कहा।

"तुम्हारे साथ शंकर चौबे थे?" दरोगा ने पूछा।

"जी सा'ब! हाँ," किसुन ने कहा।

"अपने साथ गिरफ्तार हुए सब लोगों के नाम बता," दरोगा ने हुक्म दिया।

"कर्मा गड़रिया, बंगालिन ताई, शंकर चौबे," किसुन ने बताया।

दरोगा ने थानेदार के पास जाकर कान में फुसफुसाया—"हुजूर! पिछले महीने कन्नौज के लालाराम गुप्ता के यहाँ डकैती पड़ी थी। उस डकैती का कोई भी मुजरिम अभी तक गिरफ्तार नहीं किया जा सका है। बात ऊपर तक पहुँच गई है। पिछली मीटिंग में एस.पी. साहब बहुत ऊल-जलूल बक रहे थे। आपका हुकुम हो, इन चारों को...।"

थानेदार—"दरोगा जी! करो, कुछ भी करो, जल्दी काम निपटाओ।"

वापस अपनी कुर्सी पर बैठते हुए दरोगा ने पूछा—"पिछले महीने लालाराम गुप्ता के यहाँ जो डकैती पड़ी थी, उसमें तू शामिल था?"

किसुन—"जी सा'ब! हाँ।"

दरोगा—"और कौन-कौन था तेरे साथ?"

किसुन—"कर्मा गड़रिया, शंकर चौबे, बंगालिन ताई।"

दरोगा—"तुमने यह बयान अपनी इच्छा से पूरे होशोहवाश में दिया है?"

किसुन—"जी सा'ब! हाँ।"

दरोगा—"बयान देने के लिए थाने में तुम पर कोई ज़ोर-जबर्दस्ती की गई थी?"

किसुन—"जी सा'ब! नहीं।"

दरोगा—"तेरी टाँग में चोट कैसे लगी?"

इस प्रश्न पर किसुन सोचने लगा, क्या उत्तर दे? दरोगा ने अपना बूट फिर से किसुन के घुटने पर रख लिया, दबाते हुए प्रश्न दुहराया—"तेरी टाँग में चोट कैसे लगी?"

किसुन कराहा—"बताता हूँ सा'ब! दौड़ते हुए सड़क पर गिर गया था।"

"पढ़ा-लिखा है? अपना नाम लिख लेता है?" दरोगा ने पूछा।

"जी सा'ब! कक्षा नौ फेल हूँ," किसुन ने बताया।

दरोगा अपनी कुर्सी पर सीधा बैठ गया, थानेदार की ओर देखते हुए कहा—"समझ में आया, अब समझ में आया, तू क्यों पूछ रहा था, गतिविधियाँ क्या चीज होती हैं? यह पढ़ाई-लिखाई साली पुलिस की दुश्मन है।"

अपनी जेब से एक क़लम निकालकर किसुन को देते हुए त्यागी ने कहा—"अपना नाम लिखने से पहले इस क़ागज पर लिख कि 'मैंने यह बयान अपनी इच्छा से पूरे होशोहवाश में दिया है। बयान देने के लिए मुझ पर कोई ज़ोर-जबर्दस्ती नहीं की गई थी।"

सिपाही ने किसुन का एक हाथ हथकड़ी से निकाल दिया। किसुन ने नाम लिखने के लिए क़लम चलाई, पर क़लम न चली। दरोगा ने तुरंत सिपाही आर.पी. सिंह को बुला लाने का हुक्म दिया। थानेदार ने अपनी मेज़ के क़लमदान से एक क़लम उठा कर दी, वह भी नहीं चली।

आर.पी. सिंह ने हाँफते हुए कार्यालय के बाहर सलूट ठोंकी—"हुज़ूर!"

दरोगा ने क़लम घिसने का हुक्म दिया।

थोड़ी देर बाद आर.पी. सिंह क़लम घिस कर ले आया, दरवाज़े पर सलूट ठोंकी—"हुज़ूर!"

किसुन ने एक सफेद क़ागज पर वह सब लिख दिया जो त्यागी दरोगा ने उससे लिखने के लिए कहा, और पहले से तैयार बयान वाले क़ागज पर अपने हस्ताक्षर कर दिए—"किसुन, ग्राम-डमरुआ, तारीख...1975।"

थानेदार के हुक्म पर किसुन के पीछे खड़ा सिपाही किसुन को उठा कर कार्यालय से बाहर ले गया, एक अँधेरे कमरे के पक्के, ठंडे फर्श पर छोड़ दिया, हथकड़ी खोल दी। जिस कमरे में किसुन को डाला गया था उसमें प्रकाश का स्रोत उस कमरे का एकमात्र रोशनदान था, जिससे थाने परिसर की बत्तियों का, रोशनदान के आकार का चौकोर कटा हुआ प्रकाश आ रहा था। उसी रोशनदान से यदा-कदा थाने के सामने की सड़क से गुज़रने वाले ताँगों में बँधी लालटेनों की मटमैली रोशनी भी आ जाती थी, जो चलते हुए ताँगों के साथ दीवार पर इधर से उधर फिसलती हुई क्षण भर में लुप्त हो जाती थी। किसुन के घुटने में असहनीय दर्द हो रहा था, पर वह उस दर्द को सहन कर पा रहा था, शायद इसलिए कि उसके पास कोई अपना न था। हम सबकी दर्द की अनुभूति तब और पीड़ा-जनक हो जाती है जब कोई अपना अपने आसपास होता है। किसुन अपनी टाँग धीरे-धीरे घसीटता हुआ किसी प्रकार दीवार तक पहुँच गया। दीवार से धोख लगा कर सोचने लगा, वास्तव में सच क्या होता है? क्या सच वह था जो मैं पहले अपने बयान में कह रहा था? या सच वह था जो मैंने बाद में कहा? क्या सच वह होता है जो वास्तव में होता है? या सच वह होता है जो हम ताक़त के बल पर किसी के मुख से उगलवाते हैं? या सच वह होता है जो हमें सुनने में अच्छा लगता है? पता नहीं ककुआ हमें कौन-

सा सच बोलने के लिए सिखाया करते थे? बच्चों को कभी भी सच बोलना नहीं सिखाना चाहिए क्योंकि यह संसार सच सुनने के लिए अभी पूरी तरह परिपक्व नहीं हुआ है। बिना किसी निष्कर्ष पर पहुँचे कि सच क्या होता है, आँख लग गई उसकी, शायद बेहोश हो गया दर्द की अधिकता के कारण।

सिपाही ने घंटी पर ग्यारह हथौड़े मार कर अपाहिज समय को सहारा देकर एक घंटा और आगे बढ़ा दिया। पुरुष बन्दीगृह का दरवाज़ा घड़र-घड़र कर एक बार फिर खुला। इस बार कर्मा पुकारा गया। कर्मा को सीधे थानेदार कार्यालय में न ले जाकर, यातना-कक्ष में ले जाया गया। थानेदार का स्पष्ट आदेश था–"मेरे कार्यालय में तैयार माल ही भेजो। समय नहीं है, तड़के उठकर और भी गिरफ्तारियाँ करने जाना है।"

कर्मा के यातना-कक्ष में पहुँचने पर एक सिपाही ने सज्जनतापूर्वक कर्मा के स्थूल उदर पर अपना हाथ घुमाते हुए पूछा–"पहलवान! इस तोंद को कितने दिन में खा-खाकर बढ़ाया है? मेरे पास एक ऐसा जादू है जिससे मैं तुम्हारी इस तोंद को दस मिनट में पिचका सकता हूँ। मात्र दस मिनट में, ग्यारहवाँ लग जाय तो मैं असली बाप से पैदा नहीं।"

कर्मा गिड़गिड़ाया–"सा'ब! खाने से नहीं, नसबन्दी से बढ़ गया है मेरा पेट।"

नसबन्दी की बात सुन सारे सिपाही ठहाका लगाकर हँस पड़े।

सिपाहियों ने कर्मा के पेट पर अपना जादू दिखाने की तैयारी शुरू की, कर्मा को ज़मीन पर चित लिटा दिया, हाथ-पैर रस्सी से खींच कर बाँध दिए। फिर दो सिपाहियों ने बारी-बारी से कर्मा के पेट पर कूदना शुरू किया। कूदते रहे, जब तक कर्मा को खून के दस्त शुरू नहीं हो गए। यातना-कक्ष दुर्गंध से भर गया। सिपाही अपनी नाकें बन्द कर बाहर चले गए। थाने के भंगी ने एक बाल्टी पानी डाल कर्मा को धो-साफ कर दिया। बदले में उसने मेहनताने के रूप में कर्मा की जेब से दस रुपए का एकमात्र भीगा हुआ नोट निकाल लिया। भीगा-टपकता कर्मा थानेदार कार्यालय में पहुँचा दिया गया। कर्मा के पास से बदबू अभी भी आ रही थी। थानेदार चिल्लाया–"अगरबत्ती जलाओ।"

एक सिपाही ने चार अगरबत्तियाँ जलाकर थानेदार की मेज़ पर रखे आम के आकार के अगरबत्ती स्टैंड में फँसा दीं। थानेदार ने अगरबत्तियाँ अपनी नाक के नीचे खिसका लीं। अगरबत्तियों का धुँआ उड़कर थानेदार के सिर पर मँड़राने लगा। थानेदार के सिर पर पहले से मँड़रा रहा मच्छरों का झुंड धुँए से व्याकुल हो तितर-बितर हो गया।

दरोगा ने अपनी कुर्सी कर्मा की ओर घुमाई–"तुझसे जो भी पूछा जाय सच-सच बताना। तूने देश की आन्तरिक सुरक्षा को खतरा पैदा करने वाली गतिविधियों में भाग लिया? हाँ या ना।"

कर्मा ने विक्षिप्त हँसी हँसते हुए कहा–"ही ही ही जी सा'ब! लिया, बिल्कुल लिया। मैं तो कहता हूँ इस देश में मेरा पैदा होना ही, आप जो कहते हैं वह वाली चीज थी।"

कर्मा को सन्न-गन्न बोलता देख दरोगा को क्रोध आ गया। एक ज़ोरदार तमाचा कर्मा के भीगे मुँह पर मारा—"साले! तुझसे जितना पूछा जाय उसे हाँ या ना में बोल।"

तमाचा मारने से दरोगा का हाथ चिपचिपा गया, घिन लग गई। अपनी जेब से दस्ती निकाल कर हाथ पोंछा, दस्ती कर्मा के पीछे खड़े सिपाही को पकड़ा दी।

अपने कंधे से अपना गाल सहलाते हुए कर्मा ने कहा—"मारिए सा'ब! जितना मारना हो मारिए। मैं गरीब आदमी हूँ, मेरे चोट लगती ही नहीं है—ही ही ही। मैं सब सच-सच बताऊँगा—ही ही ही। गरीब आदमी हमेशा सच-सच बताता है। सा'ब! मुझे और मारिए, मेरे चोट लगती ही नहीं। मैं गरीब आदमी हूँ, मेरे चोट लगती ही नहीं—ही ही ही।"

दरोगा ने कुर्सी पर बैठे-बैठे ही बूट की एक ठोकर कर्मा की छाती पर मारी—"चुप साले! केवल हाँ या ना।"

कर्मा पीछे लुढ़क गया।

थानेदार चुपचाप बैठा सब कुछ देख रहा था। कर्मा का सन्न गन्न बोलना उसे भी अच्छा नहीं लग रहा था। एक बार वह गुस्से में अपनी मेज़ पर रखे काले-चिकने-गोल डंडे को हाथ में उठा कर वापस रख चुका था। अपनी कुर्सी से खड़ा हुआ, दरोगा-सिपाही को कर्मा की टाँगें फैलाने का इशारा किया। दरोगा-सिपाही ने कर्मा की दोनों टाँगें खींच कर फैला दीं। थानेदार ने कर्मा की दोनों टाँगों के बीच खड़े होकर कर्मा के अण्डकोष पर अपने भारी बूट से बलपूर्वक धाँय-धाँय कई प्रहार किए। लोहा पिघल गया।

कर्मा चिल्लाया—"हाँ, ना, हाँ, ना, मर जाऊँगा सा'ब! मेरे चोट लगती है। मत मारिए सा'ब! मैं गरीब आदमी हूँ, मेरे चोट लगती है, हाँ, ना, हाँ, ना...।"

दरोगा बौखलाया—"हरामी साले! केवल हाँ।"

कर्मा—"हाँ, हाँ, हाँ...।"

कर्मा के जाने के बाद दरोगा ने अपनी कुर्सी थानेदार की ओर मोड़ ली, पूछा—"हुजूर इस साले शंकर चौबे का क्या करें? बयान उससे भी लेना है। पढ़ा-लिखा आदमी है, आसानी से हमारा मनचाहा बयान नहीं देगा। और दूसरे वह छज्जू का खानदानी है।"

थानेदार ने जलती हुई अगरबत्ती से लटकती गर्म राख को अपनी चुटकी से मसलते हुए कहा—"यार त्यागी! बुरा मत मानिएगा, तुम भी ब्राह्मण हो, यह ब्राह्मण जाति साली किसी की सगी नहीं होती। देख लीजिए न, छज्जुआ साले ने अपने ही घर के आदमी का नाम इमरजेंसी में केवल इसलिए धरा दिया कि वह किसी दूसरी पार्टी के लिए काम करता था तथा डमरुआ में कांग्रेस का विरोध करता था। यह राजनीति भी बड़ी रंडी चीज होती है। इसमें फँसे व्यक्ति को केवल अपने प्रभुत्व की ही चिन्ता रह जाती है। मैंने अपने विद्यार्थी जीवन काल में औरंगजेब के बारे में पढ़ा था कि उसने सिंहासन के लिए अपने ही भाइयों का कत्ल कर दिया था। मुझे तो लगता है, लगता ही नहीं, यही सच है कि इस देश का हर नेता एक औरंगजेब है। एक बात और बताऊँ त्यागी! इन खद्दरधारी

छिनरों का कोई भरोसा नहीं। जब वे अपने भाइयों के सगे न हुए, हमारे-तुम्हारे सगे क्या खाक होंगे। उन्हें पार्टी बदलते देर ही कितनी लगेगी। आज कांग्रेस की बजाते हैं, कल किसी दूसरी पार्टी की बजाने लगेंगे। आज शंकर को गिरफ्तार कराया है, कल उसकी गिरफ्तारी की जाँच की माँग कर बैठेंगे। इसलिए, मेरी राय है कि, शंकर साले को रात भर के लिए पेड़ से उल्टा लटका दो। शरीर पर चोट का कोई निशान भी नहीं आएगा, और अपना काम भी हो जाएगा। लटके-लटके सवेरा होने तक पंडित जी का दिंमाग ठिकाने आ जाएगा, जहाँ कहोगे एक आज्ञाकारी बालक की भाँति अपना नाम लिख देगा।"

रात लगभग आधी बीत चुकी थी। थानेदार और दरोगा बयान लेने का काम करते हुए बहुत थक गए थे। हुक्म पर एक सिपाही थानेदार कार्यालय में दो कप चाय ले आया। गर्म-गर्म चाय की एक चुस्की लेकर त्यागी ने दबी ज़बान में लोहासिंह से पूछा—"हुजूर! एक बात पूछना चाहता हूँ कि देश की आन्तरिक सुरक्षा को खतरा पैदा करने वाली गतिविधियाँ वास्तव में कौन-सी होती हैं? जब से इमरजेंसी लगी है, मैं बहुत भ्रमित हो गया हूँ। चोरी, डकैती, कत्ल, भ्रष्टाचार, जुलूस, जिन्दाबाद-मुर्दाबाद, विरोध यह सब तो पहले भी था। ऐसा अचानक क्या हो गया कि रातोंरात देश की आन्तरिक सुरक्षा को खतरा पैदा हो गया? हुजूर! यह आन्तरिक सुरक्षा, देश की आन्तरिक सुरक्षा क्या बला है?"

थानेदार ने चाय के प्याले को प्लेट में धीरे-धीरे घुमाते हुए क्षण भर सोच कर गम्भीरतापूर्वक कहा—"यार त्यागी! देश की आन्तरिक सुरक्षा की अवधारणा मेरी भी स्पष्ट नहीं है। स्पष्ट होगी भी कहँ से, इमरजेंसी लगे अभी चौबीस घंटे भी नहीं हुए हैं। कोई छपा-साहित्य भी अभी तक हाथ नहीं लगा है। एस.पी. साहब उसके बारे में शायद कुछ जानते होंगे। मैं एक ही बात जानता हूँ कि एस.पी. साहब के दफ्तर से जो नाम थाने में आते जाएँ, उन्हें किसी न किसी अपराध में फँसाकर जेल भेजते जाओ। बाद में अदालत जाने और सरकार। हम लोग देश की आन्तरिक सुरक्षा और उसको खतरा पैदा करने वाली गतिविधियों के बारे में जानकर करेंगे भी क्या? अपना काम हुक्म बजाना है। अवधारणा स्पष्ट करने का काम स्कूल मास्टरों का होता है। और त्यागी! तुम हमेशा स्कूल मास्टरों वाली बात करते हो।"

"जी हुजूर! शंकर चौबे का इन्तज़ाम कर मैं अभी आता हूँ। देर बहुत हो गई है। सिपाही और ट्रक दविश पर जाने के लिए तैयार खड़े हैं," अपने प्याले की चाय का आखिरी घूँट भरकर, कुर्सी से खड़े होते हुए त्यागी ने कहा।

सलूट ठोंक त्यागी कार्यालय से बाहर आ गए। सिपाहियों को शंकर को लटकाने के लिए रस्सी तैयार करने का आदेश दिया। सिपाहियों ने शंकर को बन्दीगृह से निकाल, पैर बाँध, ज़मीन से पाँच फुट ऊपर, नीम के पेड़ से लटका दिया।

"झूल ले झूला, बचपन में नहीं झूल पाया होगा। सवेरे तक पूरी की पूरी नेतागीरी तेरे दिमाग से रिस जाएगी। दिमाग से नेतागीरी निचोड़ने का एकमात्र सस्ता, आज़माया हुआ, देशी और टिकाऊ उपाय है यह," एक सिपाही ने जाते-जाते शंकर को एक झोंका देते हुए कहा।

त्यागी दविश पर चले गए। सिपाही बैरक में चले गए। थाने परिसर में शस्त्रागार पर तैनात एक सिपाही और थाने की मेस के बाहर बैठे दो कुत्तों के अलावा और कोई नहीं बचा। शंकर का शरीर हवा में झूलते-झूलते एक जगह स्थिर हो गया। शंकर के पास सोचने के लिए अभी भी आधी से अधिक रात पड़ी थी। सोचने लगे, एक स्वतंत्र देश में एक स्वतंत्र नागरिक, बिना किसी अपराध के हवा में उल्टा लटका है। अपना ही वाक्य सुधारा, नहीं एक स्वतंत्र देश में, एक परतन्त्र नागरिक, बिना किसी अपराध के हवा में उल्टा लटका है। यह कैसी विडम्बना है? देश स्वतन्त्र, नागरिक परतन्त्र। संसार में कहीं-कहीं ही ऐसा होता है। हमें, अपने इस देश में, स्वतंत्रता, अपनी स्वतंत्रता कब तक शासकों से भिक्षा के रूप में मिलती रहेगी? स्वतन्त्रता कब तक शासकों की बपौती बनी रहेगी? बहुदलीय राजनीतिक व्यवस्था वाले इस देश में किसी दल विशेष के लिए कार्य करना यदि देश की आन्तरिक सुरक्षा को खतरा पैदा करने वाली गतिविधि मानी जाएगी, तब फिर चल चुका यह देश। देश चलेगा, देश तो चलेगा, लेकिन तभी जब इमरजेंसी की रात कटकर सवेरा होगा। और वह कब होगा? पता नहीं।

रक्तचाप में गड़बड़ी शुरू हो जाने से शंकर की आँखें मुँदने लगीं, भगवान को याद किया "दीनदयाल विरदु सम्भारी...।"

सिपाही ने घंटे पर एक बजाया। घंटे की आवाज सुन शंकर ने थोड़ी देर के लिए अपनी आँखें खोलीं, सुनी, दूर किसी मुहल्ले में पहरा देते किसी पहरेदार की आवाज–"जागते रहो ऽऽऽ..." तीन बजे वाली कानपुर पैसेंजर के लिए सवारी ले जाते ताँगों के घोड़ों की टापें, लाला रामनारायण सन्दल मिल के इंजन की पुक् पुक्...।" आँखें फिर मुँद गयीं।

ताई बन्दीगृह में बैठे-बैठे थक गई थीं, इसलिए बारह घंटे बजने के बाद अपने सिर के नीचे अपनी चप्पलें रखकर थोड़ी देर के लिए बन्दीगृह के एक कोने में लुढ़क गई थीं, सो भी गई थीं। बन्दीगृह भी कोई सोने की जगह है। नींद भी बड़ी बेशर्म होती है कहीं भी आ जाती है। ताई की पुकार हुई। बन्दीगृह का दरवाज़ा खुला। ताई हड़बड़ाकर उठ बैठीं।

बन्दीगृह से बाहर निकल ताई ने आँखें मलते हुए, उन्हें लेने आए सिपाही से विनम्रता पूर्वक पूछा–"भइया! आप किस जिले के रहने वाले हो?"

ताले में खटर-खटर चाभी घुमाते हुए सिपाही ने उत्तर में पूछा–"क्यों? क्या करेगी जानकर? तेरी कोई बेटी है जो मुझसे ब्याहेगी?"

"नहीं भइया! ऐसे ही पूछ लिया। मेरे कोई बाल-बच्चे नहीं हैं। मेरा आदमी भी मर गया है। मैं बिल्कुल अकेली हूँ। इस दुनिया में मेरा कोई नहीं है। लेकिन भइया इतनी रात में मुझे अकेले कहाँ ले जाओगे?" ताई ने अपनी साड़ी का पल्लू सँभाल कर ओढ़ते हुए कहा।

सिपाही ने चाभी का गुच्छा अपनी कमर में लटका लिया, कहा—"जान जाएगी, थोड़ी देर में सब जान जाएगी। चल, मेरे आगे-आगे चल।"

ताई गिड़गिड़ायीं—"भइया! यहीं बता देते कि कहाँ ले जाओगे, तो मेरा डर निकल जाता।"

"यहीं बता दूँ, इतनी रोशनी में, बड़ी निर्लज्ज है," सिपाही ने आगे बढ़कर ताई की एक कलाई दबोचते हुए कहा।

शस्त्रागार पर तैनात सिपाही ने ठहाका लगाते हुए कहा—"यह ज़नानी तो बड़ी बेशर्म लग रही है हा हा...।"

ताई ने अपनी कलाई छुड़ाने का प्रयास करते हुए कहा—"छोड़ दो भइया! ग़लती हो गई। चलती हूँ, नहीं पूछूँगी।"

"एक बात तू कान खोल कर सुन ले! मैं तेरा कोई भाई-वाई नहीं हूँ। मुझे बार-बार भाई-भाई मत पुकार। थाने में कोई किसी का भाई नहीं होता, न बहन," सिपाही ने घुड़का।

सिपाही ने ताई की कलाई इतनी ज़ोर से धर दबोची थी कि उनकी कलाई में पड़ी एकमात्र लोहे की चूड़ी गोल से चपटी हो गई थी। चपटी चूड़ी, गोल करती हुई चली गई ताई, सिपाही के आगे-आगे, थाने की बत्तियों की रोशनी पार कर, कहीं गह्वर अँधेरे में।

शंकर को प्रातःकाल ज़मीन पर उतारा गया। होश आते ही शंकर ने सुनी थाने के पास वाली मस्जिद की अज़ान—"अल्ला हो अकबर...।" थानेदार के कार्यालय में बैठकर स्वीकार कर लिया कि वे देश की आन्तरिक सुरक्षा को खतरा पैदा करने वाली गतिविधियों में शामिल थे, लालाराम गुप्ता के यहाँ डकैती उन्हीं की देखरेख में डाली गई थी। एक सफेद क़ागज पर लिख दिया—"मैं यह बयान स्वेच्छा से पूरे होशोहवाश में दे रहा हूँ। हस्ताक्षर—शंकर चौबे, ग्राम—डमरुआ।"

[6]

इमरजेंसी लगने के बाद छज्जू डमरुआ घूमने जल्दी-जल्दी आने लगे थे। प्रसन्न थे कि गाँव से अपने विरोधियों का सफाया कर दिया है। इस अवसर की तलाश उन्हें बहुत दिन से थी, संयोग से इमरजेंसी लग गई, बिल्ली के भाग्य से छींका टूट गया। छज्जू ने किरपा और करन के माध्यम से गिरफ्तारी के विषय में, गाँव वालों की प्रतिक्रिया जानने की भी कोशिश की, सफल न हुए। गाँव वाले कम चालाक न थे, सबने एक साथ चुप्पी ओढ़

ली थी। बरगद के नीचे जमने वाली ठलुआ-सभा गिरफ्तारी वाली रात के बाद अनिश्चित काल के लिए विसर्जित कर दी गई थी। बिना ठलुआ-सभा के गाँव की प्रतिक्रिया व्यक्त कैसे होती? ठलुओं ने कुछ दिन बाद जमना शुरू किया, पर माहौल पहले जैसा नहीं रहा, पूरी बातचीत करन-किरपा या उनसे जुड़े किसी भी व्यक्ति से बचकर की जाने लगी।

गाँव की नई पीढ़ी इन गिरफ्तारियों से इतना ज़रूर सीख गई थी कि मुखर विरोध के कुचले जाने की पूरी सम्भावना रहती है। जो विरोध मन में रहता है और सही अवसर पर अभिव्यक्त किया जाता है उसे दबाया नहीं जा सकता।

गाँव की पुरानी पीढ़ी के लोग इन सब चीजों से भली भाँति अवगत थे क्योंकि अंग्रेज़ों के शासन काल में सीधे-सीधे इमरजेंसी नहीं, पर इमरजेंसी से मिलती-जुलती बहुत-सी नौटंकियाँ वे देख चुके थे।

डमरुआ वालों ने इसी बहाने छज्जू की कथनी-करनी में अन्तर भी देख लिया था। किसी को छज्जू के प्रति कोई श्रद्धा नहीं रह गई थी, पर मन की बात कह नहीं सकते थे, मौका और समय सही नहीं था।

[7]

शंकर, कर्मा और किसुन के घरवालों ने गिरफ्तारी के दूसरे दिन से ही थाना-कचहरी के चक्कर लगाने शुरू कर दिए थे। वे जहाँ भी जाते थे, भगा दिए जाते थे। कहीं, कोई कुछ सुनता ही नहीं था।

थाने जाने पर उन्हें बताया जाता था—"इस नाम का कोई आदमी गिरफ्तार होकर थाने में कभी आया ही नहीं। विश्वास न हो, थाने का रोज़नामचा देख ले, अपने वकील को बुला कर दिखा ले।"

कचहरी जाने पर वकील उनसे कहते थे—"किसकी जमानत करा दूँ? जब कोई गिरफ्तार ही नहीं हुआ। थाने वाले एक बार लिखकर दे दें कि उन्हें कब और क्यों पकड़ा गया है, उस आधार पर जमानत के क़ागज तैयार कर मजिस्ट्रेट के सामने ले जाऊँ।"

घर के लोग सोचते थे, कहाँ चले गए, हमारे लोग? धरती निगल गई, आसमान खा गया, हवा बन गए, पानी बन गए, आखिर कहाँ गायब हो गए? भयानक है यह इमरजेंसी जो जिन्दा आदमी निगल जाती है और कोई निशान भी नहीं छोड़ती।

किसुन की अम्मा रोज़ सवेरे पागलों की भाँति कन्नौज के लिए चल पड़ती थीं। देर रात घर लौटती थी, भूखी-प्यासी, बिना कोई खबर पाए। उनके रोज़-रोज़ थाने पहुँच जाने पर, एक दिन थाने के हेड मुंशी ने धक्का देकर उन्हें थाने की सीढ़ियों से नीचे उतार दिया—"रोज़-रोज़ यहाँ हम सबका सिर खाने मत आया कर। ठलुआ नहीं बैठे हैं यहाँ हम लोग। जानती नहीं इमरजेंसी में थाने में कितना काम बढ़ गया है। कल अगर तू थाने के आसपास

भी दिखाई पड़ गई, हवालात में बंद कर दूँगा। तेरा भी पता नहीं चलेगा तेरे बेटे की तरह।" उस दिन से अम्मा ने कन्नौज जाना बन्द कर दिया था। घर में बैठ कर किसुन का इन्तज़ार करने लगी थीं। प्रत्येक रात मंगा के चौके से एक रोटी छिपाकर अपने कमरे में ले आती थीं, सोचतीं थीं, किसुन रात-बिरात घर लौटा, भूखा होगा, तुरंत खाने को दे दूँगी।

कर्मा और शंकर की पत्नियाँ अपने बच्चों के साथ, प्रति साँझ बरगद के नीचे खड़े हो अपने पतियों की राह देखतीं थीं। कन्नौज से बाज़ार कर वापस आने वाले हर किसी से पूछती थीं—"तुमने उन्हें कहीं देखा?" दूर खेतों की पगडंडी पर डमरुआ की ओर आने वाला हर कोई, थोड़ी देर के लिए उन्हें अपना पति ही लगता था। बाद में निराश हो जाती थीं। धीरे-धीरे अँधेरा छाने लगता था। दृष्टि अँधेरे को चीरकर दूर तक नहीं पहुँच पाती थी, फिर भी खड़ी रहती थीं। गाँव में दीया-बत्ती होने पर घर लौट आती थीं दुखी। इस संसार में यदि अँधेरा न होता तो हममें से कभी कोई घर न लौटता, और तब शायद घर भी न होते।

[8]

एक साल बाद, एक दिन शंकर और कर्मा अचानक अप्रत्याशित रूप से डमरुआ लौट आए। एक साल की जेल-यातना से उनका हुलिया इतना बदल दिया था कि गाँव वाले उन्हें पहचान न सके थे। शंकर घर जाने से पहले, अपनी पुरानी आदत के अनुसार, थोड़ी देर के लिए बरगद के पास रुक गए थे। शंकर को देख ठलुओं ने सोचा था शायद कोई पथिक है, पूछा था—"भइया! किस गाँव जाना है? प्यासे-व्यासे तो नहीं हो?" ठलुओं के प्रश्न का कोई उत्तर दिए बिना शंकर अपने घर की ओर चल पड़े थे। उनकी चाल से ठलुओं ने पहचान लिया था, यह तो शंकर चौबे हैं, पीछे से पुकारा था—"शंकर भइया! तुम!! और तुम्हारी मूँछें?" शंकर चलते चले गए थे।

किसुन डमरुआ नहीं लौटा। किसुन की अम्मा दौड़ी-दौड़ी शंकर के घर पहुँचीं। शंकर ने बताया—"किसुन रेलवे स्टेशन पर बैठा है। जाकर उठा लाओ।"

अम्मा की मानो साँस रुक गई—"बैठा है, मतलब? क्या हुआ मेरे किसुन को? खुद नहीं चल सकता?"

"किसुन की अम्मा! पुलिस वालों ने गिरफ्तारी वाली रात को ही किसुन की टाँग उतार दी थी। उसी समय किसी डॉक्टर को दिखा दिया जाता, टाँग बच सकती थी। जेल में कोई दवा हुई नहीं, टाँग सूख कर बेकार हो गई है," शंकर ने बताया।

अम्मा चैतू के साथ स्टेशन की ओर दौड़ीं। तीन मील का रास्ता पलक झपकते तय कर लिया। किसुन स्टेशन की बेंच पर बैठा इधर-उधर देखता, अपने घर से किसी के आने की प्रतीक्षा कर रहा था। अम्मा-चैतू को उसने प्लेटफॉर्म पर दूर से ही पहचान लिया था।

उठकर एक पैर से खड़ा हो गया, बाएँ हाथ से बेंच पकड़ ली, दायाँ हाथ अम्मा की ओर उठाकर खिसियाई हँसी हँसा। किसुन की उस खिसियाई हँसी ने अम्मा के हृदय के टुकड़े-टुकड़े कर दिए, किसुन को अपनी छांती से लगाकर बिलख पड़ीं। चैतू किसुन को पीठ पर लाद कर घर ले आया।

पुलिस वालों के जादू द्वारा शुरू किए गए कर्मा के खूनी दस्त अभी तक बन्द नहीं हुए थे। डमरुआ में उसने दवा के लिए वैद्य रतीराम दुबे के यहाँ दस पैसे की पर्ची बनवा ली थी। वैद्यजी ने कर्मा पर अपनी लगभग सभी आयुर्वेदिक औषधियाँ आजमा लीं, पर दस्त रोक पाने में असफल रहे। अन्त में वैद्यजी ने जवाब दे दिया—"कर्मा की आँत के बुरी तरह कुचल जाने से उसमें अल्सर हो गए हैं, इसलिए ठीक होने के कोई आसार नहीं हैं। जो खाने को माँगे, खिलाओ और भगवान का नाम लो।"

छह महीने बाद कर्मा की चारपाई काट दी गई। एक दिन कर्मा मर गया। मरने से पहले उसने सबसे पूछा था—"कोई मेहरबानी करके मुझे यह बता दे कि त्यागी दरोगा मुझसे जो पूछ रहा था, वह वाली 'गतिविधि' क्या चीज होती है?" काशी चौबे भी उसे कुछ नहीं बता पाए थे। कर्मा की अंतिम इच्छा पूरी नहीं हो पाई थी।

4

गांधीजी का जन्तर

[1]

हर्ष-विषाद के पारावार में गोते लगाते साल पर साल बीतते गए। इमरजेंसी किस्सा-कहानी हो गई। सताये जाने वाले, विरोध करने की सामर्थ्य के अभाव में, अपने-अपने भाग्य कोस कर शान्त बैठ गए। जिन्होंने सताया था उन्हें अपनी करनी पर कोई खेद नहीं हुआ था, शायद मद के कारण। हो भी क्यों न, गोस्वामी तुलसीदास बहुत पहले ही लिख गए थे, 'नहिं कोउ अस जनमा जग माहीं, प्रभुता पाइ जाहि मद नाहीं।' इस पर भी छज्जूराम चौबे की विपदाओं का अभी तक कोई अंत न था। इमरजेंसी के बहाने से अपने उद्यान को निष्कंटक कर लेने के उपरांत सोचा था, भविष्य में डमरुआ में कोई उनके प्रभुत्व को चुनौती न दे सकेगा। पर वैसा हुआ नहीं, वैसे भी, व्यक्ति का सोचा हमेशा कहाँ होता है, अन्यथा, इस संसार में सभी अपने मनवांछित तरीके से न जी लेते। अब छज्जू के सामने जो विपदा, बिना दस्तक दिए, आकर खड़ी हो गई थी, उसका सीधा सम्बन्ध उनके अस्तित्व से तो था ही, बमनन टोला के अस्तित्व से भी था (ऐसा कम से कम छज्जू ज़रूर ही सोचते थे) और जिसका समाधान संसद सदस्य, लाला जगत नारायण के पास भी नहीं था। लालाजी के बारे में यहाँ यह सूचित करना ज़रूरी है कि इमरजेंसी उठने के तुरन्त बाद सम्पन्न हुए लोकसभा के चुनावों में कन्नौज निर्वाचन क्षेत्र से लालाजी चारों खाने चित हो गए थे। बाद में उनके राजनीतिक-भाग्य ने फिर करवट बदली थी और वे फिर से संसद-सदस्य बन गए थे। पुनः छज्जू की विपदा पर आता हूँ, विपदा यह थी कि उत्तर प्रदेश में ग्राम-पंचायत के चुनावों की अधिसूचना जारी हो गई थी, और इस अधिसूचना में नई बात यह थी कि चुनावों में 'डमरुआ ग्राम-पंचायत' से पूरब टोला का ही कोई व्यक्ति 'ग्राम-प्रधान' पद का उम्मीदवार हो सकता था। यह नई व्यवस्था डमरुआ के लिए पूरे दस वर्ष के लिए लागू की गई थी। यह भी निश्चित नहीं था कि दस वर्ष बाद यह व्यवस्था समाप्त ही कर दी जाएगी। अधिसूचना की उक्त नई बात छज्जू के लिए किसी व्यक्तिगत आघात से कम न थी, उनकी आयु को देखते हुए दस वर्ष की

अवधि एक लम्बी अवधि थी, इसलिए उन्हें लगने लगा था कि डमरुआ में उनके जीवन के शेष दिन, सम्मानपूर्वक न बीत पाएँगे। सम्मान किसी प्रकार बरकरार बना रहे इसके लिए उन्होंने इस नवीन व्यवस्था को तोड़-मरोड़ कर अपनी जैसी व्यवस्था बनाने की कोशिशें शुरू कर दीं। इस तोड़-मरोड़ के पीछे उनका चिन्तन यही था कि सरकार से लड़ा तो नहीं जा सकता, पर उसकी आँख में धूल ज़रूर झोंकी जा सकती है। एक दिन, दिमाग में कुछ तिकड़म बिठा कर डमरुआ आ गए, सीधे अपने घर न जाकर काशी की गली में मुड़ गए। बिना किसी पूर्वसूचना के छज्जू की कार अपनी गली में आते देख काशी को तुलसी की यह चौपाई याद आ गई 'जानि न जाय निसाचर माया, कामरूप केहि कारन आया'। कार से उतर कर छज्जू काशी के चौतरे पर चढ़ आये। अपने मन के भाव को मन में ही छिपाकर काशी ने छज्जू को सम्मानपूर्वक एक कुर्सी पर बिठाया, स्वयं खटिया पर बैठ गए। थोड़ी देर सर्दी-गर्मी, वर्षा-सूखा, खाद-पानी आदि की बातें चलीं। छज्जू को इन बातों में कोई रुचि न थी फिर भी भूमिका बनाने के लिए हूँ-हाँ करते रहे, और जल्दी ही अपने विषय पर आ गए। वे सीधे-सीधे अपने विषय पर नहीं आना चाहते थे, डर था कि काशी कहीं भड़क न जाएँ। डमरुआ में कुछ करने के लिए काशी को पटाए रहना बहुत ज़रूरी है। वे यह भी जानते थे कि इस बार के चुनाव के सम्पन्न हो जाने के बाद काशी को पटाने की कोई आवश्यकता न रह जाएगी। काशी क्या, अब उनके साथ पूरा बमनन टोला एक ही नौका में सवार होकर यात्रा करेगा, नौका डूबेगी तो सब डूबेंगे, तैरेगी तो सब पार जाएँगे।

"काशी दद्दा! डमरुआ में पिछले छह-सात साल से पंचायत चुनाव नहीं हुए हैं। सरकार इस बार चुनाव कराने की सोच रही है। चुनावों की तारीख भी तय हो गई है। अपने यहाँ वोट... तारीख को पड़ेंगे," छज्जू ने अपनी धोती के खूँट से अपने चश्मे का शीशा साफ करते हुए कहा।

इस सूचना से काशी हैरान रह गए क्योंकि उनके रेडियो पर अभी तक इस प्रकार की कोई खबर नहीं आई थी। और बिना रेडियो पर आये कोई खबर खबर कैसे हो सकती थी। "पर इसकी कोई सूचना रेडियो पर अभी तक नहीं छोड़ी गई है," काशी ने कहा।

"हो सकता है रेडियो पर यह खबर कभी बाद में प्रसारित की जाए। शायद, रेडियो पर यह खबर इसलिए नहीं दी गई होगी कि सरकार इन चुनावों को बहुत गम्भीरता से नहीं लेती। यही नहीं, सरकार इस प्रकार के चुनाव को फिजूलखर्ची मानती है, खानापूरी करने के लिए जब कभी याद आ जाती है या जब कभी विपक्ष दबाव डालता है, करा देती है," छज्जू ने कहा।

"छज्जू! इस बार के चुनाव में मुझे माफ़ कर दो। मैं चुनाव नहीं लड़ पाऊँगा। मेरी उमर अब बहुत हो गई है, शरीर भी थकने लगा है, काम नहीं होता। प्रधान के लिए

बमनन टोला से कोई दूसरा तलाश कर लो या किरपा को चुनाव लड़ा दो," काशी ने कहा।

"दद्दा! आप पहले भी कभी चुनाव कहाँ लड़े थे? डमरुआ वाले हर बार निर्विरोध ही आपको अपना प्रधान चुन लेते थे। दूसरी बात, किसी को आपको माफ करने की ज़रूरत ही नहीं पड़ेगी, सरकार ने खुद ही आपको मुक्त कर दिया है। हम और आप या बमनन टोला में से कोई भी अब आगामी दस वर्ष तक चाह कर भी चुनाव में खड़ा नहीं हो सकता। यही बात बताने तथा यह विचार करने कि इस करवट बैठे ऊँट का सामना कैसे किया जाय? मैं आपके पास आया हूँ," छज्जू ने कहा।

"इसमें सामना करने के लिए कौन-सी बात है? अच्छी बात है, अच्छा बदलाव है। अवसर सबको मिलना चाहिए। भारत स्वंतंत्र होने के बाद से अब तक डमरुआ का प्रधान मैं ही, (अर्थात् बमनन टोला से ही) बनता आया हूँ। सरकार यदि इस प्रकार का प्रावधान न करती तो पूरब टोला वालों को ग्राम-प्रधान बनने का अवसर कभी भी न मिलता। बहुत अच्छा रहेगा जब पूरब टोला का कोई व्यक्ति प्रधान बनेगा। प्रजातन्त्र का मतलब ही यही होता है," काशी ने कहा।

"प्रजातंत्र का मतलब तो यही होता है लेकिन...," छज्जू ने कुछ खिन्न होकर कहा।

"लेकिन क्या?" काशी ने पूछा।

"काशी दद्दा! क्या आपने कभी कल्पना की थी कि अपने जीवन काल में एक दिन ऐसा भी आएगा जब अपने गाँव का प्रधान हम लोगों में से कोई न होकर, पूरब टोला का कोई घाँची-मोची बनेगा तथा अपना काम कराने के लिए जो लोग हमारे दरवाजों पर खड़े रहते थे, अब वे लोग हमारे दरवाजों पर न आकर अपने-अपने दरवाजों पर बैठेंगे और हमें उनके दरवाजों पर जाकर खड़ा होना होगा, अपना काम कराने के लिए। ग्राम-प्रधान से रोज़मर्रा का छोटा-मोटा काम तो गाहे-बगाहे पड़ता ही रहता है। क्या कहें इस प्रजातन्त्र को? प्रजातन्त्र अच्छा हो, खराब हो, यह मैं नहीं जानता। हाँ मैं इतना ज़रूर जानता हूँ कि इस प्रजातन्त्र ने हमें किसी लायक नहीं छोड़ा। मुझे लगता है, आगे आने वाले सौ-पचास साल में इस देश से बामन नाम की जाति ही मिट जाएगी। जो पार्टी सरकार में आती है, पूरब टोला वालों के हित के लिए ही योजना बनाने में लगी रहती है। योजना बनायें भी क्यों न, हर चुनाव में पूरब टोला के वोट जो उन्हें चाहिए होते हैं। मैं इस सबसे बहुत ही ऊब गया हूँ। मैं अकेले ही कब तक दौड़-दौड़ कर डमरुआ में संतुलन स्थापित करता रहूँगा? सोचता हूँ, राजनीति का टंटा छोड़ कर आराम से घर बैठूँ। डमरुआ का, बमनन टोला का जो होना हो हो," छज्जू ने कहा।

"छज्जू! मैं तुम्हारी इस बात से कतई सहमत नहीं हूँ कि आगे आने वाले सौ-पचास साल में इस देश से बामन नाम की जाति मिट जाएगी। बामन नाम की जाति

इस देश से कभी नहीं मिटेगी, हाँ, बामन वृत्ति ज़रूर ही मिट जाएगी। जन्म के कारण अपने को दूसरों से श्रेष्ठ समझने का भाव भी मिट जाएगा। छज्जू! एक बात कहूँ, बुरा मत मानना, तुम जिसे संतुलन बनाना कहते हो, मेरे हिसाब से वह संतुलन बिगाड़ना है। केवल हम ही सुखी रहें और दूसरे लोग हम पर आश्रित रहें, यह भाव कभी भी समाज में संतुलन स्थापित नहीं कर सकता। कोई भी विकासशील समाज परजीवियों और पराश्रितों को बहुत काल तक सहन नहीं करता। तुम दौड़-दौड़ कर डमरुआ में संतुलन बनाते नहीं, बिगाड़ते हो। डमरुआ में संतुलन तभी स्थापित होगा जब डमरुआ का प्रधान पूरब टोला से कोई व्यक्ति बनेगा तथा वह अन्य टोला के लोगों का भी ध्यान रखेगा। मेरी समझ में यह नहीं आता कि इसमें परेशान होने वाली ऐसी कौन-सी बात है। जो भी व्यक्ति चुना जाएगा, उसे हम सब मिलकर चुनेंगे और वह केवल पूरब टोला का नहीं, हम सबका प्रधान होगा, पूरे गाँव के लिए कल्याण-कार्य करेगा," काशी ने कहा।

"बात वह नहीं है दद्दा! योग्यता का प्रश्न भी तो है। आप ज़रा कल्पना कीजिए, कोई ऐसा व्यक्ति चुनाव जीत कर प्रधान बन जाय जिसे सिपाही की वर्दी से डर लगता हो, जो तहसील के गेट के अन्दर घुसने की हिम्मत न रखता हो, जिसकी कलक्टर साहब के सामने, कुछ कहने के लिए खड़े होने पर घिग्घी बँध जाय, वह गाँव के लिए क्या कल्याण-कार्य कर पाएगा? कल तक हमारे खेतों में काम करने वाला मज़दूर चुनाव जीतकर हमारे सामने आकर खड़ा हो जाएगा, अकड़ कर कहेगा 'मैं हूँ डमरुआ का प्रधान,' तब कैसा लगेगा, हमें, आपको? मुझे तो यह सोचकर ही हँसी आती है कि कहाँ राजा भोज और कहाँ गंगू तेली," छज्जू ने भौंहें चढ़ाकर वितृष्णापूर्वक कहा।

"छज्जू! प्रजातन्त्र एक ऐसी व्यवस्था है जिसमें राजा भोज और गंगू तेली के बीच का अन्तर नहीं रहता। और जहाँ यह अन्तर रह जाता है वहाँ उस अन्तर को पैदा करने वाले कारणों को मिटाने का सतत् प्रयास किया जाता है। पूरब टोला से किसी को प्रधान निर्वाचित करवाने का सरकारी प्रावधान उसी प्रयास का एक हिस्सा है। तुम कहते हो हमारे खेतों में काम करने वाला मज़दूर प्रधान चुन जाएगा तो हमें कैसा लगेगा? मैं पूछता हूँ, मज़दूर क्या बुरा आदमी होता है? वास्तव में मज़दूर हमारे खेतों में काम नहीं करता, अपने खेतों में काम करता है क्योंकि खेतों में जो काम करता है सिद्धान्ततः खेत उसी के होते हैं। हम और हमारा पूरा बमनन टोला उन्हीं मजदूरों पर आश्रित रहता है। परजीवी और पराश्रित हैं तो हम। अपने स्थूल उदरों पर मैले से चीकट जनेऊ लटकाकर दिन में तीन बार बिना काम किये सूअर की भाँति ठूँस-ठूँस कर खाने वाले और दिन के चौबीस घंटों में अठारह घंटे सोने वाले अपने बमनन टोला के बामन परजीवी और पराश्रित नहीं हैं तो और क्या हैं? मेरे मत से केवल मज़दूर को ही ग्राम-प्रधान बनने का अधिकार होता है। जानते हो क्यों? क्योंकि वह मेहनत करना

जानता है। वह सिपाही से डरे, तहसील के गेट के अन्दर घुसने से डरे, कलक्टर साहब के सामने खड़े होकर कुछ बोल न सके, वह सबसे डरे, कुछ भी न कर सके, कुछ भी न जानता हो, परन्तु एक चीज वह जानता है, और वह चीज है मेहनत करना। उसके मेहनत करने के गुण में उसकी सभी दुर्बलताएँ जाकर विलीन हो जाती हैं। मज़दूर मुँह से नहीं, हाथों से बोलता है। हम जहाँ लम्बा भाषण देकर अपना काम चलाते हैं, मज़दूर वहाँ अपने दो हाथ दिखा देने भर से अपना काम चला सकता है। मज़दूर नेताओं जैसे भाषण नहीं देता, हर जगह केवल बोलने के लिए नहीं बोलता, अपने कर्म-क्षेत्र में बोलता है। उसके हथौड़े की धाँय-धाँय, कुल्हाड़ी की खच्-खच्, फावड़े की फच्-फच्, छियो राम, और ज़ोर लगा के हइया आदि ही उसकी भाषा है, जो हमारे-तुम्हारे पल्ले कभी नहीं पड़ेगी। भारत को स्वतंत्रता देते समय अंग्रेजों ने भी इसी प्रकार की शंका व्यक्त की थी कि इतना बड़ा भारत, इन भारतीयों से नहीं सँभलेगा। अपनी तुलना में अंग्रेज हमें गंगू तेली ही समझते थे। हमने भारत सँभाला कि नहीं? राजेन्द्र बाबू और नेहरू जी ने देश चलाया कि नहीं? छज्जू! ऐसा नहीं है कि पूरब टोला वालों के पास स्थायी रूप से योग्यता का अभाव है। विकास का अवसर न मिलने के कारण उनकी योग्यता कुण्ठित हो गई है। अब तक अवसर ही नहीं मिला उन्हें। कब दिया है बमनन टोला ने अवसर उन्हें? अवसर पाकर योग्यता धीरे-धीरे आप ही आप निखरने लगती है," काशी ने कहा।

काशी की सभी बातें कड़वी दवा के घूँट की भाँति निगल कर छज्जू ने हवा में अपना हाथ लहराते हुए कहा—"जो भी हो काशी दद्दा! मेरे देखते-देखते अपने गाँव में, गाँव में ही नहीं बाहर भी हम सबका प्रभुत्व बहुत घट गया है। अपना वर्चस्व बरकरार बनाए रखने के लिए हम सबका अब राजनीति में सक्रिय होना ज़रूरी ही नहीं, परमावश्यक हो गया है। अब केवल राजनीति ही है जो हमें बचा सकती है। मैं लालाजी के पीछे-पीछे इसलिए लगा रहता हूँ कि यदि कभी खुदानखास्ता अपना बमनन टोला कभी किसी गम्भीर पचड़े में पड़ गया, उस समय लालाजी हमारे काम आएँगे। यही नहीं, मैं बमनन टोला के हर व्यक्ति से बन्दूक और रिवाल्वर की लाइसेंस लेने के लिए भी कहता हूँ। उसके लिए मैं हरसम्भव सहायता करने के लिए तैयार हूँ। मुझसे काम नहीं होगा तो लालाजी से कहकर कलक्टर साहब पर ज़ोर डलवा दूँगा। अपने घर में चार हथियार हों तो उसका बाहरी लोगों पर बहुत अच्छा असर पड़ता है। हमारे घर में खाने को है कि नहीं, यह देखने कौन आता है, पर हमारे कंधे पर लटकी बंदूक सभी देखते हैं। कंधे पर लटकी बंदूक देखने भर से ही लोगों के हाथ हमें पाँव लागी करने के लिए उठ जाते हैं। ज़माना बहुत बदल गया है। केवल ब्राह्मण होने भर से ही अब काम चलने वाला नहीं है। उस ब्राह्मण की शक्ति में अस्त्र-शस्त्र की शक्ति जोड़नी होगी।"

"छज्जू! इस संसार में किसी जाति या समुदाय का वर्चस्व अस्त्र-शस्त्र का सहारा लेकर स्थापित नहीं किया जा सकता, और न ही उसे बढ़ाया जा सकता है। वर्चस्व स्थापित होता है कर्म, ज्ञान और सदाचार से। अस्त्र-शस्त्र के माध्यम से यदि किसी का वर्चस्व स्थापित हो सकता या बढ़ सकता तो समाज में डाकुओं का वर्चस्व सबसे अधिक होता क्योंकि उनके पास अस्त्र-शस्त्र की कमी नहीं होती, और वे उनके प्रयोग में भी दक्ष होते हैं। जहाँ तक बात रही गाँव में हमारे-तुम्हारे प्रभुत्व के घटने की तो उसका कारण प्रजातन्त्र नहीं है। प्रभुत्व घटने का कारण है नकली श्रद्धा। वह श्रद्धा जो हमने हमेशा दूसरों को भय दिखाकर; अपने ज्ञान का भय दिखाकर, धर्म का भय दिखाकर, शास्त्रों का भय दिखाकर, बाहुबल दिखाकर, अपने प्रति अर्जित की है, नकली और खोखली थी। किसी भी प्रकार का भय दिखाकर अर्जित की गई श्रद्धा सदैव नकली होती है। हमारे कंधे पर लटकी बंदूक देखकर यदि किसी का हाथ हमें 'पाँव लागी' करने के लिए उठे तो शर्म से डूब कर मर जाना चाहिए हमें। बात तो तब है, जब प्रणाम करने के लिए हाथ उठे, हमारे गुणों से, व्यक्तित्व से प्रभावित होकर। गौतम बुद्ध के पास कितनी बंदूकें थीं? गांधीजी के पास कितनी तोपें थीं? विनोबा जी के पास कौन-सा अस्त्र है? उनके आगे सम्पूर्ण विश्व नतमस्तक होता है। कितने राज्य आये, गये, कितने तानाशाह भस्मसात् हो गये। कितने प्रजातन्त्र आयेंगे, चले जाएँगे, पर इन महापुरुषों के प्रति श्रद्धा में कोई कमी नहीं आएगी, क्योंकि वह श्रद्धा भयार्जित अतः नकली नहीं थी, और न है। ये महापुरुष भी हमारे-तुम्हारे जैसे एक ही जीवन जिये थे, और उसी जीवन में सब कुछ कर गए थे। किसी को कुछ अच्छा करने के लिए दस-बीस जीवन की आवश्यकता नहीं होती। और जिन्हें कुछ करना नहीं होता, उन्हें दस-बीस क्या उससे भी अधिक जीवन प्राप्त हो जायें, फिर भी कुछ नहीं कर सकते। पूरब टोला के लोग हमारे शत्रु नहीं हैं कि उन्हें अस्त्र-शस्त्र दिखाकर डराने की ज़रूरत पड़े। लोग हमसे डरें, यह भाव ही अशुभ होता है। यह जंगली वृत्ति है। कोई हमसे क्यों डरे? डरा तो जंगली पशुओं और डाकुओं से जाता है। हम जंगली पशु और डाकू, दोनों में से कोई भी नहीं हैं। हम किसी को न डराएँ, हम किसी से न डरें, कोई किसी को न डराए, कोई किसी से न डरे, तब सोचो छज्जू! हमारा डमरुआ कितना अच्छा हो जाएगा," काशी ने दार्शनिक भाव से कहा।

"दद्दा! आपके ऊपर तो पूरा असर श्रीमद्भगवद्गीता का है, पर डमरुआ में हर कोई आपके जैसा कैसे सोचने लगे? तटस्थ और निष्क्रिय बैठे रहने से भी तो काम नहीं चलता। मुझे अपनी नहीं, अगली पीढ़ियों की चिंता है," छज्जू ने कुछ-कुछ चिढ़ते हुए कहा।

काशी ने फिर समझाया—"हम सबकी यही एक समस्या है कि हम सदैव भविष्य के बारे में सोचते रहते हैं और वर्तमान को नकारते रहते हैं। जो अपना वर्तमान नहीं

सुधारते, उनका भविष्य कभी नहीं सुधरता, क्योंकि ठोस वर्तमान पर ही ठोस भविष्य खड़ा होता है।"

छज्जू को काशी की एक भी बात अच्छी नहीं लग रही थी अतः काशी की बात बीच में ही काट कर बोले–"दद्दा! ये सब बातें किताबों में ही अच्छी लगती हैं। मैं जो बात आपसे करने आया था उससे भटक रहा हूँ। आपकी नज़र में पूरब टोला का कोई ऐसा आदमी है जो प्रधान पद का उम्मीदवार बन सके? मैं चाहता यह हूँ कि प्रधानी का खूँटा तो बदल जाए पर उसकी नकेल अपने हाथों ही में बनी रहे जिससे कि हम जब चाहें, जैसे चाहें, वह निर्वाचित व्यक्ति हमारे काम के लिए दौड़ा चला आए। कोई चालाक आदमी मैं नहीं चाहता क्योंकि प्रधान बनने के बाद वह काम करने में बीस नखरे दिखाएगा तथा सरकार से डमरुआ को मिलने वाली छूटों आदि के बारे में जान जाएगा। सरकार को क्या चाहिए, पूरब टोला से एक प्रधान, वह उसे मिल जाएगा। सरकार भी खुश, पूरब टोला भी खुश और अपना काम भी निकलता रहेगा। दद्दा! इस देश में प्रजातन्त्र के दो रूप हैं; शहर का प्रजातन्त्र और गाँव का प्रजातन्त्र। हमारे डमरुआ का प्रजातन्त्र गाँव का प्रजातन्त्र है जो बामनतन्त्र के नियमों के अनुसार चलता है। इसीलिए आपसे कहता हूँ कि कोई ऐसा रास्ता निकालने की कोशिश कीजिए जिससे साँप भी मर जाये और लाठी भी न टूटे। कोई ऐसा व्यक्ति सुझाइए जो केवल अपना नाम भर लिखना जानता हो।"

काशी ने देर तक सोचा पर उनके दिमाग में कोई नाम नहीं आया। छज्जू के दिमाग में आ गया, तपाक से बोले–"वह बलवान का लड़का, वह लंगड़ा, क्या नाम है उसका? वह कैसा रहेगा? सुना है कुछ पढ़ा-लिखा भी है।"

"कौन, वह बलवान वाला किसुन जो इमरजेंसी में जेल गया था? हाँ, कुछ पढ़ा-लिखा तो है। कुछ दिन पढ़ने के लिए कन्नौज गया था, बलवान का क़तल हो जाने के बाद पढ़ाई बंद हो गई थी। इमरजेंसी में पुलिस वालों ने उसकी एक टाँग उतार दी थी, लाठी के सहारे मुश्किल से चल पाता है। वह प्रधानी क्या कर पाएगा? वैसे जहाँ तक मैं जानता हूँ लड़का बहुत ही सीधा है।"

"हाँ, काशी दद्दा! यही तो मैं चाहता हूँ, जो अपने पैरों पर खड़ा नहीं हो सकता, वह प्रधानी क्या कर पाएगा? असलियत में उसे प्रधानी करनी भी कहाँ है? वह तो हम लोग जहाँ बताएँगे वहाँ केवल अपना नाम लिखेगा। और नाम लिखने के लिए केवल एक हाथ की ज़रूरत होती है। उसकी टाँगों का हमें कौन-सा आचार रखना है। खानापूरी के लिए उसका नाम सरकारी कागजों में होना चाहिए बस। हमें पूरब टोला से एक गोबर-गणेश चाहिए। सरकार यहाँ कौन-सा रोज़ देखने आएगी। दद्दा! मैं आपको अन्दर की एक बात बताऊँ, लालाजी कह रहे थे कि सरकार भी यह सब कुछ लीक पीटने के लिए करती है ताकि विधानसभा में प्रश्न पूछे जाने पर विरोधी पार्टियों का मुँह बंद कर सके तथा

आगामी चुनाव-प्रचार में डंका पीट सके कि उसने अपने शासन काल में पूरब टोला से इतने प्रधान बनाए थे। आप पूरब टोला में किसी को भेजकर पता करवाइए कि वह लँगड़ा आजकल डमरुआ में है कि नहीं? मैं आज ही उससे मिलना चाहता हूँ," छज्जू ने उत्साहित हो कहा।

[2]

इमरजेंसी के दौरान डमरुआ में हुई गिरफ्तारियों तथा बंगालिन ताई के अब तक डमरुआ न लौटने से पड़ियाइन चाची इतनी डर गई थीं कि उन्होंने रास्ते में लोगों को टोक-टोक कर बात करने की अपनी पुरानी आदत लगभग छोड़ दी थी। उनकी रज़ाई पर सिला गया 'दीया' का पीला झंडा उनके गले का हँसिया बन गया था। सोचती थीं, छज्जुआ का कोई भरोसा नहीं, क्या पता, केवल उतनी-सी ही बात के लिए ताई के जैसे कहीं मुझे भी न जेल भिजवा दे। उन्हें अपनी चिंता नहीं थी जेल जाने की, चिन्ता थी तो अपनी बिल्ली की, उसका क्या होगा? कई बार सोचा, झंडा रज़ाई से नोच कर फेंक दें, नहीं नोचा, कौन सिलेगा दुबारा घंटों बैठकर। चलो सिलने को तो सिल लिया जायेगा पर नया कपड़ा कहाँ से आएगा, प्यौंदे के लिए? चाची हर साल की सर्दियों में बहुत एहतियात बरतती थीं, कभी भी रज़ाई सूखने के लिए चौतरे पर नहीं डालती थीं। रात में ओढ़ कर तड़के ही एक भूसे वाले अँधेरे कमरे में टाँग आती थीं उसे। इतने अँधेरे कमरे में कि लालाजी यदि उनके दरवाज़े पर खड़े होकर दुर्बीन से भी देखें तो उन्हें रज़ाई और झंडा न दिखाई पड़े। चाची ने अपनी ग़लती के लिए भगवान से कई बार कान पकड़ कर माफी माँगी थी, हे भगवान! इस बार माफ़ कर दो, आगे से कभी किसी झंडे या जलेबी के चक्कर में नहीं पड़ूँगी, न अपने दरवाज़े पर किसी पार्टी का पोस्टर चिपकाने दूँगी, न कभी वोट देने जाऊँगी।

क़ाशी अब डमरुआ के प्रधान नहीं रहेंगे इस खबर ने चाची को परेशान कर दिया था, इतना परेशान कि उनकी वह पुरानी आदत एक बार फिर से लौट आई थी, रास्ते में लोगों को रोक-रोक कर पूछने लगी थीं, अब क्या होगा? अब क्या होगा? हर महीने शक्कर की पर्ची कहाँ से मिलेगी? शक्कर क्या बाज़ार से खरीदनी होगी? आजकल शक्कर का भाव क्या चल रहा है? शक्कर का भाव अभी हाल में बढ़ने वाला तो नहीं है? शक्कर और गुड़ के भावों में कितना अन्तर रह गया है? कई लोगों ने चाची से यह भी पूछा कि क्या चाची शक्कर-गुड़ का कोई व्यापार शुरू करने वाली हैं? चाची की व्यथा को चाची के अलावा और कोई नहीं समझ पा रहा था, समझता भी कैसे, 'जाकें पाँव न जाइ बिंवाई, सो का जानै पीर पराई'। गाँव में सबको पता तो तब चलेगा जब शक्कर खाने को नहीं मिलेगी। एक दिन चाची ने ऐसे ही शंकर से पूछ

लिया—"बेटा! सुना है काशी अब डमरुआ के प्रधान नहीं रहेंगे? अब डमरुआ का क्या होगा?"

शंकर चाची पर पहले से ही खार खाए बैठे थे, कुछ नहीं बोले, चाची को घूरते हुए अपने रास्ते चले गए।

चाची को चैन कहाँ थी, सही बात का पता करने काशी के चौतरे पर ही चली गईं। काशी पड़ियाइन चाची का लटका हुआ मुँह देखकर मुस्कुराए, पूछा—"कहिए भौजी! कैसे आना हुआ?"

चाची उस छोटे बच्चे की भाँति रूठी हुई लग रहीं थीं जिसके हाथ से किसी ने उसका खिलौना छीन लिया हो। चौतरे की मुँड़ेर पर चींटियाँ फूँक कर बैठ गईं, कहा—"काशी! मैं यह क्या सुन रही हूँ! सुना है तुम डमरुआ के प्रधान नहीं रहोगे? मैंने कितनी साल से शक्कर-गुड़ बाज़ार से नहीं खरीदी है। तुम प्रधान थे, हर महीने शक्कर की पर्ची आराम से मिल जाती थी। किलो भर में मेरा महीने भर काम चल जाता था। अब क्या होगा?"

"भौजी! आप चिन्ता न कीजिए। पूरब टोला से जो भी प्रधान बनेगा, शक्कर की पर्ची वैसे ही बाँटेगा जैसे मैं बाँटा करता था।"

"चुप भी रहो काशी! पूरब टोला के लोगों के हाथ की कटी पर्ची की शक्कर कौन खाएगा? उस पर्ची की शक्कर खाने से तो अच्छा है कि मैं शक्कर खाना ही छोड़ दूँ। मेरी समझ में नहीं आता, अपने देश में यह हो क्या रहा है? डमरुआ का प्रधान कोई बड़ा आदमी बने तभी अच्छा लगता है। हर आदमी पर हर चीज शोभा नहीं देती। यह तो वही बात हुई, छछूँदर के सिर पर चमेली का तेल। सरकार बहुत खराब काम कर रही है। धीरे-धीरे डमरुआ से सब पुरानी बातें मिटती जा रही हैं। सरकार को छोटे-बड़े की इज़्ज़त का कोई ध्यान नहीं रह गया है। मेरे ज़माने में हर काम बड़े आदमी किया करते थे। अच्छा रहा हमारे पाँड़े पूरब टोला का प्रधान देखने से पहले ही स्वर्ग चले गए।"

"भौजी! समझने की कोशिश कीजिए। परिवर्तन तो संसार का नियम है। प्रकृति में, मनुष्य में, समाज में, सबमें परिवर्तन होता है। इस संसार में कोई भी चीज हमेशा एक जैसी नहीं रहती। इस नीम के पेड़ की ही देखिए पुराने पत्ते गिर रहे हैं, नये पत्ते निकल रहे हैं। आप अपने बारे में ही सोचिए, जब ब्याह कर डमरुआ आई थीं, कितनी सुन्दर थीं। अब कितनी बदल गई हैं। वैसे ही समाज में भी परिवर्तन होता है। इन परिवर्तनों को हमें सहजता से स्वीकार कर लेना चाहिए। हम स्वीकार करें न करें परिवर्तन तो होते ही रहेंगे। इसीलिए कहता हूँ, इस सबके लिए सरकार को दोष नहीं देना चाहिए। सरकार जो भी कर रही है, ठीक कर रही है।"

"काशी! मुझे लगने लगा है कि तुम अब पूरी तरह से सठिया गये हो। मुझे अपनी शक्कर की चिंता है और तुम सरकार की तरफ़दारी कर रहे हो। सबको हर महीने शक्कर

नहीं मिलेगी तो मैं कैसे जान लूँ कि सरकार ठीक काम कर रही है," चाची ने बनावटी गुस्से से काशी को झिड़का। चाची का यह गुस्सा एकदम बनावटी था क्योंकि अपने ब्याहने और सुन्दर होने की बात सुनकर उनका मन अन्दर ही अन्दर पुलकित हो गया था। उसी समय उन्होंने हाथ की सिकुड़ी हुई त्वचा देखकर सोचा था, अपनी आयु की औरतों में से कइयों में से मैं आज भी बहुत अच्छी हूँ। वह तो भगवान ने मुझे बनने-संभलने का मौका ही नहीं दिया, मेरे पाँड़े को असमय ही मुझसे छीन लिया, वरना आज भी बन-संभल कर निकलती तो डमरुआ में सब देखते रह जाते। इसी बीच चाची को कुछ काम याद आ गया, चौतरे की मुँड़ेर पर से उठ गईं, अपने घर की ओर लपकते हुए चल दीं, थोड़ी दूर जाकर मुड़ीं, कहा—"काशी! इस महीने की पर्ची कब बाँटोगे? एक आखिरी बार तुम्हारे हाथ की शक्कर खा लूँ। और सरकार को तो मैं देख लूँगी, जिस दिन मेरे हत्थे चढ़ गई चप्पल मार-मार कर ठीक कर दूँगी।"

"भौजी! बुढ़ापे में ज्यादा गुस्सा करना आपकी सेहत के लिए अच्छा नहीं है। आप निश्चिन्त होकर घर में बैठिए, एक पर्ची आपके घर भिजवा दूँगा", काशी ने मुस्कुराते हुए कहा।

[3]

बढ़ती हुई आयु के साथ छज्जू को लगने लगा था कि डमरुआ के सभी काम जल्दी-जल्दी निपटा लिए जाएँ, इसलिए वे हमेशा जल्दी में रहते थे। उस दिन भी जल्दी में थे, काशी से बात कर, पता नहीं किसी काम के याद आ जाने से तुरंत कन्नौज वापस चले गए थे, किसुन से नहीं मिल पाए थे। कन्नौज में बैठकर चैन कहाँ मिलने वाली थी, तीसरे ही दिन डमरुआ फिर आ धमके। इस बार उनकी कार काशी की गली में नहीं मुड़ी, सीधी अपने घर की ओर गई। नौकर भेज किसुन को बुलवाया।

जेल से लौटने के बाद किसुन ने अपनी जीविका के लिए रस्सी बटना, मुछीके बनाना-बेचना शुरू कर दिया था। उसके पास इसके अलवा कोई चारा भी न था, एक टाँग वाले को भला बमनन टोला की खेती कहाँ से मिलने वाली थी। उसका उठना, बैठना, सोना आदि अब अपने चौतरे के छप्पर में ही होता था। चैतू का विवाह हो जाने और उसकी पत्नी के आ जाने से घर में जगह ही कहाँ रह गई थी? जगह रह भी कहाँ से जाती, गिना-चुना एक ही तो कमरा था। उस दिन भी वह अपने चौतरे पर बैठा मुछीके गाँठ रहा था जब किरपा के नौकर ने उसे गली के नुक्कड़ से ही पुकारा—"ए लँगड़ा! चल छज्जू मालिक ने तुझे अपने चौतरे पर बुलाया है।"

किसुन ने नौकर की पुकार सुनी, हाथ का काम रोक दिया, पूछना चाहा, क्यों बुलाया है? क्या काम है? पर नौकर ने मौका ही नहीं दिया, मुड़कर चला गया। पूरब

टोला के किसी नुक्कड़ पर देर तक खड़ा होना उसकी शान के खिलाफ था क्योंकि वह किसी घांची-मोची का नहीं किरपा का नौकर था। अब आप सोच रहे होंगे कि किरपा अपना नौकर किसी विलायत से लाये होंगे। मैं आपसे ही पूछता हूँ कि अंग्रेज़ अपने नौकर क्या विलायत से लाये थे? नहीं, अपने भारतीय ही उनके यहाँ जूते चमकाते थे और जूठे बर्तन साफ करते थे। वही जूते चमकाने वाले भारतीय अपने को अन्य भारतीयों से श्रेष्ठ समझने लगे थे। किरपा का नौकर भी पूरब टोला का ही रहने वाला था फिर भी वह अपने को पूरब टोला का नहीं समझता था। डमरुआ के लोग तो उस नौकर के बारे में यह भी कहते थे कि वह किरपा चौबे की भाँति सिर हिला-हिलाकर चलने भी लगा है। खैर छोड़िए, उससे मुझे क्या लेना-देना है, किसुन की बात पर आता हूँ। छज्जू का बुलावा किसुन को हैरान करने वाला था। इस हैरानी का कारण बिल्कुल साफ था, वह यह कि इमरजेंसी में किसुन द्वारा जेल काटने से लेकर आज तक, इस बीच एक लम्बा समय बीत गया था, छज्जू ने या किरपा ने उसे कभी भी अपने चौतरे पर नहीं बुलाया था। इस बात का किसुन और किसुन के घरवालों को बहुत दुख था। वे समझते थे कि छज्जू 'दीया' वाली बात से अभी भी उससे नाराज हैं। यह कैसी विडम्बना है कि कितना कुछ कष्ट झेल लेने के बाद भी कष्ट झेलने वाला, कष्ट देने वाले को अपने ऊपर नाराज समझता है। जबकि कष्ट झेलने वाले को नाराज होना चाहिए। ऐसा क्यों है? यह मैं आपको बताए देता हूँ। इस संसार में नाराज होने का अधिकार सबको नहीं होता। केवल उन्हीं को होता है जिनकी जेबें गर्म होती हैं और बाजुओं में ताक़त होती है। इस सिद्धांत के अनुसार नाराज़ होने का अधिकार केवल छज्जू एंड कम्पनी को ही था।

किसुन ने अम्मा को पुकारा—"अम्मा! छज्जू मालिक ने मुझे आज अपने चौतरे पर बुलाया है। डर लग रहा है कि फिर से कोई पुलिस का चक्कर तो नहीं है। चैतू को आगे भेज दिखवा लो पुलिस की कार तो नहीं आई है? पुलिस होने पर मैं उनके चौतरे पर नहीं जाऊँगा कहीं जाकर लुक जाऊँगा, नहीं तो फिर से मुझे सब कुछ सच-सच बोलना पड़ेगा।"

अम्मा के कहने पर चैतू दौड़कर किरपा के दुआरे देख आया—"किरपा मालिक के यहाँ केवल एक कार खड़ी है। चौतरे पर कई लोग बैठे हुए हैं, उनमें पुलिस वाला कोई नहीं लगता।"

अम्मा ने किसुन को ढाढ़स बँधाया—"डरो मत, चैतू भी तुम्हारे साथ चला जाएगा। एक से दो भले होते हैं। मुझे लगता है कोई ख़ास बात नहीं होगी। घर का कोई काम करवाने के लिए बुलाया होगा। 'दीया' वाली बात के लिए तुम्हें माफ कर दिया होगा या तुम्हें जेल भेजने वाली बात उनके दिमाग से निकल गई होगी। बड़े आदमी हैं छोटी-पूरी बातें दिमाग से जल्दी निकल जाती हैं।"

"मालिक लोग जानते हैं कि मैं कोई भारी काम नहीं कर सकता। कोई भारी काम करवाना होता तो चैतू को बुलवाया होता। तुम कहती हो तो चला जाता हूँ, आगे भगवान मालिक," किसुन ने लाठी के सहारे उठते हुए कहा।

किरपा के चौतरे पर कई लोग पहले से ही जमे हुए थे। किसुन के आने का इन्तज़ार ही हो रहा था। किसुन और चैतू पहुँचे और पहुँचते ही एक-एक कर सबके पैरों पर पसर गए। सबने आशीर्वाद दिया, छज्जू ने भी दिया, पूछा—"कह लंगड़ा! कैसा है?"

किसुन हाथ जोड़ कर ज़मीन पर वैसे ही बैठ गया जैसे कोई वफादार कुत्ता अपने आगे के दो पैर ऊपर उठा कर अपने मालिक के सामने बैठ जाता है। अन्तर इतना ही था कि कुत्ता बोल नहीं सकता, किसुन बोल सकता था।

मेरी समझ में यह नहीं आता कि भगवान ने गरीबों को गूँगा-बहरा ही पैदा क्यों नहीं किया था। पता नहीं इसमें सृष्टि का ऐसा क्या अनर्थ हो जाता? गूँगे-बहरे न होकर भी गूँगे-बहरे बने रहना अधिक पीड़ाजनक होता है। किसुन ने कहा—"दया, मालिक! बहुत अच्छा हूँ।"

"लंगड़े! मैं सोचता हूँ, इस बार के चुनावों में मैं तुझे डमरुआ का प्रधान बना दूँ। इस बार मेरी ओर से तू खड़ा हो जा," छज्जू ने बिना देर लगाए, सीधे अपनी बात पर आते हुए कहा।

किसुन छज्जू की बात कुछ समझ न सका, हक्का-बक्का-सा इधर-उधर देखने लगा। किसुन को हक्का-बक्का देख चौतरे पर बैठे लोग मुस्कुराने लगे। उन्हें मुस्कुराता देख किसुन का गला सूख गया, आँखों के सामने इमरजेंसी की रात में गिरफ्तार होने से लेकर जेल से छूटने तक का पूरा दृश्य कौंध गया। माथे पर पसीना छलक आया। सोचा, एक बार चुनाव के चक्कर में पड़ कर जेल जा चुका हूँ, अब पता नहीं क्या होने वाला है। उसे दाल में कुछ काला नज़र आया। तभी उसने देखा, एक बड़ा गिरगिट एक छोटे गिरगिट को खदेड़ता हुआ नीम के पेड़ पर चढ़ा ले गया। छोटा गिरगिट अपनी जान बचाने के लिए पेड़ की सबसे ऊँची फुनगिया पर जाकर रुक गया, डर से नीचे की ओर देखने लगा। बड़ा गिरगिट चालाक था, मज़बूत शाखा पर ही रुक गया। किसुन को डर लगा छोटा गिरगिट नीचे गिर जाएगा। वही हुआ, हवा चली, फुनगिया हिली और छोटा गिरगिट पट् की आवाज के साथ चारों खाने चित चौतरे पर गिर गया। उसके पैरों में दो-तीन बार हल्का-सा कम्पन हुआ और मर गया। क्या दोष था उस छोटे गिरगिट का? यही कि वह छोटा था या कि वह बड़ा नहीं था। कारण चाहे जो भी रहा हो मरा तो वह बेचारा निर्दोष ही।

"लंगड़े! तू पसीने-पसीने क्यों हो रहा है? तुझे डमरुआ का प्रधान बनने में कोई दिक्कत है?" छज्जू ने अपनी एक टाँग पर दूसरी टाँग चढ़ा कर आराम से बैठते हुए कहा।

किसुन का ध्यान भंग हुआ, तब कहीं जाकर उसका ध्यान मरे हुए गिरगिट की ओर से हटा, कहा–"मालिक! मैं कम अक्ल का आदमी हूँ। आपकी बात मेरी समझ में...।"

"मूर्ख! इसमें समझने लायक ऐसी कौन-सी बात है? इतनी-सी बात है कि तुझे डमरुआ का प्रधान बनाना चाहता हूँ," छज्जू ने झल्लाते हुए कहा।

"भइया! यह ससुरा ऐसे नहीं समझेगा। पूरब टोला वाले कोई बात भला जल्दी समझते हैं? इस गधे को पूरी बात खोल कर बताइए। यह सिटपिटा तो ऐसे रहा है जैसे कि हम लोग इसे कहीं फाँसी पर चढ़ाने के लिए ले जा रहे हैं," किरपा ने छज्जू से कहा।

छज्जू ने समझाया–"देख! ग्राम-पंचायत के चुनाव होने वाले हैं। इस बार के चुनावों में पूरब टोला का ही कोई प्रधान बन सकता है। हम लोग तुझे प्रधान बनाना चाहते हैं। अब बात आई समझ में कि उतारूँ जूता?"

"हाँ मालिक! समझा, मैं और प्रधान, आपने भी खूब कही। प्रधान आप लोग ही अच्छे लगते हैं। नाली का कीड़ा नाली में ही अच्छा रहता है। मुझे नाली से मत निकालिए। सरकार को भी यह क्या पागलपन सवार हो गया है। आप सबके आगे एक छोटा आदमी प्रधान? कैसा लगेगा? पूरा डमरुआ हँसेगा। मैं नहीं बनूँगा, मुझे जाने दीजिए," किसुन ने उठने के लिए अपनी लाठी सँभाल ली। चैतू ने भी सबकी नज़रें बचाकर सिर हिलाकर इशारा किया कि इन लोगों के चक्कर में मत पड़ो, चलो यहाँ से।

"बैठ जा, बैठ जा, लंगड़े! तुझे प्रधान बनाने के लिए मुझे किसी पागल कुत्ते ने नहीं काटा है। मैं क्या करूँ, सरकार ही चाहती है। पूरब टोला में तुम्हीं थोड़ा पढ़े-लिखे, सीधे आदमी हो। तू मना करेगा, दूसरा मिल जाएगा। जिससे कह दूँगा, लार टपकाता चला आएगा, मेरे चौतरे पर प्रधान बनने। तू डर मत! तेरी जेब से एक कौड़ी भी नहीं लगेगी। पर्चा भरने के लिए पचास रुपए 'मैं' दे दूँगा। पर्चा भरने के लिए तुझे तहसील तक अपनी कार से 'मैं' भिजवा दूँगा। मतदान वाले दिन जलेबी बाँटने की व्यवस्था 'मैं' कर दूँगा। और क्या चाहिए तुझे? तू बस अपनी डेढ़ टाँग से खड़ा भर हो जा," छज्जू ने कहा।

बच निकलने का कोई रास्ता न देख किसुन मान गया–"जैसी इच्छा मालिक! आपके सामने मना भी कैसे कर सकता हूँ।"

"अब आगे सुन। तेरे टोले से किसी और के खड़े होने की कोई सम्भावना नहीं है। सम्भावना क्या, किसी की दम ही नहीं है। फिर भी, ख़ुदानख़ास्ता, मैं कह रहा हूँ– ख़ुदानख़ास्ता यदि किसी चींटी के पर निकल आएँ तो तू एक बार पूरा डमरुआ घूम कर, दर-दर जाकर सबके पैर छू आना। वैसे इसकी ज़रूरत नहीं पड़ेगी, पर प्रजातन्त्र में पक्का

करके कुछ भी नहीं कहा जा सकता, घोड़े को नाल ठुकाते देख मेंढकी भी कभी-कभी अपना पैर आगे निकाल देती है।" छज्जू ने समझाया।

किरपा अचानक बोल पड़े—"किसुन! बन जा प्रधान। तेरे भाग्य से छींका टूट रहा है। ऐसा सुनहरा मौका जीवन में बार-बार नहीं आता। एक बार मेरी कार पर भी बैठने को मिल जाएगा। सुनाते रहना कार पर बैठने का किस्सा बुढ़ापे में अपने नाती-पोतों को। बड़ा भाग्यशाली है, ससुरे! बड़ा भाग्यशाली है। ज़रूर पिछले जन्म में कुछ अच्छे कर्म किये होंगे।"

किसनु ने बारी-बारी से सबके पैर छूकर कृतज्ञता ज्ञापित की। सबने दिल खोलकर आशीर्वाद दिया। उसी समय छज्जू की आवाज अचानक कड़ी हो गई—"किसुन! अभी इतना खुश होने की ज़रूरत नहीं है। पूरी बात अभी पक्की कहाँ हुई है। तेरे बारे में मुझे जब तक पूरी तसल्ली नहीं हो जाएगी, प्रधान नहीं बनाऊँगा। तेरी पढ़ाई-लिखाई की जाँच अभी कहाँ की है मैंने?"

किसुन फिर से बैठ गया। उसे ऐसा लगा जैसे छज्जू ने उसके सामने से परोसी हुई थाली खींच ली हो। आशीर्वाद देने वाले भी शरमा गए, छज्जू की ओर देखने लगे।

"कितना पढ़ा-लिखा है," छज्जू ने पूछा।

"कक्षा नौ फेल," किसुन ने उत्तर दिया।

"क्यों नहीं कहता कक्षा आठ पास। इतने साल में, गाँव में रहते-रहते पूरी पढ़ाई खा गया है कि भेजे में अभी भी कुछ रुका है? पहले एक सवाल गणित का बता 'सौ रुपए चार लोगों में बराबर-बराबर बाँटे जाएँ तो एक के हिस्से में कितने आएँगे?' "

"मालिक सौ के आधे पचास, और पचास के आधे पच्चीस। एक-एक को पच्चीस रुपए मिलेंगे," किसुन ने थोड़ा सोचकर कहा।

"बिल्कुल सही। पहाड़े आते हैं? पाँच का पहाड़ा सुना।"

"पाँच एकम पाँच, पाँच दूनी दस...।"

"ठीक है, अब कुछ पढ़कर दिखा। किरपा! घर से हिन्दी की कोई किताब तो उठा लाना," छज्जू ने कहा।

किरपा घर से अपने बेटे की हिन्दी की एक किताब उठा लाए। धूल झाड़ कर छज्जू को पकड़ा दी। छज्जू ने किताब के पन्ने उलट-पलट एक पन्ने पर उँगली रख किसुन को पकड़ाते हुए कहा—"इसे पढ़ कर सुना।"

किसुन ने किताब हाथ में लेकर पढ़ना शुरू किया—" 'गांधीजी का जन्तर', तुम्हें एक जन्तर देता हूँ। जब भी तुम्हें संदेह हो या तुम्हारा अहम् तुम पर हावी होने लगे, तो यह कसौटी आजमाओ : जो सबसे गरीब और कमज़ोर आदमी तुमने देखा हो, उसकी शकल याद करो और अपने दिल से पूछो कि जो कदम उठाने का तुम विचार कर रहे हो, वह उस आदमी के लिए कितना उपयोगी होगा...।"

छज्जू को अचानक पता नहीं क्या हो गया कि किसुन के हाथ से किताब छीन ली तथा 'गांधीजी का जन्तर' वाला पन्ना किताब से फाड़ कर अपनी जेब में डाल लिया। एक दूसरा पन्ना खोल कर किताब वापस किसुन को पकड़ाते हुए कहा—"यह कविता पढ़ कर सुना।"

किसुन ने कविता पढ़ी—"क्यों यह आग बुझाओगे?" रचयिता—रामधारी सिंह दिनकर,

"रेशमी क़लम से भाग्य-लेख लिखने वालों,
तुम भी अभाव से कभी ग्रस्त हो रोए हो?
बीमार किसी बच्चे की दवा जुटाने में,
तुम भी क्या घर-भर पेट बाँधकर सोए हो?
... ..."

"बस, बस, इतने से काम चल जाएगा। भाग जा, तू पास हो गया। पर्चा भरने वाले दिन कार भेज दूँगा।" छज्जू ने कहा।

किसुन के जाते ही चौतरे पर बैठे लोग ठहाका लगाकर हँस पड़े। छज्जू ने हँसते-हँसते कहा—"देखा तुम लोगों ने, डमरुआ के भावी प्रधान श्रीमान किसुन महाराज ने कैसे अभी से हमारे जूतों की धूल चाटनी शुरू कर दी है।"

किरपा ने हँसते हुए पूछा—"भइया! किसुन महाराज का हमारे पैरों पर पसरने का यह दृश्य यदि सरकार को दिखाया जाय तो सरकार क्या सोचेगी?"

"सरकार क्या सोचेगी, कुछ नहीं सोचेगी। प्रजातन्त्र की सरकारें भानुमती का पिटारा होती हैं, कहीं का ईंट कहीं का रोड़ा जोड़ कर खड़ी की जाती हैं। उसके पास सोचने के लिए समय ही कहाँ होता है? भानुमती का पिटारा अपना काम कर रहा है, हम अपना काम कर रहे हैं, और पूरब टोला के लोग अपना काम कर रहे हैं। आप लोगों को एक बात और नहीं भूलनी चाहिए कि दिल्ली और लखनऊ की सरकारें बमनन टोला की ही दम पर बनती हैं और उन्हीं की दम पर चलती हैं," छज्जू ने कहा।

[4]

किसुन ने अपनी लाठी दुआरे की चौखट से टिका दी, पैर पसार कर देहरी पर बैठ गया। चैतू दौड़कर घर के अन्दर गया, हाँफते हुए कहा—"अम्मा! अम्मा! आज तो ग़ज़ब हो गया ग़ज़ब। मालूम है, आज सुबह सूरज पछाँह से निकला था। गंगा जी भी आज उल्टी बह रही हैं। तुम भी चौंक जाओगी जब असली बात जानोगी। अपना किसुन, अम्मा! अपना किसुन डमरुआ का प्रधान बनेगा, काशी चौबे जैसा प्रधान। सोचो अम्मा! अपना

किसुन प्रधान, तुम प्रधान की महतारी, मैं प्रधान का भाई और सस्सुती प्रधान की बहन। किसुन ने छज्जू मालिक के सब सवालों के जवाब दे दिए, किताब भी फटाफट पढ़कर सुना दी।"

अम्मा आँगन में बैठी अपने हाथ में घुसी एक फाँस सुई से खोद रही थीं। उन्होंने चैतू की बात पर कोई खास ध्यान नहीं दिया, एक बार चैतू की ओर देखकर इतना ही कहा—"तूने लगता है आज सवेरे से ही भाँग खा ली है। क्या ऊट-पटांग बके जा रहा है? किसुन कहाँ है? छज्जू ने उसे क्यों बुलाया था?"

चैतू ने अम्मा का कंधा पकड़ कर ज़ोर से हिलाते हुए कहा—"जाओ, अम्मा! जाओ, ऊट-पटांग नहीं सही कह रहा हूँ। छज्जू ने इसीलिए किसुन को बुलाया था। मैं अपने कानों से पूरी बात सुनकर आ रहा हूँ। मेरी बात पर भरोसा न हो तो किसुन से पूछ लो, दुआरे बैठा है। किसुन के बहुत मना करने पर भी छज्जू नहीं माने। अपने टोला में है भी तो नहीं कोई किसुन जितना पढ़ा-लिखा, कक्षा नौ फेल।"

चैतू की बात पर अम्मा को अब तक भरोसा नहीं हुआ था, उठकर बाहर गईं, किसुन से पूछा। किसुन ने चौखट के सहारे खड़े होते हुए कहा—"अम्मा! घर के बाहर बात करना ठीक नहीं है। टोला में अभी इस बात की खबर किसी को नहीं है। क्या पता कोई नज़र ही मार दे। चलो घर के अन्दर चल कर बात करते हैं।"

सब घर के अन्दर आ गए। अम्मा ने अन्दर से कुंडी चढ़ा दी। किसुन छप्पर में एक पिढ़िया पर बैठ गया। पूरा घर—अम्मा, चाची, चाची के बच्चे, चैतू की दुलहिन, और चैतू—किसुन को घेर कर बैठ गया। किसुन ने सबको पूरी बात विस्तार से समझायी।

सबसे पहले अम्मा बोलीं—"सरकार बनाना चाहती है इसीलिए वरना डमरुआ के प्रधान जिन्दगी भर काशी चौबे ही रहते। पर चुनाव के लिए खर्चा-पानी कहाँ से आयेगा? अपने घर में तो खाने के लिए भुंजी-भाँग भी नहीं है।"

"तुम उसके लिए निशाखातिर रहो। अपनी जेब से एक पैसा खर्च नहीं होगा। सब खर्चा छज्जू करेंगे। खर्चा ही नहीं करेंगे, पर्चा भरने के लिए मुझे कन्नौज तक अपनी कार से भिजवाएँगे भी," किसुन ने कहा।

उपस्थित लोगों ने एक साथ पूछा—"छज्जू तुम्हें अपनी कार पर बिठाएँगे?"

"हाँ भाई हाँ, मेरी बात पर भरोसा न हो तो चैतू से पूछ लो। क्यों चैतू?", किसुन ने चैतू की ओर इशारा किया।

"एकदम सही। कार की बात छज्जू ने मेरे सामने कही थी। करन चौबे भी वहाँ मौजूद थे, कभी उनसे पूछ लेना," चैतू ने सहमत होते हुए कहा।

किसुन ने कार की बात आगे बढ़ाई—"तुम लोग जानते हो, कार कितनी स्पीड में चलती है? डमरुआ से कन्नौज तक केवल पन्द्रह मिनट लेती है। पलक मारते जाती है।

अरे भाई! ऐसे समझो कि जितनी देर में हम लोग बरगद के पास से अपने घर तक आ पातें हैं, उतनी देर में कार कन्नौज पहुँच जाती है।"

"तो क्या बेटा! कार उड़ती है," चाची ने अपनी जिज्ञासा शान्त करने के लिए पूछा।

"हाँ चाची! एक तरीके से उड़ती ही समझो। सड़क पर दौड़ते समय उसके पहिये थोड़े से सड़क से छुए रहते हैं," किसुन ने कहा।

अम्मा ने ठंडी साँस लेकर गर्व का अनुभव करते हुए कहा—"किसुन बेटा! जिस दिन तुम कार पर बैठकर जाओगे, उस दिन पूरा डमरुआ, पूरी तहसील, पूरा कन्नौज देखता रह जाएगा कि यह कौन है जो जा रहा है कार में बैठकर। उस दिन मेरे दूध की लाज़ रह जाएगी। अपने टोला वाले तो जलकर ख़ाक ही हो जाएँगे।"

चैतू ने बात दूसरी दिशा में मोड़ी—"अम्मा! किसुन को प्रधान बनने के बाद, सब जने अपना-अपना काम कराने के लिए अपने चौतरे पर आया करेंगे, जैसे सब जने काशी के चौतरे पर जाते हैं, बाबाजी, लालाजी, पुलिस, दरोगा, पटवारी आदि। डमरुआ के लोग हमसे डरने भी लगेंगे?"

अम्मा ने शंकालु मन से कहा—"वैसे आना तो चाहिए सबको अपने चौतरे पर। यह सब प्रधान बनने के बाद ही पता चलेगा। हो सकता है कि अपने चौतरे पर आने में उनकी शान में बट्टा लगे। डरने के बारे में मैं कुछ कह नहीं सकती। मैं चाहती हूँ कि बमनन टोला वाले हमसे डरें या न डरें, अपने टोला के लोग डरने लगें। प्रधान बनने के बाद मैं अपने टोला के एक-एक आदमी-औरत की चुटिया उखाड़ूँगी।"

चैतू ने पूछा—"किसुन! एक बात सोचकर बताना कि क्या तुम्हारे प्रधान बन जाने के बाद भी हमें बमनन टोला के लोगों को देखकर अपनी खटिया छोड़ उठना पड़ा करेगा?"

"बामनों के सामने खटिया छोड़कर खड़े होने में हमें कौन-सी ऐसी भारी तकलीफ़ होती है, बस थोड़ा खड़ा ही तो होना पड़ता है। हमें बामनों की इज्ज़त करनी चाहिए, इससे परलोक सुधरता है," किसुन ने कहा।

"तब तुम्हारे प्रधान बनने से क्या फायदा हुआ? मेरी बात मानो, एक काम करेंगे, पहले थोड़े दिन खटिया छोड़ेंगे उन्हें बेवकूफ़ बनाने के लिए, फिर धीरे-धीरे बंद कर देंगे," चैतू ने कहा।

"अभी से इस सब पर बात करने से क्या फायदा। पहले प्रधान तो बनने दो तब सोचेंगे।," किसुन ने चैतू को रोका।

चैतू ने अम्मा की ओर मुड़कर कहा—"अम्मा! एक बात और है, अपने यहाँ एक साबुत खटिया भी नहीं है। कोई अपने चौतरे पर आयेगा तो उसे कहाँ बिठाएँगे, ज़मीन पर?"

"ऐसा करेंगे, प्रधान बनने के बाद कुछ कतर-प्यौंच कर एक पलंगा बनवा लेंगे। बान वाला नहीं, निवाड़ वाला, सफेद निवाड़ वाला, जैसा एक किरपा की बैठक में पड़ा रहता है। वह पलंगा छप्पर के नीचे हमेशा बिछा रहा करेगा। जो आयेगा, उसी पर बैठेगा," अम्मा ने कहा।

"अम्मा! केवल पलंगा से ही काम नहीं चलेगा। एक कुर्सी भी चाहिए। काशी और किरपा के चौतरे पर लाइन से कितनी कुर्सियाँ बिछी रहती हैं। काशी प्रधान हमेशा कुर्सी पर बैठे रहते हैं। प्रधान बनने के बाद भी यदि किसुन कुर्सी पर नहीं बैठेगा तो डमरुआ में उसे कोई कौड़ी के भाव भी नहीं पूछेगा। किसुन के बैठने के लिए कम से कम एक कुर्सी तो चाहिए ही चाहिए। जब कोई किसुन से मिलने आया करेगा, किसुन तुरन्त जाकर कुर्सी पर बैठ जाया करेगा, और आने वाला पलंगा पर," चैतू ने हाथ फटकारते हुए कहा।

अम्मा ने निराश होकर कहा—"यहाँ एक पलंगा बनवाना ही भारी पड़ेगा, कुर्सी कहाँ से खरीद पाऊँगी? फिर भी बाज़ार जाने वाले किसी से कुर्सी का भाव लाने के लिए कह कर रखूँगी।"

"बाज़ार से भाव मँगवाने की क्या ज़रूरत है? एक दिन काशी से ही पूछ लूँगा। उन्हें कुर्सी के भाव ठीक से पता होंगे," किसुन ने कहा।

चाची ने कहा—"ना ना ना काशी से मत पूछना। बमनन टोला में किसी से मत पूछना। ज्यादा भाव बताकर वे लोग तुम्हें डरा देंगे ताकि तुम अपने लिए कुर्सी न खरीद सको।"

चैतू ने बात फिर से दूसरी दिशा में मोड़ी—"एक बात है अम्मा! किसुन के प्रधान बनने से अपने घर के सब पुरखा तर जाएँगे। उन्होंने सपने में भी कभी नहीं सोचा होगा कि एक दिन अपने इस घर से कोई डमरुआ का प्रधान बनेगा।"

पुरखों की बात से अम्मा को ककुआ की याद आ गई, उदास होते कहा—"हाँ सो तो है, आज तुम्हारे ककुआ जिन्दा होते तो कितने खुश हो जाते। वे भी अपने चौतरे पर, आने-जाने वालों के साथ, पलंगा पर बैठ कर बीड़ी पिया करते। खरखटी खटिया पर लेटने से उनकी नंगी पीठ पर बान बन जाते थे, पर जिन्दगी में कभी इतनी गुंजाइश न हो सकी कि एक पलंगा बनवा लेते। भगवान को मंजूर ही नहीं था। यह दिन दिखाने से पहले ही दुनिया से उठा लिया।"

चैतू की बहू मुँह ढँके बैठी देर से सोच रही थी कि वह क्या बोले। अंततः उसके दिमाग में कुछ आया और संयोग से जो आया वह एक बहुमूल्य सुझाव था। उसने घूँघट के अन्दर से ही कहा—"प्रधान बनने के बाद जिस-जिस चीज़ की ज़रूरत पड़ेगी उसका एक चिट्ठा अभी लिख लेने से ठीक रहेगा।"

बहू का सुझाव सबको पसन्द आया। किसुन ने कहा—"हाँ चैतू की बहू! यह बात तूने ठीक कही। बाद में बहुत भड़भड़ हो जाएगी, सब भूल जाऊँगा। अभी चाची भी बैठी हैं, एक चिट्ठा बना लेता हूँ।"

बहू प्रसन्न हो गई, उत्साहित होकर कमरे के अन्दर से एक क़ागज-पेंसिल उठा लाई। किसुन ने एक पंखे पर क़ागज रखकर लिखना शुरू किया—"एक पलंग निवाड़ वाला, एक चादर पलंग पर बिछाने के लिए, एक कुर्सी, काँच के चार गिलास, काँच की एक प्लेट।"

"जिसे जो याद आता जाये, बताता जाये," किसुन ने सबसे अनुरोध किया।

"चीनी मिट्टी के चार प्याले चाय पीने के लिए भी लिखना ठीक रहेगा। मान लो कभी चाय पीने वाला सिपाही ही अपने यहाँ आ जाय, क्योंकि सिपाही लोग चाय बहुत पीते हैं," चैतू की बहू ने कहा।

किसुन ने बिना ना नुकुर किये चीनी मिट्टी के चार प्याले लिख लिये। "हाँ, और कुछ," किसुन ने ज़ोर से पूछा।

चाची ने सोचकर कहा—"आने वालों को कुछ खिलाने-पिलाने के लिए भी तो कुछ चाहिए, वह भी लिख लो जैसे गुड़-गट्टा आदि।"

आधा किलो गुड़ और आधा किलो गट्टा लिखकर किसुन ने अम्मा से पूछा—"अम्मा घर में कोई अच्छा ताला है?"

"क्यों ताले का क्या करोगे?" अम्मा ने पूछा।

"ताला इसलिए पूछ रहा हूँ कि गुड़-गट्टा एक संदूक में बंद कर रखना होगा जिससे कि चैतू का हाथ वहाँ तक न पहुँच सके। उस ताले की चाभी हमेशा तुम्हारे पास रहा करेगी। चैतू बहुत चटोरा है, उसका कोई भरोसा नहीं, बाहर कहीं रख देने से एक ही दिन में चट कर जाएगा," किसुन ने चैतू की ओर देखते हुए कहा।

सब चैतू की ओर देखने लगे। चैतू ने दाँत दिखाकर हँस दिया, मानो कह रहा हो, एक बार गुड़-गट्टा घर में आ तो जाने दो, फिर देखेंगे हमसे कैसे बचा पाते हो। कभी न कभी चाभी हाथ लग ही जाएगी।

किसुन सामान का चिट्ठा लिख रहा था। जिसे जो सामान याद आता जा रहा था बताता जा रहा था। अम्मा ने अभी तक कुछ भी नहीं बताया था। उन्हें चिट्ठे का लिखा जाना भी अच्छा नहीं लग रहा था। वे निरपेक्ष भाव से चुप बैठी आँगन में दीवार पर चढ़ती धूप की किनारी को एकटक होकर देख रही थीं। उन्हें चिन्ता इस बात की थी कि बने हुए चिट्ठे का सामान खरीदने के लिए पैसे कहाँ से आएँगे?

किसुन ने अम्मा को चुप बैठे देखा तो उनका ध्यान अपनी ओर खींचने के लिए कहा—"अम्मा! तुम कुछ नहीं बता रही हो?"

"कुछ ध्यान नहीं आ रहा है। जब आएगा, बताऊँगी। अभी क़ागज-पेंसिल आरे में रख दो," अम्मा ने कहा—"किसुन! प्रधान को कुछ तनखा-वनखा मिलती है कि नहीं? वरना इतना सामान हम लोग कहाँ से खरीद पाएँगे?"

किसुन ने क़ागज आरे में रखने के लिए चैतू को पकड़ा दिया, कहा—"अम्मा यह बात मुझे ठीक से पता नहीं है। पर कुछ न कुछ कमाई तो ज़रूर ही होती होगी। वरना

काशी चौबे इतने साल तक प्रधानी से न चिपके रहते। सरकार उन्हें जो कुछ देती होगी, चुपके से अपनी बकसिया में रख लेते होंगे। डमरुआ में आज तक कोई नहीं जानता कि उनकी क्या कमाई होती थी? हर महीने शक्कर की पर्ची ही बाँटते हैं। दो-चार किलो शक्कर ही मुफ्त में मँगा लेते होंगे। उनके घर में शक्कर की कोई कमी थोड़े ही रहती होगी।"

अम्मा ने आशापूर्ण स्वर में कहा–"और कोई कमाई हो न हो, हमें अगर किलो-दो किलो शक्कर ही हर महीने मुफ्त में मिल जाया करेगी, उसी से काम चल जाया करेगा। गर्मियों में शर्बत के लिए तरसना तो न पड़ा करेगा। जब चाहेंगे शक्कर घोल कर एक लोटा शर्बत पी लिया करेंगे। शक्कर के शर्बत में नीबू डालकर पी लेने से बैशाख-जेठ में लू पास भी नहीं फटकती। भद्दर दुपहरी में जहाँ चाहे घूमो। चैतू को मीठा भी बहुत पसन्द है, गुड़ के लिए बेचारा साल भर होली का इन्तज़ार करता है, उसका भी जी भर जाया करेगा। थोड़ी शक्कर सस्सुती की ससुराल भी भिजवा दूँगी, वह बेचारी भी दो-चार बार शर्बत पी लेगी।"

"अम्मा! उसके लिए तुम निश्चिन्त रहो। प्रधान के नाम से थोड़ी-बहुत सरकारी शक्कर मुफ्त में ज़रूर ही मिल जाया करेगी। फिर तुम चाहे जितनी खाना, चाहे जितनी बाँटना," किसुन ने आश्वासन दिया।

मुफ्त के नाम से अम्मा को अचानक इमरजेंसी की याद आ गई, पूछा–"क्यों बेटा! मुफ्त में शक्कर लाने से छज्जू तुम्हारे ऊपर फिर से तो इमराखंसी नहीं लगवा देंगे? जैसे एक बार गाँव में 'दीया' बनाने से लगवा दी थी।"

"अम्मा इमराखंसी नहीं इमरजेंसी," किसुन ने हँसते हुए कहा।

"बरी परे उस पर। पता नहीं कौन-सी भाषा है, मुझसे नहीं बोली जाती," अम्मा ने कहा।"

"अम्मा! प्रधान बनते ही आदमी सरकारी आदमी हो जाता है और सरकारी आदमी पर इमरजेंसी नहीं लगती, क्योंकि सरकार अपने ही आदमी को परेशान नहीं करती। दूसरी बात यह कि मेरे मुफ्त में शक्कर लाने से मेरे ऊपर इमरजेंसी क्यों लगेगी? चोरी-चपाटी, बेईमानी, मुफ्तखोरी से देश को खतरा नहीं होता। देश को खतरा पैदा करने वाली चीजें कुछ और ही होती हैं जिन्हें या तो नेता लोग जानते हैं या पुलिस वाले। मैं सोच रहा हूँ कि जब मैं सरकारी आदमी बन जाऊँगा, एक दिन तहसील जाकर ठीक से पता कर लूँगा कि वे चीजें कौन-सी होती हैं, उनसे दूर रहा करूँगा," किसुन ने कहा।

"हाँ बेटा! ज़रूर पता कर लेना। दूध का जला छाँछ भी फूँक-फूँक कर पीता है। मुझे हमेशा डर लगा करता है। बमनन टोला वाले बड़े निर्दयी हैं। उनका कोई भरोसा नहीं, पता नहीं, किसका क्या करवा दें," अम्मा ने कहा।

तभी किसी ने बाहर के दरवाज़े की कुंडी खटखटाई। किसुन ने मुँह पर उँगली रखकर सबको चुप रहने का इशारा किया। चैतू ने उठकर कुंडी खोली। काना दबे पाँव घर के अन्दर आ गया। काना को आते देख सभा अपने आप भंग हो गई। चैतू की बहू उठकर कमरे के अन्दर चली गई। चाची अपने छप्पर में चली गईं। अम्मा वही बैठीं रहीं। काना को बमनन टोला में किसी से सुनने को मिल गया था कि इस बार किसुन डमरुआ का प्रधान बनेगा। उसे विश्वास नहीं हुआ था। सही बात का पता लगाने किसुन के घर चल आया था। काना ने आते ही आश्चर्यमिश्रित भाव से पूछा—"किसुन बेटा! सुना है तुम डमरुआ के प्रधान बनने वाले हो।"

"आओ, काना चाचा! इतनी भी क्या जल्दी है, पहले आराम से बैठ तो जाओ। तुम्हें कहाँ से सुनने को मिला?" किसुन ने काना का हाथ पकड़ कर ज़मीन पर बिछे बोरे पर बिठाते हुए कहा।

"मैं ही क्या, पूरा गाँव जान गया है। सब कह रहे हैं, किसुन प्रधान बनेगा। बात सही है कि किसी ने मज़ाक करने के लिए ऐसे ही हवा उड़ा दी है।" काना ने बैठते हुए कहा।

"चाचा! बात तो सही ही है। मैं झूठ क्यों बोलूँ। यह कोई चोरी-छिपी वाली बात नहीं है। छज्जू ने अपने चौतरे पर बुलाकर सबके सामने मुझसे कहा है कि वे केवल मुझे ही डमरुआ का प्रधान बनाएँगे। इसके लिए उन्होंने मेरा इम्तिहान तक लिया था," किसुन ने कहा।

काना पंथी मार कर आराम से बैठ गया, कहा—"बेटा! यह सब पढ़ाई देवी की किरपा है। थोड़े दिन कन्नौज जाकर पढ़ लेने से तुम पूरे टोले से आगे निकल गए। कहीं साल-दो साल और पढ़ लेते, एक दिन पक्का कलक्टर बन जाते।"

"चाचा! कलट्टर बनना कोई ठठ्ठा खेल है क्या? बहुत पढ़ने के बाद ही कोई कलट्टर बन पाता है। उसके लिए कानुपर-लखनऊ तक पढ़ने जाना पड़ता है," किसुन ने हँसते हुए कहा।

काना ने अपनी अज्ञानता सहजतापूर्वक स्वीकार कर ली, कहा—"यह बात मुझे पता नहीं थी। कोई बात नहीं, कलट्टर न सही, प्रधान ही सही। प्रधान भी गाँव में किसी कलट्टर से कम नहीं होता। बेटा! मैं तुमसे एक अर्ज़ करने आया हूँ कि प्रधान बनने के बाद तुम डमरुआ के खेतों की चकबन्दी फिर से करवा देना। काहे से कि प्रधान के पास बहुत पावर होता है। उस पावर की दम पर सरकार से कह कर वह कुछ भी करवा सकता है। मैं ऐसा इसलिए कह रहा हूँ कि तुम्हारे प्रधान रहने से जो चकबन्दी होगी, उसमें तुम जो चाहोगे हो जाएगा। तुम शंकर से मेरा पुराना खेत वापस दिलवा दो, तुम्हारा जिन्दगी भर एहसान मानूँगा। मैं मरने से पहले एक बार अपना खेत वापस लेना चाहता हूँ। नहीं तो मरने के बाद जाकर अपने बाप को क्या मुँह दिखाऊँगा?"

"काना चाचा! चकबन्दी हुए बीसों साल हो गए हैं। डमरुआ के लोग चकबन्दी की बात तक भूल गए हैं और तुम हो कि अभी भी अपने खेत की रट लगाए हुए हो। मुझे तो यह भी नहीं मालूम कि क्या इतने साल बाद भी खेतों की अदला-बदली मुमकिन है? दूसरी बात, पहले मुझे प्रधान बन तो जाने दो। मैं इतने पहले से तुम्हें गारण्टी कैसे दे दूँ?" किसुन ने कुछ-कुछ चिढ़ते हुए कहा।

"बेटा! प्रधान बनने में अब देर ही कितनी है, छज्जू ने कह दिया मानो बन गए। छज्जू के डर से डमरुआ में तुम्हारा मुकाबला कौन करेगा? लेकिन बेटा! चकबन्दी वाली बात दिमाग में डाले रहना। तुम्हारे ककुआ मेरे बहुत अच्छे संगी थे। जब भी मेरे पास बैठते थे, मैं हमेशा उन्हें अपने बंडल से बीड़ी पिलाता था। उन्होंने ही चकबन्दी में शंकर के चक में मेरा खेत जाने वाली बात, आधी रात में मेरे चौतरे पर जाकर बताई थी। तुम उनके बेटे हो इसलिए तुम पर मेरा पूरा हक बनता है। मैं तुम्हें असली का प्रधान तभी मानूँगा जब तुम मेरा खेत वापस दिलवा दोगे," काना ने प्रेम से किसुन की पीठ सहलाते हुए कहा।

अम्मा को काना की बातें अच्छी नहीं लग रही थीं, क्या करतीं, अपने घर से उसे भगा भी नहीं सकती थीं। लेकिन जो भी हो, थोड़ी देर बाद उनका धैर्य तब छूट गया जब काना अपने खेत की रट लगाए ही जा रहा था, बोल पड़ीं—"काना देउर! काना देउर! किसुन अभी प्रधान बना भी नहीं है कि तुम लोगों ने उसे घेरना शुरू कर दिया। पहले प्रधान बन जाने दो तब किसुन किसी की बात सुनेगा। अभी सूत न कपास और जुलाहों में लठी लठा।"

अम्मा को बोलते देख चैतू को भी साहस मिल गया, वह भी बोल पड़ा—"हाँ, काना चाचा! अम्मा बिल्कुल ठीक कह रही हैं। पहले प्रधान बन जाने दो, कुर्सी आ जाने दो तब किसी काम के लिए आना। बिना कुर्सी पर बैठे किसुन किसी का काम कैसे करेगा? काशी चौबे क्या ऐसे, जैसे किसुन पिढ़िया पर बैठा है, किसी से बात करते हैं?"

काना चौंका—"क्या? कुर्सी! कुर्सी भी लाओगे? कब तक ले आओगे?"

"चाचा! हमारे घर की माली हालत तुम लोगों से कोई छिपी तो है नहीं। रस्सी बटने, बेचने से कुर्सी नहीं खरीदी जा सकती है। कहीं बट्टे में पड़ी मिलती होती तो आज ही उठा लाता। जब भी पैसे का कोई जुगाड़ हो जाएगा, ले आऊँगा," किसुन ने कहा।

काना समझ गया था कि वे लोग उसे घर से भगाना चाहते हैं। यह कोई उसके लिए नई बात न थी, ऐसे कितनी बार वह बमनन टोला के चौतरों से भगाया गया था। काना कितना भी कुपढ़ा था, गँवार था लेकिन इतना ज़रूर उसे लगा था कि पूरब टोला में भी एक छोटे बमनन टोला के बनने की नींव पड़ गई है। उठकर खड़ा हो गया, आँगन में

दरवाज़े की ओर चलते हुए कहा -"बेटा! कुर्सी लाने से बताना ज़रूर, मैं भी देखने आऊँगा।"

"ज़रूर चाचा! ज़रूर। कुर्सी क्या कोई ऐसी चीज है जो कुठरिया के अन्दर छिपा कर रख लूँगा। वह तो चौतरे पर हमेशा पड़ी रहा करेगी, जिसका मन आये देखे," किसुन ने काना के उठकर जाने से राहत की साँस लेते हुए कहा।

काना के जाते ही चैतू की बहू कमरे से बाहर निकल आई। चाची फिर से नहीं आईं, शायद चौके में रोटी-पानी में लग गईं। चैतू ने अम्मा के कंधे पर हाथ रखकर घर के मुख्य द्वार की ओर देखते हुए कहा—"देखा कमाल अम्मा! प्रधान बनने के नाम भर से ही लोगों ने अपने घर की धूल छाननी शुरू कर दी है, और हम लोगों ने उन्हें भगाना भी शुरू कर दिया है। ज़रा सोचो, जिस दिन किसुन असली का प्रधान बनेगा उस दिन क्या होगा? किसुन को खाना खाने तक की फुर्सत नहीं मिला करेगी। लेकिन एक बात है भाई, इतनी सिधाई से काम नहीं चलेगा। हमें जल्दी ही लोगों को अपने घर से भगाना भी सीखना होगा।"

अम्मा ने अपने जीवन के खट्टे-मीठे अनुभवों के आधार पर किसुन को सख़्त हिदायत दी—"किसुन! तुम मेरी एक बात अभी से गाँठ बाँध लो कि प्रधान बनने के बाद पूरब टोला के किसी आदमी-औरत को अपने चौतरे पर पाँव भी न रखने देना। मैं जिन्दगी भर से इन्हें देखती आ रही हूँ, ये बहुत ही नीच और गंदे हैं। इनके साथ ही उठते-बैठते रहोगे तो तुम भी नीच के नीच ही बने रहोगे। इनसे हमेशा दूर रहने की कोशिश करना। डमरुआ के बड़े लोगों के साथ, विशेषकर बमनन टोला वालों के साथ उठना-बैठना, जिससे कि तुम्हारी आदतें भी वैसी पड़ जाएँ। इतना ही नहीं, अपने टोला वालों का कोई काम भी नहीं करना है। काम कराने आएँ, भगा देना। इन्हीं सबका काम करते रहोगे तो थोड़े दिन में ये सब भी तुम्हारे बराबर आकर खड़े हो जाएँगे। तब डमरुआ में तुम्हारी क्या इज्ज़त रह जाएगी?"

"अम्मा! तुम बेकार ही परेशान होती हो। पूरब टोला वालों ने अभी तक केवल तेल देखा है, तेल की धार तो वे अब देखेंगे। लेकिन मेरी अच्छी अम्मा! मेरी एक बात मान लो कि प्रधान बन जाने तक अपना मुँह बंद कर रखना। क्या पता कहीं वोट माँगने की ही नौबत आ जाए," किसुन ने कहा।

[5]

पूरब टोला वालों ने डमरुआ का यह परिवर्तन ईश्वर का एक वरदान माना। सबने थोड़ी-थोड़ी देर के लिए, मन ही मन अपने को डमरुआ का प्रधान मान लिया। कुछ ने चुनाव में खड़े होने के लिए अपने दब्बूपन के खोल से अपने सिर भी बाहर निकाले

पर कोई देख पाए उससे पूर्व ही अन्दर कर लिए। एक सिर अन्दर नहीं गया, और वह था मतइया का। चला वह भी जाता अन्दर यदि शंकर चौबे ने चला जाने दिया होता।

एक दिन शंकर ने मतइया को अपने यहाँ बुलाकर कहा–"अबे मतइया! क्या पूरब टोला में किसुन के अलावा सब साले हिजड़े रहते हैं? क्या चुनाव में कोई भी छज्जू के प्यादे को मात नहीं दे सकता? मतइया! खड़ा हो जा, चुनाव में खड़ा हो जा। यदि खड़े होने की दम न हो तो करन की दूकान से चार आने की चूड़ियाँ खरीद कर पहन ले, घर में बैठ ढोलक बजा। और यदि दम है तो खड़ा हो जा। सारा खर्चा-पानी मैं उठाऊँगा। तू खाली अपने शरीर से खड़ा हो जा। सोच मतइया! तू भी एक आदमी है। तू भी डमरुआ का प्रधान बन सकता है। सोच मतइया! तू ताक़तवर है क्योंकि तेरे मामा का लड़का सिपाही है।"

"मालिक! अभी वह परमोट होकर दरोगा बन गया है," काना ने टोका।

"तब तो तू और भी ताक़तवर हो गया है। है कोई पूरब टोला में ऐसा, जिसका कोई रिश्तेदार चपरासी तक हो? तुझमें वाकई दम है, खड़ा हो जा," शंकर ने अपने चौतरे पर उकरूँ बैठे हुए मतइया से कहा।

शंकर की बातों से मतइया को ऐसे ही जोश आ गया जैसे कि सेनापति की ललकार सुन सैनिकों को आ जाता है। पूरी ताक़त समेट कर कहा–"मालिक! पूरब टोला में सब हिजड़े नहीं रहते। मैं तैयार हूँ। आप अपना हाथ मेरी पीठ पर रख दीजिए। मैं लड़ूँगा चुनाव लंगड़े के खिलाफ। आप आशीर्वाद दीजिए।"

आशीर्वाद लेने के लिए उसने शंकर के पैरों पर अपना माथा रख दिया। शंकर ने शाबाशी देते हुए कहा–"यह हुई न कोई बात। अब अगर तू तैयार ही हो गया है तो मेरी बात कान लगा कर सुन। एक दिन फरूखाबाद जाकर अपने रिश्तेदार से कहकर आ कि वह थोड़ा टाइम निकाल कर, चुनाव से पहले, पुलिस की वर्दी पहन कर डमरुआ का एक चक्कर मार जाये। आधे डमरुआ वाले तो उसकी खाकी वर्दी देखने भर से ही डर के मारे मूत मारेंगे। और बचे आधे, उन्हें मैं सँभाल लूँगा। वैसे भी मतइया जीत तो तू जाएगा ही। किसुन साले की डेढ़ टाँग है और तेरी पूरी दो। डमरुआ वालों को अगर दो टाँगों वाला प्रधान मिलेगा तो वे डेढ़ टाँग वाले को अपना वोट क्यों देंगे?"

अपनी टाँगों की ओर मतइया का ध्यान अब तक नहीं गया था। वह उठकर खड़ा हो गया, दोनों पैर ज़मीन पर ज़ोर से पटके, कहा–"मालिक आप ठीक कह रहे हैं, मेरी दो टाँगें हैं। देखो मालिक! मेरी पूरी दो टाँगें हैं। मैं ज़रूर हरा दूँगा उस ससुरे को। अधिक से अधिक क्या होगा? यही कि मैं चुनाव हार जाऊँगा। फिर भी कोई चिन्ता नहीं, डमरुआ छोड़कर कुछ दिन के लिए कहीं भाग जाऊँगा। और अधिक से अधिक क्या

होगा? यही कि छज्जू पुलिस वालों से कहकर मेरी एक टाँग तुड़वा देंगे। फिर भी मैं चुनाव लड़ूँगा। कल ही फरूखाबाद जाकर दरोगा भइया से बात करूँगा। आशीर्वाद दीजिए मालिक!"

[6]

चुनाव में मतइया के खड़े होने की खबर फैलते ही किसुन के परिवार के सदस्य तनाव में आ गये। गाँव में किसी से कुछ कहने की हिम्मत थी नहीं, आपस में ही लड़ने लगे। एक दिन जब चैतू इसी बात को लेकर बहुत परेशान था, उसी समय उसकी पत्नी ने उसे अपनी एक राय दे डाली–"सुनते हो! जेठजी से कहकर सामान के पर्चे में एक पेन भी लिखवा दो। प्रधान बनने के बाद वे सरकारी कागजों पर अपना नाम किससे लिखा करेंगे?" चैतू की पत्नी ने यह बात कई दिन पहले से सोच कर रखी थी। आज मौका मिला था उसे चैतू से कहने का।

पत्नी की राय से चैतू को ज़ोर का गुस्सा आ गया, और जो तमाचे वह मतइया को मारना चाहता था, वे उसने अपनी पत्नी के मुँह पर जड़ दिए। तमाचे मारता जा रहा था और चिल्लाता जा रहा था "कहाँ है प्रधानी बोल! कहाँ है प्रधानी बोल! यहाँ जीतना अभी लाख कोस दूर है और तू है कि सामान पर सामान लिखाए जा रही है। सामान खरीदने के लिए रोकड़ क्या तेरे बाप के घर से आएगी?"

चैतू की पत्नी हाय-हाय कर रोने लगी, इसलिए नहीं कि चैतू ने उसके तमाचे मारे, इसलिए कि चैतू ने बिना बात के उसके बाप को बीच में क्यों घसीटा। वह भी किसी से कम न थी, बाप का नाम सुनते ही उसे भी जोश आ गया, उठी, आरे में रखा पर्चा उठाया और टुकड़े-टुकड़े कर आँगन में फेंक दिया, पेंसिल नाली में फेंक दी।

बहू को क़ागज फाड़ते देख अम्मा को गुस्सा आ गया, बहू को गाली देने लगीं–"रंडी कहीं की, प्रधानी के सामान का पर्चा फाड़ दिया। पर्चे को हाथ लगाने की हिम्मत कैसे पड़ गई तेरी? तेरे माँ-बाप ने यही सिखाया था तुझे?" अम्मा ने आँगन में फैले पड़े क़ागज के टुकड़े बीनकर फिर से आरे में रख दिये, पेंसिल नाली से उठाकर धोई और सूखने के लिए चौके की पखिया पर रख दी।

अम्मा ने बहू के बाप और माँ दोनों का नाम ले लिया था इसलिए वह और भी ज़ोर से रोने लगी। बहू को रोता सुन किसुन आ गया, अम्मा को समझाया–"अम्मा! बहू को क्यों परेशान कर रही हो? पर्चा फाड़ दिया कोई बात नहीं, दूसरा बना लूँगा।"

अम्मा ने किसुन को गाली देकर घर से निकाल दिया–"चल जा यहाँ से कुत्ता कहीं का। यह सब तेरा ही करा-धरा है। बड़ा चला था डमरुआ का प्रधान बनने। मार दी न ठेप मतइया ने। अब तू ही निपट उस मतइया से।"

चाची भी मैदान में कूद पड़ीं, कहा—"चैतू की महतारी! तुम्हें बहू को शुरू से ही दबाकर रखना चाहिए था। पहले तो उसे सिर पर बिठा लिया और अब गाली दे रही हो। अब पछताये होत का जब चिड़ियाँ चुग गईं खेत? वह भी कोई बहू है जो अपने आदमी के चार थप्पड़ न खा सके?"

अम्मा पूरी तरह लड़ाई पर उतारू हो चुकी थीं, चाची से लड़ने लगीं—"सस्सुती की चाची! जब कभी अपने लड़के की बहू लाना, उसे दबा कर रखना। मेरी बहू के बारे में कुछ भी कहने की ज़रूरत नहीं है। जैसी भी है अच्छी-ख़राब, मेरी बहू है।

जो भी हो, चाची की बात से अम्मा को ऐसा लगा था कि बहू वाकई उनके कब्जे से बाहर निकल गई है। आज यह बात सस्सुती की चाची कह रही हैं, कल पूरा टोला कहेगा। किस-किसका मुँह बंद करूँगी? अम्मा को जैसे दौड़ा पड़ गया, चीखीं—"चैतुआ! मार इस कुतिया के दो-तीन तमाचे और देखूँ कैसे इसके मुँह से चूँ निकलती है?"

बहू डर से सहम कर दो कदम पीछे हट गई। चैतू ने उसे देखा, वह बहुत डरी हुई लगी। उसकी आँखें आँसुओं में तैर रहीं थीं। उस समय घर में अम्मा और चाची न होती तो वह दौड़कर उसे अपनी बाँहों में भर कर उसके आँसू पोंछ देता। चैतू को उठता न देख अम्मा फिर चिल्लाईं—"चैतुआ! बैठा-बैठा क्या सोच रहा है? मार रंडी के दो तमाचे।" चैतू उठा, बिना कुछ कहे घर से निकल कर चला गया। चैतू को जाता देख अम्मा फिर दहाड़ीं—"हाय! यह तो अपनी मेहरिया का गुलाम हो गया। हाय! इस बहू ने मेरे लड़के को अपने बस में कर लिया। हाय! अब मैं क्या करूँगी? बहू के साथ-साथ मेरा लड़का भी हाथ-बेहाथ हो गया।"

बहू को मन ही मन बहुत मज़ा आ रहा था। चैतू के तमाचों का दुख तो वह कब का भूल चुकी थी। वह तो यह भी सोच चुकी थी कि इतना प्रेम करने वाला आदमी यदि कभी गुस्से में एक-दो तमाचे आकर मार भी दे तो क्या बिगड़ जाता है? चैतू आखिर मेरा चैतू है।

चाची ने फिर से कुछ बोल दिया और अम्मा-चाची के बीच खुलकर वाक्-युद्ध शुरू हो गया। चौतरे पर नशे में धुत्त मंगा के नशे में खलल पड़ गई। वह एक डंडा लेकर अंदर आया, डंडा दिखा चाची को चुप कराया। चाची चुप हो गईं पर अपना गुस्सा अपने बेटे पर उतार दिया, उसकी पीठ पर दो-तीन घूँसे मार दिए। बेटा रोता-बिलबिलाता घर से बाहर चला गया। उस बेचारे का दोष इतना ही था कि उस समय वह छप्पर में बैठ अपनी अम्मा और ताई के बीच होती लड़ाई देखकर मुस्कुरा रहा था।

[7]

किसुन और मतइया के घरवालों के बीच बोलचाल, राम-जुहार बन्द हो गई। मतइया ने मंगा के डर से किसुन की गली से निकलना बंद कर दिया, घूम कर, आधे गाँव का चक्कर

लगा कर, अपने घर जाने लगा। ऐसा इसलिए कि गाँव में किसी ने उससे कह दिया था–"तू किसुन के ख़िलाफ चुनाव लड़ने की सोच तो रहा है, मंगा से बचकर रहना। वह एक क़तल कर चुका है। आदमियों की गर्दन काटने का उसे अभ्यास हो गया है। तुम्हारी गर्दन काटने में उसे ज़रा-सी भी देर नहीं लगेगी।"

किसुन की अम्मा ने उस कुएँ से पानी भरना बंद कर दिया जिससे मतइया की पत्नी पानी खींचती थी। फिर भी उन्हें चैन न मिली, एक दिन कुएँ पर खड़े हो टोला वालों को सुना-सुनाकर मतइया का नाम ले-लेकर खूब गालियाँ दीं–"देख लेना, यह एक राँड़-बेवा का सिराप है, मतइया दारीज़ार के हाथ-हाथ भर के लम्बे कीड़े पड़ेंगे। सड़-सड़ कर, खटिया रगड़-रगड़ कर मरेगा। घर में कोई दीया जलाने वाला भी न बचेगा। राम करे मतइया को देवी निकल आयँ, हैजा हो जाय। बमनन टोला के किसी के हुसकाने पर उसने मेरे लड़के के पाँव पर पाँव दिया है। मेरा लड़का डमरुआ का प्रधान बन जाता, मतइया के बाप का क्या चला जाता? मेरा लड़का नौ फेल है। मतइया करिया अच्छर भैंस बराबर है। हे भगवान! उठा लेना धरती के इस बोझ को।"

टोले वालों ने किसुन की अम्मा की गालियाँ नमक-मिर्च लगाकर मतइया की पत्नी के पास पहुँचा दीं। दूसरे दिन मतइया की पत्नी ने भी कुएँ पर खड़े होकर, किसुन के घर की ओर मुँह कर गालियों की बौछार की–"मैं साफ कहे देती हूँ, जो रंडी मेरे मनई का बुरा चीते उसके मुँह में कीड़े पड़ें। हाय! हाय! देखो तो, भगवान ने आदमी का दिन दहाड़े क़तल करा दिया, लड़के को लंगड़ा करा दिया फिर भी उस राँड़ का दिमाग ठिकाने नहीं आया। देख लेना, पूरे घर पर पटका पड़ेगा। आने दो इस बार मेरे दरोगा जेठ को, उनसे कह कर पूरे घर की एक-एक टाँग न तुड़वाई तो मेरा नाम भी कम्मो नहीं। लंगड़ा, लंगड़ा, लंगड़ा, हजार बार कहूँगी लंगड़ा। कोई वोट मत देना लंगड़े को। मेरे आदमी को वोट देना क्योंकि उसके पूरी दो टाँगें हैं। हरा कर मानेगा मेरा मनई उस लँगड़े को।"

शाम को मतइया गाँव घूमकर थका-हारा घर लौटा। किसी ने उसे बता दिया कि उसकी पत्नी ने आज किसुन की अम्मा को खूब बुरी-बुरी गालियाँ दी हैं। बस क्या था, मतइया ने एक डंडा उठाया और बिना कुछ पूछेताछे अपनी पत्नी को धुनना शुरू कर दिया–"बोल चुड़ैल! और गाली देगी? बोल चुड़ैल! और गाली देगी? तू किसुन की अम्मा को गाली देगी, किसी न किसी प्रकार बमनन टोला वालों को भी सुनने को मिल जाएगी, कहेंगे कि पूरब टोला के लोग और विशेषकर मैं प्रधान बनने लायक नहीं हूँ। मेरे सब वोट कट जाएँगे। बोल चुड़ैल!..."

"दूँगी दारीज़ार, खूब दूँगी। उन्हें भी दूँगी, तुझे भी दूँगी, तेरे बाप को भी दूँगी और बमनन टोला वालों को भी दूँगी। कम्मो किसी का दिया नहीं खाती। हाय! लँगड़े ने मेरी मार करायी। हाय! लँगड़े की अम्मा ने मेरी मार कराई। कल्लू के बप्पा! अब तो तू कतई नहीं जीतेगा क्योंकि तूने लँगड़े के पीछे अपनी मेहरिया पर हाथ उठाया। हाय! कैसा

खसम है तू? तू ज़रूर ज़रूर ज़रूर हार जाएगा," डंडे खाकर मतइया की पत्नी चिल्लाई।

मतइया डंडा फेंक चुका था। हार जाने वाली बात उसे लग गई। उसने फिर से डंडा उठाया, कस-कस कर और दो जमाये—"बोल चुड़ैल! मैं हार जाऊँगा? कह अपने मुँह से कि मैं जीत जाऊँगा, नहीं तो तेरी हड्डी-पसली एक कर दूँगा।"

"कभी नहीं कहूँगी दारीज़ार, कभी नहीं कहूँगी, चाहे तू मेरी बोटी-बोटी काट डाल। तूने टोले वालों के पीछे मुझे मारा क्यों?" कम्मो रोते हुए चिल्लाई।

मतइया के घर में कोहराम मचा देख पूरब टोला के बूढ़े-बुज़ुर्ग मतइया के चौतरे पर इकट्ठे होने लगे, पुकारा—"छोड़ दे मतइया! छोड़ दे, बहुत हो गया। जनानियों के लिए दो-चार डंडे ही बहुत होते हैं। अब और मत मार, कहीं ठौर-कुठौर लग जाएगी, हड्डी-पसली टूट जाएगी, तुझे ही रोटी-पानी की तकलीफ़ हो जाएगी। प्रधानी के पीछे घर की कलह ठीक नहीं।"

मतइया घर से बाहर निकल आया। उसकी पत्नी भी उसके पीछे अपने आँसू पोंछकर बाहर आ गई तथा चौतरे पर बँधी बकरियों के सामने हरी घास डालने लगी। मतइया ने चौतरे पर आए हुए बुजुर्गों के लिए खटिया बिछाई तथा अपनी पत्नी की ओर मुड़ कर कहा—"ए सुनती हो! जा चली जा, करन की दूकान से थोड़ी तम्बाखू खरीद ला, चच्चा आये हैं, मेरी चुनौटी में थोड़ी भी तम्बाखू नहीं है।"

कम्मो एक पतिव्रता पत्नी की भाँति अपने कोंछे में मुठ्ठी भर अनाज डाल तम्बाखू खरीदने चली गई। जाती हुई कम्मो को देखकर किसी के लिए भी यह विश्वास करना कठिन था कि यही वह स्त्री है जिसकी थोड़ी देर पहले डंडे से छटाई हो रही थी या यही वह स्त्री है जो अपने पति से बराबर की टक्कर ले रही थी या यही वह स्त्री है जो बोटी-बोटी काट दिये जाने पर भी कोई बात मानने के लिए तैयार न थी। अपनी भावनाओं पर किसी यन्त्र की भाँति नियन्त्रण करते हुए दूसरे ही क्षण सहज हो जाने की कला कोई कम्मो से सीखे और मैं तो कहता हूँ कि मतइया से भी सीखे। धन्य हैं भारतीय पति-पत्नी के रिश्ते।

[8]

पर्चा भरने वाले दिन छज्जू की कार भुरारे ही डमरुआ आ गई।

"छज्जू अपनी बात के पक्के हैं, सवेरे ही कार भिजवा दी," कार की घरघराहट सुन अम्मा ने खुश होते हुए कहा।

चैतू दौड़ कर देख आया कि छज्जू की ही कार है या कोई दूसरी। किसुन जल्दी-जल्दी तैयार होने लगा। अम्मा ने रात में ही दो रोटी बचाकर उसके लिए रख दी थीं।

रोटियों में नमक और सरसों का तेल लगाकर खाने के लिए किसुन को दे दीं। किसुन ने वे रोटियाँ पानी के साथ जल्दी-जल्दी गले से नीचे उतारीं। तैयार होकर दीवार पर चिपके धुँधले शीशे में अपना मुँह देखा। शीशे में मुँह देखते ही उसे ककुआ की याद आ गई क्योंकि ककुआ ने ही वह शीशा चौके की दीवार पर चिपकाया था। ककुआ ने वह शीशा खरीदा नहीं था, काशी चौबे के घूरे पर पड़ा मिल गया था। काशी के घरवालों ने थोड़ा दरक जाने के कारण शायद उसे फेंक दिया था। जब किसुन छोटा था शीशे में अपना मुँह नहीं देख पाता था। कभी देखने की कोशिश करता भी था तो पिढ़िया पर खड़े होकर केवल अपनी आँखें देख पाता था। वह शीशा केवल अम्मा के ही काम आता था क्योंकि वे उसके सामने खड़ी होकर अपनी माँग में सिन्दूर भरती थीं। जब सस्सुती बड़ी हो गई थी तो वह भी अपने बाल उसके सामने खड़ी होकर बाँधने लगी थी। शीशा था, लेकिन उसकी गहराई में ककुआ कहीं नहीं थे। उदास किसुन मुड़कर खड़ा हो गया, कार के भोंपू की आवाज़ सुनी। नौ बजे तहसील पहुँचना था, पर कार आठ बजे से ही भोंपू बजा रही थी। अम्मा ने चैतू को बरगद के पास दौड़ाया—"जा, दौड़कर ड्राइवर को रोक। कहना कि किसुन तैयार हो रहा है, अभी आता है।"

कार बरगद के पास खड़ी थी। चैतू ने ड्राइवर से थोड़ी देर और रुकने के लिए अनुरोध किया। ड्राइवर चिढ़ गया—"मैं तुम्हारे बाप का नौकर नहीं हूँ जो दिन भर यहाँ खड़े होकर इन्तज़ार करता रहूँगा। जल्दी बुलाओ लँगड़े को नहीं तो चला जाऊँगा। फिर फरकाता रहे अपनी लंगड़ी यहाँ से कन्नौज तक।"

चैतू कुछ नहीं बोला। कार के पास ही खड़ा होकर किसुन के आने का इन्तज़ार करने लगा। ड्राइवर ने फिर से भोंपू बजाया।

किसुन घर से निकल चुका था। पर रास्ते में मिलने वाले हर किसी के पैर छूने के कारण आने में देर हो रही थी। ड्राइवर ने एक लम्बा भोंपू मारकर कार चालू कर दी। ऐसा लगा कि अब वह किसुन के लिए कतई नहीं रुकेगा। अच्छा रहा कि उसी समय किसुन पहुँच गया। ड्राइवर बड़बड़ाया—"रहेगा ज़िन्दगी भर नीच का नीच ही। कहाँ था? कब से भोंपू मार रहा हूँ, सुनाई नहीं देता? चल, बैठ जा पीछे।"

"ड्राइवर सा'ब! आने में थोड़ी देर लग गई, माफ़ी चाहता हूँ। गुस्सा मत होइए," किसुन ने विनम्रतापूर्वक कहा।

किसुन कार पर चढ़ कर बैठ गया। अपनी लाठी बेंड़ी-बेंड़ी रख ली जो लम्बी होने के कारण हाथ भर कार से बाहर निकली रही। "सीट का डंडा कस कर पकड़ लो। कार के उछलने से चोट लग सकती है," अम्मा ने कार चलने से पहले किसुन को समझाया।

किसुन ने कार की गद्दी कस कर पकड़ ली, अपनी लाठी एक पैर से दबा ली तथा चैतू और अम्मा को देखकर अपने आगे के दाँत निकाल कर हँस दिया। एक झटके के

साथ कार आगे बढ़ी और देखते ही देखते आँखों के सामने से ओझल हो गई। कार के जाते ही किसुन की अम्मा भावुक हो गईं, गला रुँध गया, किसुन को कार में बैठा देखने की साध पूरी हो गई थी। चैतू भी घर जाने के लिए मुड़ा। पूरब टोला के जो लोग किसुन को कार तक भेजने आए थे वे चैतू से आँख न मिला सके क्योंकि उसका बड़ा भाई आज कार पर बैठ कर गया है। उछलती, कूदती कार में से किसुन ने पीछे मुड़ कर देखा, कार से उड़ी धूल के गुबार में डमरुआ पूरा डूब चुका था।

कार तहसील के गेट पर जाकर रुकी। उसके रुकते ही पीछे उड़ने वाली धूल अन्दर घुस आई। किसुन ने अपने ऊपर बैठी वह धूल नहीं झाड़ी, सोचा, कार की धूल और सामान्य धूल में भारी अन्तर होता है। कार की धूल की बात ही कुछ निराली होती है, चिकनी होती है पाउडर जैसी। यह चिकनी धूल अम्मा और चैतू को जाकर दिखाऊँगा।

मतइया तहसील के गेट पर पहले से ही खड़ा था। किसुन ने उसे कार के अन्दर से ही देख लिया था। किसुन को उस समय मतइया अपने से बहुत छोटा लगा था। मतइया भी कार से किसुन को उतरता देख ऐसे अनजान होकर, मुँह घुमा कर खड़ा हो गया था जैसे कि उसने कार को देखा ही न हो। तहसील के गेट के अन्दर प्रवेश करते हुए किसुन को हर इन्सान अपने से बहुत छोटा लग रहा था। शायद उस पर यह कार का प्रभाव था। वह सोच रहा था, ऐसा क्यों हो जाता है कि कार में थोड़ी देर बैठ लेने भर से ही, कार में बैठने वाले को ज़मीन पर चलते अन्य लोग अपने से छोटे लगने लगते हैं? किसुन के साथ, इससे पहले, ऐसा कभी नहीं हुआ था। होता भी कैसे क्योंकि इससे पहले वह कभी कार में बैठा ही नहीं था। कहीं यह धरती मइया का शाप तो नहीं है जो थोड़ी ही देर ज़मीन पर पैर न रहने से कार में बैठने वाले को लग जाता है।

[9]

किसुन को वोट माँगने के लिए पूरे डमरुआ में पैर छूने जाना था। पूरब टोला अपना ही टोला था। उत्तर और पश्चिम टोला जाने में उसे कभी संकोच न होता था पर बमनन टोला जाने में उसे बचपन से ही संकोच होता रहा था। यह संकोच संकोच ही था या शर्म थी अपने गरीब होने की या शर्म थी अपने... होने की या यह क्या था? वह खुद भी नहीं जानता था। पर जो भी हो, 'कुछ' तो ज़रूर था जो उसे बमनन टोला जाने से रोकता था। इस कुछ में उसकी अपनी दुखद परिस्थितियों के कारण कुछ कमी आ गई थी या यह भी कह सकते हैं कि उसने इस 'कुछ' से बिना जाने ही समझौता कर लिया था। हम सबको अपने जीवन में इस 'कुछ' से कभी-कभी जानकर और कभी-कभी बिना जाने समझौता कर लेना पड़ता है। किसुन की दशा साँप-छछूँदर वाली हो गई थी, जाये कि न जाये?

यदि नहीं जाएगा तो मतइया दूसरी ओर तैयार बैठा है, बाजी मार ले जाएगा और उसे प्रधान बनने का जो मौका मिला है, हमेशा के लिए हाथ से निकल जाएगा। और यदि जाएगा तो उस टोला के लोग उससे जो भी कहेंगे, उसे सुनना पड़ेगा, मदारी के बंदर की भाँति नाचना पड़ेगा। उसके मन में कभी-कभी आता कि छज्जू के कहने पर बेकार में ही उसने अपना सिर ऊखल में दे दिया है। उसी समय हिम्मत कर साफ मना कर देता तो छज्जू क्या उसे फाँसी चढ़ा देते।

"तुम्हें वोटे क्या माँगना पैर-भर छूने हैं। एक तरफ से पैर छूना शुरू करो और छूते जाओ, छूते जाओ, एक बार, दो बार, जितनी बार छू सको उतनी बार। जितनी बार छुओगे, बामन लोग उतने ही खुश होंगे," घरवालों ने किसुन को समझाया।

हिम्मत बाँधकर, एक दिन किसुन निकल पड़ा वोट माँगने या कहिए पैर छूने। वह बिल्कुल अकेला ही चल रहा था। उसके पास बाबा जी और लालाजी जैसी पीछे चलने वाली भीड़ नहीं थी। न उसके पास गेरुए रंग के कपड़े थे और न चाँदी की मूठ वाला बेंत। शुरुआत अपने पड़ोसी करन चौबे के चौतरे से की। करन ने अभी-अभी पान का एक बीड़ा अपने मुँह में दबाया था अतः उनके मुख से वाणी का फूटना सम्भव न था। किसुन ने करन के पैर छुए। करन ने अपनी वाणी की असमर्थता के कारण 'घें घें' कर आशीर्वाद दिया। घिंघियाता हुआ आशीर्वाद किसुन की समझ में न आया। वह सोचने लगा क्या करे? उसी बीच करन ने उसे ज़मीन पर बैठ जाने का इशारा किया। करन की खटिया का मचवा पकड़ वह ज़मीन पर बैठ गया। खटिया पर बैठे करन अपना मुँह आसमान की ओर उठाए निर्बाध पान का रसास्वादन करते रहे। करन को ऊपर की ओर मुँह उठाये बैठा देख किसुन को मन ही मन हँसी आ रही थी, सोच रहा था, रोने से पहले कुत्ते भी अपना मुँह इसी प्रकार देर तक ऊपर उठाए रहते हैं। करन थोड़ी-थोड़ी देर में उठकर चौतरे के किनारे खड़े नीम के पेड़ के तने पर पान की पीक थूक आते थे और वापस आ फिर उसी मुद्रा में बैठ जाते थे। अन्तिम बार पीक थूक कर अन्ततः उन्होंने अपनी गर्दन नीचे की और कहा—"बोल किसुना! कैसे आया? क्या काम?"

किसुन का पहले का पैर छूना बेकार चला गया था अतः नये सिरे से एक बार फिर पैर छुए, कहा—"मालिक! वोट, आपका, आपके घरवालों का।"

करन फिर पीक थूकने चले गए। लौटकर खटिया पर चढ़ते हुए कहा—"उससे मेरा फायदा?"

"आपका ही फायदा है मालिक! जो कहेंगे करूँगा। आप लोगों ने ही मुझे खड़ा किया है। जीतूँगा मैं, पर प्रधान बनेंगे आप लोग। आपके आगे मेरी क्या औकात है?" किसुन ने हाथ जोड़ कर कहा।

करन सोचने लगे, किसुन बात सही कह रहा है। वास्तव में प्रधान हम लोग ही बनेंगे। ऐसा केवल प्रजातन्त्र में ही सम्भव है कि जीते कोई, प्रधान बने और कोई। जुग-

जुग जिओ प्रजातन्त्र। चुने हुए प्रतिनिधि को चूतिया बनाने की यह व्यवस्था कितनी उत्तम है। प्रतिनिधि दरवाज़े-दरवाज़े जाकर गुहार लगा रहा है, 'मुझे चूतिया बनाओ'। "ठीक है समझ गया तेरी बात। अब मेरी सुन, प्रधान बनने के बाद तहसील जाकर पता करना कि सरकारी हैण्डपम्प कब आने वाले हैं? जैसे ही आएँ, एक पम्प सबसे पहले मेरे आँगन में लगवाना। अड़ोस-पड़ोस के गाँव में कितने-कितने पम्प लग गए हैं पर अपने गाँव में अभी एक तक नहीं लगा है। काशी दद्दा इतने दिन डमरुआ के प्रधान रहे पर इस ओर कभी ध्यान ही नहीं दिया। बोल! वादा करता है पम्प का? वादा कर, और पक्का समझ, मेरा, मेरे घरवालों का वोट।"

किसुन ने फिर एक बार पैर छुए, कहा–"वादा, मालिक! वादा। जिसकी कहो उसकी क़सम खाकर वादा कर दूँ। गंगा की क़सम, भगवान की क़सम, मरे बाप की क़सम, सबसे पहले पम्प आपके आँगन में लगवाऊँगा। यदि मैं वादे से मुकर जाऊँ तो मुझे बरगद के पास खड़ा करके, पूरे गाँव के सामने, मेरी चाँद पर गिन-गिन कर सौ जूते मारना या जिसमें कुत्ता खाता हो उसमें खिला देना।" किसुन ने करन के दोनों जूते उठाकर अपने सिर पर रखते हुए कहा–"देखो मालिक! आपका जूता मेरी चाँद। अब आपको विश्वास है मेरे ऊपर?"

"खुश रह किसुना! खुश रह! तू निहायत विनम्र इन्सान है। तेरा बाप भी बहुत भला आदमी था। पूरब टोला के हर आदमी को तेरे जैसा ही सीधा और विनम्र होना चाहिए। जा तू मेरे वोट की चिन्ता कतई न कर," करन ने प्रसन्न होकर कहा।

"मालिक! इस समय घर में कोई काम हो बता दीजिए, करके चला जाऊँगा," करन के वोटों के आश्वासन से उत्साहित हो किसुन ने पूछा।

"आजकल पेड़ों से पत्तियाँ बहुत गिरती हैं। देख, चौतरा कितना गंदा हो गया है। आ गया है तो झाड़ू मार कर चला जा," करन ने चौतरे पर इधर-उधर देखते हुए कहा।

"यह कौन बड़ी बात है, अभी मारे देता हूँ," सँभल कर खड़े होते हुए किसुन ने कहा।

थोड़ी देर बाद धूल-धूसरित किसुन घर लौट आया। घर आते ही अम्मा ने पूछा–"आज कहाँ तक पहुँचे? कितने घर पार कर लिये?"

किसुन ने गुस्से से अपनी लाठी एक ओर फेंक दी, देहरी पर बैठ गया, कहा–"कितने भी नहीं। करन के चौतरे पर बढ़नी डालता रहा। अम्मा! आगे से मैं वोट माँगने न जा पाऊँगा, लोगों के जूते अपने सिर पर न रख पाऊँगा, चौतरों पर बढ़नी न डाल पाऊँगा। बाबा जी, लालाजी जब वोट माँगने आते हैं, किसी के जूते अपने सिर पर नहीं रखते, किसी के घर झाड़ू नहीं मारते। उल्टे लोग ही उनके पैरों पर गिरते हैं। फिर मेरे लिए वोट ऐसी क्या खास चीज है कि मैं यह सब करूँ? छज्जू ने मुझे चक्कर में फँसा दिया। अम्मा! मैं वोट माँगने न जाऊँगा।"

अम्मा ने अपनी धोती के पल्लू से किसुन के सिर पर बैठी धूल झाड़ते हुए समझाया–"बेटा! हम लोग न लालाजी हैं, न बाबा जी, केवल गरीब लोग हैं। और गरीब आदमी बहुत लालची होता है, हम भी लालची हैं। लालच यही कि तुम्हारे प्रधान बन जाने से अपने घर की हालत थोड़ी सुधर जाएगी। तुम्हें गुस्सा आ रहा है क्योंकि आज पहला दिन था। उठो, कुएँ पर जाकर नहा डालो। सिर पर ठंडा पानी पड़ने से गुस्सा उतर जाएगा।"

अम्मा के बहुत मनाने पर दूसरे दिन से वह फिर से वोट माँगने जाने लगा। पैर छूता गया, वादे करता गया; बमनन टोला के खाते-पीते घरों के लिए एक-एक सरकारी हैण्डपम्प, सीतला सुकुल के मन्दिर का चौतरा पक्का करने के लिए एक हजार ईंटें, पड़ियाइन चाची के लिए हर महीने एक किलो शक्कर की एक पर्ची, पछाँह टोला के लिए गैस का एक हण्डा, उत्तर टोला के लिए एक ढोलक-मजीरा तथा काना के लिए उसका पुराना खेत आदि-आदि।

[10]

एक दिन चैतू कुछ उद्विग्न घर लौटा तथा चौके की पखिया पर कोहनी टिकाकर चुपचाप खड़ा हो गया। उसे देख ऐसा लग रहा था कि वह बस रोने ही वाला है। थोड़ी देर बाद चैतू पखिया से हाथ हटाकर छप्पर में इधर-उधर टहलने लगा। टहलते-टहलते दीवार पर गुस्से से एक घूँसा मारा। पुरानी दीवार का फूला हुआ मिट्टी का एक बड़ा-सा पपड़ा भरभरा कर ज़मीन पर गिर गया । चैतू बड़बड़ाने लगा–"जीतना बहुत मुश्किल है। मतइया पूरे गाँव में घूम-घूम कर कह रहा है, उसके रिश्तेदार पुलिस-दरोगा हैं। वह किसुन से ज़्यादा पहुँचवाला आदमी है। किसुन का कोई रिश्तेदार सरकारी चपरासी तक नहीं है। किसुन के डेढ़ टाँग है। डमरुआ का प्रधान क्या लंगड़ा अच्छा लगेगा? उसकी बातें सुन-सुन कर गाँव वाले ताली बजा-बजा कर हँसते हैं, इससे लगता है कि वही जीतेगा। अम्मा! क्या अपना एक भी रिश्तेदार सरकारी आदमी नहीं है? सोचकर देखो, एक-आध ज़रूर निकल आएगा। एक भी हो, मैं भी मतइया का मुँह बंद करने के लिए गाँव में फैला दूँ।"

"नहीं बेटा! मुझे ऐसा कोई रिश्तेदार याद नहीं आता जो सरकारी हो। पर तुम यह तो कह सकते हो कि किसुन नौ फेल है। मतइया ने कभी स्कूल का मुँह तक नहीं देखा," अम्मा ने देर तक सोचने के बाद, सिर हिलाते हुए कहा।

"उसके लिए भी मतइया कहता है कि किसुन ने मुफ्त वाली पढ़ाई पढ़ी है। स्कूल में पूरब टोला वालों से फीस नहीं ली जाती। मुफ्त वाली पढ़ाई पढ़ने से आदमी को असली वाली अक्ल नहीं आती। किसुन के बाप के पास ज़हर खाने तक को पैसे नहीं थे, वह क्या पढ़ा पाता उसे किसी पैसे वाले स्कूल में? अम्मा! वह ताल ठोंक-ठोंक

कर कहता है कि किसुन को पुरानी चीज़ों की जानकारी नहीं है। किसुन नहीं जानता कि एक पाव में कितनी छटाँकें होती हैं? और एक छटाँक में कितने तोले? उसने पूरे गाँव से एक सवाल भी पूछा है–"तीतर के दुइ आगे तीतर, तीतर के दुइ पीछे तीतर, बताओ कुल कितने तीतर?" और कहा है, यदि किसुन उसके इस सवाल का सही जवाब दे दे तो वह चुनाव में बैठ जाएगा तथा ताउम्र किसुन की गुलामी करेगा। उसके सवाल का जवाब डमरुआ में अभी तक कोई नहीं दे पाया है। उसकी बातें सुन-सुन गाँव वालों को विश्वास होने लगा है कि मतइया किसुन से अधिक चलता पुर्जा है। ऐसे में तुम्हीं बताओ, किसुन कैसे जीत पाएगा?" चैतू ने दरवाज़े की चौखट पर अपने दोनों हाथ टिकाते हुए कहा।

"देखो, भगवान जो करेगा, होगा। न जीतेगा, न सही। जैसे रहते थे, रहेंगे, मर थोड़े ही जाएँगे। अच्छा ही रहेगा, पलंगा नहीं बनवाना पड़ेगा, कुर्सी नहीं खरीदनी पड़ेगी। वैसे भी घर में पैसे नहीं हैं। किसुन के जीतने से झंझट और बढ़ जाएगा," अम्मा ने एक लम्बी साँस लेते हुए कहा।

[11]

वोट पड़े, परिणाम घोषित हुए। किसुन जीत गया। मतइया को उसका अपना केवल एक वोट मिला। गाँववालों ने मतइया को वोट दिया ही नहीं था, उसकी पत्नी ने भी गुस्से में उसे अपना वोट नहीं दिया था कि उसने उसे एक दिन किसुन की अम्मा के पीछे मारा क्यों था? शंकर ने उसे हुसका कर खड़ा ज़रूर कर दिया था, पर्चा भरने के लिए पचास रुपए भी दे दिए थे, पर वोट नहीं दिया था, क्योंकि जानते थे, जीतेगा किसुन ही अतः मतइया को वोट देकर वोट क्यों खराब करें? किसुन के जीतने से शंकर को कोई दुख न हुआ था। इसलिए मतइया का हारना भी उनके लिए कोई दुख की बात न थी। कारण, किसुन उनका पुराना वफ़ादार नौकर रहा था, साथ-साथ जेल काटी थी। किसुन से जो कह देंगे, टालेगा नहीं। सबके यहाँ हैण्डपम्प लगवाएगा, उनके यहाँ भी लगवा देगा। उन्हें किसुन से शिकायत बस इतनी ही थी कि उसे छज्जू ने खड़ा क्यों किया? यदि वे उसे खड़ा करते तो बात दूसरी होती।"

हारने के बाद एक दिन मतइया अपना मुँह लटका कर दुखी मन से शंकर से इस आशा से मिलने गया कि शंकर उसके घावों पर मरहम लगाएँगे। पर यह क्या? शंकर ने उसे अपने चौतरे पर भी न चढ़ने दिया, दूर से ही कहा–"भाग जा यहाँ से, जूते मार-मार कर गंजा कर दूँगा। हरिल्लों को मैं अपने चौतरे पर नहीं बैठने देता।"

मतइया को उनके इस व्यवहार से बड़ा आश्चर्य हुआ। वह चौतरे के नीचे ही रुक गया, कहा–"लेकिन मालिक! मेरे दो पैर हैं!"

शंकर ने खखार कर थूकते हुए कहा—"तेरे दो पैर हैं तो उससे क्या? दो पैर होने भर से कोई आदमी हो जाता है? सूअर के चार पैर होते हैं और मकड़ी के उससे भी अधिक। सूअर जिन्दगी भर मैला खाकर खुश रहता है और मकड़ी जिन्दगी भर छत से उल्टी लटकी रहती है। तेरे दो पैर हैं तो उन्हें काम में ला, घुँघरू बाँधकर पूरे डमरुआ में नाच-नाच दिखा।"

मतइया को जितना दुख अपनी हार से हुआ था, उससे कहीं अधिक शंकर के इस बदले व्यवहार से हुआ था। सोचा था, इसमें शंकर की कोई गलती नहीं है, दुनिया का नियम है, बनी के सब होते हैं, बिगड़ी का कोई नहीं, किलौनी भी मरे बैल का साथ छोड़ देती है। वह अपने घर चुपचाप वापस चला गया था, लेकिन इस बार, यह सोच कर कि अब चुनाव में हार गया हूँ मंगा शायद मेरा क़तल नहीं करेगा, किसुन की गली से होकर अपने घर गया था। गली के मुहाने से ही उसे किसी के हँसने की आवाज सुनाई पड़ी, देखा, उसकी पत्नी और किसुन की अम्मा कुएँ की मुँड़ेर पर बैठी आपस में हँस-हँस कर बातें कर रही हैं। आश्चर्य हुआ उसे, औरतों की महिमा अपरम्पार होती है, पल भर में ही किसी के खून की प्यासी हो जाती हैं, और पल भर में ही किसी से प्रेम कर बैठती हैं। पुरुषों के जैसे दोस्ती और दुश्मनी करने के लिए वे शर्तों की मोहताज़ नहीं होती।

मतइया ने अपनी हार के लिए दो बातों को जिम्मेदार माना; एक कि उसका दरोगा भाई पुलिस की वर्दी पहन, उसके साथ डमरुआ घूमने नहीं आया। दो, किसुन का डेढ़ टाँग का होना। गाँव ने किसुन को नहीं वरन् उसकी टूटी टाँग को वोट दिया था। कितनी काम आई उसकी टूटी टाँग, डमरुआ का प्रधान बना दिया। अपनी दोनों टाँगों के साबुत होने का उसे बहुत दुख हुआ। बहुत गुस्सा आया उसे पुलिस वालों पर, इमरजेंसी में पकड़ भी ले जाना था तो केवल किसुन को, हमें भी तो ले जा सकते थे। गुस्सा आया कन्नौज के मोटर-कार वालों पर, कितनी बार कन्नौज आया-गया, सड़कें पार कीं, किसी ने ज़रा भी ध्यान न दिया। एक मामूली-सी टक्कर भी मार दी होती, आज डमरुआ का प्रधान बन गया होता। मैं हार मानने वाला नहीं हूँ। अभी एक वोट मिला है, अगले चुनाव में अधिक मिलेंगे, एक से एक मिलकर ही ग्यारह होते हैं।

[12]

काशी चौबे जब डमरुआ के प्रधान बने थे उस समय उन्हें सरकार की ओर से दो वस्तुएँ मिली थीं, ग्राम-प्रधान डमरुआ की एक मुहर और मुहर मारने के लिए एक इंक-पैड। इंक-पैड का गत्ता कभी का सूख गया था, फिर भी काशी ने उसका पीछा नहीं छोड़ा था। उसी सूखे गत्ते पर, पहले कुछ साल, पानी डाल-डाल कर मुहर मारते रहे थे, और जब गत्ते

के अन्दर की सरकारी स्याही भी पूरी तरह जवाब दे गई थी, कोरस कम्पनी की टिकिया की स्याही डाल-डाल कर मुहर मारने लगे थे। कहने का अर्थ यह कि काशी ने अपने पूरे प्रधानी के कार्य-काल में जो भी मुहर मारी थी वह सरकारी गत्ते से मारी थी, अतः उनकी एक-एक मुहर पूरी तरह सरकारी थी। यह अलग बात थी कि उनकी मुहर में क्या लिखा होता था, पढ़ना थोड़ा कठिन होता था, कभी स्याही के पनीले होने के कारण या कभी स्याही के अधिक होने के कारण। वे दोनों सरकारी वस्तुएँ, काशी ने एक दिन डमरुआ के नव-निर्वाचित प्रधान किसुन को सौंप दीं। पर ऐसे ही नहीं, एक क़ागज पर पूरी लिखा-पढ़ी कर लेने के बाद। "डमरुआ के भूतपूर्व प्रधान काशी चौबे से एक मुहर और एक इंक-पैड अच्छी हालत में प्राप्त किया। हस्ताक्षर–किसुन, गवाह–?" उस समय चौतरे पर गवाही देने के लिए कोई उपस्थित न था, गवाही कौन देता? काशी बिना गवाह और गवाही के चीज़ें सौंपने वाले न थे।

"बिना गवाह के काम नहीं चलेगा। अपने टोले से एक गवाह बुला कर लाओ।"

किसुन पूरे टोले में घूम आया, सबने मना कर दिया–"ना भइया ना, सरकारी चीज़ों के चक्कर में न पड़ूँगा। तुमने तो सरकारी आदमी बनते ही टोले वालों को फँसाना शुरू कर दिया। इमरजेंसी में देख चुका हूँ, सरकार का कोई भरोसा नहीं, कब दुलत्ती मार दे।"

हार मान कर किसुन ने अपने चच्चा से कहा। बहुत समझाने पर वह मान गया, संयोग से उस दिन और उस विशेष समय वह कम नशे में था, काशी चौबे के चौतरे पर आकर गवाह बन गया। औपचारिकता पूरी हो जाने पर किसुन मुहर-पैड, अँगोछे में लपेट कर घर ले आया। मंगा सुरक्षा के लिए किसुन के पीछे-पीछे घर तक आया।

घर पहुँचते ही सबने बारी-बारी से मुहर को अपने हाथ पर रखकर देखा। चाची पानी भरने गई थीं, संयोग से उसी समय वापस लौटीं, बीच आँगन में ही बाल्टी छोड़ पूछने लगीं–"क्या आया है? मुझे भी दिखाओ।" भीगे हाथों से लपक कर चैतू के हाथ से मुहर उठा ली।

किसुन चिल्लाया–"चाची! हाथ भीगे हैं, मुहर खराब हो जाएगी।"

चाची ने हाथ धोती में पोंछ सुखा लिए। मुहर को उछाल कर वज़न किया–"यह तो इतनी हल्की है। सरकारी चीज इतनी हल्की होती है। इतनी छोटी चीज के लिए इतना बड़ा चुनाव, इतना हल्ला-गुल्ला?"

"चाची! तुम्हें यह चीज छोटी लगती है? सरकारी है सरकारी। एक क़ागज पर मार देने से एक किलो शक्कर मिल जाती है। इसकी सुनवाई ऊपर तक होती है," किसुन ने कहा।

चैतू ने चाची के हाथ से मुहर वापस ले ली, पूछा–"पैड चालू करूँ?"

किसुन की अनुमति मिल जाने पर उसने पैड का ढक्कन अँगूठे से दबाकर खोल दिया।

"चैतू! गत्ते पर चाची की बाल्टी से दो बूँद ताज़ा पानी सँभाल कर डालो। ध्यान रहे, दो बूँद से अधिक नहीं," किसुन ने कहा।

चैतू ने बहुत सँभाल कर केवल दो बूँदें ही डालीं। दोनों बूँदें पैड के फटे-प्यासे गत्ते पर गिरते ही लुप्त हो गईं, मरुस्थल की सूखी धरती पर गिरी भूली-भटकी वर्षा की बूँदों की भाँति। किसुन ने पैड अपने हाथ में लेकर देखा—"अभी चालू नहीं हुआ, दो बूँद और।"

"मुझे डर लगता है, इस बार तुम डालो," चैतू ने कहा। किसुन ने दो-दो बूँद कई बार...। गत्ता तर हो गया, चालू हो गया। चैतू ने किसुन के हाथ से पैड लेकर उस पर मुहर छपछपाकर अम्मा की कलाई पर मार दी। अम्मा बोरे पर बैठ कर हँसिया से आलू छील रही थीं। आलू छीलना रोक कलाई पर लगी मुहर की पनीली स्याही फूँक-फूँक कर सुखाई, पूछा —"यह मुहर हाथ से कितने दिन तक नहीं छूटेगी?"

"मुहर की स्याही सरकारी होती है, पक्की होती है, इसलिए जल्दी नहीं छूटती। कई बार रगड़-रगड़ धोओगी, तब भले ही छूट जाए," किसुन ने विश्वास के साथ अम्मा को बताया।

अम्मा फिर से आलू छीलने लगीं, कहा—"मैं क्यों रगड़-रगड़ धोऊँगी? मेरे लड़के की सरकारी मुहर है, कभी न छूटे। पूरे टोला को दिखाऊँगी, सबसे पहले मतइया वाली को, जो हमें गाली दे रही थी। सरकारी-मुहर देखकर स्वाहा हो जाएगी।"

चैतू ने एक मुहर चाची की कलाई पर, एक चाचा की हथेली पर, एक अपने चौका की दीवार पर, और एक सबकी नज़र बचाकर अपनी पत्नी की छाती पर मार दी। उसने घूम कर शर्माते हुए मुहर का गीला निशान अपनी धोती के पल्लू से ढंक लिया।

"किसुन! एक मुहर तुम अपनी लाठी पर क्यों नहीं मार लेते। खो जाने पर तुरन्त पहचान तो सकोगे," अम्मा ने सुझाव दिया।

चैतू ने लाठी घुमा-घुमा कर एक मुहर उस पर भी लगा दी।

किसुन चिल्लाया—"अब बस भी करो चैतू! सरकारी चीज के साथ ज़्यादा हँसी-मज़ाक अच्छी नहीं होती।"

चैतू ने मुहर एक पुराने कपड़े में लपेट कर अम्मा को पकड़ा दी। किसुन ने निवेदन किया—"इन्हें कहीं हिफाज़त से रख दो, कभी भी ज़रूरत पड़ सकती है। देखना कहीं खो न जाय, सरकारी चीज है, अपना घर-मकान सब बिक जायेगा।"

"मैं इसे एक मलइया में डाल दूँगी। चोर रात में पूरा घर छान मारेंगे, मुहर उन्हें तब भी न मिलेगी। वे क्या जानें मलइया में गेहूँ-मक्का भरी जाती है कि मुहर," इतना कहते हुए अम्मा मुहर को हिफाज़त से रखने कमरे के अन्दर चली गईं।

चाची ने हँसते हुए कहा—"किसुन की अम्मा! तुमने दुनिया देखी है इसीलिए तुम्हारे दिमाग में ऐसी-ऐसी तरकीबें आ जाती हैं। मलइया वाली बात सच्ची बताऊँ, मेरी अकल में तो कतई न आती।"

[13]

डमरुआ का प्रधान बनकर किसुन का दिमाग सातवें आसमान पर पहुँच जाय, यह मौका बमनन टोला ने किसुन को नहीं दिया। जिसका, जब मन आता, उसे अपने यहाँ बुला लेता। वह दर-दर जाता, गोबर फेंकता, कुत्ते की टट्टी उठाता, कुत्ते की ही क्यों छोटे बच्चों और वृद्धों की टट्टी भी उठाता, झाड़ू लगाता, और बदले में पाता वाहवाही—"किसुना! तू प्रधान बनने के बाद भी बिल्कुल नहीं बदला है। इसी को बड़प्पन कहते हैं। तेरी जगह और कोई प्रधान बना होता तो अब तक उल्टा चलने लगा होता। फलदार वृक्ष को हमेशा झुके रहना चाहिए। हम लोग तुझे पूरी जिन्दगी डमरुआ का प्रधान बनाए रखेंगे।"

किसुन प्रसन्न हो अपने आगे के दो दाँत दिखा देता—"आप सबकी दया है मालिक! हमारे जैसा नीच आदमी डमरुआ का प्रधान कहाँ बन पाता?"

एक दिन करन चौबे ने किसुन को राह चलते पकड़ लिया—"किसुना! अपना हैण्डपम्प का वादा भूल गया क्या? भूल गया हो तो बता मैं अपने तरकस से वे तीर निकालूँ जिनसे मैंने बालि का वध किया था।"

"मालिक! मैं अपना वादा कैसे भूल सकता हूँ? मैंने अपने मरे हुए ककुआ और अम्मा की क़सम जो खाई थी। वादा पूरा करना मेरा धर्म है। कल ही तहसील जाकर पता करूँगा। पूरे डमरुआ में सरकारी पम्प लगवा दूँगा। सबको आराम हो जाएगा" किसुन ने कहा।

"पूरा डमरुआ!! हमारे-तुम्हारे वादे के बीच में पूरा डमरुआ कहाँ से आकर टपक गया? मैं केवल इतना जानता हूँ कि मेरे आँगन में एक सरकारी पम्प लगना चाहिए," करन ने गुस्साते हुए कहा।

"मेरे कहने का वही मतलब था मालिक! मेरे लिए तो आप ही डमरुआ हैं। आपके आँगन के लिए ही पम्प लाऊँगा," किसुन ने हाथ जोड़ कर कहा।

एक दिन चार सरकारी हैण्डपम्प के कल-पुर्जे डमरुआ पहुँचे। सरकारी आदमी बोरिंग करने पहुँचे। बोरिंगें हुईं; एक करन के घर के आँगन में, एक शंकर के चौतरे पर, एक किरपा के बाड़े में, और एक बमनन टोला की चौपाल के बीचोबीच। अन्य टोला वाले, अपने-अपने टोलों में एक-एक सार्वजनिक स्थल की सफाई कर, पम्प लगाने की बाट ही जोहते रहे। सरकारी आदमी अपना काम निपटा कर वापस चले गए। उत्तर टोला वालों ने पछाँह टोला वालों से, पछाँह टोला वालों ने पूरब टोला वालों से पूछा—

"सरकारी आदमी चले गए?"

"हाँ, चले गए।"

"अब नहीं आएँगे?"

"अब क्यों आएँगे, काम निपटा गए।"

"पम्प में पानी आ गया?"

"सुना है, आ गया।"

"कैसा है पानी? कुएँ जैसा?"

"कैसे कहूँ, कैसा है पानी? सुना है, देखा नहीं।"

बमनन टोला को छोड़ कर अन्य सभी टोले वालों ने अपने को ठगा हुआ-सा समझा, पूरब टोला वालों ने सबसे अधिक। स्वतन्त्र भारत में पहली बार पूरब टोला का कोई व्यक्ति डमरुआ का प्रधान बना था, कम से कम इसी बहाने, एक पम्प तो उस टोले में ज़रूर ही लगना चाहिए था। कितना आराम हो जाता, नहाने-धोने की, जानवरों के लिए चारा-पानी की। फिर भी, पूरब टोला से क्या, किसी भी टोले से किसी ने भी आवाज नहीं उठाई। पर काना न माना, एक दिन किसुन के चौतरे पर जाकर साफ-साफ पूछ लिया—"किसुन बेटा! एक पम्प अपने टोले में भी लग जाता... कितना आराम हो जाता। तुमने थोड़ा भी ध्यान नहीं दिया। क्या फायदा हुआ हम लोगों का तुम्हारे प्रधान बनने से?"

किसुन ने काना को अपने पास बैठा कर समझाया—"काना चाचा! आपके आशीर्वाद से मैं इतना भी बुद्धू नहीं हूँ, कक्षा नौ फेल हूँ। जान-बूझकर मैंने अपने टोले में एक भी पम्प नहीं लगवाया, जानते हैं क्यों? तुम्हें शायद मालूम नहीं है कि पम्प के पानी में पम्प के साथ खिंचकर थोड़ी-थोड़ी बालू हमेशा आती रहती है। ज़रा सोचो, यदि अपने टोले में एक पम्प लग जाता, हम लोग रोज़ उसका पानी पीते, और पानी के साथ थोड़ी-थोड़ी बालू हमारे पेट में जाती रहती। चुटकी-चुटकी रोज़ के हिसाब से भी रख लो, साल भर में कितनी जमा हो जाती? एक दिन ऐसा नम्बर आता कि पेट दर्द करता और हमें वैद्यजी के यहाँ जाकर दस पैसे की पर्ची कटवानी पड़ती। क्या पता, पेट के दर्द से कभी-कभी आदमी मर भी जाता है। कुएँ का पानी कितना ताज़ा होता है, पम्प से हज़ार गुना अच्छा। दूसरी बात चाचा! हमारे-तुम्हारे पुरखा कौन-सा हमेशा पम्प का पानी पीकर जिन्दा रहे थे। हमें भी अपनी आदत नहीं बिगाड़नी चाहिए। पम्प का कोई भरोसा भी नहीं, मशीन आखिर मशीन होती है, कब बिगड़ कर खड़ी हो जाए।"

काना ने किसुन की बात ध्यान से सुनी, सोचा, किसुन उसे कैसा मूर्ख बना रहा है। जब कि सही बात यह थी कि उसके बस का कुछ था ही नहीं। किसुन अपने टोले में पम्प लगवाने का नाम भी लेता तो किरपा जूते मार-मार कर उसकी चाँद गंजी कर देते, बची हुई उसकी एक टाँग भी तुड़वा देते। काना ने जाने के लिए उठते हुए कहा—"अच्छा! पम्प

में बरुआ आती है। तब तुमने टोले में पम्प न लगवा कर बहुत अच्छा काम किया, सबको पेट दर्द से बचा लिया। टोले के लोग इस बात के लिए तुम्हें दिल खोल कर दुआ देंगे।"

काना के हाव-भाव से किसुन ने भाँप लिया था कि काना चाचा असली बात जानते हैं। उसके मन को बहुत क्लेश हुआ, सोचा, हमेशा ऐसा क्यों होता है कि हम वह नहीं कहते जो हमें कहना चाहिए। ऐसा करके हम किसी और को नहीं, खुद को ठगते हैं। अभी मैंने काना चाचा को नहीं खुद अपने को मूर्ख बनाया है, ठगा है। वह उदास मन से अपनी लाठी उठा कर घर के अन्दर चला गया। चौके की पखिया का सहारा लेकर दीवार के सहारे उसी जगह बैठ गया जहाँ उसके ककुआ प्रायः बैठकर बीड़ी पिया करते थे। अम्मा को पुकारा—"मइया! अधबना मुछीका मुझे दे दे, पूरा कर डालूँ। कोई बुलाने आए, कह देना—मर गया किसुन प्रधान।"

उस समय अम्मा घर में नहीं थीं। चैतू की पत्नी ने कमरे के अन्दर से ही कहा—"अम्मा करन चौबे के यहाँ गई हैं पम्प का एक लोटा पानी माँगने। हम लोग भी एक-एक चुल्लू पीकर उसका स्वाद देखेंगे। कैसा होता है ज़मीन का पेट फाड़कर निकाला गया पानी?"

और अंत में...

बलवान का शव पुलिस वाले पहले कन्नौज थाने ले गए थे, बाद में पोस्टमार्टम केन्द्र फतेहगढ़। डमरुआ से शव के साथ केवल बंगालिन ताई गई थीं। पोस्टमार्टम केन्द्र पर शवों की इतनी लम्बी कतार थी कि ताई को चौबीस घंटे बाद शव वापस मिला था। शव से असहनीय दुर्गन्ध आने लगी थी। वे किसी प्रकार शव को ठिकाने लगाना चाहती थीं। उनके सामने सबसे बड़ी समस्या थी कि अकेली होने के कारण, शव को छोड़कर, अन्तिम क्रिया के लिए कुछ इन्तज़ाम करने के उद्देश्य से कहीं जा भी नहीं सकती थीं। रात में उन्होंने देखा था, एक शव, जिसके पास कोई नहीं बैठा था, शायद उसके साथ के लोग चाय-पानी करने चले गए थे, को कुत्तों ने बुरी तरह नोच डाला था। कोई रास्ता न देख, ताई ने एक अन्य शव को घेरे बैठे लोगों से प्रार्थना की कि वे उनके शव को थोड़ी देर देखते रहें। भले आदमी थे वे बेचारे, मान गए। शव के आसपास रहने पर हर आदमी भला हो जाता है। ताई केन्द्र से बाहर निकलीं, कपड़ा खरीदा, गंगा जल की एक शीशी खरीदी, एक शीशी इत्र की खरीदी, गेंदा के फूलों की एक माला खरीदी, कुछ फूल छुट्टा खरीदे और एक 'हाथ-गाड़ी' तय की। बहुत हुज्ज़त करने पर, गाड़ीवाला, पच्चीस रुपए में, शव को गंगा जी तक ले जाने के लिए तैयार हो गया था। इत्र की पूरी शीशी उड़ेल देने पर भी शव की दुर्गन्ध में कोई कमी नहीं आई थी। गाड़ी वाले ने शव को अकेले ही

गठरी जैसा उठा कर गाड़ी पर लाद लिया था, हिम्मती था। आगे गाड़ी और गाड़ी वाला, पीछे ताई, बस इतने ही लोग थे, बलवान की शव-यात्रा में। कोई 'राम-राम सत्य है' कहने वाला भी न था। गाड़ी वाला अपने स्वभाव के अनुसार गाड़ी को तेजी से ठेल कर ले जा रहा था। ताई अपने भारी-भरकम बूटों के कारण उसके साथ चल नहीं पा रही थीं। गाड़ीवाला कुछ दूर जाकर, सड़क के किनारे गाड़ी खड़ी कर, ताई के आने का इन्तज़ार करता था। आते ही, फिर चल पड़ता था। उसे शायद अपने पच्चीस रुपयों की चिंता थी। अन्ततः लुढ़कती गाड़ी गंगा-पुल पर पहुँच गई। गाड़ी एक किनारे टिका, गाड़ीवाले ने एक बार ताई की ओर देखा, मानो पूछा–'फेंक दें?' शव को एक बार फिर उठाया, पुल की रेलिंग पर टिकाया, छोड़ दिया। हवा में चक्कर खाता शव गंगा की धारा में जा गिरा, एक गहरा गड्ढा हुआ, दो ओर से पानी की भुजाएँ आसमान की ओर उठीं और शव का आलिंगन कर नीचे बैठ गईं। पल भर में वहाँ कुछ भी न था। गंगा फिर से वैसे ही प्रवाहित होने लगी थीं, गम्भीर, पुल के खम्भों से लिपट-लिपट। ताई ने रेलिंग पकड़ कर नीचे की ओर झाँक कर देखा। मन नहीं माना तो दुबारा झाँकीं। ताई को बार-बार उझकते देख गाड़ी वाले ने कहा–"बहिनी! अब वहाँ क्या धरा है? गंगा मइया हम सबकी जैसी नहीं हैं, उनका दिल बहुत बड़ा है। अब हाथ-मुँह धोइए, घर जाइए।" ताई ने अपनी धोती के खूँट से खोल कर पच्चीस रुपए गाड़ी वाले को दिये। उसने पाँच रुपए ताई को लौटाते हुए कहा–"बिसवास कीजिए बहिनी! बच्चों का पेट पालना न होता तो इस काम के लिए तुमसे एकौ रुपया न लेता। वह भी ससुरा कोई आदमी जो किसी के मरे पे काम न आये।" उसने बीस रुपए अपनी बंडी की जेब में रखे, सिर पर अँगोछा लपेटा, चला गया गाड़ी धकियाते। ताई पुल से नीचे उतरीं, हाथ-मुँह धोया, दो चुल्लू जल अपने ऊपर छिड़का और डमरुआ के लिए वापस चल दीं। बलवान के घर वाले ताई को देख एक बार फिर करुण क्रन्दन कर उठे। वे रो-रो ताई को ऐसे देख रहे थे, मानो पूछ रहे थे–"तुम उन्हें भी अपने साथ वापस क्यों नहीं ले आईं?" ताई ने पोस्टमार्टम का क़ागज किसुन को पकड़ा दिया, कुछ देर बिना कुछ बोले खड़ी रहीं, फिर घर चली गईं।

कर्मा गड़रिया जेल से छूटने के कुछ महीने बाद, दस्त करते-करते मर गया। उसकी अन्तिम इच्छा पूरी न हो पाई थी। डमरुआ में कोई भी उसे यह नहीं बता पाया था कि 'किस चिड़िया का नाम होता है, देश की आन्तरिक सुरक्षा को खतरा पैदा करने वाली गतिविधियाँ?' कर्मा के मरने का सबसे बुरा प्रभाव उसकी पत्नी और बच्चों पर पड़ा था। कर्मा ने अपने जीवित रहते अपनी पत्नी को, कभी भी, खेतों में काम करने नहीं जाने दिया था। उसकी मृत्यु के बाद, उसके माता-पिता की, उसकी पत्नी और बच्चों से कोई सहानुभूति नहीं रह गई थी, दोटूक शब्दों में कह दिया था–"सुनती हो! ए मेम साहब! खसम कब का मर चुका है, टेंसुए बहाना बंद कर! घर में बैठे-बैठे खाने को नहीं मिलेगा। बच्चों को जिलाना हो तो मेरे साथ खेतों में चलकर काम कर।" विवश हो कर्मा की पत्नी

खेतों में जाने लगी थी। शुरू-शुरू में उसे घर से निकलते, सिर पर झौआ रखकर चलते, पीठ पर घास की गठरी लादते, शर्म आती थी, इसलिए अपने हाथ-पाँव ठीक से ढँक, लम्बा घूँघट खींच निकलती थी। लम्बे घूँघट से उसे रास्ता चलने में दिक्कत होती थी, धोती पैरों में लिपट-लिपट जाती थी, फिर भी वह घूँघट खींचे रहती थी। धीरे-धीरे वह इन सब चीज़ों की अभ्यस्त हो गई थी, यहाँ तक कि कर्मा के मरने की भी अभ्यस्त हो गई थी, सोचती थी, उन्हें एक बार मरना था सो मर गये, अब रोज़-रोज़ थोड़े ही मरेंगे। आदमी जब तक सामने रहता है, जिंदा रहता है, उसके मरने की चिंता सताती रहती है। मरने के बाद किस बात की चिंता। मरने के बाद आदमी पूरी तरह सुरक्षित हो जाता है। एक दिन की बात है कि शाम को खेतों से घर लौटते समय उसका एक हाथ थोड़ा-सा खुला रह गया था, जिसे देख बरगद की छाया में आराम कर रहे एक ठलुआ ने ठंडी साँस लेकर छींटाकसी की—"कर्मा की दुलहिन का हाथ कितना गोरा! बाप रे! ऐसी गोरी मेहरिया छोड़कर कर्मा कैसे मर गया? मैं होता तो कभी न मरता।" ठलुआ की टिप्पणी सुनते ही उसने अपना हाथ तुरन्त धोती के पल्लू के अन्दर खींच लिया था। अन्य ठलुओं को यह छींटाकसी अच्छी न लगी। एक ठलुए को गुस्सा आ गया, छींटाकसी करने वाले ठलुए को लात-घूँसों से मारना शुरू कर दिया—"सूअर कहीं के, बामन होकर भी शर्म नहीं आती तुझे गाँव की बहू-बेटियों के बारे में ऐसी बातें करते? हम लोग यहाँ क्या गाँव की औरतों पर बुरी नज़र डालने के लिए बैठते हैं? दुबारा कभी ऐसी बात मत करना, जान से मार डालूँगा। भाग जा यहाँ से।" मार खाने वाला ठलुआ चूँ-चपड़ किये बिना वहाँ से उठकर चला गया था और आगे के दो-चार महीने बरगद के आसपास भी नहीं दिखाई पड़ा था।

गणेश चौबे के काम न वैद्यजी की औषधियाँ आईं थीं और न गाँव वालों की दुआ। कर्मा की भाँति उनकी भी अंतिम इच्छा पूरी न हो पाई थी, बमनन टोला में न मिल पाए थे। ताई ने यदि अड़ंगा न डाला होता तो शायद छज्जू ने उन्हें, दो-चार बीघे खेत लेकर बमनन टोला में मिला लिया होता। डमरुआ में एक बार यह बात भी फैली थी कि गणेश टोला-टोला भले ही रटा करते हैं, पर ताई किसी भी कीमत पर टोले में शामिल नहीं होना चाहती हैं। कुछ लोगों का यह भी कहना था कि ताई ने ही जादू-टोना कर गणेश को बीमार कर दिया था, ताकि खेत-मकान का नगद कर शीघ्रातिशीघ्र कलकत्ते के लिए निकल सकें। नहीं तो, जरा सोचिए कि कहीं भला ऐसा भी होता है कि आदमी बीमार रहते-रहते मर जाय और उसकी बीमारी का पता तक न चल सके? हाँ उसी बीमारी का पता नहीं चल पाता जो टोना-टुटका के प्रभाव से पैदा की जाती है।

डमरुआ के ग्राम-प्रधान के पद-भार से मुक्त होने के लगभग दो साल बाद काशी चौबे का स्वर्गवास हो गया था। उनकी खाली कुर्सी कई वर्ष तक अपने नियत स्थान पर, बैठक के दरवाज़े की चौखट के ब़ीचोबीच, पड़ी रही थी। डमरुआ में उस़ समय शायद

ही कोई ऐसा व्यक्ति रहा हो जो काशी की गली से निकलते समय, ठिठक कर, मुड़कर उनकी खाली कुर्सी की ओर देखता न रहा हो। उनके घर के सामने से पैर दबाकर निकलने की लोगों की पुरानी आदत बहुत दिन तक नहीं गई थी। काशी अपनी प्रिय पुस्तक 'श्रीमद्‌भगवद्‌गीता रहस्य अथवा कर्मयोगशास्त्र' के प्रथम पृष्ठ पर लिख गये थे– "जून उन्नीस सौ पचहत्तर, 'आपात् काल', मैं बहुत दुखी हूँ। आज गांधीजी होते तो उन्हें कितना दुख हुआ होता! प्रत्यक्ष तानाशाही है यह।" उनकी बैठक की दीवारों पर सालोंसाल लिखा टँगा रहा था–"ऊँ तत्सत्', 'धर्म पर चलो', 'सदा सत्य बोलो', 'स्वाध्याय में प्रमाद मत करो।' और वह चन्द्रशेखर आजाद का चित्र, जो काशी के व्यक्तित्व से कतई मेल नहीं खाता था, वैसे का वैसा ही टँगा रहा था। नहीं, वैसे का वैसा ही नहीं, दीमक लग गई थी उसमें, लकीरें बनने लगी थीं तस्वीर में।

छज्जूराम चौबे का डमरुआ आना शनैः-शनैः कम हो गया था। लाला जगत नारायण आपात् काल के बाद सम्पन्न हुए चुनावों में बुरी तरह पराजित हुए थे, इसलिए छज्जू की राजनीति का धंधा भी कुछ मंद पड़ गया था। वैसे भी अब डमरुआ में किसी को छज्जू की ज़रूरत नहीं रह गई थी। लोगों ने उनकी कार रोक-रोक कर आशीर्वाद लेना बंद कर दिया था। यह परिवर्तन छज्जू के लिए अत्यंत दुखद था, पर क्या करते, अपने मन की बात किसी से कह भी नहीं सकते थे।

काशी चौबे के स्वर्गारोहण के बाद, ग्रामोफोन पर किरपा चौबे का एकाधिकार हो गया था। नए प्रधान को इस बात की भनक भी न लगी थी कि वह ग्रामोफोन नेहरू जी ने कभी गाँव की जनता के मनोरंजन के लिए, भारत में पहली बार चुने गए ग्राम-प्रधान को उपहारस्वरूप भेंट किया था. किरपा वर्षों से उस ग्रामोफोन पर अपने प्रिय गायकों के तवे चढ़ा कर आनन्द लेते आ रहे थे, पर अब उसमें बाधा उपस्थित होने लगी थी। उनका इकलौता पुत्र उनके लिए एक समस्या बन गया था। एक दिन का किस्सा है कि किरपा ग्रामोफोन पर कुन्दनलाल सहगल का तवा चढ़ा कर, सुनने के लिए आँखें बंद कर एक आरामकुर्सी पर बैठ गये। सहगल गाने लगे "मेरा बंगला बने न्यारा। सोने का बँगला, चाँदी का जंगला...।" अचानक, खटाक् की आवाज के साथ ग्रामोफोन बंद हो गया। किरपा ने आँखें खोल ग्रामोफोन की ओर देखा। क्या देखा कि ग्रामोफोन के पास उनका बेटा खड़ा था। उसने सहगल वाला तवा ग्रामोफोन से उतार कर एक कोने में फेंक दिया था तथा अपने किसी प्रिय गायक का कोई तवा ग्रामोफोन पर चढ़ाने की कोशिश कर रहा था। किरपा कुछ बोल पायें उससे पहले ही बेटा उन पर बरस पड़ा था–"तुम भी क्या घिसे-पिटे गाने सुनते रहते हो? मेरा बँगला बने न्यारा...भी क्या कोई गाना है? लगता है जैसे कि खेत में कोई भैंस रेंहक रही हो।" बेटे वाला तवा गाने लगा था–"झूठ बोले कौआ काटे, काले कौए से डरियो...।" किरपा को अपने बेटे की इस बदसलूकी पर बहुत क्रोध आया था, पर उससे कहा कुछ नहीं था। यह सोच कर मन समझा लिया था कि इसमें

बेटे का कोई दोष नहीं है। दोष तो है उस 'एक गिलास चाय' का जो बहुत पहले कभी, बहुत चौकसी करने के बाद भी, बेटे ने पी ली थी। उस चाय ने उसके दिमाग पर इतना बुरा असर डाला था कि तीन-तीन बार परीक्षा में बैठने के बाद भी वह कक्षा दस पास न कर पाया था। वह चायखोर चकबन्दी अधिकारी यदि उस समय, कुछ दिन के लिए उनके घर आकर न ठहरा होता तो आज उन्हें यह दिन न देखना पड़ा होता। 'झूठ बोले' वाला तवा नाच चुका था। बेटे ने दूसरा तवा चढ़ा दिया था "जूली आई लव यू...।" किरपा से सहन न हुआ था, कुर्सी से उठकर, खेतों की ओर घूमने निकल गये थे।

शंकर चौबे की मूँछें फिर से हरी होकर पहले वाले रूप रंग में आ गई थीं, अर्थात् वे फिर से दो सींगा शंकर चौबे हो गये थे। पर राजनीति उनके दिमाग से पूरी तरह रिस गई थी, झंडा, बिल्ला, टोपी और बाबा रामदास का भूल से भी नाम नहीं लेते थे। एक साल जेल में रहने का उनके दिमाग पर बुरा असर पड़ा था, और अधिक क्रूर हो गये थे। डमरुआ वाले उन्हें आधा पागल मानने लगे थे, इसलिए उनकी क्रूरता हँस कर टालते रहते थे।

करन की दूकान से औरतों और लड़कियों ने सामान खरीदना लगभग छोड़ ही दिया था। पुरुषों और बालकों को सौदा बेचने में करन की कोई दिलचस्पी थी नहीं। गाँव में कुछ अन्य दूकानें खुल जाने से उनकी बिक्री भी कम हो गई थी। एक दिन, न जाने क्या हुआ? न जाने क्या सनक सवार हुई करन को कि सवेरे टट्टी का लोटा माँजते-माँजते घोषणा कर दी—"संसार से ऊब कर बाबा होने जा रहा हूँ।" इस घोषणा से उनके घर वाले और गाँव वाले हैरान हो गए। लोगों ने समझाने की बहुत कोशिश की, पर करन ने किसी की एक न सुनी, गेरुआ वस्त्र धारण कर एक दिन सवेरे घर से निकल गए, पैसा-कौड़ी, पान-सुपाड़ी, खाना-सतुआ कुछ भी साथ न ले गए। पैदल चल स्टेशन पहुँचे, रेल पकड़ी, बिना टिकट फतेहगढ़ पहुँच गए। रेल से उतर कर फिर पैदल चले, चलते-चलते गंगा के किनारे पहुँच गए। भूख लगी तो भोजन की तलाश में गंगा की रेती पर जमी साधुओं की मड़इयाँ छाननी शुरू कीं, कुछ भी न मिला। निराश होकर नागा बाबाओं की एक कुटी के सामने जल रही आग के पास मुँह लटका कर बैठ गए। उस आग के पास नंग-धड़ंग नागा साधु धूनी रमाए बैठे थे। बाबाओं ने करन के कपड़े ध्यान से देखे। करन डर गए, सोचा, बाबा लोग कहीं मेरे कपड़े न उतार लें। एक बाबा ने गाँजे की सुलगती हुई एक चिलम करन की ओर बढ़ाते हुए पूछा—"खींचेगा बच्चा!" करन भूखे तो थे ही, सोचा, इससे कुछ राहत मिलेगी। और वैसे भी जिस राह पर कदम बढ़ा दिया है, उस पर चलते हुए कभी न कभी यह सब कुछ सीखना ही पड़ेगा, तो शुरुआत आज ही क्यों न की जाय। चिलम ले ली, एक बार खींची, धुआँ फेफड़ों में भरा, कुछ देर रोका, बाहर निकाल दिया। एक छोटी-सी खाँसी आई, आँखें ऊपर-नीचे तैरीं, और करन आग के पास ढेर हो गए, चिलम हाथ से छूटकर एक ओर लुढ़क गई। बाबा ने चिलम उठाते हुए कहा—

"जा बच्चा! तेरा मन तो भगवान के चरणों में लग गया।" ब्राह्ममुहूर्त में करन की आँख खुली, देखा, उनके आसपास कोई न था। बाबा लोग जा चुके थे, आग बुझकर राख हो गई थी। प्रातःकाल गंगा-स्नान करने वाले इक्का-दुक्का आने लगे थे। करन ने अपने कपड़े देखे, पूरे थे, सोचा, नंगे लोग कपड़े पहने हुए लोगों से अच्छे होते हैं, कम से कम किसी के कपड़े तो नहीं उतारते। उठे, स्टेशन पहुँचे, और शाम होते-होते डमरुआ वापस आ गए। गेरुआ वस्त्र उतार कर खूँटी पर टाँग दिये तथा सरौता लेकर चौतरे पर बैठकर सुपारी कुतरने लगे। गाँव वालों ने करन को फिर से अपने चौतरे पर बैठा देखा, विश्वास नहीं हुआ, सोचा, करन बाबा ने इतनी जल्दी सिद्धि पा ली, अन्तर्यामी हो गए। स्वयं देशाटन पर निकल गए और अपने तपोबल से अपनी प्रतिकृति अपने चौतरे पर बिठा दी। जो भी हो, करन के बाबा बन जाने से पूरे डमरुआ ने हर्ष का अनुभव किया था। कारण, कि डमरुआ में अभी तक कोई भी बाबा नहीं बना था। आसपास के हर गाँव में एक-एक, दो-दो पहुँचे हुए बाबा थे, इस कारण डमरुआ वालों को सदैव हीनता का अनुभव होता था। पर करन ने गाँव वालों के गर्व का वह अनुभव बहुत दिन तक न रहने दिया था, दूसरे ही दिन गाँव लौट गए थे। फिर भी, गाँव वालों ने अपना मन समझा लिया था कि कोई बात नहीं, आस-पड़ोस के गाँव वाले अब यह तो न कह पाएँगे कि डमरुआ में कभी कोई बाबा हुआ नहीं था।

सीतला सुकुल बूढ़े तो थे ही, आँखों की रोशनी भी धोखा दे गई थी, लाठी का सहारा लेकर चलने लगे थे। किसुन ने कभी, अपने प्रधानी के चुनाव के दौरान, उत्साह में आकर सुकुल से वादा कर दिया था कि यदि सुकुल उसे अपना वोट देंगे तो बदले में किसुन उन्हें उनके मंदिर का चौतरा पक्का करवाने के लिए एक हजार अव्वल ईंटें मुफ्त में देगा। सुकुल ने वोट दे दिया, किसुन जीत गया, पर अपना वादा पूरा न कर पाया। यह बात सुकुल को बहुत नागवार गुज़री। क्या करते? मज़बूर थे, गालियाँ ही दे सकते थे, सबसे कहते रहते थे—"कहीं बलवना वाला किसुना मिल जाय पकड़ लाना, उसकी दूसरी टाँग भी तोड़ूँगा, कभी किसी से झूठा वादा नहीं करेगा।" किसुन को सुकुल का इरादा पता चल गया था, उनकी आँखों की कम रोशनी का फायदा उठा कर, उनकी गली से दबे पाँव निकल जाता था। गाँव के बच्चे सुकुल को चिढ़ाते रहते थे—"सुकुल बाबा! तुम्हारे पीछे किसुना।"

काना चकबन्दी में हड़पा गया अपना खेत-पेड़ कभी नहीं भूला था। उसने अपने पुत्र कल्लू को बचपन से ही सिखाया था कि बड़ा होकर वह शंकर से बदला ले। उसने अपने बप्पा के गले में बाँहें डाल कर वादा भी किया था—"जलूल बप्पा।" लेकिन डमरुआ ठहरा आखिर डमरुआ, उसकी हवा में कल्लू कुछ ऐसा बहा कि अपने बाप से भी अधिक दब्बू निकला। जब काना को पक्का विश्वास हो गया था कि कलुआ के बस का कुछ भी नहीं है, उसने अपने नातियों की ओर मुँह मोड़ लिया था। नाती कहाँ थे? कितने बड़े थे?

वास्तव में नाती कहीं नहीं थे, अभी तक उनका जन्म भी नहीं हुआ था। योजना यह थी कि काना जल्दी ही कल्लू का विवाह करेगा, नाती जन्म लेंगे, और बड़े होने पर वह उनसे बदला लिवाएगा अर्थात् जो काम बेटा नहीं कर पाया, नाती करेंगे। काना सोचता था, यह कोई ज़रूरी नहीं है कि उसके नाती उसके जीवन काल में ही शंकर से बदला लें, बस, प्रतिज्ञा भर कर दें, उसकी आँखें बंद होने से पहले। काना के बाप के प्राण पेड़ों में अटके रहे थे, काना के भी अटके रहे होंगे शायद।

मतइया ने, एक बार, 'सत्यनारायण-कथा' में पंडित रामदुलारे कथावाचक से सुना था—"मन के हारे हार है, मन के जीते जीत।" गाँठ बाँध ली थी उसने यह बात। चुनाव हार जाने के बाद भी उसने मन से हार नहीं मानी थी, दूसरे दिन से ही, आगामी चुनाव की तैयारी शुरू कर दी थी; बिना भूल-चूक बमनन-टोला के छोटे-बड़ों के पाँव छूने शुरू कर दिये थे, घर-घर जाकर पूछ-पूछ सेवा करने लगा था। यही नहीं, अपनी पत्नी का एक वोट पक्का करने के लिए उसे पीटना भी छोड़ दिया था। अपने दरोगा भाई से, अभी से, अगले चुनाव के दौरान डमरुआ घूम जाने की क़सम धरा ली थी। उसने कहा था—"इस बार की माफी। अब की बार, नई वर्दी पहन, दो-तीन दिन पहले ही डमरुआ पहुँच जाऊँगा, और कहोगे तो एक-दो को चनकटिया भी दूँगा। गंगा मइया की क़सम खाता हूँ। उनसे भी बड़ा इस दुनिया में कुछ होता है क्या?"

चकबन्दी अधिकारी प्रताप केशरवानी डमरुआ की चकबन्दी के कुछ साल बाद डिप्टी कलक्टर बन गए थे। काना द्वारा काटा गया उनका कलाई पर का घाव लगभग महीने भर में भर गया था, दाँतों के निशान नहीं गए थे। वे निशान उनके जी का जंजाल बन गए थे, भरी गर्मी में भी उन्हें पूरी आस्तीन की क़मीज़ पहननी पड़ती थी। जब-जब उन निशानों की ओर उनका ध्यान चला जाता था, काना का कहा गया सब कुछ याद आ जाता था, और यह भी—"हरामी साले!! क्या फायदा हुआ तेरे पढ़ने-लिखने से हमारा?" केशरवानी को लगता था, क़ाना ने उनके हाथ पर नहीं, उनकी आत्मा पर काटा है। शरीर के घाव भर जाते हैं, आत्मा के रिसते रहते हैं मृत्युपर्यन्त।

पड़ियाइन चाची ने शक्कर खरीदनी-खानी बंद कर दी थी, क्योंकि नया प्रधान बनने के बाद डमरुआ में एक बार भी शक्कर नहीं बँटी थी। दोष किसी का नहीं था, सरकार ने ही 'सार्वजनिक वितरण प्रणाली' में कुछ संशोधन कर दिये थे। वे संशोधित नियम छज्जू को पता थे, पर नये प्रधान को नहीं बताये थे। पड़ियाइन चाची ने शक्कर खानी छोड़ी थी सो छोड़ी थी, उसके खिलाफ मोर्चा भी खोल दिया था—"शक्कर कोई मत खाना, उसमें आदमी की हड्डी का पाउडर मिला होता है, इसीलिए इतनी सफेद होती है। जब से शक्कर का चलन चला है, लौड़ा-लौड़ियों की बाढ़ मारी गई है। कितने लम्बे-तड़ंगे होते थे पहले के लोग गुड़ खाकर। मेरे बाबा के साथ एक बार लाठी चली थी। उन्होंने गुड़ खाकर अकेले ही चार आदमियों को लाठी से मारकर गिरा दिया था। ये सब पुराने ज़माने की

बातें हैं। नई क़लम के लोग हमारी बात सुनते ही कहाँ हैं?" चाची की बात पर विश्वास कर, और कई लोगों ने भी शक्कर खानी छोड़ दी थी।

डमरुआ के अस्पताल में बीस वर्ष नौकरी करने के बाद वैद्य रतीराम दुबे ने, खुद ही, अपना तबादला किसी दूसरे अस्पताल में करा लिया था। डमरुआ वाले वैद्यजी के द्राक्षासव और सुआलिन की गोलियों से बुरी तरह से ऊब गये थे। अंग्रेज़ी दवाइयाँ, जो भी, वैद्यजी देते थे, गाँव की परचून की दूकानों पर मिलने लगी थीं। वैद्यजी को मुफ्त का आटा-आलू भी मिलना बंद हो गया था। नौबत यह आ गई थी कि उन्हें अपनी जेब से खरीद कर खाना पड़ने लगा था। ऐसी विषम परिस्थितियों में, एक दिन, अपनी कोठरी में, खरखटी खटिया पर करवटें बदलते हुए वैद्यजी ने सोचा, वेतन से ही अगर मुझे खरीद कर खाना है तो डमरुआ में ऐसे कौन से सुर्खाव के पर लगे हैं, किसी शहर के ही अस्पताल में क्यों नहीं। वे चले गए थे, अपने साथ अपनी खटिया और ज़ंगाचा हुआ संदूक भी एक लहडुआ पर लाद ले गए थे।

थानेदार लोहासिंह आपात् काल में दर्शायी गई अपनी कर्तव्यपरायणता के लिए पुरस्कृत किये गये थे, उप-पुलिस अधीक्षक बना दिये गये थे, और त्यागी दरोगा थानेदार। दरोगा जी आपात् काल उठने के तुरन्त बाद ही कार्यभार ग्रहण करने दूसरे थाने चले गये थे, पर लोहासिंह लगभग और छह महीने कन्नौज थाने में ही बने रहे थे। कारण, जिस कार्यालय में उन्हें जाना था, उसमें उनके नाप की एक भी कुर्सी नहीं थी। तबादले की सूचना पाकर एक नई कुर्सी के लिए ऊपर के अधिकारियों को लिखा गया, अनुमोदन आया, बढ़ई आया, कमर की नाप ली, कुर्सी बनी, तब कहीं जाकर लोहासिंह कार्यभार ग्रहण कर पाये।

बंगालिन ताई डमरुआ नहीं लौटीं, कभी नहीं लौटीं। वे कहाँ चली गईं? किसी को न पता चल सका। गिरफ़्तारी वाली रात सिपाही उन्हें कहाँ ले गया था? उनके साथ क्या हुआ था? ताई वापस आतीं तो बतातीं। गिरफ़्तारी के पाँचवें दिन कन्नौज थाने-परिसर के कुएँ से एक शव निकला था। डमरुआ खबर पहुँची थी, पहुँची क्या थी छज्जू चौबे ने पहुँचाई थी कि वह शव किसी स्त्री का था, शायद ताई का था। वह शव ताई का था कि नहीं यह बात छज्जू ने साफ़-साफ़ नहीं बताई थी। वही छज्जू चौबे बाद में यह खबर लेकर आये कि नहीं, नहीं, वह लाश एक कुत्ते की थी। वैसे एक तरीके से, एक तरीके से क्या सभी तरीकों से छज्जू की दूसरी खबर ही सही थी, आपात् काल में आदमी और कुत्ते में कोई अन्तर भी न रह गया था। मामला पुलिस वालों का था, किसकी हिम्मत थी? कौन पता करने जाता कि लाश किसकी थी? यह भी सम्भव था कि दूसरे दिन पता करने वाले की ही लाश कुएँ से निकलती, वह भी कुत्ते की बन कर। ताई के न लौटने पर ताई के घर का क्या हुआ? वह भी सुन लीजिए। ताई ने चलते समय घर की कुंडी में अलीगढ़ का एक ताला लगाया था, खींच कर भी देख लिया था, ठीक से लगा है कि नहीं? उन्हें

नहीं पता था कि जो ताला वे लगा कर जा रही हैं, अब कभी भी उनके हाथ से नहीं खुलेगा। ताला लटकता रहा, ताई के आने का इन्तज़ार करता रहा। आख़िर कितना इन्तज़ार करता, निराश हो गया, ज़ंग खा गया, चाभी वाले घर में लखारी ने मिट्टी भरकर अपना घर बना लिया। किवाड़ों की लकड़ी भी धोखा दे गई, सड़कर नीचे से टूट गई। कुत्ता-बिल्ली निर्बाध अन्दर-बाहर आने-जाने लगे। चोरों ने भी बहती गंगा में अपने हाथ धो लिये, ताई के सब बर्तन-कपड़े बीन लिये। 'दुर्गा सप्तशती' चोरों के काम की नहीं थी, फाड़कर आँगन में फेंक गए। फटे हुए पन्ने उड़कर, एक-एक कर गली में आने लगे। गली से निकलने वाले कभी-कभी उन पन्नों को पढ़ लिया करते थे–'या देवी सर्वभूतेषु...।' गणेश के अग्रज कई बार ताई के घर पर कब्जा करने की योजना बना चुके थे, पर बिट्टो की अम्मा उन्हें रोक देती थीं–"बिट्टो के बापू! मेरी क़सम है तुम्हें जो तुमने उस घर पर कब्जा करने की बात भी सोची। वह मरी, चुड़ैल बन कर घर के किसी कोने में बैठी होगी। एक दिन मैंने उसे भद्दर दुपहरी में नंगा-नंगा छत पर खड़े देखा था। पाँव उसके पीछे की ओर मुड़े थे जैसे कि भूतों के होते हैं।"

किसुन के प्रधान बनने के बाद सस्सुती भी डमरुआ आई थी, कह गई थी–"किसुन! एक बार मेरी ससुराल भी घूम जाना। मेरे सास-ससुर मुझे बहुत परेशान करते हैं। तुम्हारे आने से उन पर मेरा दबदबा थोड़ा बढ़ जायेगा।"

नये प्रधान के घर में न सफेद निवाड़ वाला पलंग बना, न कुर्सी आई, न नया चादर खरीदा गया, न कप आये, न गुड़, न गट्टा। संयोग कुछ ऐसा कि जिस शक्कर की आशा बाँधी थी, वह भी मिलनी बंद हो गई। अम्मा ने, चैतू ने, घर के बचे-खुचे और लोगों ने, इस पर भी अपना [illegible]न समझा लिया, कुछ न मिले, न आये, न सही, यही कौन छोटी बात है कि किसुन डमरुआ का प्रधान बन गया है। पलंग-कुर्सी दिखावे वाली चीज़ें हैं, गरीबों को दिखावे पर नहीं जाना चाहिए। मुहर माँगने से याद आया कि मुहर और पैड का भी एक अजीब किस्सा था। दोनों चीज़ें पूरे डमरुआ में माँगे चलती थीं, जैसे हँसिया-खुरपा माँगे चलता था, जैसे गणेश की शेरछाप कालीन माँगे चलती थी। लोगों को जब भी ज़रूरत होती थी, माँग ले जाते थे, पैड पर पानी डाल, जहाँ, जिस क़ागज पर चाहते थे, ठोक लेते थे। लेकिन लौटाने का नाम नहीं लेते थे। ग़रज़ भी क्या थी उनकी? ग़रज़ थी प्रधान की, क्योंकि वह प्रधान था। इस माँगा-मूँगी के चक्कर में एक दिन मुहर खो गई। घर में किसी को याद ही नहीं आ रहा था कि आखिर माँग कौन ले गया है? अम्मा बताती थीं इसे तो चैतू की पत्नी बताती थी उसे। अन्ततः किसुन ने घर-घर जाकर पूछना शुरू किया। उत्तर टोला के रामदास ने बताया–"लाया तो था, झूठ क्यों बोलूँ, पर इस समय याद नहीं कि कहाँ है? घर की औरतों ने शायद झाड़ू मार कूड़े में फेंक दी होगी। तुम मेरे कूड़े के ढेर पर जाकर देख लो।" दोपहर तक कूड़ा छानने के बाद अन्ततः मुहर मिल गई। किसुन ने लौटकर प्रसन्नतापूर्वक रामदास से कहा–"मालिक! आपकी याददाश्त

कितनी पक्की है। मुहर कूड़े में ही थी।" रोज़-रोज़ के झंझट से निज़ात पाने के लिए, एक दिन किसुन ने एक जुगाड़ सोची, मुहर एक रस्सी से बाँधकर बरगद की एक शाखा से लटका दी। पैड दूसरी रस्सी से लटका दिया, सबसे कह दिया—"जिसे जब ज़रूरत हो, मार ले। किसी को अब मेरे दुआरे आने का कष्ट नहीं करना पड़ेगा। मुहर में मेरा लगता भी क्या है। गाँव की चीज़ गाँव को लौटाता हूँ। तेरा तुझको अर्पण, क्या लागै मेरा।" बरगदिया ठलुअम्रें ने मुहर सबसे पहले अपने हाथों पर आज़माई। एक ठलुये ने मुहर ठोकने का पूरा ज़िम्मा अपने ऊपर ले लिया। वह मुहर के ठीक नीचे अपना अँगोछा बिछा कर लेटता था, कहता रहता था—"भारतीय प्रजातन्त्र की डमरुआ शाखा का इंचार्ज हूँ मैं। जिसे मुहर मरवानी हो मेरे पास चला आये। प्रजातन्त्र उस वेश्या के समान है जिसे चाहते तो सब हैं, पर उसके बच्चों को कोई अपना नाम नहीं देना चाहता।"

❑❑❑